南开大学马克思主义研究文库（第二辑）

杨 永 志 文 集

杨永志　著

南闻大學出版社

天　津

图书在版编目(CIP)数据

杨永志文集 / 杨永志著. —天津：南开大学出版
社，2022.1
（南开大学马克思主义研究文库.第二辑）
ISBN 978-7-310-06212-6

Ⅰ.①杨… Ⅱ.①杨… Ⅲ.①马克思主义－发展－研
究－中国－文集 Ⅳ.①D61－53

中国版本图书馆 CIP 数据核字(2021)第 242891 号

杨永志文集
YANGYONGZHI WENJI

南开大学出版社出版发行
出版人：陈　敬
地址：天津市南开区卫津路 94 号　　邮政编码：300071
营销部电话：(022)23508339　营销部传真：(022)23508542
https://nkup.nankai.edu.cn

天津创先河普业印刷有限公司印刷　全国各地新华书店经销
2022 年 1 月第 1 版　　2022 年 1 月第 1 次印刷
240×170 毫米　16 开本　22.75 印张　4 插页　384 千字
定价：112.00 元

如遇图书印装质量问题，请与本社营销部联系调换，电话：(022)23508339

出版说明

今年是中国共产党成立一百周年，我国开启全面建设社会主义现代化国家新征程。在新的历史起点，为进一步加强和巩固马克思主义在哲学社会科学中的指导地位，推动加快构建中国特色哲学社会科学的理论体系和话语体系，我们在2019年出版了"南开大学马克思主义研究文库"第一辑后，又适时推出了该文库第二辑，旨在集中展示南开大学哲学社会科学领域的有关专家学者，长期以来在马克思主义理论应用、发展和创新方面所做的贡献。文库以专著、文选等多种形式，彰显马克思主义理论的强大活力和生命力。

此次出版的"南开大学马克思主义研究文库"第二辑，与第一辑一样，也是10种，分别为：《柳欣文集》（柳欣）、《杨谦文集》（杨谦）、《李淑梅文集》（李淑梅）、《阎孟伟文集》（阎孟伟）、《何自力文集》（何自力）、《刘骏民文集》（刘骏民）、《杨永志文集》（杨永志）、《辩证逻辑——认识史的总结》（封毓昌）、《社会资本——产业资本社会化发展研究》（张彤玉）、《马克思主义经典与新时代劳动关系研究》（杨晓玲）。需要说明的是，这些著述或收录于书中的一些文章，有不少之前在别的出版社出版或在报刊上发表过。由于时代和认识的局限，书中有些观点今天看来难免有所偏颇或值得商榷；语言文字、标点符号、计量单位、体例格式等方面，也有不符合现行规范之处。我们在编辑出版过程中，根据国家有关新闻出版的管理规定，对一些明显的错误做了更正，对个别不合时宜的内容做了适当删改，其他则遵从原著，未予改动。恳请广大读者在阅读这些著述时，能有所鉴别。

南开大学马克思主义学院
南开大学出版社
2021年12月

前 言

时光荏苒，从 1979 年 9 月入学，进入南开大学经济系政治经济学专业学习，到 1983 年 6 月毕业分配在南开大学马列教研室，其后单位历经换名南开大学马列教学部、南开大学马克思主义教育学院，现在为南开大学马克思主义学院。岁月匆匆，未曾想我在这个校园里已经度过了 40 年，从青葱岁月步入花甲之年，也从一个最初对马克思主义懵懵懂懂的人变成坚定的马克思主义信仰者。

岁月如歌，在南开大学学习和工作的 40 年，是我人生最美好的时光。在这里伴随着不同阶段社会热点和个人关注点的变化，我对中国特色社会主义一些问题进行了较为深入的思考，并撰写成公开发表的论文和著作。从 1983 年大学毕业前的第一篇关于我家乡"卡伦"历史考证文章算起，到 2018 年底，共发表文章已达 120 多篇，另有第二作者身份的 30 余篇。因为知网数据库收录和个人收存等原因，在此选择了从 1988 年到 2018 年发表的 60 篇文章结集成书，作为献给母校建校 100 周年的薄礼。

文如其人，文章能反映一个人的性格、爱好、价值取向和心路历程。概括这些文章的选题、观点和表达风格，这里仅作三点说明：

第一，在对中国特色社会主义研究中，不同阶段侧重点有别。在 20 世纪 80 年代，以一般经济问题为主；在 90 年代，以信息经济为主，在国内率先开辟了信息如何开发和定价，以及咨询业领域的研究，除了发表了一系列论文，还出版了两本专著《中国咨询业发展研究》和《信息开发利用的方法研究》；进入 21 世纪之初，研究重点曾一度转向社会主义市场经济理论与市场社会主义流派；在北京奥运会前后，还曾对区域发展问题产生兴趣，对中国人的现代化进行了深入研究，出版专著《马克思主义中国化与中国人的现代化》；同期还出版了另一专著《中国特色社会主义与科学社会主义》；2009 年在国内外率先提出围绕河北白洋淀，以及沿独流减河入渤海这片地区，开展京津冀合作打造新的经济发展带构想（提供给天津市政府作为政策建议报告并在《城市》杂志发表）；在 2010 年前后，着重研究了互联网时代对社会主义主流意识形态的影响问题，出版专著《互联网条件下维护我国意识形态安全研究》；进入 2012 年之后，集中于社会主义核心价值观研究，潜心对我负责的国家社科基金重点项目"社会主义核心价值观的认识发展研究"进行了深入思考，带领项目团队在 4 年里发表相关论文 50 余篇，其中仅 CSSCI 来源期刊文章就达 12 篇。

第二，在 40 年改革开放风云激荡中，我的研究有两点可聊以自慰，一是尽管个人水平有限，但是提出了一些新概念："低俗风"、"貌科学"、"争斗零和"（与合作共赢相对）、"中国马克思主义"（与"经典马克思主义"相对）、"马克思主义中国化的时代性"、"中国特色社会主义自由"、"中国特色社会主义共同富裕"、"信息完整件"、"网络意识形态"（起初被批评为是个伪概念）、"网络文化"、"网络道德"（在《光明日报》提出网络道德是衡量社会道德的标志）、"网络批评"（相比对文艺批评主张在网络新媒体上开展对错误价值观的专业化批评）等。二是提出了一些新观点：互联网发展将深刻地改变人类的生产方式和生活方式（于 20 世纪 90 年代）；与中国特色社会主义理论体系并列客观存在着中国特色社会主义价值体系；社会主义先有价值体系后有理论体系；价值体系分为基本价值、核心价值、一般价值三个层次；在社会主义价值目标选择上，空想社会主义贡献了基本价值目标，马克思创始人贡献了最高价值目标（全面而自由发展），中国共产党人贡献了核心价值目标（十八大提出的"三个倡导"）；中国当前的一个迫切任务是借助网络新媒体进行价值引领提升全民族的道德水平；习近平总书记最富创造的理念之一是"共同观"（国内治理强调"共建共治共享"，全球治理强调"共商共建共享"）；社会主义初级阶段不能说是中国特色社会主义的总依据（因为涉及是否永远高举中国特色社会主义伟大旗帜的问题）；等等。

第三，我的研究紧紧伴随着中国改革开放 40 年的发展进程，在一定程度反映了中国特色社会主义凯歌行进的特点，这些研究也给我带来不少回馈。有些理论宣传文章得到了权威媒体的认可，《人民日报》和《光明日报》先后采用了我的 8 篇文章。学界也对我的研究给予了较高评价，先后获得天津市社会科学优秀成果一等奖、二等奖、三等奖各一次。先后获批了国家社科基金项目、教育部社科基金项目、天津市社科基金项目等各种课题十多个。学术研究成果转化为教学成果也非常显著，先后获得了天津市"教学楷模"

（1996年）和"宝钢优秀教师奖"（2017年）等十多项，以及博士研究生导师、马克思主义中国化学科带头人，国内一些高校马克思主义中国化专业咨询专家。指导的博士研究生已有5人获得国家奖学金，一些毕业的硕士、博士现在不少已经成为教授或者本单位的学术骨干，这些都是天道酬勤的结果，更是"允公允能、日新月异"南开校训以及南开精神濡染的结果。

最后值得指出的是，本文集采取了"从后至前"的排列次序，所选文章全是以第一作者身份发表的，为反映原始风貌和历史性观点，未做新的加工编辑，研究多从对社会生活变化的观察出发，力求站在时代前沿回应现实之问。

杨永志

2019年3月25日于南开园

目 录

试论马克思主义中国化的时代性 …………………………………… 1

警惕"貌科学"干扰改革 …………………………………………… 11

试论中国特色社会主义自由的主要特征 ………………………… 16

马克思主义自由观的继承和发展 ………………………………… 23

中国特色社会主义认识的新高度 ………………………………… 26

论社会主义价值目标选择的认识和实践过程 …………………… 31

马克思主义敬业精神的历史探源和培育要义 …………………… 41

"同志"一词价值观意蕴的历史流变 …………………………… 52

论高校马克思主义教育"互联网+"的实现途径 ……………… 60

马克思主义基本自由观及其历史分析和中国实践 ……………… 68

论马克思主义自由观与社会主义

    ——对社会主义核心价值观中"自由"认识的一个视角 …… 78

析"四个全面"战略布局的中国梦指向 ………………………… 90

论邓小平对社会主义核心价值观的历史贡献 …………………… 98

弘扬大学精神是贯彻核心价值观的重要环节

    ——以南开大学校训为例 ……………………………………… 105

树立以核心价值观居先的教育新理念 …………………………… 110

马克思主义革命性的当代解读 …………………………………… 112

互联网条件下如何做好意识形态工作 …………………………… 120

论社会主义价值观体系的特征、结构和形成 …………………… 127

简论民主政治信息化新趋势 ……………………………………… 138

"三个倡导"是一面高扬的旗帜 ………………………………… 145

论新媒体时代我国意识形态安全的维护 ………………………… 148

发展健康向上网络文化的三个着力点 …………………………… 156

电子政务新时代与我国民主政治发展新趋势 ……………………… 158

也谈社会主义核心价值观的凝练

　　——兼与包心鉴先生商榷 ……………………………… 166

论共产党人的力量源泉

　　——纪念中国共产党建党 90 周年 ……………………… 170

马克思主义时代化的理论蕴含 …………………………………… 179

马克思主义学习型政党与社会主义意识形态建设 ……………… 185

充分认识物联网在经济社会发展中的作用 ……………………… 193

互联网：学习型党组织的新平台 ………………………………… 195

天津滨海新区应紧紧抓住物联网发展新契机 …………………… 197

试论物联网在我国的科学发展 …………………………………… 202

论推进马克思主义理论学科体系创新的条件 …………………… 210

在天津筹建"迪士尼乐园"的设想 ……………………………… 219

论互联网在推进我国民主政治建设中的积极作用 ……………… 225

增强互联网对我国意识形态正面影响力的思考 ………………… 230

增强社会主义意识形态网上吸引力 ……………………………… 236

解放思想与发展中国特色社会主义 ……………………………… 239

马克思主义整体性视阈的中国特色社会主义 …………………… 245

"特色道路"与马克思主义整体性实践 ………………………… 253

"低俗风"对和谐社会的影响及其矫治 ………………………… 257

党内"低俗风"的危害、成因及治理 …………………………… 262

国外关于市场经济与社会主义结合的理论探索 ………………… 268

试论社会主义与市场经济的结合

　　——纪念邓小平"南方谈话"发表十周年 …………… 272

信息力思想的历史嬗变 …………………………………………… 280

论信息化带动工业化的思想演进 ………………………………… 294

论奉献精神及其时代意义 ………………………………………… 304

企业素质优化和咨询服务先行 …………………………………… 308

开辟股份制筹资新渠道

　　——对天津"科技兴市"的思考 …………………………… 313

建立独立的咨询法刍议 …………………………………………… 316

从第一位作用理解"科学技术是第一生产力" ………………… 319

创建咨询经济学 ……………………………………………… 321

略论数据库 ……………………………………………………… 326

略论信息咨询服务的收费 ……………………………………… 332

也论经济信息商品的价格确定

　　——兼与王玉、孙转社同志商榷 ……………………… 335

关于西北地区建设信息协作网的探讨 ………………………… 341

社会主义初级阶段生产力特征具体化和数量化探讨 ………… 345

试论马克思主义中国化的时代性

中国共产党十七届四中全会通过的《中共中央关于加强和改进新形势下党的建设若干重大问题的决定》明确指出，要不断推进马克思主义中国化、时代化、大众化的战略任务，这是党的重要文献首次提出马克思主义时代化的命题。笔者曾在 2011 年第 14 期《人民论坛》发表"马克思主义时代化的理论蕴含"一文，对如何理解马克思主义时代化问题进行了初步探讨。今天，随着中国特色社会主义走进新时代，我们认为有必要深入思考马克思主义中国化的时代性课题，以正确理解中国共产党人不断进行理论创新以及推动实践发展的意义。

一、马克思主义时代化与马克思主义中国化的时代性

以往常说的马克思主义时代化，与马克思主义中国化的时代性尽管内涵方面有一些交集，但它们并不是完全相同的两个概念。理解马克思主义中国化的时代性蕴含，只有将其与马克思主义时代化进行比较才能充分说明。

从马克思主义时代化与马克思主义中国化的时代性相同点来看，一方面，它们在理论上都具有与时俱进的特点，即随着时代的发展而使理论自身得到不断完善、丰富和发展，因为无论是马克思主义时代化还是马克思主义中国化的时代性，都必然具有马克思主义与时俱进的理论品质；另一方面，其时代性反映都通过实践的发展和认识的加深来实现，因为时代是客观的存在，实践和认识发展是时代的本质体现，所以无论是马克思主义时代化还是马克思主义中国化的时代性，都与共产党执政规律、社会主义建设规律、人类社会发展规律的实践和认识紧密相关。它们从丰富和发展两个方面共同实现马克思主义的存在价值。

从马克思主义时代化与马克思主义中国化的时代性不同点来看，它们之间的主要区别在于以下几方面。

第一，二者的直接依据不同。马克思主义时代化的依据是"适应真理存在和运用条件的变化"。一百多年前形成的马克思主义不可能完全适应历史文化和经济政治有极大不同的中国实际，因此，马克思主义要保持真理性，必须依据条件变化实现民族化和时代化，这是马克思主义存在和运用的历史性要求。马克思主义中国化的时代性依据是"用新理念回应由实践反映出来的时代问题"。马克思主义引入中国后，是为了解决中国问题，而中国问题本身是动态变化的，经典的马克思主义不可能具体回答这些新问题。进一步说，马克思主义时代化是业已存在的理论如何保持和发挥其真理性，让"理论之树常青"；而马克思主义中国化的时代性是通过实践发展概括出新思想新理念，使"理论的价值增值"。

第二，二者所处的层次不同。马克思主义时代化是与中国化和大众化处于同一层次的概念，是从世界范围和人类整体的视角看马克思主义的开放、运用和发展。而马克思主义中国化的时代性，与马克思主义中国化的基本内涵、现实意义、历史过程等同属一个层次，是从中国的范围和实践发展的视角看马克思主义如何反映时代。就是说，由于所关注问题的范围和视角不同，使马克思主义时代化与马克思主义中国化的时代性不在同一问题层面上。

第三，二者的着眼点不同。马克思主义时代化着眼于以马克思主义经典诠释现代话语概念，比如用马克思主义的"世界历史理论"解读"全球化思想"，用"东方社会理论"解读"社会主义初级阶段"；而马克思主义中国化的时代性，更多的是从中国实际出发观照现实的理论思考，比如构建和谐社会、实现共同富裕、保护生态环境、推进国家治理体系和治理能力现代化等等。进一步说，马克思主义时代化着眼于"经典马克思主义紧跟时代步伐"，马克思主义中国化的时代性着眼于"中国马克思主义回应时代问题"，以及"用鲜活丰富的当代中国实践来推动马克思主义发展"。

第四，二者联系的对象不同。马克思主义时代化侧重于关注人类发展，与人类文明进步紧紧联系在一起，顺应时代发展要求和历史趋势，"以宽广的眼光密切观察世界局势的发展变化，积极借鉴吸收人类文明一切优秀成果"。而马克思主义中国化的时代性侧重于"与时代同步伐，与人民共命运，关注和回答中国革命、建设和改革所面临的重大课题"，并且"紧密联系亿万群众的创造性实践，尊重人民群众的主体地位和首创精神，作出新概括、获得新认识、形成新成果"。简单地说，前者主要与人类文明发展相联系，后者主要与中国人民的伟大社会主义实践活动相联系。

马克思主义中国化与马克思主义民族化的历史进程是同一的。马克思主义时代化与马克思主义中国化（马克思主义民族化）的时代性具有高度的一致性。首先，马克思主义时代化离不开马克思主义民族化的时代性，因为马克思主义时代化以各个民族化的实践为载体，否则时代化就没有立足之地，成为纯粹抽象的概念；同时，民族化的时代性又是时代化的一种重要体现，它在不同民族的文明进步和实践发展中展现着时代的风采，马克思主义民族化过程中一个个具体的时代性构成了马克思主义时代化。其次，马克思主义时代化与马克思主义中国化的时代性发展方向完全吻合，因为不管是时代化还是时代性，"时代"是二者共同的"基因"或者"血脉"，所以它们都需要紧跟时代步伐，适应时代发展，融入时代潮流。

二、马克思主义中国化注重时代性的历史经验

以毛泽东为代表的第一代中国共产党人在马克思主义中国化过程中高度关注时代性问题。在 1930 年《星星之火，可以燎原》一文中，毛泽东对中国革命高潮即将到来的判断是，"马克思主义者不是算命先生，未来的发展变化，只应该也只能说出个大的方向"①，但是这个高潮即将到来，"它是站在海岸遥望海中已经看得见桅杆尖头了的一只航船……"②。在 1935 年的《论反对日本帝国主义的策略》中，毛泽东则根据时局变化作出战略任务的及时调整，认为"目前的政治形势已经发生了很大的变化。根据这种变化了的形势，我们的党已经规定了自己的任务"③。在 1938 年的《论新阶段》一文中，毛泽东第一次提出"马克思主义中国化"和"实事求是"概念。在同年的《中国共产党在民族战争中的地位》一文中，毛泽东进一步指出："共产党员应是实事求是的模范，又是具有远见卓识的模范；因为只有实事求是，才能完成确定的任务；只有远见卓识，才能不失前进的方向。"④既要坚持实事求是，

---

① 毛泽东选集（1）[M]. 北京：人民出版社，1991：106.

② 毛泽东选集（1）[M]. 北京：人民出版社，1991：106.

③ 毛泽东选集（1）[M]. 北京：人民出版社，1991：142.

④ 毛泽东选集（2）[M]. 北京：人民出版社，1991：522.

又要有远见卓识,可以说是毛泽东关于马克思主义中国化的时代性深刻认识,实事求是包括客观地对待实践和局势的发展,远见卓识体现着党和军队工作必须与时俱进。

回顾毛泽东领导中国革命和建设的过程,其马克思主义中国化的时代性主要经验:首先是敏锐地观察和判断"时势变化",在长征途中,关于从敌人的"一张旧报纸"中形成战略新构想的故事,说明毛泽东善于捕捉时局变化的信息,并且能够作出正确的判断;其次是"适时调整",即根据革命形势的变化和自己力量的积蓄,实事求是地及时调整工作思维,做到因时而进,因势而发;最后是"及时跟进",制定符合实际发展的新方针。中国的历史和中国共产党选择了毛泽东,并且毛泽东能够领导中国革命取得胜利,就在于他在新形势面前的积极态度和果敢性格。可见,敏锐判断时局、适时调整思维、及时跟进时势变化,是毛泽东时代马克思主义中国化的时代性最为主要的历史经验和中国共产党宝贵的历史遗产。

邓小平在开辟中国特色社会主义道路过程中也非常重视时代性问题。他在 1978 年的《在全国科学大会开幕式上的讲话》中指出:"近三十年来,现代科学技术不只是在个别的科学理论上、个别的生产技术上获得了发展,也不只是一般意义上的进步和改革,而是几乎各门科学技术领域都发生了深刻的变化,出现了新的飞跃,产生了并且正在继续产生一系列新兴科学技术。"①同年,《在全军政治工作会议上的讲话》中,邓小平指出:"如果我们不去分析和解决新的历史条件下存在的问题,我们就不能够恢复和发扬政治工作的优良传统,就不能够在没有打仗的情况下提高部队战斗力。"②他在 1988 年《科学技术是第一生产力》的讲话中说:"世界在变化,我们的思想行动也要随之而改变。"③在 1992 年的"南方谈话"中他更是明确指出:"社会主义要赢得与资本主义的相比较优势,就必须大胆吸收和借鉴人类社会创造的一切文明成果,吸收和借鉴当今世界各国包括资本主义发达国家的一切反映现代社会化生产规律的先进经营方式、管理方法。"④世界在飞速发展,必须解决新形势下出现的新问题,我们的思想要紧跟时代变化,要把人类文明进步取得的成果为我所用,可以说是邓小平关于马克思主义中国化的时代性的思想

---

① 邓小平文选(2)[M]. 北京:人民出版社,1994:87.
② 邓小平文选(2)[M]. 北京:人民出版社,1994:121.
③ 邓小平文选(3)[M]. 北京:人民出版社,1994:274.
④ 邓小平文选(3)[M]. 北京:人民出版社,1994:373.

逻辑。也是在"南方谈话"中，邓小平还强调通过敢想敢干推进马克思主义中国化的时代性，他指出，"什么事情总要有人试第一个，才能开拓新路。……希望上海人民思想更解放一点，胆子更大一点，步子更快一点"①，"深圳的重要经验就是敢闯。没有一点闯的精神，……就走不出一条好路，走不出一条新路，就干不出新的事业"②。可见，嘱托上海人民和深圳人民在改革中敢想敢闯，饱含了邓小平关于马克思主义中国化的时代性的深情期待和实践逻辑。

邓小平关于马克思主义中国化的时代性论述有很多，他的论述可以概括为四个"着眼于"。一是着眼于国际和国内发展的"两个大局"。国际局势主要是科学技术以及人类文明的一切新成果，国内局势主要是改革开放之后产生的各种新变化，结合国际和国内的局势变化展现出马克思主义中国化及其时代性。二是着眼于中国特色社会主义现代化建设的实践。紧紧围绕什么是社会主义和怎样建设社会主义这个主题，解决落后国家在改革开放和现代化实践中出现的各种特殊问题。三是着眼于从战略高度展望和规划未来。他提出的"面向现代化、面向世界、面向未来"的观点，不仅代表了他的教育理念，更是他对马克思主义中国化的时代性的深刻认识。四是着眼于中国改革开放的伟大实践。把马克思主义中国化的时代性与改革开放实践活动紧密结合起来，在解放思想、敢想敢闯中充分地凸显出来。

1989年到2012年的23年里，中国的改革开放和现代化建设步入了稳定发展的时期。在这个时期中国特色社会主义理论取得了进一步的发展，包括马克思主义中国化的时代性也得到进一步增强，相关认识不断加深。其中以江泽民为代表的中国共产党人认为："把马克思主义同它在现实生活中的生动发展割裂开来、对立起来，没有出路"③；"创新是一个民族进步的灵魂，是一个国家兴旺发达的不竭动力"④；坚持和发展马克思主义，应"及时总结党和人民在实践中创造的新经验和获得的新认识，有力回答现实生活提出的、干部群众关心的重大思想理论问题"⑤。可以看出，江泽民关于马克思主义中国化的时代性思想，突出强调了实践发展、理论创新和回答现实问题

---

① 邓小平文选（3）[M]. 北京：人民出版社，1994：367.
② 邓小平文选（3）[M]. 北京：人民出版社，1994：372.
③ 江泽民文选（2）[M]. 北京：人民出版社，2006：12.
④ 江泽民文选（2）[M]. 北京：人民出版社，2006：36.
⑤ 胡锦涛文选（2）[M]. 北京：人民出版社，2016：36.

等方面的与时俱进。而以胡锦涛为代表的中国共产党人所提出的主要观点是：推动马克思主义中国化发展，"必须坚持中国共产党的领导和实行正确引导"，要"与贯彻落实科学发展观紧密结合起来"，同"人民群众的当前实践活动相联系"；"我们要在科学理论指导下，大胆实践、大胆探索，以解放思想、实事求是的精神解决新形势下的新课题新矛盾"。①以胡锦涛同志为总书记的中央领导集体，除了强调马克思主义中国化过程应贯彻"求真务实"精神，也同样强调了"回应重大时代问题"。

习近平在马克思主义中国化的时代性问题上，不仅论述较多而且形成了系统性。他在党的十九大报告中强调："实践没有止境，理论创新也没有止境。世界每时每刻都在发生变化，中国也每时每刻都在发生变化，我们必须在理论上跟上时代"②，"时代是思想之母，实践是力量之源。只要我们善于聆听时代声音，勇于坚持真理、修正错误，二十一世纪中国的马克思主义一定能够展现出更强大、更有说服力的真理力量"③，"中国共产党始终把为人类作出新的更大的贡献作为自己的使命"④。他在中央政治局第五次集体学习时指出："一部马克思主义发展史就是马克思、恩格斯以及他们的后继者们不断根据时代、实践、认识发展而发展的历史，是不断吸收人类历史上一切优秀思想文化成果丰富自己的历史。因此，马克思主义能够永葆其美妙之青春、不断探索时代发展提出的新课题、回应人类社会面临的新挑战。"⑤他在纪念马克思诞辰 200 周年纪念大会上的讲话中指出："我们要以科学的态度对待科学，以真理的精神追求真理，不断赋予马克思主义以新的时代内涵"⑥，"马克思主义之所以有跨越国度、跨越时代的影响力，就是因为它植根人民之中"⑦。习近平这些系列性重要观点是对经典马克思主义、当代中国马克思主义、二十一世纪马克思主义的相互关系和发展逻辑进行的深刻阐述，更把对马克思主义中国化的时代性认识提升到了一个新高度，有力地推动了马克

---

① 胡锦涛文选（1）[M]. 北京：人民出版社，2016：33.

② 习近平. 决胜全面建成小康社会 夺取新时代中国特色社会主义伟大胜利——在中国共产党第十九次全国代表大会上的报告[M]. 北京：人民出版社，2017：26.

③ 习近平. 决胜全面建成小康社会 夺取新时代中国特色社会主义伟大胜利——在中国共产党第十九次全国代表大会上的报告[M]. 北京：人民出版社，2017：26-27.

④ 习近平. 决胜全面建成小康社会 夺取新时代中国特色社会主义伟大胜利——在中国共产党第十九次全国代表大会上的报告[M]. 北京：人民出版社，2017：57-58.

⑤ 习近平在中共中央政治局第五次集体学习时的讲话[N]. 人民日报，2018-04-24.

⑥ 习近平. 习近平在纪念马克思诞辰200周年大会上的讲话[N]. 人民日报，2018-05-05.

⑦ 习近平. 习近平在纪念马克思诞辰200周年大会上的讲话[N]. 人民日报，2018-05-05.

思主义中国化实现历史性飞跃。

概括习近平在马克思主义中国化的时代性方面的论述，他所强调的内容包括以下几方面。首先，"回应新时代中出现的重大现实问题"。他认为时代是命题人，共产党是答题人，而人民群众是阅卷人，在解决现实问题中拿出真东西来，让人民满意，就是彰显马克思主义中国化的时代性。其次，坚持"以人民为中心"的马克思主义人民情怀，从新时代发展的方位看待不平衡不充分问题和不断满足人民日益增长的对美好生活的新需要。他认为离开历史的创造者人民去观察时代，就看不清时代的发展特点和本质是什么、时代新在哪里。再次，紧紧围绕"坚持和发展中国特色社会主义"这个核心要义实践马克思主义。即围绕坚持和发展什么样的中国特色社会主义，怎样坚持和发展中国特色社会主义的主题，通过实践和认识不断深入发展，增进当代中国马克思主义的时代性。最后，把人类共同命运与马克思主义时代化发展相结合。站在时代发展的高度开拓马克思主义的视阈，在关注人类共同价值、人类共同命运的同时思考马克思主义整体的未来发展，使二十一世纪马克思主义中国化的时代性更加丰满。

在一定意义上，毛泽东强调要准确研判时局变化，邓小平强调要紧跟时代步伐，习近平在此基础上强调中国也要引领时代发展。尽管在各个不同历史阶段上，对马克思主义中国化的时代性认识角度多有不同，但是"回应重大时代问题"是中国共产党人长期以来形成的基本共识。在马克思主义中国化的时代性"变与不变"的认识和实践中，中国共产党人积累了实事求是地面对时代变革，根据时代变化及时调整工作思路和总体安排，把马克思主义发展与改革实践中的不断创新结合起来，在回应时代提出的各种现实问题中丰富和发展马克思主义等一系列宝贵经验。

三、如何彰显马克思主义中国化过程中的时代性

关于怎样推进马克思主义中国化和时代化问题，学界的研究成果已有很多，在此不复赘述。我们这里主要以习近平新时代中国特色社会主义思想为认识基础和思考方法，只对如何彰显马克思主义中国化过程中的时代性作以专门探讨。

第一，立足于中国现实发展中所出现问题的实际。马克思曾指出"一切

划时代的体系的真正内容都是产生这个体系的时代需要"①。时代对于思想的产生和发展极其重要，历史上无论是空想社会主义的兴盛，还是启蒙运动的蓬勃发展，包括十九世纪中叶马克思主义的问世，都是社会发展过程中回应时代问题的产物。因此，必须依据中国改革开放进入新时代、实现中华民族伟大复兴和建设社会主义现代化强国新战略、社会发展不平衡不充分和满足人民对美好生活新期待的实际，通过回答和解决实际出现的各种重大问题，使马克思主义中国化不仅有附着点、着力点和创新点，而且在回答和解决这些新的实际问题中展现马克思主义在中国的时代风貌，用现实活化理论，用理论照亮现实。

第二，要根据历史发展潮流因时而进、因势而新。依据时代发展变化作出新的抉择，是马克思主义中国化过程体现时代性的核心要义。正如有学者所指出的："马克思主义历经 100 多年的发展和实践检验，之所以能始终闪耀着穿越时空的真理光芒，不仅没有过时，而且仍然有着愈发旺盛的生命力，原因在于它是真理性与时代性的完美结合。"②与时代发展共进，随着形势发展而变，是习近平"因时而进、因势而新"理念的正确诠释。在社会发展进程中，我们不仅不能"开历史的倒车"成为"跳梁小丑"，更不能因循守旧、故步自封、满足于现状，而是应积极借助时代潮流所产生的"动能"，为马克思主义真理发展注入新的活力，深刻感悟和把握马克思主义真理的力量，谱写中国特色社会主义新篇章，推动中国特色社会主义事业蓬勃发展。

第三，在全面深化改革探索中紧紧抓住新生事物的苗头。我们不仅要大踏步赶上世界潮流，还要善于观察和捕捉潮流产生的标志、形成的态势、发展的趋向，而这些要靠"由微至宏""经花思果"，以普遍性蕴藏于特殊性之中的马克思主义认识方法，在全面深化改革实践中抓住新生事物的苗头预测可能形成的大趋势。因为历史经验证明，新世界潮流的标志、态势和趋向往往隐匿于社会繁纷复杂现象的背后，一般没有形成大的潮流时很难被意识到，如果想透过现象看本质，只有通过全面深化改革这种创新性质的实践才能尽早地观察和体会到。马克思认为，"共产党人的理论原理，绝不是以这个或那个世界改革家所发明或发现的思想、原则为根据的，……这些原理不过是现存的阶级斗争、我们眼前的历史运动的真实关系的一般表述"③。可见，立

---

① 马克思恩格斯全集（3）[M]. 北京：人民出版社，1960：544.
② 汝信. 马克思主义闪耀着穿越时空的真理光芒[J]. 求是，2018（8）.
③ 马克思恩格斯文集（2）[M]. 北京：人民出版社，2009：44.

足于全面深化改革伟大创新实践活动，是我们从新生事物那里聆听到时代之音的不二法门。

第四，及时总结坚持和发展中国特色社会主义的新鲜经验。实践作为理论之源总是与"新"相联系，"新"是时代最鲜明的标志和最耀眼的光环，不管是"新事物"还是"新经验"，都是马克思主义中国化的时代性基本要素。因此，及时总结坚持和发展中国特色社会主义的新鲜经验，也是推进马克思主义中国化的时代性必由之路。以习近平为代表的中国共产党人，带领中国人民走进新时代，实现从富起来到强起来的伟大飞跃，更加彰显了马克思主义时代光芒和中国特色社会主义创新活力，使新探索、新创造、新作为等新鲜经验遍地开花。人类思想发展史表明，在社会实践加速发展推动下，有些重大新思想就会积累和成熟到"仅隔一层窗户纸"的程度，这时若能及时进行经验总结，就有可能比较容易地"捅破这层窗户纸"并实现理论上的重大突破，从而谱写出中国特色社会主义时代发展的新篇章。

第五，要在坚持党的领导下开辟马克思主义新境界。中国共产党 90 多年的不懈奋斗，深刻改变了近代中国的发展方向和历史进程，深刻改变了中国人民和中华民族的前途命运。党的十八大以来，我们党自身建设取得了显著成效，推动中国迈向了现代化强国的新征程，这一切都说明中国共产党具有不可替代的历史地位。中国特色社会主义进入新时代，赋予中国共产党人统揽伟大斗争、伟大工程、伟大事业、伟大梦想的历史使命更加艰巨和繁重；处在新时代历史起点上的马克思主义如何续写中国特色社会主义的崭新篇章，仍然有赖于中国共产党的坚强领导，因为中国共产党的领导是中国特色社会主义的本质特征，也是中国特色社会主义制度的最大优势，离开共产党领导的社会主义道路将是一句空话。同样，如果没有中国共产党的正确领导，马克思主义中国化的时代性就将成为水中月和镜中花。可见，推进马克思主义中国化的时代性，中国共产党的领导不仅是根本所在、优势所在、关键所在，也是最为充分和可靠的保证。

第六，通过在世界发展中的引领作用提升中国马克思主义的时代性。从国内与国际相联系、历史和现实相联系的视角看，中国特色社会主义走进新时代，说明科学社会主义在中国取得了成功和发展，如何把"人类命运共同体"的理念付诸实践，是中国特色社会主义的使命与担当。时代作为思想之母必须与历史发展相联系，因为"只有在整个人类历史发展的长河中，才能透视出历史运动的本质和时代发展的方向"①。中华民族曾经创造出灿烂的中华文化,引领过世界文明的发展方向。今天,我们站在历史的高度看,不但要紧跟时代步伐,更要通过向那些既希望加快发展又希望保持自身独立性的国家提供中国智慧和中国方案,为人类进步事业作出更多贡献,从而为世界文明进步贡献中国力量。唯有如此,马克思主义才可能在世人面前展示出更加耀眼的时代风采和思想魅力。

（杨永志、王延华:《长白学刊》2018 年第 5 期）

---

① 习近平. 习近平在纪念马克思诞辰 200 周年大会上的讲话[N]. 人民日报,2018-05-05.

警惕"貌科学"干扰改革

不同时代、不同社会思潮对人们观念的影响方式、范围和程度不同，在这个意义上，哪种社会思潮突起、流行，形成对主流意识形态和社会实践活动的冲击，与时代的政治走向、客观环境等有一定的关系。根据笔者观察和体会，在最近几年，随着我国越来越重视意识形态工作，以往那些对中国改革开放干扰比较大的自由主义、社会民主主义、民粹主义，以及极左思潮、形式主义、教条主义和保守主义等，对我国全面深化改革影响式微，而"貌科学"借助网络新媒体大有滥觞之势，对我国全面深化改革有可能造成一定干扰。

一、"貌科学"的基本内涵及其表现

所谓"貌科学"，实际就是一种"似是似不是"，貌似科学，但未被实验或实践证明就是科学的观念。在现实生活中，常有一些假想或判断被人以一定科学背景和生活逻辑主观推理为科学认识，而大众作为受体广泛接受其为科学观念。

"貌科学"介于真科学与伪科学之间。伪科学是英国物理学家波普最早提出的概念，主要指具有"似是而非"特征、披着科学外衣的假科学。而"貌科学"实际处于科学理念前期的价值判断阶段，其显著特征是"过早"下结论和"主观"臆测为多。"貌科学"也不等于准科学，准科学属于真科学的前身，只是科学的观念受某些条件限制暂时不能被最后证实而已。目前，一些貌似科学的观念正借助网络新媒体进行广泛传播，并以"科普"方式大行其道，对广大百姓日常生活造成直接的冲击或潜在的影响。为此，我们将这种与科学有关的流行性观念和现象称作"貌科学"，它在当代正逐步演变为一种社会思潮。"貌科学"的主要表现在于以下几方面。

第一，乔装打扮成科学观念。食品安全是群众最关注的热点之一，在网络新媒体中传播较多的是"转基因"食品问题。一些微信用户用大量的所谓科学家的研究结果或者权威人士的观点，指责我国农业部门对转基因生产和产品销售处理不力，相关负责人态度不够明确，使美国"灭绝中国人"的阴谋行将得逞。有些人使用"马与驴杂交生出不会发声、不能进行后代繁衍的骡子"这样的生物学现象进行类比和推理，认为转基因有害无益。类似这样的"貌科学"观念在各个领域都有存在，很多未被实验充分和严谨证明的认识被言之凿凿地强行打上"科学"的标记。

第二，与真正科学鱼龙混杂。中国一些地区曾流行过"打鸡血""甩手健体""喝红茶菌"等健康疗法；近年来"海参""燕窝""鱼翅""高丽参"等为最佳补品的观念日渐流行；坚持喝"柠檬水"可以杜绝心脑血管疾病；等等。我们不能说有些方法完全不科学，但是科学的成分不应被绝对化和无限放大。在市场经济条件下，不排除有些所谓健康品实际是某些商家出于自身利益，打着科学旗号忽悠消费者，通过"精神变物质"方式推动社会消费掀起一波连一波的追随潮。尤其在网络新媒体时代，有些被推出的所谓科学观念常常相互矛盾甚至认识截然相反，更容易使人们对其真假难辨和手足无措。

第三，以健康的生活为噱头。例如：一些包治百病的"科学药方"；近年来不断衍生出所谓的科学新概念，如"小分子团""破壁""初乳""排毒"等；一系列所谓"食物相克"的负面清单，像菠菜与豆腐不能一起炒、羊肉与鱼肉不能同时吃、隔夜茶水不能喝；等等。再如：每天少喝点酒有利于减少心脏病的发生、一次吃鸡蛋超过两个会增加坏胆固醇、辟谷有助于排毒等。总之，与人们健康生活相关内容为噱头，是这类"貌科学"现象的重要特征。

第四，包含一定的政治动机。伴随国家信息网络乱象治理力度的加大，原来来势凶猛、兴风作浪的"水军"似乎没了行踪。实际上，在互联网平台上遭受重创的"水军"并没绝迹，而是战略性地转移了阵地，在新媒体的微信群里频频现身。以著名物理学家杨振宁"中枪"为例，一些心怀叵测的人打着爱国主义旗号，大肆攻击他巧取名利、道德败坏、早年没有回国作科学贡献等，一些不明就里的群众也因此跟风，在网上对其谴责谩骂。科学与爱国，对于中国人来说的确是不能回避的话题，但是硬将科学与爱国捆绑在一起说事，如果不是认识方法和深度有问题，就是存在着不良的政治图谋。

第五，以正能量的形式出现。当前，中国网络生态治理较好，各种负能量观念传播难有市场，因此要想博取眼球和粉丝呼应，各种价值理念和所谓科学精神必须要以正能量出现才能赢得大众。尤其是新的科学成果，一些人不仅趋之若鹜，而且还积极推出自己的衍生品。比如，我国在量子科学和基因排序走在世界前列后，就出现了"量子纠缠算命"，说量子纠缠超越了马克思主义的唯物论，精神可以先于物质而存在；而所谓通过基因分析，更是耸人听闻地提出能科学预知一个人的前世今生。实际上，尽管一些"貌科学"以正能量的形式出现，但是并不包含科学精神，许多所谓的科学观念既夹杂科学因素，又有伪科学成分。

从历史上看，"貌科学"现象历来存在，但是在科学、创新成为中国社会发展底色的今天，尤其是进入网络新媒体成为大众获取新闻信息的主渠道的新时代，"貌科学"由个别现象逐渐演化为一种新社会思潮，而且呈愈演愈烈的扩大态势。

二、"貌科学"当下流行的主要原因

由于战略布局和前期教育事业、科技发展改革等累积效应凸显，近些年我国科技发展步伐日益加快、成就突出、影响广泛而深刻，不仅潘建伟团队的量子卫星、汪建团队的基因测序、黄大年团队的宇宙探测等影响巨大，而且像智能自行车、移动支付、网上购物等民用科技直接影响百姓生活。随着中国由制造大国向创造强国迈进的步伐越来越快，百年来五四运动倡导的"科学"真正开始成为广大百姓的信仰。当然，科学精神日益深入人心的同时，一些伪科学和"貌科学"观念夹杂其中，通过各种网络新媒体影响人们进行正确的科学判断和价值选择。具体来说，"貌科学"思潮流行的主要原因有三：

人们大多容易接受合理的想象。以火山爆发时出现的圆形烟圈为例，一般认为，圆形烟圈的出现是因为火山口是圆的，可是考察吐圆圈烟的火山口往往并不是规则的圆形，科学家为此用不同的喷烟口做实验，发现通过方形器物口也能吐出非常规则的圆形烟圈，所以得出圆形烟圈并不一定由圆形器物口吐出的科学结论。可见，科学规律不等于惯常的主观想象，事实往往同人们生活常理以及由此产生的认识相悖。然而，一些人却热衷于依据生活常理和不确定认识进行推论，多数人也往往根据生活常理进行价值认同，这就造成一些由认识方法而产生的"貌科学"观念广泛流行。

人们对美好生活的高度渴望。中国经过 40 年改革开放的发展,人民生活水平得到了空前的提高,最近一些年,人民最关注的不光是收入差距等公平正义问题,食品安全、生态环境和健康生活逐渐引发人们的广泛关注。在我国主要矛盾已发生转变的新时代,怎样健康生活就成为社会关注的持续热点,由于科学养生的官方发声滞后于形势发展的需要,"貌科学"便恰逢其时、应运而生、走到前台,诸如"糖尿病治疗祖传秘方""癌症被攻克的基因疗法"等所谓"科学信息"登堂入室。怎样健康生活,如何辨别生活中的诸多好坏,采取什么样的生活方式等价值理念必然存在市场,时代发展带来的需求变化使得各种科学生活观与不确定的健康生活观泥沙俱下。

网络新媒体的发展成为外在的重要条件。如果说需求是内因,那么网络新媒体就是重要的外因。据权威统计,我国目前约有网民 7.72 亿,是世界上数量最大和发展最快的网民群体。还有一种说法是我国网民将近 10 亿,因为狭义网民指国内 IP 地址注册的,广义网民指所有微信用户,而实际微信用户包括在国外使用微信的人。以互联网为基础的网络新媒体,由于存在图文并茂、传播速率快、群累加效应大、转发效率高和可以互动等优势,对"貌科学"思潮产生社会影响非常有利,容易为"貌科学"借助,而产生的不利后果也会更加严重。

三、如何消除"貌科学"对我国全面深化改革的干扰

40 年来,改革开放使中国人民的面貌、社会主义中国的面貌、中国共产党的面貌发生了历史性的变化。2013 年 11 月,党的十八届三中全会对全面深化改革进行了总体部署,吹响了改革开放新的进军号。近 5 年来,我国全面深化改革取得重大突破,蹄疾步稳推进全面深化改革,拓展改革的深度和广度。全面深化改革需创建良好的环境,包括价值认知环境、社会舆论环境和崇尚科学环境等,而"貌科学"作为一种现象,容易给人们日常生活造成"信以为真""以讹传讹""贻害身心"的不利影响。具体来说,"貌科学"容易使全面深化改革偏离求真务实的指导原则,不利于全面深化改革的战略抉择,干扰我国全面深化改革总目标以及各个具体目标的实现。

若想让普通百姓能理性认识、明辨表里、不入俗流,就需相关治理部门审时度势、积极引导、掌控大局。要减少"貌科学"对我国当前全面深化改

革的干扰，应站在社会主义精神文明和意识形态建设的高度，关注这种现象发展态势并遏制其广泛蔓延，具体应采取以下措施：

第一，要以实事求是的科学思想指导改革。改革以科学思想为指导，这是社会实践最基本的前提条件。"貌科学"的主观偏好所造成的最大危害就是影响人们对生活行为作出正确价值选择，这恰恰与我国全面深化改革需要依据客观实际进行顶层设计和通过深入调查研究做出科学抉择要求相反。在这个意义上，改革活动以及为改革进行的决策一定要坚持实事求是，求真务实，自觉地远离"貌科学"。

第二，在改革过程中不能包容"貌科学"。包容是马克思主义的博大胸怀，尽管"貌科学"不等于伪科学，但是由于它存在主观性、武断性和不严谨等各种缺憾，不在我们改革过程中应有的包容之列。就是说，改革不仅不能包容错误，也不能包容太多的"不确定性"。以错误观念进行改革必然导致失败，而"不确定性"过多将会导致改革成本加大和失败的风险增大，从而给社会带来难以承受之重。如果任由"貌科学"影响改革，就是"对人民极不负责"，这与共产党人的宗旨和使命根本相悖。

第三，做改革决策要警惕"貌科学"与"民粹主义"苟合。从思潮的角度看，因为"貌科学"在一定情况下能蒙蔽很多人，形成广泛的群众基础，容易与民粹主义改革呼声走到一起。改革要走群众路线，倾听人民群众的呼声这是毫无疑问的，关键是要划清改革是要解决群众的长远利益和根本利益还是少数人的局部利益，是合理要求还是无理要求，具有可行性还是没有可行性。真理不能用民主方式进行考量，同样道理，改革决策也不能迁就那些没有根据的多数人情绪。

第四，要把培育严谨的民族精神作为全面深化改革的一项重要内容。在我们的民族精神中除了要继续传承勤劳、勇敢、团结、善良、不畏艰难、勇于进取外，还要积极培育"严谨"精神。受传统的各种因素影响，必须承认我们民族的"严谨"精神与世界上有的民族有一定差距。而严谨是科学的精髓所在，不严谨的民族在科学发展和创新改革中将会遇到更多麻烦。对人可以实现长生不死的"憧憬"，以量代质的"评价"，差不多就行的"态度"，都应通过全面深化改革，在培育民族严谨精神过程中不断地摒弃，使科学、健康、文明的中国更加美丽。

（杨永志、王琳：《人民论坛》2018 年第 9 期）

试论中国特色社会主义自由的主要特征

长期以来,关于社会主义自由与资本主义自由的区别有各种各样的解释,以马克思主义自由观为基础的社会主义自由通常被认为:以公有制而不是私有制为制度条件,本质是集体自由而不是个人自由,具有广泛性和平等性而不限于资本自由。如何更有说服力地回答社会主义与资本主义自由的区别,实际应该主要以客观的"适用性"作为尺度,而不应以各自的主观评价进行"高低"之分。我们不认同资本主义自由有多好,西方资本主义国家大多也不承认中国有自由,实际上问题在于自由的"模式"不同,与一定社会制度和文化背景等相应的自由不好作出横向比较。中国自从走上社会主义道路,尤其是进入改革开放新时期以来,依据自身条件和需要,逐步形成了中国特色社会主义自由的新模式。中国特色社会主义自由,就是以马克思主义自由观为基础,在中国共产党领导下以最广大人民根本利益作为出发点和归宿,坚持集体主义的价值导向,采取民主集中的方式所形成的与当代中国发展需要相应的自由体制。中国特色社会主义自由的主要特征如下:

一、追求免于生活恐惧和生命伤害的自由

前些年,由于中国法制建设中反映出来的一些问题,触到了百姓心底最脆弱的神经,引得人们广泛关注和舆论的强烈反响,随着公民权利意识的觉醒,人们越来越渴望追求免于恐惧和伤害的自由。

如同光明不能被幽闭一样,人首先要保护自己的生命。而在各种保障自身生命自由的方式中,法治和法律是个人免于恐惧和伤害的最好安全网。为了支起这张安全网,当前中国的全面依法治国势在必行,用习近平总书记的话说,就是"全面推进依法治国,必须坚持严格执法。法律的生命力在于实

施。如果有了法律而不实施，或者实施不力，搞得有法不依、执法不严、违法不究，那制定再多法律也无济于事"①。我们只有通过全面依法治国，完善以宪法为核心的中国特色社会主义法律体系，加强法治工作队伍建设，保证公正司法和提高司法公信力，才能使法治和法律真正成为人民人身安全和生命自由的保障。

二、把保障人的生存和发展放在人权自由的首位

长期以来，西方发达国家把人权与自由相联系，惯用他们那种以自由权为核心内容的人权说事。对于广大发展中国家来说，摆在保障人权第一位的是人的生存权，没有生存权，其他一切人权以及由人权体现的自由均无从谈起。伴随着人类权利意识的不断苏醒，人们对于各种人权的渴望日益增加。为此，联合国在 1948 年 12 月 10 日通过了《世界人权宣言》，其中"宣言"的第一条是"人人生而自由，在尊严和权力上一律平等"；第三条是"人人有权享有生命、自由和人身安全"。由于《世界人权宣言》的特殊地位和对自由的特殊礼待，使得西方许多人把自由放在人权的第一位，鼓吹自由是人类最先需要的权利。

与西方发达国家那些主张把人的个性、思想言论、个人利益等自由权居先观点不同，中国特色社会主义的人权，把生存权作为第一位的内容。中国把人的生存权放在第一位，第一，是坚持马克思主义关于"物质资料的生产是人类社会存在和发展的基础"的观点，马克思说："物质生活的生产方式制约着整个社会生活、政治生活和精神生活的过程。"②第二，我国把劳动就业、收入消费、教育医疗等民生权利放在第一位，既是从当前中国作为世界人口最多、生存压力大等实际需要出发做出的一种价值选择，也是以人为本、维护最广大人民根本利益的真实体现，还是对人权自由概念的正确理解和科学诠释。简言之，如果一个人连最基本生存的条件和权利都没有，养活不了自己和家人，什么自由、民主、尊严和幸福等等都是无稽之谈。

---

① 习近平关于全面依法治国论述摘编[C]. 北京：中央文献出版社，2015：57.
② 马克思恩格斯选集（第 2 卷）[M]. 北京：人民出版社，2012：82.

三、公民思想和言论自由必须遵守"规矩"

中国特色社会主义自由不仅受法律和道德的限制，而且还受其他规矩限制。纪律是规矩的重要表现形式之一，不同政党、社会组织、新闻媒体和经济部门等等都有自己的特殊纪律规定。从表面看，纪律是对自由的"约束和挤压"，但是纪律也是"健康自由"生长的沃土，二者是对立统一关系，纪律完备和人人守规矩的生态，是避免自由"恣意伸张"的最好"型范"。在西方发达国家，耳熟能详的词就是思想和言论自由，有的人不遗余力地大肆鼓吹和推销，有的人为此患上"自由焦虑症"，他们普遍把思想和言论自由看成是自由的"首选"和"重中之重"。

中国有句俗话，"没有规矩不成方圆"。没有规矩或者纪律的自由，如同没有法律制约的自由一样可怕。中国共产党人在长期治国理政过程中对"遵纪"体会颇深，毛泽东在 1938 年党的六届六中全会报告中，总结出"纪律是执行路线的保证"①；1949 年在《论人民民主专政》中，进一步提出"加强纪律性，革命无不胜"②的著名论断。邓小平则提出国家团结"一靠理想，二靠纪律"的观点，在改革开放之初，还确定了"坚持社会主义道路，坚持人民民主专政，坚持中国共产党的领导，坚持马克思列宁主义、毛泽东思想"四项基本原则作为政治纪律。习近平也非常重视纪律，在十八届中央纪委五次全会上，用较大篇幅论述了"政治纪律和政治规矩"，并提出"五个必须"的重点要求。今天，党和国家越来越重视法治和纪律建设，把"遵纪守法"作为避免人们行为出轨的双重"制闸"。毋庸置疑，不只是西方人，中国人也同样重视思想和言论自由，我们在宪法中明确地规定了实行公民思想和言论自由。当然，中国特色社会主义所追求的思想和言论自由，是管理上有纪律、从共产党员到普通公民都守规矩的自由。

---

① 建党以来重要文献选编（第 15 册）[M]. 北京：中央文献出版社，2011：645.
② 毛泽东文集（第 5 卷）[M]. 北京：人民出版社，1996：194.

四、通过民主集中制体现个人政治权利的自由

民主是实现自由的重要形式，从古至今概莫能外，但是具体采取什么样的民主形式，不同时代和不同制度大不相同。中国共产党把民主集中制作为自身的重要组织制度和工作方法，坚持民主基础上的集中和集中指导下的民主相结合。民主集中制有两大好处：一方面从民主到集中，可以实现从个人自由向集体自由的转化，达到个人自由与集体自由的有机统一；另一方面，既民主又集中可以使个人畅所欲言，避免官僚和独裁，有利于提高决策的科学性和工作效率，避免"拖沓"和"扯皮"。当然，也有人认为政治自由讲求民主可以，加以集中就会消弭民主带给自由的张力，尤其是"举国体制"式的集中，更是自由的"宿敌"。对此，以中国革命、建设和改革的长期实践体验，我们不认同这个观点。

现代西方社会政治体制中彰显"个人自由"、实行"三权分立"、采取"多党竞争执政"等，体现着自由与民主联系，这是资本主义制度经过长期适应性演进和选择的结果。对此，我们不能用好与坏的标准来衡量，只能说资本主义政治自由适应资本主义政治需要。而适合资本主义的不一定适应社会主义，这就是为什么不能照搬资本主义政治自由的根本理由。同样，我们的"民主集中"以及"举国体制"，也不适应资本主义那样的体制和机制。适合社会主义的民主集中式政治自由，在我国正在不断地被推进和完善，并从党内民主集中向社会治理现代化全面推广，形成了以党内民主带动人民民主的自由发展新生态。毋庸置疑，这种自由既契合马克思主义自由观的要求，又适合当前中国经济、政治、文化等客观实际，是中国特色社会主义政治自由追求的主要方式。

五、以平等、公正、法治高度统一作为自由基石

在社会主义核心价值观中，自由与平等、公正、法治是有机整体和互为条件的关系。自由与平等的统一关系可以这样简单理解：一方面，有权是自由，权利一样是平等；另一方面，只有平等，一部分人的自由才不会被抵消，

才可能带来更多的自由。一句话，社会主义的自由和平等，应是"每个人都能同样享有法律赋予的各种权利"。自由与公正的具体关系，也可以简单理解为：社会公正在逻辑上、实践上会不断促进自由发展，没有公正的自由，是一个文明程度较低级的社会阶段；同样，没有自由的公正，也是不充分和缺乏尊严的公正。法治对于自由来说，由于自由以法律为"型范"，更是须臾不能离开。

社会主义追求的社会自由，绝不能标榜自由而实行不平等的自由，让有钱人与普通劳动者的自由度有天壤之别；也不能貌似公正而实际并不公正，在人权上实行"多元标准"或对别国主权肆意践踏；更不能脱离法律和道德要求独唱"个人自由"和"民主自由"等高调。社会主义追求的是以社会主义平等、公正、法治为前提的社会自由。习近平关于"让人民共同享有人生出彩的机会，共同享有梦想成真的机会"①的观点，蕴含着自由、平等、公正、法治"四者"的统一，我们今天在实现中华民族伟大复兴中国梦的征程中，就追求这种社会自由。

六、幸福生活是人们自由追求的重要目标

人为什么追求生活自由，一是要主宰自己的命运，因此把自由作为目的，用马克思的话说"人终于成为自己的社会结合的主人，从而也就成为自然界的主人，成为自身的主人——自由的人"②。人是一种能进行自我选择、自我发展、自我创造、自我解放的存在物，所以主宰自己的命运是人类的追求，这种天性将使人类"从必然王国走进自由王国"，达到人与自然、人与社会、人与自身的和谐。二是人追求生活自由是为了实现幸福，自由是创新的源泉，自由也是人类幸福的源泉，用空想共产主义者德萨米的话说，"人愈自由，国家愈繁荣；反过来说，国家愈自由，人将愈幸福"③。当然，"幸福不会自动来敲门"，需要人通过认识自然规律，以及利用自然规律的劳动和创造，从而实现主宰自己命运的自由而幸福的生活。

人要实现主宰自己命运的生活自由，一是在不破坏自然环境的前提下，

---

① 习近平. 在十二届全国人大一次会议闭幕会上的讲话[N]. 人民日报, 2013-03-17.
② 马克思恩格斯选集（第3卷）[M]. 北京：人民出版社, 1995：260.
③ 泰奥多·德萨米. 公有法典[M]. 黄建华, 姜亚洲, 译. 南京：译林出版社, 2014：2.

创造出满足社会需要的物质财富，物质财富是生活自由的物质基础；二是要不断提高对自然、社会和自身的认识水平，树立正确的世界观、价值观和人生观，科学理论和正确价值观是实现生活自由的精神基础；三是人要有理想有追求，不断提升做人的品质。通常来说，"文化教养、社会担当、自由灵魂"是做人的高贵品质，这些是战胜自我，获得生活自由的素质基础。

以上六个方面只是中国特色社会主义自由的主要特征，当然，对于不同的个人，还有各种各样的自由诉求。如果用排除法来看中国特色社会主义自由的特征，还可以作以下概括：

第一，中国特色社会主义不追求资本主义所谓具有普世价值的自由。因为资本主义的自由，本质上是资本的自由，而雇佣劳动者只有出卖劳动力的自由。马克思对此曾一针见血地指出，"在自由竞争中自由的并不是个人，而是资本"①。马克思的话可以理解为，资本主义制度下个人拥有资本越多，自由度就越高，二者正相关。进一步说，资本主义制度不仅整体上使自由所能达到的高度有限，他们所吹嘘的允分自由不过是"镜里花"或"水中月"，资本所有者能够享有较多的自由，普通劳动者享有的只不过是那种资本治理和资本奴役下的有限自由，它与广大人民群众真正享有的自由不能同日而语。

第二，中国特色社会主义也不追求新自由主义所倡导的自由。新自由主义最基本的主张是实行私有化、完全市场化，反对公有制和政府干预，它的自由有其特定内涵。目前，新自由主义在世界范围泛滥，试图将基于一种文明体系形成的价值理念和政治模式凌驾于由各种文明体系构成的人类社会之上，这不是价值自信，而是一种价值傲慢。自由属于人类的共同价值，但是新自由主义所推销的自由，是在西方根深蒂固的多元主义和个人权利逻辑制度基础上建立起来的，与传统的基督教文明有血缘关系，没有普适性，根本就不是人类共同价值。以马克思主义自由观为基础的中国特色社会主义自由与新自由主义的自由之间具有与生俱来的裂隙，这种裂隙不能消弭，也不能通过"嵌入"方式进行融合，因为文化传统和政治制度的"底色"难以改变，如果允许新自由主义的自由泛滥，其结果必然是我们发展走向历史性停滞和陷入全社会混乱。

第三，中国特色社会主义更不追求极端主义和无政府主义的所谓自由。极端主义和无政府主义自由的共同点就是"不切实际、不要秩序、不管他人"，

---

① 马克思恩格斯文集（第 8 卷）[M]．北京：人民出版社，2009：179.

宣称"绝对自由、无限自由、自由至上",其表现是"目空一切、为所欲为、肆无忌惮"。这种自由对人类不是"福音"而是"灾难",追崇这种自由最终会导致"弱肉强食"的社会混乱局面,当年德国法西斯和日本法西斯都想在世界上推行这样的自由,虽然他们目的最终没能实现,但是历史的隐痛仍留在许多人记忆。随着人类文明进步的发展,尽管当今极端主义和无政府主义的自由越来越没有市场,但是人类远没有彻底摆脱这种自由的"梦魇",仍有发展中国家正受这种自由挟持陷入内乱不断。因而,在国内,我们要旗帜鲜明地反对不受"约束"的各种形式自由,避免极端的自由主义"滥觞",确保社会秩序稳定;在国际,要通过建立和完善世界政治、经济、文化、环境等良好秩序,坚决反对以自由为借口干涉别国内政、借贸易平衡挑起经济事端,以打击恐怖主义为名加剧地区冲突,确保人类实现稳定和长久的自由。

（杨永志、汪闻涛：《社科纵横》2018 第 10 期）

马克思主义自由观的继承和发展

党的十八大以来，习近平总书记在治国理政中高度重视社会主义核心价值观的培育和践行，发表了一系列有针对性的重要讲话，形成了关于"自由"价值的新理念，继承和发展了马克思主义的自由观。

一、继承和发展了"人民自由"观

马克思主义的自由观是"人民自由"观，以实现最广大人民自由为根本追求，人民自由是为了无产阶级最广大的人民群众摆脱剥削、压迫等经济社会关系的束缚，实现自己决定自己命运和当家作主的政治自由；是为了摆脱旧式分工限制，人人获得职业选择、消除体脑劳动差别和全面发展的自由。习近平在 2013 年全国宣传思想工作会议上指出，马克思主义在理论上始终强调人的自由全面发展，保障人民自由劳动创造财富的权利，批判异化劳动对人的剥削和压迫。这样的理论因其始终坚持人民利益而受到人民群众的欢迎和支持。党的十八大以来开展的"党的群众路线教育实践活动"，就是推进"人民自由"的体现，即"紧紧依靠人民""一切由人民作主""凡事由人民说了算"。习近平强调"人民对美好生活的向往，就是我们的奋斗目标"，更把"人民"提升到价值主体的位置。

二、继承和发展了"集体自由"观

"集体自由"，是以集体主义为基础，个人不能随心所欲，个人自由受到集体意志和利益的限定，个人的自由绝不能以牺牲多数人的自由为代价。《共产党宣言》指出，"代替那存在着阶级和阶级对立的资产阶级旧社会的，将是这样一个联合体，在那里，每个人的自由发展是一切人的自由发展的条件"。习近平坚持社会主义的"集体自由"，提出的"大局意识"，既包括执政者要胸怀大局、把握大势、着眼大事，做到因势而谋、应势而动、顺势而为，也包括普通党员和群众识大局、顾大体，不要因本位主义、局部利益，损害全局和整体利益。从"自由人联合体"到"大局意识"，习近平拓展了马克思主义的"集体自由"观。

三、继承和发展了"创新自由"观

马克思主义自由观倡导"破立并举"，不破除旧的束缚经济社会发展的观念、体制和做法，经济社会和人自身就不能发展。"破"不是一味蛮干，"立"更需解放思想、遵循规律、有新办法，"破与立"如果没有创新贯穿其中，人类就不能从"必然王国"迈进"自由王国"。所以，创新自由是马克思主义自由观的重要特征。社会主义改革是"破立并举"的一项实践活动，习近平在全面深化改革的战略布局中坚持"破立并举"，树立新发展理念，都是继承和发展马克思主义"创新自由"观的具体体现。

四、继承和发展了"有限自由"观

所谓"有限自由"，是相对于有些资产阶级自由主义者所主张的"绝对自由、无限自由、自由至上"而言，马克思主义的自由观不赞同自由没有限制，认为社会主义自由要有法律法规、国家政策、相关纪律等的约束。习近平提出"全面依法治国"和全党必须牢固树立"四个意识"，是马克思主义"有限自由"观的体现。党的十八大以来，我们党最早立的规章是"八项规定"，之后制定了一系列党内法规和规章制度。坚持党中央集中统一领导，全党始终在思想上政治上行动上同党中央保持高度一致，是最重要的政治纪律和最根本的政治规矩；坚持依法治国首先是依宪治国和依宪执政，是治国理政最重要的规矩。这些都具体实践并发展了马克思主义的"有限自由"观。

五、继承和发展了"合作自由"观

"合作自由",特指在不同种族、文化、制度等背景下国家间通过合作获取自由。马克思和恩格斯认为,生产力的发展和人们交往关系扩大是历史发展的趋势和动力,随着生产力发展国家之间的交往将越来越密切。当前,人类正处于大发展大变革大调整时期。如何让世界摆脱迷茫,走上健康发展之路,习近平提出了解决世界问题的中国方案:"构建人类命运共同体,实现共赢共享。"简言之,就是"让不同国家、阶层、不同人群共享经济全球化的好处"。习近平提出了建设"新丝绸之路经济带"和"21 世纪海上丝绸之路"的构想,不仅是"世界历史"理论的当代实践,也是马克思主义"合作自由"价值观的科学演绎。

(杨永志:《中国社会科学报》2017-08-24)

中国特色社会主义认识的新高度

习近平新时代中国特色社会主义思想，在中国共产党第十九次全国代表大会的报告中得到全面概括和集中体现。从十八大到十九大这 5 年时间里，中国特色社会主义从实践到理论、从局部到整体都发生了重大发展和变化，中国特色社会主义进入新时代。以习近平同志为核心的党中央带领全党全国各族人民不忘初心、砥砺奋进，把对中国特色社会主义的认识提升到一个新高度。

一、为什么说中国特色社会主义的认识达到了新高度

习近平新时代中国特色社会主义思想，是中国特色社会主义认识新高度，这样的认知最基本的依据有以下几点：

对科学社会主义的认识达到了历史新高点。中国特色社会主义在总体上继承和发展了科学社会主义。进一步说，中国特色社会主义在本质上是科学社会主义，在构成上是科学社会主义的重要组成部分，在形态上是科学社会主义、中国具体实际、时代发展三者结合的产物。所以，中国特色社会主义是在当代中国发展了的科学社会主义。而习近平新时代中国特色社会主义思想，与马克思恩格斯的科学社会主义侧重点不同，它不是围绕"推翻资产阶级统治"，而是围绕"社会主义现代化建设"总结出来的创新理论。这种创新理论提升了科学社会主义整体认识水平，拓宽了科学社会主义的认识视野，彰显了科学社会主义认识的时代性。

对中国特色社会主义的认识实现了新飞跃。自 1978 年以来，中国共产党带领全国各族人民共同开创了中国特色社会主义的伟大事业。伴随着我国改革开放的实践发展过程，以习近平同志为核心的党中央坚持以马克思列宁主

义、毛泽东思想、邓小平理论、"三个代表"重要思想和科学发展观为指导，围绕"强起来"主题，从理念与现实结合上系统回答了在新时代坚持和发展什么样的中国特色社会主义，怎样坚持和发展中国特色社会主义这个重大时代性课题，就新时代中国特色社会主义一系列基本问题取得了认识的新进展。以习近平同志为核心的党中央顺应时代发展要求和中国实践需要，提出了"实现中华民族伟大复兴的中国梦"的新号召，提出了创新、协调、绿色、开放、共享的新发展理念，提出了"以人民为中心"的发展思想，提出了"构建人类命运共同体，促进全球治理体系变革"的新主张，提出了建成富强民主文明和谐美丽的社会主义现代化强国的奋斗目标，等等。这些新理念新思想新战略，使中国特色社会主义认识实现了飞跃性的发展。

实践充分证明中国特色社会主义的认识达到了新高度。实践是理论源泉，也是认识的试金石，还是认识水准的重要标识。党的十八大以来的五年，是极不平凡的五年，面对世界经济、政治和意识形态等领域问题，面对我国经济发展进入新常态、脱贫攻坚等一系列问题，我们党带领人民砥砺奋进，在各个方面都取得了辉煌的历史性成就，党的面貌、国家的面貌、人民的面貌、军队的面貌、中华民族的面貌发生了前所未有的变化，我国的综合国力实现了前所未有的增强，中华民族正以崭新的姿态屹立于世界的东方。这些都真实反映了作为指导思想的习近平新时代中国特色社会主义思想的认识水平，也使 21 世纪的马克思主义展现出更强大、更有说服力的真理力量。

二、习近平新时代中国特色社会主义思想的 几个鲜明的特点

首先，习近平新时代中国特色社会主义思想非常注重对中华优秀传统文化的发掘、继承和当代运用。党的十九大报告指出："推动中华优秀传统文化创造性转化、创新性发展，继承革命文化，发展社会主义先进文化，不忘本来、吸收外来、面向未来，更好构筑中国精神、中国价值、中国力量，为人民提供精神指引。"[1]在培养和践行社会主义核心价值观问题上，表示要深入

---

① 习近平. 决胜全面建成小康社会 夺取新时代中国特色社会主义伟大胜利——在中国共产党第十九次全国代表大会上的报告[M]. 北京：人民出版社，2017：23.

挖掘中华优秀传统文化蕴含的思想观念，让中华优秀文化展现出长久魅力和时代风貌。必须肯定，中华优秀传统文化不是社会主义思想和文化的源头，但是在许多方面与科学社会主义思想和文化相契合，能滋养中国特色社会主义健康发展。

其次，习近平新时代中国特色社会主义思想特别注重从战略高度看问题谋发展。用世界眼光看问题，是现代社会科学普遍运用的一个基本方法，也是一个国家制定发展规划、处理国际关系，甚至解决社会矛盾的重要手段。十八大以来，习近平同志关于中国特色社会主义战略发展的论述非常多，除了"五位一体"总体布局和"四个全面"战略布局之外，还提出实现社会主义现代化和中华民族伟大复兴是中国特色社会主义的总任务，在2020年完成全面建成小康社会任务之后，再分"两个阶段"争取在本世纪中叶建成富强民主文明和谐美丽的社会主义现代化强国等。这些都体现了习近平同志以高屋建瓴的战略眼光谋发展、促改革。

最后，习近平新时代中国特色社会主义思想特别关注整个人类的共同性问题。中国人民的梦想与全人类的梦想都是息息相通的，中国人要实现的伟大梦想，"离不开世界和平的国际环境和长期稳定的国际秩序"，所以必须统筹国际和国内"两个大局"。十八大以来，以习近平同志为核心的党中央提出建设人类命运共同体、建立人类利益共同体、建设新型大国外交关系，以及推动全球化发展等思想。党的十九大站在中国与世界交汇点上，统筹国际国内两个大局，统筹安全发展两件大事，彰显了中国共产党的国际视野和天下情怀。从中不难看出，习近平同志更加注重从人类共同价值、共同命运、共同利益的角度来谋划中国特色社会主义发展，自觉地为解决人类经济社会发展问题，贡献中国智慧和中国方案。

三、要从理论和实践意义方面
理解中国特色社会主义认识的新高度

第一，从中华民族自身发展的意义上看，中国特色社会主义已经进入新时代，标志着从1840年以来，历经苦难的中华民族迎来了从站起来、富起来到强起来的伟大飞跃，迎来了实现中华民族伟大复兴的光明前景。从社会主义角度来讲，中国特色社会主义已经进入新时代，说明社会主义并没有被历史所"终结",相反标志着科学社会主义在 21 世纪的中国将焕发出强大生机活力,给一切马克思主义者树立了实现社会主义以及共产主义的坚定信心。我们在世界的东方高高举起中国特色社会主义的旗帜,就意味着为世界社会主义事业作出巨大贡献。从世界广大发展中国家来说,中国特色社会主义已经进入新时代,标志着中国在经济社会发展和人的全面发展等各个方面,取得了前所未有的骄人成就,是足以划时代的成就,这就为广大发展中国家拓展了实现现代化的路径,提供了有益借鉴和深刻启迪。另外,面临人类共同问题,如安全问题、治理问题、环境问题等,中国也提出了自己的建设性主张和方案。中国特色社会主义是改革开放以来党的全部理论和全部实践的主题,所以只有从理论与实践的深度、有机、具体结合上才能深刻认识中国特色社会主义,也才能使认识的高度与实践的高度相一致。

第二,要以正确的方式对待中国特色社会主义认识的新高度。当前,应从以下四个方面端正态度并采取正确的方式,学懂弄通、解读宣传、贯彻落实、发展完善达到新高度的中国特色社会主义。

第三,要用习近平新时代中国特色社会主义思想武装全党全国人民头脑。十九大新修订的党章明确指出,"习近平新时代中国特色社会主义思想,……是全党全国人民为实现中华民族伟大复兴而奋斗的行动指南,必须长期坚持并不断发展"①。进一步说,新时代的建设实践,需要适应时代发展的新理论来直接指导,而运用达到认识新高度的理论指导现实发展恰逢其时,既体现了与时俱进,又具有可操作性。为此,通过准确把握习近平新时代中国特色社会主义思想的时代背景、核心要义、创新观点和实践要求,以及历史贡献,才能更好地实现用新思想武装头脑的目的。用习近平新时代中国特色社会主义思想武装全党全国人民头脑,关键是我们党要全面增强政治领导力、思想引领力、群众组织力、社会号召力,通过学习型政党建设带动学习十九大精神的热潮。

第四,要深刻领会十九大报告的精神实质。对于十九大报告,学懂是前提,因为这个报告提出了很多新的说法、确定了不少新的任务和新的举措,需要通过深入学习来准确领会。学懂之后要弄通,弄通是系统的而不是局部的,要把学习十九大精神同学习马克思主义基本原理统一起来,把学习十九大精神同我们党所作出的各项战略部署和工作安排统一起来。深刻学习领会

① 中国共产党章程[M]. 北京:人民出版社,2017:3.

中国特色社会主义进入新时代的新论断，我们就有信心正确把握我国所处的历史方位，搞明白新时代中国共产党人的历史使命；深刻学习领会我国社会主要矛盾发生变化的新特点，我们就有条件认清关系到全局的阶段性变化，以适应时代发展的新要求；深刻学习领会分两阶段全面建成社会主义现代化强国的新目标，我们能够把握新时代中国特色社会主义的奋斗目标，知道下一步该朝哪个方向努力；深刻学习领会党的建设新要求，我们能够坚定地把党建设得更加坚强有力，使之带领全国人民攀登中国特色社会主义认识的新高峰。

第五，要认真贯彻新思想于实践之中。理论的认识高度再高，如果不能在实践中充分运用，理论的价值就会大打折扣。马克思主义坚持理论与实践相结合的原则，认为失去实践的理论没有多大意义。十九大报告没有冗余的东西，各行各业都要针对报告对自身的要求，进行深入贯彻落实，才能使达到新高度的认识化作工作中辉煌的成绩。回顾改革开放的历程，我们"摸着石头过河"，在探索中不断"解除迷茫"。今天，新时代中国特色社会主义的目标已经非常明确，所以我们应加快步伐，奋力推进中国社会主义现代化事业向前发展。一切伟大的实践，都需要科学思想的引领。随着伟大时代的到来，更加美好的征程已经开启，我们一定要用习近平新时代中国特色社会主义思想指导实践，不负人民群众的新期待，续写中华民族伟大复兴的新篇章。

第六，要不断完善发展理论，实现理论的与时俱进。理论不是工艺品，不能完成后由岁月自然增值，相反，必须实行开放式发展和不断创新。实践没有止境，理论创新发展也必然没有止境。世界以及中国时时都在发生着或大或小的变化，我们必须在认识上跟上时代发展的潮流，不断使认识得到前进。具体来说：一方面，认识到达一定新高度，就会暴露出不完善的问题，因而完善理论是认识达到新高度后的必要环节。另一方面，人类对规律的认识永远不会完结，认识高度是相对的。我们要实现中华民族伟大复兴的中国梦，建成社会主义现代化强国，实现共产主义远大目标，就需推进认识到达一个又一个新高度。

（杨永志、王延华：《人民论坛》2017 第 12 期）

论社会主义价值目标选择的认识和实践过程

社会主义价值目标选择是一个错综复杂的认识和实践过程，也是正确理解社会主义核心价值观的基础。价值目标可以区分为一般价值目标、基本价值目标、核心价值目标和最高价值目标。一般价值目标是由基本价值目标派生出来的各种具体价值目标，体现对同一价值追求的多重选择和细化；基本价值目标是指能够规定自身内涵和外延、本质和特征的价值目标，体现价值追求的特殊性；核心价值目标是指在特定价值体系中代表人类文明共同追求的价值目标，体现价值追求的普遍性；最高价值目标是指在分层次的价值目标结构中处于最高层次的终极价值目标。从实践看，社会主义价值目标选择经历了空想社会主义嚆矢、科学社会主义矗立、"苏东"社会主义实践检验和特色社会主义深入探索的历史过程。

一、空想社会主义在对未来美好社会的设计中
对社会主义基本价值目标作出了历史性选择

空想社会主义在 300 多年的兴盛过程中，人物众多，观点繁杂，选择多样。如果站在他们中多数人的立场以及现代视角，他们对社会主义基本价值目标的选择概括如下。

（1）建立一个没有阶级剥削的公有制社会。空想社会主义认为社会主义的一个重要价值目标是建设一个没有阶级剥削的社会，其路径就是实行生产资料公有制。莫尔提出私有制是万恶之源，认为"任何地方私有制存在，所有的人凭现金价值衡量所有的事物，那么，一个国家就难以有正义和繁荣"[①]。

[①] 托马斯·莫尔. 乌托邦[M]. 戴镏龄，译. 北京：商务印书馆，2012：43.

康帕内拉认为，"公有制使大家都成为富人，同时又都是穷人；他们都是富人，因为大家共同占有一切；他们都是穷人，因为每个人都没有任何私有财产"①。闵采尔提出建立一个没有阶级差别，没有私有财产的社会。摩莱里把私有制条件下的个人利益比喻成瘟疫，称其为"一切社会的痼病"，并断言："在没有任何私有财产的地方，就不会有任何因私产而引起的恶果。"②欧文认为："私有财产是贫困的唯一根源。"③可见，实现生产资料公有制，是空想社会主义者最具共识的价值选择。只有建立公有制，才能确保社会主义社会没有阶级剥削。

（2）追求人人社会地位平等。摩莱里说："任何公民，不分等级和地位，即便是全民的元首。"④马布利指出："在平等的社会状况下，防止舞弊恶习和切实巩固法律，是最容易的事情。平等一定会带来一切福利，因为它团结着所有的人，提高人人的品格，培养人们相互怀有善意和友爱的情感。"⑤巴贝夫的平等思想主要体现在《平等宣言》等文献中，他号召劳动人民为"真正平等"而斗争，建立新的"平等共和国"⑥。傅立叶认为：一方面实现男女平等，使妇女从传统的家务中解放出来，从事社会的生产劳动；另一方面消灭城乡差别和脑力与体力劳动的对立，实现城乡平等和不同劳动者之间真正意义上的平等。欧文认为：只有公有制才能实现平等，"以个体所有制为基础的制度，必然反对人们权利平等的原则"⑦。

（3）达到公平分享生产成果。莫尔在《乌托邦》中提出，大家共同劳动，创造集体财富，按照个人的需要分配劳动产品，"一切东西共有共享"⑧。摩莱里认为应该共同劳动，共同使用土地资源，共同享用劳动产品。傅立叶提出"公正的第一标志应该是保障人民随着社会进步而得到最低限制的生活"⑨。欧文在《新和谐公社组织法》中提出，"全体公社成员是一个大家庭，任何人的活动都没有高低之分。人人都将按照年龄的区分，在供应所能做到

---

① 康帕内拉. 太阳城[M]. 陈大维，等译. 北京：商务印书馆，2010：24.

② 摩莱里. 自然法典[M]. 黄建华，等译. 北京：商务印书馆，2009：26.

③ 罗伯特·欧文. 欧文选集（第2卷）[M]. 柯象峰，等译. 北京：商务印书馆，2011：13.

④ 摩莱里. 自然法典[M]. 黄建华，等译. 北京：商务印书馆，2009：130.

⑤ 马布利. 马布利选集[M]. 向清新，译. 北京：商务印书馆，2010：27.

⑥ 罗伯特·欧文. 欧文选集（第2卷）[M]. 柯象峰，等译. 北京：商务印书馆，2011：187.

⑦ 罗伯特·欧文. 欧文选集（第2卷）[M]. 柯象峰，等译. 北京：商务印书馆，2011：187.

⑧ 托马斯·莫尔. 乌托邦[M]. 戴镏龄，译. 北京：商务印书馆，2012：44.

⑨ 傅立叶. 傅立叶选集（第2卷）[M]. 赵俊欣，等译. 北京：商务印书馆，2011：249-250.

的范围内，得到同样的食物、衣服和教育"①。并提出个人消费品应实行"各尽所能、按需分配"的分配原则。圣西门提出"一切人都应当劳动"②，使每个社会成员按其贡献的大小各自得到最大的富裕和福利的分配观点。尽管空想社会主义者关于分配方式不同，但是大多都强调分配要体现公平。

（4）建立以民主为特点的政治制度。莫尔设想的乌托邦政治上实行民主选举制度，如果管理者工作失职，就会被撤换，劳动者可以参与国家事务的管理。康帕内拉设想的政治制度，要求各级领导都是在人民议会推选的德、能、行等方面非常出众的候选人中选出，并根据个人的天赋和才能分配职务。温斯坦莱主张公职人员由人民定期选举产生，并可以随时撤换，权力要受到制约，滥用职权者要受到惩罚，管理者应是人民的公仆，没有任何特权。摩莱里在《自然法典》中用"取缔奢华法"等法律来保护公民的正当权利。圣西门设想的"实业制度"下，应该通过广泛的民主选举产生领袖。傅立叶设想的"和谐制度"，国家政权形式事实上不存在了，社会只存在一种咨询式机构，不具有真正意义上的领导和管理职能，人民实际上处于一种高度自治的和谐状态。欧文在"公社制度"里，主张权力机构要定期向全体社员做汇报，并接受审查和监督。

（5）形成人们之间互助合作、和谐相处的社会关系。莫尔认为："自然号召人人相互帮助以达到更愉快的生活。"③圣西门在《论实业体系》一书中写道："上帝说：人们要互助互爱"④，"人人都应当兄弟相待，互爱互助"⑤。傅立叶的空想社会主义价值观突出表现在倡导社会"和谐"上，他揭露资本主义制度的罪恶，主张用"和谐制度"来代替资本主义制度，有效化解当时社会资产者与无产者的矛盾，缩小城市与乡村的差距，消除脑力劳动与体力劳动的区别。欧文不仅有设想，而且付诸过实践，尽管欧文的两次社会主义"公社梦"都宣告失败，但他对建立互助与和谐社会关系的追求和探索非常难能可贵。

空想社会主义对社会主义基本价值目标选择具有重要的理论和现实意义。

---

① 罗伯特·欧文. 欧文选集（第2卷）[M]. 柯象峰，等译. 北京：商务印书馆，2011：188.
② 昂利·圣西门. 圣西门选集（第1卷）[M]. 王燕生，等译. 北京：商务印书馆，2010：24.
③ 托马斯·莫尔. 乌托邦[M]. 戴镏龄，译. 北京：商务印书馆，2012：73.
④ 昂利·圣西门. 圣西门选集（第1卷）[M]. 王燕生，等译. 北京：商务印书馆，2010：250.
⑤ 昂利·圣西门. 圣西门选集（第1卷）[M]. 王燕生，等译. 北京：商务印书馆，2010：288.

首先，空想社会主义对社会主义基本价值目标选择开创了人类社会主义历史新纪元。空想社会主义最早为人类选择了非常具体的社会主义价值目标，在这些具体价值目标基础上不仅进一步演化出全新的系统的价值理念，而且起到规定社会主义本质属性、内涵和特征的作用，从而决定了它们在社会主义价值体系中的基本价值目标地位。不能否认，空想社会主义对社会主义价值目标的选择，也包含着我们今天所说的民主、平等、公正等核心价值目标，这是因为他们对社会主义价值目标选择首先是基于人类对美好生活的向往，体现人类文明的进步性。但就历史性最大贡献而言，空想社会主义确定了社会主义的基本价值目标，并由此建立起崭新的思想体系，从而形成了系统的社会主义价值观，为社会主义一般价值目标、核心价值目标和最高价值目标选择奠定了坚实基础，也为全人类在社会主义问题上创设出能够对话的语境，并开辟出社会主义文化新领域，形成社会主义意识形态新范畴。今天，人类关于社会主义的理论思维、实践探索和价值选择，仍都遵循其中大部分的基本价值目标。

其次，空想社会主义对社会主义基本价值目标选择为科学社会主义提供了重要思想来源。空想社会主义的"空"，如同自然科学中猜想或者假想一样是探索新知的重要环节，没有这种环节，创新成果很难取得。由于马克思主义不是凭空产生的，"它必须首先从已有的思想材料出发"①，而空想社会主义"天才地预示了我们现在已经科学地证明了正确性的无数真理"②，因而科学社会主义才在空想社会主义所确定的基本价值目标基础上，将社会主义价值目标选择提升到一个更新的高度。

最后，空想社会主义对社会主义基本价值目标选择为人类社会提供了有重大意义的思想成果和精神追求。空想社会主义基本价值选择，既促进了社会主义思想的形成，也为当时工人运动蓬勃发展进行了价值引导，还为处于饥寒交迫中广大劳动群众对美好生活的憧憬提供了精神支持。马克思认为空想社会主义"提供了启发工人觉悟的极为宝贵的材料"③。

以往，受国际上某些研究和国内极左思潮的影响，对空想社会主义的评价有失偏颇，一些人依据"空想"二字来贬低空想社会主义，这是长期以来社会主义意识形态领域存在的一种割断历史、历史虚无主义和形而上学等不

---

① 马克思恩格斯文集（第9卷）[M]. 北京：人民出版社，2009：382.
② 马克思恩格斯文集（第2卷）[M]. 北京：人民出版社，2009：218.
③ 马克思恩格斯文集（第2卷）[M]. 北京：人民出版社，2009：63.

良现象。作为社会主义者，既要看到空想社会主义的不足，更要看到空想社会主义的历史贡献，并始终保持对社会主义鼻祖们的深深敬意。

二、马克思主义创始人
以科学理论为基础对社会主义最高价值目标作出了选择

在空想社会主义对社会主义基本价值目标进行选择基础上，马克思主义创始人对社会主义价值目标选择作出了卓越的贡献。

（1）马克思、恩格斯通过创立唯物史观和剩余价值学说，为社会主义价值目标的正确选择奠定了科学理论基础，推动了社会主义由空想变为科学。唯物史观认为，人类社会发展有着自身规律，基本矛盾运动推动社会从低级向高级不断发展，资本主义作为一个历史阶段，从其产生起就存在着不可克服的生产社会化与生产资料私人占有之间的矛盾，随着基本矛盾的日益尖锐化，在条件成熟时社会主义代替资本主义就成为历史必然。所以，社会主义不是"天才头脑想象"出来的产物，是人类社会发展的必然结果。从剩余价值学说角度看，资本主义剥削的秘密就在于无偿占有雇佣劳动者的剩余劳动，这是形成资本主义剥削制度的基础，也是无产阶级与资产阶级对立不可调和的经济根源，以及埋葬资本主义制度的力量源泉。唯物史观和剩余价值学说作为科学社会主义的两大理论基石，揭示了资本主义生产关系的历史局限性和社会主义的历史必然性，从而奠定了社会主义正确价值目标选择的科学理论基础。

（2）马克思主义创始人明确了现代无产阶级是社会主义价值目标选择的主体。空想社会主义多把价值主体确定为个人或者社会，他们寄希望于个人改变社会，包括个人提供财力物力，提供工作机会和实验场所，改变劳动者的卑微地位和贫困状态，如欧文和傅里叶等人为此殚精竭虑。马克思主义创始人与此不同，他们第一次阐明了现代无产阶级是埋葬资本主义制度的"掘墓人"，认为无产阶级和广大劳动群众只能自己解放自己，并实现自身的价值追求。恩格斯在悼念马克思时说，"正是他第一次使现代无产阶级意识到自身的地位和需要，意识到自身解放的条件"①。马克思主义作为无产阶级和人

---

① 马克思恩格斯文集（第3卷）[M]．北京：人民出版社，2009：602．

类解放的学说，通过科学的理论分析，真实地反映了无产阶级的历史地位和历史要求，从而把社会主义价值目标选择和实现的主体明确为现代无产阶级或工人阶级。

（3）马克思主义创始人确定了科学社会主义的最高价值目标是实现"人的全面而自由发展"。马克思和恩格斯依据历史发展趋势，把共产主义确定为无产阶级及其政党的最高理想和人类社会发展的最高阶段，同时在空想社会主义奠定的基本价值目标基础上又把人的全面而自由发展作为共产主义的最高追求。马克思在《德意志意识形态》中从旧式分工角度提出了"个人的全面发展""全面发展的个人""个人独创的和自由的发展"等概念；马克思和恩格斯在《共产党宣言》中指出："每个人的自由发展是一切人的自由发展的条件"①；马克思在《资本论》中非常明确指出：未来新社会是"以每一个个人的全面而自由的发展为基本原则的社会形式"②；恩格斯在《对英国北方社会主义联盟纲领的修正》中指出："我们的目的是要建立社会主义制度，这种制度将给所有的人提供健康而有益的工作，给所有的人提供充裕的物质生活和闲暇时间，给所有的人提供真正的充分的自由。"③如此等等，后人把马克思主义创始人这种系列性观点概括为"人的全面而自由发展思想"。

毋庸讳言，尽管马克思主义创始人没有明确社会主义核心价值观，但是他们深刻揭示了人类社会发展的一般规律，科学预言了资本主义必然灭亡和社会主义必然胜利，创造性地提出社会主义价值目标的实践主体和最高价值目标等等，大大提升了人们对社会主义整体认识的高度，为无产阶级解放事业指明了前进方向，使科学社会主义宏伟地矗立于人类的思想和现实之中。

三、苏联和东欧社会主义实践
在价值目标选择上带给我们的经验教训和深刻启示

苏联和东欧社会主义价值目标选择在实践中遇到主要问题是：

第一，社会主义道路能不能完全照抄书本。社会主义初期实践的稚嫩性之一，就表现为教条主义，或者说照搬书本。列宁指出："我们并不苛求马克

---

① 马克思恩格斯选集（第1卷）[M]. 北京：人民出版社，2012：422.
② 马克思恩格斯选集（第1卷）[M]. 北京：人民出版社，2012：267.
③ 马克思恩格斯全集（第21卷）[M]. 北京：人民出版社，1974：570.

思或马克思主义者知道走向社会主义的道路上的一切具体情况。这是痴想。我们只知道这条道路的方向，我们只知道引导走这条道路的是什么样的阶级力量；至于在实践中具体如何走，那只能在千百万人开始行动以后由千百万人的经验来表明。"①可见，这个疑问在列宁那里已经给出了明确的回应，就是选择走什么样的社会主义道路不能单靠书本，而必须依靠理论与实践相结合。

第二，社会主义道路要不要搞单一化。社会主义的历史和实践对社会主义道路的单一化和多样性也给予了回答，那就是把科学社会主义基本原则与本国具体实际相结合，体现民族特色走多样化的社会主义道路。从历史上看，早期社会主义国家除了南斯拉夫比较另类外，如果不是由于苏联在社会主义阵营内使用政治高压和军事干涉，一定还会有更多的社会主义国家去探索新道路。实践也证明，凡是追求单一化模式、不思变革的社会主义国家，处境将愈加艰难。

第二，社会主义需不需要进行价值目标选择上的调整。苏联和东欧社会主义国家在这个问题上是有严重分歧的，存在着改革派和反改革派。社会主义改革的实质，从生产关系视角看，是对社会主义制度的自我完善和发展；从生产力视角看，是解放和发展生产力的社会变革活动；而从价值分析视角看，就是依据历史实践和发展实际对所选择的社会主义价值目标进行调整，以实现社会主义自身价值最大化。今天看来，改革不仅必要，而且是对社会主义价值目标选择进行调整的主要方式之一。

苏联和东欧社会主义国家实践表明，对社会主义"没有完全搞清楚"，实际也体现为对"社会主义基本价值目标的选择没有搞好"。这些国家以往选择的社会主义价值目标，有的可能不是重点，有的可能不适宜现阶段，有的可能就根本不是社会主义的东西。没有"完全搞清楚"必然影响对社会主义价值目标做出正确选择，而社会主义发展不同道路，又是由系统的社会主义价值目标构成的，在实践中，社会主义价值目标体现为一定时期的中心工作、历史任务、战略方针等具体内容。可见，社会主义道路与社会主义价值目标选择有内在的、直接的和必然的联系，社会主义基本价值目标选择的组合决定社会主义道路的类型。

为什么对社会主义价值目标要不断做出选择性的调整。第一，人的认识

---

① 列宁专题文集·论社会主义[M]. 北京：人民出版社，2009：399.

是一个不断发展的过程，由于认识具有历史局限性，所以伴随实践检验真理和认识深化需要不断矫正以往选择的偏颇。第二，人的理想与客观现实具有一定的差距，无论是空想社会主义还是科学社会主义，在社会主义价值目标选择中都有一定程度存在把一切"美好"愿望赋予社会主义的现象，使社会主义有不能承受之重。第三，真理的前提是依据一定条件，在人类社会不断发展过程中，伴随时代主题和国内条件变化，势必对社会主义价值目标传统选择做出调整。

四、以中国为代表的特色社会主义深入探索
对社会主义价值目标认识日趋明确

所谓特色社会主义，从价值分析的角度看，是依据科学社会主义价值目标与本国实际相结合形成的具有鲜明民族特点的社会主义道路、理论、制度和文化。本文的特色社会主义概念专指以中国特色社会主义为样本，对现有社会主义国家朝鲜、越南、老挝和古巴进行各具特色理论和实践探索的一种泛化概括。

中国从 20 世纪 70 年代末开始，先是在邓小平领导下，拉开了改革序幕，开始进行中国特色社会主义探索；而越南共产党于 1986 年第六次代表大会提出"革新开放"政策，越共七大明确提出"发展社会主义的定向市场经济"，"把公平、平等、民主、文明作为越南社会主义建设理论的价值坐标，也是越南特色社会主义建设的基本目标"①。老挝人民革命党则在 1991 年召开的五大确定了"有原则的全面革新"路线，此后"坚持把马列主义与本国实际相结合，走出了一条具有本国特色的社会主义发展道路"②。朝鲜金日成时期提出"把马克思列宁主义创造性地体现在朝鲜现实之中，进行社会主义改革"，并逐步形成了"主体社会主义思想"，强调"独立地根据本国的实际情况，并且主要依靠自己的力量，解决革命和建设中的一切问题"③。古巴前领导人菲德尔卡斯特罗于 1993 年 7 月宣布改革，他说"为了拯救祖国、革命

① 阮文泰，沈其新. 越南共产党对社会主义建设道路的探索与革新[J]. 马克思主义与现实，2010（4）.
② 陈洪江，梁晓理. 老挝人民革命党对社会主义道路的新探索[J]. 科学社会主义，2007（5）.
③ 李慎民. 2006 年世界社会主义跟踪研究报告，且听低谷新潮声之三[M]. 北京：社会科学文献出版社，2007：148.

和社会主义成果,我们准备做一切必须做的事情","古巴党和政府面临着革命崩溃的抉择,与其自我灭亡,不如冒改革风险"。①尽管这些国家都无一例外地强调科学社会主义基本原则与本国实际相结合,但是中国、越南和老挝三国以市场经济体制改革为突破口,寻求公有制与市场经济相结合的新方向,朝鲜和古巴则主要从军事、政治、文化等方面积极寻求适合本国的社会主义发展道路,以期对传统社会主义基本价值目标选择进行深度调整。可以说,现存社会主义国家目前共同特点是都强调"走特色社会主义道路",并通过不同形式的改革实践寻求校准社会主义价值目标。在这场特色社会主义深入探索中,中国成为先锋和典型。

首先,借助对改革目标、战略发展目标以及生产目的重新确立,实现社会主义基本价值目标的明确和重大调整。这些明确和调整主要包括:变计划经济为市场经济,颠覆了把计划经济作为社会主义基本价值目标的认识和做法;变单一公有制为混合所制,形成了以公有制为主体多种所有制经济共同发展的社会主义初级阶段基本经济制度;适应社会主义市场经济和所有制多元化,在分配领域实行按劳分配与按生产要素分配相结合的分配体制;突破了传统的经济、政治、文化"三位一体"确立战略规划和发展目标,形成了中国特色社会主义事业"五位一体"总体布局和"四个全面"战略布局;把"满足人民日益增长的物质和文化需要"转变为"满足人民日益增长的美好生活需要",形成中国特色社会主义新时代的生产目的。从最初的实现总体小康、全面建成小康社会、基本实现现代化,到今天的实现中华民族伟大复兴中国梦和全面建成社会主义现代化强国的国家发展目标,可见中国特色社会主义探索与改革过程不仅相互交织在一起,而且所有的国家发展目标都紧紧围绕社会主义基本价值目标的调整展开。

其次,通过特色社会主义深入探索,明确了社会主义核心价值目标。党的十八大提出 24 字的社会主义核心价值观,这是社会主义认识史上的重大突破和中国共产党人对科学社会主义的卓越贡献。从价值追求和价值目标角度说,核心价值观也是核心价值目标,比如说我们党所倡导的富强、民主、文明、和谐社会主义核心价值观,也就是在国家层面上要实现的社会主义核心价值目标。社会主义核心价值目标不仅是所有价值目标的中心,而且是其他价值目标确定和调整的价值遵循。以党的十九大明确的中国特色社会主义总

---

① 肖枫,季正矩. 关于古巴社会主义革命与建设若干问题的思考[J]. 2005(1).

任务是实现现代化和中华民族伟大复兴；中国共产党人的初心和使命，就是为中国人民谋幸福，为中华民族谋复兴；全面深化改革总目标是完善和发展中国特色社会主义制度，推进国家治理体系和治理能力现代化等为例，这些既是在特色深入探索中完成的，又是社会主义核心价值目标的充分体现。

最后，随着中国特色社会主义深入探索，我们党创新了对人类共同价值的认识。2015 年 9 月习近平在第七十届联合国大会上首次提出"和平、发展、公平、正义、民主、自由，是全人类的共同价值，也是联合国的崇高目标"①。这一价值目标的明确本身具有重要意义，同时也加深了我们对核心价值观的认识。人类共同价值是社会主义核心价值观的基础，社会主义核心价值观是人类共同价值的体现，二者统一于"人类对社会文明进步的追求"。社会主义核心价值观与人类共同价值异曲同工，都是中国特色社会主义取得的重大认识成果。

总之，回眸社会主义 500 年跌宕起伏和风雨历程，其历史流变和现代拓展总是在与自身价值目标选择进行"量子纠缠"。今天，在社会主义价值体系中最为重要的基本价值目标、最高价值目标、核心价值目标以及人类共同价值目标愈加明确，这必定为今后社会主义认识和实践大大增强道路自信、理论自信、制度自信和文化自信，有助于新时代中国特色社会主义取得更加辉煌的成就。

（杨永志、陈秀丽、肖光文：《科学社会主义》2017 年第 6 期）

---

① 习近平. 携手构建合作共赢新伙伴 同心打造人类命运共同体——在第七十届联合国大会一般性辩论时的讲话[N]. 人民日报，2015-09-29.

马克思主义敬业精神的历史探源和培育要义

马克思主义敬业精神也称社会主义敬业观，是站在马克思主义立场，运用辩证唯物主义和历史唯物主义方法而形成的关于劳动态度的价值追求及观念表达。一般来说，无论是个体劳动为主的时代还是社会化大生产时代，任何敬业精神或者敬业观总是与人类劳动紧密联系在一起。敬业中的"业"，指的是"职业"，敬业精神是在劳动的基础上关于所从事职业的社会性、道德和审美等所形成的系统性操守。按照马克思和恩格斯的研究，在共产主义社会中，劳动成为生活的第一需要，劳动将成为劳动者自由自觉的活动。但在社会主义的初级阶段，劳动还是谋生的手段，劳动同享受还未达到统一，劳动者的敬业精神还需要大力培育。因而，贯彻落实社会主义核心价值观中的"敬业"，培育马克思主义敬业精神，仍是长期摆在我们前面的重大课题。

一、社会分工：马克思主义敬业精神产生的历史根源

人们逃避劳动是否出自本能的行为？我们认为，人类是自然趋向于劳动的动物，劳动是人的天性。关于人的劳动天性，马克思在评价李嘉图时指出："为生产而生产无非就是发展人类的生产力，也就是发展人类天性的财富这种目的本身。"①马克思不否认劳动是人的天性，并且认为"一个人'在通常的健康、体力、精神、技能、技巧的状况下'，也有从事一份正常的劳动和停止安逸的需要"②。人热爱劳动、尊敬劳动，而劳动创造人、发展人。劳动不仅创造了人们丰富的物质生活，还创造了人们尊敬劳动、颂扬劳动的道德生活。如果人天性就是厌恶劳动的，那么背离劳动就是符合人性的行为，又怎

---

① 马克思恩格斯全集（第34卷）[M]. 北京：人民出版社，2008：127.
② 马克思恩格斯文集（第8卷）[M]. 北京：人民出版社，2009：173-174.

会是不道德的？劳动又怎会成为美德，敬业又怎会成为人类普遍的道德追求？人的这种热爱劳动的天性，为人们衡量劳动中的美丑、善恶、好坏提供了道德依据。任何好逸恶劳、贪图享受、不劳而获的行为都是对人天性的背离，都是劳动中的丑恶行为，不值得提倡。反之，热爱劳动、尊敬劳动、崇尚劳动都是对人天性的发展，都是值得赞扬的美德。既然劳动是人的天性，为什么会产生逃避劳动的现象呢？实际上，二者并不矛盾。因为劳动是人的天性，所以劳动本身不是一种有害的而是有益的活动。劳动符合人们的利益，劳动是幸福和快乐的源泉，人们在劳动中获得个性的发展和全面的提升。劳动本身不是造成痛苦和不快的来源，痛苦和不快是由劳动环境和劳动对象产生的。也就是说，人们逃避劳动、抵触劳动，实际上是对恶劣或不公正劳动环境的逃避，对危险劳动对象的抵触，而非对劳动本身的逃避。由此看来，改善不公的劳动环境和危险的劳动对象，能够保护或恢复人的劳动天性，促进敬业精神的健康生长。

作为一种社会现象，逃避劳动、抵触劳动等行为是特定历史条件的产物。在原始社会中，虽然人们也从事劳动，也存在一定的劳动分工，但此时的劳动分工属于自然分工的范畴。"分工起初只是性行为方面的分工，后来是由于天赋（例如体力）、需要、偶然性等等才自发地或'自然地'形成的分工。"① 由于生产力水平和生产工具的限制，个体劳动者无法单独抵御自然风险。生活在原始社会中的每个人，其生存高度依赖于氏族或共同体，劳动也必须通过氏族或共同体这一中介才能实现，因而劳动还不能取得独立性且具有明显的公有性质。人们在物质资料生产过程中结成的这种相互关系，必然使得劳动成果、生产资料归氏族或共同体所有。与此同时，这种共同所有的制度反过来又强化了劳动的公有性质。原始社会中人们劳动的这种性质，决定了劳动中不会发生不道德行为。劳动者此时的意识"同这一阶段的社会生活本身一样，带有动物性的质：这是纯粹的畜群意识"②，或者说是出自本能的意识，私有、伦理、道德意识还未能出现。只有到了原始社会的末期，随着生产工具的进一步发展和生产效率的提高，劳动产品开始出现剩余，劳动的自然分工才逐渐被社会分工取代。此后，劳动的独立、劳动的私人性质以及劳动中的道德问题才相继出现，敬业问题才逐渐被人们所重视。按照马克思和恩格斯的研究，在未来的共产主义社会中，社会分工将被专业分工所取代，

---

① 马克思恩格斯文集（第 1 卷）[M]. 北京：人民出版社，2009：534.

② 马克思恩格斯文集（第 1 卷）[M]. 北京：人民出版社，2009：534.

劳动将成为"整个人类生活的第一个基本条件"①，劳动同享受达到统一，劳动中的不道德现象随之被消灭，劳动成为劳动者自由自觉的活动。这表明，在自然分工和专业分工的历史条件下，劳动中不存在道德问题，敬业精神也不构成一种道德主张。

事实上，社会分工具有谋生性、强迫性和不平等性的外部特征，它是造成劳动环境逐渐恶化，劳动中的不公正、不合理现象频繁出现的根源。在社会分工的历史条件下，人的劳动天性受到抑制，由此产生了逃避劳动等不道德的现象以及崇尚劳动的道德主张。一方面，社会分工产生了劳动中的不道德现象。到了原始社会末期，在生产力发展的同时分工也发展起来。"分工只是从物质劳动和精神劳动分离的时候起才真正成为分工。"②与自然分工不同，社会分工使劳动逐渐从氏族或共同体中独立出来，并获得独立性。社会分工和劳动的独立性，使劳动者只能生产特定产品而非全部产品。它强迫个体劳动者必须通过交换劳动产品来满足自己所需，使劳动与占有相分离、生产与消费相分离。而社会分工愈加明显，劳动的差别愈加扩大，劳动愈加独立，劳动产品愈加剩余，劳动及其产品就愈发带有私人的性质。社会分工一开始就受到分配制和所有制的"纠缠"，因为"与这种分工同时出现的还有分配，而且是劳动及其产品的不平等的分配（无论在数量上或质量上）"③。社会分工不但扩大了劳动之间的差别，还逐渐成为产品所有和利益不平等分配的依据。它"使精神活动和物质活动、享受和劳动、生产和消费由不同的个人来分担这种情况不仅成为可能，而且成为现实"④。于是，在社会分工条件下，产品的生产者不一定是产品的占有或消费者，产品的占有或消费者也不一定是产品的生产者。因此，社会分工使一部分人劳动而另一部分人享受变为可能。在劳动者眼里，那些一味享受而不劳动者无疑要受到好逸恶劳的道德谴责，要贴上不务正业、吊儿郎当、游手好闲、好吃懒做等丑恶标签。社会分工所导致的分配不公在一定程度上抑制了劳动积极性、能动性，使劳动者逐渐丧失了劳动乐趣和享受。当劳动不能给劳动者带来乐趣和享受时，消极怠工、厌倦劳动、逃避劳动的现象就会发生。无论是劳动者的厌倦劳动、逃避劳动，抑或享受者的放弃劳动、厌恶劳动，均凸显了劳动中的道德问题。

---

① 马克思恩格斯文集（第9卷）[M].北京：人民出版社，2009：550.
② 马克思恩格斯选集（第1卷）[M].北京：人民出版社，2009：534、536.
③ 马克思恩格斯选集（第1卷）[M].北京：人民出版社，2009：534、536.
④ 马克思恩格斯选集（第1卷）[M].北京：人民出版社，2009：535.

另一方面，社会分工产生了劳动中的道德主张。劳动的神圣性与人们对劳动的需要是一致的。劳动与占有越分离、与享受越分离，劳动者和占有者、劳动者和享受者越是关系紧密、彼此依赖。社会分工愈加发展，社会协作就愈加紧密，因为在社会分工条件下，人们的需要很难自足，人们很难独立存在。人们必须依赖于他的社会关系，无法离开彼此而独立生存。生产力和社会分工愈加发展，这种依赖就愈发严重。如果劳动者不能生产劳动产品，享受者就无法生存和享受。同样的，如果享受者不购买和消费劳动者的产品，劳动者就不能实现自己的目的，劳动得不到必要的补偿，也就不能实现。劳动者之间也必须依赖彼此而存在。因此，社会分工愈加发展，社会协作就愈加紧密，劳动者和享受者就愈发离不开劳动及其产品，劳动及其地位就愈发变得必要和神圣。尤其是现代社会，"任何一个民族，如果停止劳动，不用说一年，就是几个星期，也要灭亡，这是每一个小孩都知道的"①。由于劳动如此必要和神圣，社会分工从它诞生之日起就有劳动光荣、劳动崇高、劳动伟大的道德意识以及对敬业精神的道德渴求。同时，劳动光荣、劳动伟大、劳动崇高从一开始就注定成为劳动者和享受者的共同口号。在享受者看来，劳动是神圣的，只有劳动才能源源不断地产生供其享用的优质产品；尊重和鼓励劳动成为实现享受的客观要求；而在劳动者看来，劳动是必要的，只有劳动才能获得存在价值和人格尊严，尊重和崇拜劳动成为维护和保障切身利益的现实需要。因此，劳动光荣、劳动伟大、劳动崇高从社会分工诞生之日起就成为人类社会的普遍共识，而敬业精神也成为人类社会的普遍追求。

从敬业精神的历史源起中，我们能够寻找出培育劳动道德的绝佳途径。既然社会分工带有的谋生性、强迫性和不平等性引发了劳动者消极怠工、厌倦劳动、逃避劳动等不道德行为。那么相应地，提高劳动报酬、劳动者地位、劳动者尊严，使劳动报酬更加合理、劳动形式更加体面、劳动环境更加公正，恰恰可以克服社会分工的这种外部特征，提高劳动者的积极性、主体性和能动性，培育劳动者的敬业精神。

---

① 马克思恩格斯文集（第4卷）[M]. 北京：人民出版社，1995：580.

二、提高劳动报酬：
马克思主义敬业精神培育的决定性因素

由劳动报酬引起的劳动纠纷和收入差距问题是现阶段劳动者消极怠工的重要原因。据统计，1992—2014 年，我国劳动争议仲裁委员会正式立案受理的案件总数量从 8150 件增加到 715163 件，增加 86.75 倍。其中，2014 年由劳动报酬引起的争议最多，占了案件总量的 44.96%。除了劳动纠纷，我国现阶段的收入差距问题也滋生了劳动者的不满情绪。据统计，"2012 年我国家庭净财产的基尼系数达到 0.73，1%的家庭占全国超 1/3 财产，而 25%的家庭仅拥有约 1%"[1]。以 2012 年为例，"农村最高 5%收入家庭的人均家庭年收入高达 27000 元，而农村最低 5%收入家庭的人均家庭收入仅为 900 元，两极家庭人均收入水平相差 30 倍"[2]。而在城镇，"两极家庭人均收入水平相差 35 倍"。我国偏高的基尼系数也反映了收入差距问题，时任国家统计局局长马建堂表示，"0.47—0.49 的基尼系数应该反映收入差距还是比较大的"[3]。我们并不反对收入差距的适度拉大，但反对收入差距达到十数倍或数十倍的程度。因为较大的收入差距动摇了劳动者勤劳致富的信心，不利于劳动者敬业精神的培育。

在社会主义初级阶段，劳动还是一种谋生的手段。这意味着劳动者必须依靠劳动换取劳动报酬，劳动报酬关乎劳动者的切身利益。所谓劳动报酬，是指报酬体现劳动力价值的部分。实际上，劳动报酬与劳动力价值并不总是一致的，这也就自然地引出了劳动报酬能否实现的问题。合理劳动报酬的实现对劳动者不仅是一种抚慰，还是对劳动者的鼓励和肯定；反之则给劳动者造成生活压力，而由其导致的收入差距又会引起劳动者的不满情绪，容易发生消极怠工、磨洋工等不道德现象。

首先，生存压力给劳动者带来了"后顾之忧"，滋生了劳动的懈怠情绪。马克思认为，劳动力价值包括以下三个组成部分：维持劳动者自身所必需的

---

① 冯蕾，邱玥. 基尼系数的警示[N]. 光明日报，2014-07-31.
② 谢宇，张晓波，李建新. 中国民生发展报告 2013[M]. 北京：北京大学出版社，2013：40.
③ 朱剑红. 0.47—0.49 统计局首次发布十年基尼系数略高于世行计算的数据[N]. 人民日报，2013-01-19.

生活资料价值；维持劳动力再生产、劳动者养活家属所必需的生活资料价值；劳动者的教育训练费用。对广大劳动者来说，生活压力将带来三种"后顾之忧"。一是生存之忧。如果劳动报酬不合理，劳动者的利益也就很难得到充分的保障。二是养家之忧。劳动报酬不仅要用于家庭在物质生活方面的开销，还要用于家庭在精神文化方面的开销。如果劳动报酬不合理，不足以支付这部分费用，劳动者难免会有"后顾之忧"，从而无法集中精力劳作。三是发展之忧。劳动报酬还要支付教育训练的费用。社会分工越发展，劳动越专门，劳动者就越需要教育培训；劳动者越追求卓越，就越需要提高自身的综合素质和业务水平。劳动者在教育培训方面的开销，是社会分工发展对劳动者的要求。如果劳动报酬不合理，不能够体现教育训练的费用，那么必然会限制劳动者的全面发展以及追求卓越的热情，给劳动者造成烦恼和压力。

其次，收入差距动摇了劳动者勤劳致富的信念。当前社会上的同工不同酬、拖欠薪资、福利有别、资源分配不均等现象，使部分劳动者不能获得合理的劳动报酬，拉大了劳动者之间的收入差距。"不仅普通劳动者与垄断国企员工的收入差距持续拉大，国企管理人员与普通员工的收入差距也在拉大。"①工作一样忙但收入大不同，这必然会动摇劳动者勤劳致富的信念，滋长他们的不满情绪。

最后，劳动者一生中的许多时间要在劳动中度过，如果劳动付出不能得到合理的回报，长此以往，这种不公的对待必然要伤害劳动者的情感。劳动报酬还具有象征地位、尊严意义。合理劳动报酬的实现，不仅意味着劳动付出的合理回报，同时还意味着地位和尊严。它象征了体面与公正，肯定了劳动的付出与贡献，调动了劳动者的积极性。

马克思主义敬业精神的培育，首先取决于合理劳动报酬的实现。在马克思看来，"劳动这种生命活动、这种生产生活本身对人来说不过是满足一种需要即维持肉体生存的需要的一种手段"②。劳动者生活在世俗的利益世界里，有追求正当利益的合法权利。要想让劳动者充分发挥劳动的积极性，就必须提高他们的生活水平，提高他们的劳动报酬。合理的劳动报酬能够充分补偿劳动者在劳动中的损耗，满足他们在住房、出行、温饱甚至享受方面的消费需要。包括劳动工资、实物奖励、社会保障在内的劳动报酬，是激励劳动的重要手段。社会鼓励劳动，而多劳多得、少劳少得、不劳不得成为社会对待

---

① 成慧. 收入差距大，担心"被平均" [N]. 人民日报，2013-05-31.

② 马克思恩格斯文集（第 1 卷）[M]. 北京：人民出版社，2009：162.

劳动与分配的主要政策。劳动者只有多劳动，才能获得更多的劳动报酬，才能生活得好。"一个普通工人，如果他的工资高，他就能……雇个仆人，或者有时去看看喜剧或木偶戏。"①合理的劳动报酬让劳动者看到，自己的劳动能够获得应有的回报，自己的劳动权益能够得到正当的保障，劳动力价值也能得到正确的体现，从而激发了劳动者的劳动兴趣。

三、实现体面劳动：马克思主义敬业精神培育的关键

劳动者对自身地位十分关注，因为劳动者既生活在世俗的利益世界里，有"利"的需要，又生活在价值的意义世界里，有"义"的需要，即提升或改善自身地位的需要。所谓劳动者地位，反映了劳动者在用人单位中的身份位置、等级差别、主属关系、权利待遇等。提高劳动者地位有利于提高他们的主体性，实现诚实劳动、无私劳动；反之则易使劳动者产生抵触心理，应付劳动、弄虚作假、厌倦劳动等问题就可能接踵而至。

社会分工的强制性使劳动带有强迫性，削弱了劳动者的地位。恩格斯曾在《英国工人阶级状况》中描述了强迫劳动的危害：由于占用"工人的一切可支配的时间，工人只有一点时间用于吃饭和睡觉，而没有时间从事户外活动，在大自然中获得一点享受，更不用说从事精神活动了"②。强迫劳动使劳动者长时间处于高强度劳作，而无暇考虑职业理想或"从事精神活动"。人们普遍承认职业理想在增强劳动者信心、坚定劳动者意志、激发劳动者热情方面的积极意义，劳动时间越久、劳动强度越大，劳动者就越需要"吃饭和睡觉"，就越难以考虑崇高志向和高远追求，职业理想和荣誉感便在强迫劳动中逐渐被磨灭。一方面，劳动者地位的降低使他的职业理想受到约束。人的目标、预见和设想都是有条件的，劳动者的职业理想也要受到具体的历史条件的限制。对劳动者来说，职业理想不能脱离自身所处身份位置而独立存在，职业理想的内容也要受到劳动者的地位的限制，如所处的身份位置、等级、社会关系、权利待遇等，否则职业理想就成为无力的幻想。劳动者的身份地位为他的职业理想提供了空间，也为他的职业追求提供了方向和决策依据。劳动者一旦没有了职业理想，也就没有了职业追求，很容易产生劳动懈怠、

---

① 马克思恩格斯全集（第 33 卷）[M]. 北京：人民出版社，2004：319.
② 马克思恩格斯文集（第 1 卷）[M]. 北京：人民出版社，2009：433.

劳动厌倦的情绪，不利于劳动者敬业精神的培育。另一面，劳动者地位的降低使劳动者的职业荣誉感丧失。劳动者地位与劳动者的荣辱、信心有着与生俱来的紧密关系。劳动者的地位表明了他的责任、担当，反映了他的贡献、力量。承认和坚持劳动者的地位，就等于肯定了他的劳动意义和价值。真实地反映劳动者的地位，能帮助劳动者正确认识自己的责任、贡献、力量和价值。而劳动者的地位越重要，表明他的责任和价值越大，他就越要付出千百倍的努力来回应人们的期待。如果劳动者地位低下，劳动是微不足道的，劳动者就不会兢兢业业、任劳任怨。劳动者一旦处于弱势地位，劳动不仅不会为其带来荣誉感，反而会带来丑恶感、耻辱感，劳动者就会纷纷逃避劳动。

在我国现阶段，劳动力的供求矛盾仍然存在，以致出现"自愿加班"和同工不同酬等情况。对于"自愿加班"现象，"一是工人迫于解雇的威胁，……工人往往会作出更多的妥协、让步，顺从企业的加班决定，以免被视为不合作者或'刺头'而遭到解雇。二是由于正常工作时间工资过低，迫使工人选择加班，……这就迫使工人为维持生计，'自愿'选择加班"[①]。对于同工不同酬现象，虽然《劳动法》对其有明确的规定，"但在实际执行过程中，由于我国用人制度的多样性和职工身份界限的不同，造成同工不同酬的问题较为普遍"[②]。由于劳动产品中凝结着劳动者的时间和劳动，同样的付出却受到差别对待，同工不同酬无异于否定劳动者的贡献、力量和价值，损害了劳动者的职业荣誉感。我们认为，劳动强度适度增加、劳动节奏适度紧张、劳动环境适度艰苦、劳动者身份等级适度差别等是劳动者遴选、淘汰机制的重要一环。它能适度增加劳动者的竞争意识、忧患意识，有助于增强劳动者敬业精神。但我们坚决反对强迫劳动、过度劳动、同工不同酬、劳动保障缺失、非法用工、虐待劳工等损害劳动者地位的行为。

马克思主义敬业精神培育的关键环节，是要实现体面劳动。尊重劳动、安全劳动、自愿劳动、善待劳动构成了体面劳动的具体内涵，充分实现了劳动者地位。实现体面劳动是广大劳动者的普遍愿望。习近平总书记多次强调，要"努力让劳动者实现体面劳动、全面发展"[③]。其目的就是要提高劳动者

---

① 常凯，乔健. 中国劳动关系报告——当代中国劳动关系的特点和趋向[M]. 北京：中国劳动社会保障出版社，2009：275-276.

② 刘学明. 中国薪酬发展报告2012[M]. 北京：中国劳动社会保障出版社，2013：302.

③ 习近平同全国劳动模范代表座谈时强调：充分发挥工人阶级主力军作用，依靠诚实劳动开创美好未来[N]. 人民日报，2013-04-29.

地位，"充分调动工人阶级和广大劳动群众的积极性、主动性、创造性"①。据此我们有理由认为，实现体面劳动能够增强劳动者的荣誉感和信心，促进劳动者的诚实劳动、辛勤劳动和无私劳动。在我国现阶段，实现体面劳动来培育劳动者的敬业精神就意味着以下几方面。第一，要实现尊重劳动。尊重劳动实质上就是尊重劳动者，维护他们的劳动权益，坚决杜绝同工不同酬、非法用工等现象。第二，要实现安全劳动。安全与健康是敬业精神产生的先决条件，没有健康的肌体，劳动者就无法从事劳动。因而，安全劳动就意味着全面的劳动保护，改善劳动者的从业条件，主张劳动者的休息权和休闲权，保障其基本的安全与健康。第三，要实现自愿劳动。自愿劳动是焕发劳动热情、释放劳动潜能的重要条件，只有劳动者把用人单位当作利益共同体，才能根据自己的意愿积极地参与劳动创造，而用人单位只有实现体面劳动，劳动者才能真正把用人单位当作利益共同体。第四，要实现善待劳动。善待劳动，归根结底就是要善待劳动者，保障他们的权益，杜绝任何形式的强迫劳动。

四、维护劳动公正：马克思主义敬业精神培育的根本

任何劳动者都有确认、证明自己的能力，从而获得劳动尊严的愿望。劳动尊严既包含实现劳动力价值、提高劳动者地位的人本意蕴，又超越了二者的内涵。劳动尊严能够唤起劳动者的崇高劳动，崇高必定是属于人、指向人的，它所指向的不是别的正是人特有的尊严。动物并不存在什么崇高，因为对动物来说不存在什么尊严。崇高劳动必定是美的劳动，而美的劳动恰恰是合乎尊严的劳动。这表明，崇高的目的是确证人的尊严，崇高劳动的目的是服务人、造福人。因而崇高劳动就要求劳动者自觉地奉献社会并有所作为。除了唤起崇高劳动，劳动尊严还能使劳动者获得归属感。由于归属的对象是人本身，因而归属感必定是一种主人翁感。这即是说，劳动尊严的获得使劳动者感觉自己是劳动的主人，是劳动产品的创造者。通过劳动尊严，劳动者认识到自己是价值的源泉，是劳动生命的支配者和所有者，并且感受到自我存在的价值与意义。劳动者一旦产生了归属感，也就同时产生了主体责任感。

① 庆祝"五一"国际劳动节暨表彰全国劳动模范和先进工作者大会隆重举行[N]. 人民日报，2015-04-29.

在主体责任感的鼓励下，劳动者必然要兢兢业业、高度负责，敬业精神必然能够充分发挥。

社会分工的不平等性破坏了劳动公正，使劳动者丧失了劳动尊严。在我国现阶段，一些就业歧视、性别歧视、身份歧视、升迁有别、分配不公等劳动不公现象就是劳动歧视和不公正的体现。人类历史和劳动史已经无数次证明，任何形式的劳动歧视或不公正都会伤害劳动者的自尊，都不利于劳动者敬业精神的培育。首先，劳动歧视伤害了劳动者的情感，使劳动者对劳动产生厌烦感。要想发挥劳动者的敬业精神，就必须使劳动者对劳动产生好感或兴趣。显然，劳动歧视或不公伤害了劳动者的自尊，容易使其失去对劳动的好感或兴趣。如果长时间受到劳动歧视或不公正对待，劳动者将逐渐淡化对劳动的情感，甚至可能引起仇恨。人类历史上从不缺乏因劳动压迫导致的工人运动。这表明，恶劣的不公正环境易滋生劳动者的仇恨情感。其次，劳动歧视损害了劳动者的归属感，使劳动者缺乏责任心。在一个充满劳动歧视或不公的环境里，劳动者感受的不是尊严而是屈辱，不是归属而是冷漠，不是爱护而是损害。如果劳动者不能受到公正的善待，又怎会存有责任心？受到不公正对待的劳动者，只会产生仇恨或报复之心，而非责任之心。最后，劳动歧视破坏了劳动者的崇高感，使劳动丧失崇高性。劳动歧视带给劳动者的不是崇高感而是卑微感，甚至是低贱感。在马克思看来，共产主义的最重要原则之一就是平等。平等就意味着反对特权、消灭不公。中国共产党深知平等、公正的重要性，刘少奇就曾对全国劳动模范时传祥说："你掏大粪是人民的勤务员，我当主席也是人民的勤务员，这只是革命分工的不同，都是革命事业中不可缺少的一部分。"①如果没有刘少奇这种平等相待，何来时传祥"宁肯一人脏，换来万户净"的崇高追求。

马克思主义敬业精神培育的根本，在于维护劳动公正，实现劳动者的尊严。所谓劳动公正，是指维护或创造公平的劳动竞争环境，消除劳动歧视或不公现象，向劳动者提供平等的劳动机会和劳动条件。这里的平等不是结果均等，而是机会平等、机遇平等。维护和坚持劳动公正，能够给劳动者获得成功和展现雄心壮志的机会，有利于调动劳动者发挥能动性、积极性和创造性。因为在机会平等的条件下，人们对劳动的前途热情高涨，"无论工作本身

---

① 金冲及. 刘少奇传[M]. 北京：中央文献出版社，2008：521.

是多么索然无味，如果它能成为获得声誉的手段，它就会变得可以忍受"①。反之，在特权、歧视和不公的条件下，劳动前途的预留空间被严重挤压，劳动者无法确认、证明自己的能力，劳动者将失去展示雄心壮志的劳动热情。可见，维护劳动公正能最大限度地调动劳动者的能动性、创造性，使敬业精神得到充分发挥，激发劳动者的劳动热情。

（杨永志、孙旭：《理论学刊》2017 年第 4 期）

---

① 罗素论幸福人生[M]．北京：世界知识出版社，2007：75—76.

"同志"一词价值观意蕴的历史流变

汉语中"同志"一词的使用可上溯到两千多年前。《说文解字》云:"同,合会也","志,意也"。"同"与"志"复合成"同志"后,就是意向或兴趣一致者的意思。《国语·晋语四》对"同志"也有类似解释,多指代朋友,价值观意蕴不存在或不明显。在古代西方,"同志"最早是希腊文"kamala",后转化为拉丁文"camarada",再由拉丁文转化为英文"comrade"。英文"同志"大致可分两层含义:一指战友或亲密伙伴;二指意见相同或拥有共同理想追求的人。前者不具价值观意义,只表明一种特殊社会关系,或表达一种缘分;后者具有价值指向和政治色彩。历史地看,"同志"由最初友人和生活旨趣相同者的称呼,逐渐演变为具有政治色彩、阶级属性和意识形态意义的价值符号。纵观中国非血缘关系的各种称谓,与人的价值观密切联系的唯有"同志"最为典型。因而,在当前培育和践行社会主义核心价值观背景下,有必要对"同志"一词的价值观意蕴变化进行系统的历史考察。

一、特殊时期相近价值旨趣
是国共两党互称"同志"的历史渊源

俄文"ТОВАРИЩ"(中文音译"达瓦里希")含义与中文"同志"相近,该词早在沙俄时期就已开始流行于俄国革命党人中。十月革命前后,布尔什维克用该词称呼本党党员。有研究认为,近代日本最早将英文"comrade"翻译成"同志",1875 年前后被使用并逐步流行起来,后被成立于东京的中国同盟会引进中国并在其组织内使用。辛亥革命前,国民党在四川秘密建立"保路同志军",虽然该组织的具体目标是反对清政府出卖筑路权,但表明了"同志"一词的价值取向,即他们是具有相同价值追求的革命者。其后,国民党内部成员间普遍互称"同志",孙中山更是留下"革命尚未成功,同志仍须努力"的遗嘱,使"同志"一词与革命活动紧密联系,并突显出其中的价值观意蕴。

"1920 年,毛泽东、罗学瓒等人在通信时,也开始引用'同志'一词。"中共一大党纲规定:"凡承认本党党纲和政策,并愿成为忠实的党员者,……均可接收为党员,成为我们的同志。"①这是中共正式文件中最早使用"同志"一词。一大之后,这一称呼在党内逐渐普遍化。

在中国,国共两党最初使用"同志"进行党内称呼和党际互称的根源在于相近的价值旨趣。

旧民主主义革命时期,国民党的任务是推翻封建统治,建立一个不受压迫和奴役的现代资产阶级共和国,所以"同志"意味着具有相同政治理想、政治抱负的人,这些人集结在一起,拯救中华于水火,建设现代共和国家,实现三民主义。从整体上看,国民党人在党内互称"同志",绝不是一般朋友关系,而是政治伙伴关系,是由三民主义的政治信仰和实现国家独立、追求人民主权、发展资本主义经济等相同政治目标所决定的,这也正是国民党人的"志"之所在和价值旨趣。

中国共产党在新民主主义革命时期的政治理想与三民主义有着本质区别。一大党纲明确提出:"革命军队必须与无产阶级一起推翻资本家阶级的政权,必须支援工人阶级,直到社会阶级区分消除的时候;承认无产阶级专政,直到阶级斗争结束,即直到消灭社会的阶级区分;消灭资本家私有制,没收机器、土地、厂房和半成品等生产资料。"②新民主主义革命时期,中国共产党的政治任务是救国救民,实现国家独立和人民解放,这是共产党人使用"同志"一词的"志"之所在和价值旨趣。

1924 年,在孙中山的积极推动下,国共两党实现了第一次合作,改组后的国民党由一个资产阶级性质的政党变成了工人、农民、小资产阶级和民族资产阶级四个阶级的革命联盟,新三民主义的提出使得国共两党在当时的历史条件下有了相近的"志",所以那时两党成员间互称"同志"具有一定的价值观基础。即便在后来合作面临破裂危机之际,共产党人对国民党人仍以"同志"相称,力求挽回局面。1927 年 7 月 29 日,中共中央发表《致中国国民

① 中央档案馆. 中共中央文件选集(第 1 册)(1921—1925)[M]. 北京:中共中央党校出版社,1982:5-6.

② 中央档案馆. 中共中央文件选集(第 1 册)(1921—1925)[M]. 北京:中共中央党校出版社,1982:5.

党革命同志书》，强烈抗议武汉国民党中央作出的"分共"决定，号召革命的
国民党员跟叛变革命的汪精卫集团决裂，实行孙中山的三民主义革命政纲和
三大政策。但当时国共"同志"关系最终未能维护，新的国民党当局代表大
地主、大资产阶级利益的价值取向日益明显，与共产党代表广大工农利益的
价值取向渐行渐远，只能分道扬镳，兵戎相见。

抗战爆发后，尽管此前国共两党武装力量处于高度敌对状态，但在中华
民族面临生死存亡的危急时刻，两党的阶段性革命目标又马上接近一致，在
条件成熟后形成了同仇敌忾、携手抗日的政治联盟。在联盟内，凡支持和投
身于驱逐日本帝国主义的人，即价值取向"抗日"者，皆为"同志"。

总之，在中国近现代历史上，国共两党反复演绎了中国传统文化中所谓
的"分合"现象，反目为敌时互指对方为匪，如"共匪、赤匪"和"蒋匪、
白匪"，合作为友时互称对方为"同志"。究其历史根源，就在于为敌时基本
价值取向相左、为友时价值旨趣相近。

二、共同价值追求
是无产阶级政党使用"同志"一词的政治基础

共产主义者同盟是世界上第一个具有国际性质的无产阶级政党，但马克
思和恩格斯指导创立同盟之初并未在这个组织内部使用"同志"称呼，包括
《共产党宣言》也没有出现"同志"字样。据文献记载，1846—1848 年，欧
洲各国的共产主义通讯委员会之间经常使用"朋友""朋友们"这类词汇作为
彼此之间通讯的称呼，如《伦敦共产主义通讯委员会给布鲁塞尔共产主义通
讯委员会的信》就曾使用这样的表述。1848 年以后，马克思在共产主义者同
盟的一些讲话中多使用"盟友""成员"来称呼党内人员。这一时期马克思和
恩格斯也经常称呼工人们为"兄弟"。

"同志"一词开始在工人运动中使用大约是 19 世纪 70 年代前后。据考证，
最早使用此词的是第一国际总委员会委员埃卡留斯，他于 1869 年 11 月 14
日左右就在《土地和劳动同盟告大不列颠和爱尔兰男女工人书》中用"工人
同志们"来称呼工人，但他在当月 23 日《国际工人协会总委员会致纽约新民
主会》中使用的称呼又是"工人朋友们"，可见此时"同志"一词与"朋友"
"兄弟"等词可以通用，使用率较低，属于一种表达亲近的称呼，价值取向的

意义并不显著。

马克思最早使用"同志"一词是在 1870 年，他在 9 月 5 日发表的《社会民主工党委员会宣言。告全体德国工人！》一文中说："我们将忠实地同我们的全世界工人同志们站在一起，为无产阶级共同的国际事业而奋斗！"①这里"同志"一词与工人这个劳动者阶级联系在一起，蕴含了一定的阶级立场和价值倾向。同一时期，马克思开始使用"同志"一词来称呼党内人士，他在 1871年写给路·库格曼的信中就有"巴黎党内同志们"的表述。恩格斯著作中也有"同志"一词，他在于 1874—1875 年写的《流亡者文献》中引述："他们把欺骗同志，欺骗那个似乎是他们服务对象的人民都算作是这种可用的手段……他们准备剥削自己的朋友和同志。"②这里的"同志"一词用于政党内部成员之间的称呼，具有了无产阶级政治色彩和价值取向。马克思和恩格斯晚年，不仅使用"同志"的频率增加，而且明确了"同志"一词的价值观意义。其中，1885 年发表的《关于共产主义者同盟的历史》一文中就有这样的表述："思想一致的阶级同志间的简单的自然联系……也足以震撼整个德意志帝国。"③马克思和恩格斯认为无产阶级政党必须表明自己的阶级立场，因而他们使用"同志"一词自始就带有鲜明的政治色彩。

布尔什维克党的前身俄国社会民主工党在 1898 年成立之初便有成员使用了"同志"一词。此后，"同志"逐渐成为俄国社会民主工党内部成员之间的相互称谓。列宁也使用"同志"一词，它既表明党内成员之间"志同道合"的价值取向，又包含革命伙伴、阶级同伴等政治色彩，如"工人同志们！你们要记着，革命情况危急。你们要记着，只有你们才能拯救革命；此外再没有别的人"④。由于布尔什维克党与工人阶级革命目标和价值追求相一致，所以列宁不仅对党内成员，对广大工人和普通劳动者也都称呼"同志"，开了对党外政治主张相同者称"同志"之先河。同样，当时赞同列宁思想的革命者，无论是党内还是党外人士，也多在列宁名字后面加缀"同志"。

在共产国际兴盛时期，电文虽惜字如金，但"同志"一词仍不能缺少。如中共中央给季米特洛夫的电报开头即称"致季米特洛夫同志"；与之类似，

---

① 马克思恩格斯选集（第 3 卷）[M]. 北京：人民出版社，1995：28.

② 马克思恩格斯选集（第 3 卷）[M]. 北京：人民出版社，1995：259.

③ 马克思恩格斯选集（第 4 卷）[M]. 北京：人民出版社，1995：209.

④ 中共中央党史研究室第一研究部. 共产国际、联共（布）与中国革命档案资料丛书（第 19 卷）[M]. 北京：中共党史出版社，2012：3.

在季米特洛夫给安德烈耶夫的信中，季米特洛夫称联共（布）中央书记安德烈耶夫为"同志"；在季米特洛夫给中共中央的电报中，季米特洛夫称化名"徐杰"的陈潭秋为"同志"，说"徐杰等同志在 10 月被捕"。共产国际与各国共产党互称"同志"，同样是因为这个无产阶级政党的政治同盟具有共同价值追求。

朝鲜劳动党人对"同志"一词的使用主要受苏联和中国影响。金日成开始使用此词是 1930 年，他在《朝鲜革命前进的道路》一文中首次使用了"同志们"一词。此后，金日成文集中早期的所有讲稿均以"同志们"开头。直至当下，朝鲜国内国民之间仍然互称"同志"，其价值取向的意义非常明确。其他国家的共产党组织也大多使用"同志"一词，凡是信仰马克思主义的政党，如日共、美共、俄共、法共、英共、意共、西班牙共产党、尼泊尔共产党等，都以实现共产主义为共同追求的价值目标。

马克思主义政党使用"同志"称呼，不但可超越种族、国家、语言、性别、职业，而且无论何时何地，被称"同志"便意味着相互间的政治见解高度一致。因此，共同的共产主义价值追求是马克思主义政党使用"同志"的最根本政治基础。

三、中国共产党对"同志"价值观意蕴的历史性贡献

目前，"同志"在世界上使用范围仍较广，除马克思主义政党外，有的非马克思主义政党也在其列，但多数政党或组织使用"同志"称呼主要是借用该词本身蕴含的"志同道合"的基本价值意义。中国共产党与其他政党或组织使用"同志"，共同价值追求意蕴相同，但具体的价值选择大相径庭。

在中国共产党早期，党内不分职务高低，一般互称"同志"，如陈独秀同志、李大钊同志、瞿秋白同志、李立三同志、周恩来同志、毛泽东同志、刘少奇同志等，有时因保密需要而采用化名加"同志"，如博古同志、伍豪同志等。这种称呼不仅代表着共同的价值追求，还在马克思主义新型人际关系革命理论观照下，使组织内部逐步形成了体现社会主义价值观念的新氛围。

新中国成立初期，毛泽东认为"同志"能体现党内平等和民主，倡导互称"同志"，1959 年曾专门建议党内一律用"同志"称呼；1963 年，他在一个文件上写了一段批语，要求"将职务称号（如毛主席）一律改为姓名加同

志的称号(如毛泽东同志)",习惯称号也"一律改为姓名加同志的称号";1965年12月,中共中央专门发出通知强调党内互称"同志"。革命领袖的提倡和中央的通知让"同志"这一称呼很快家喻户晓并广泛使用,不再限于党内,逐渐泛化为百姓之间的互称,工农兵学商官医艺,男女老少都互称"同志"。"同志"代表一种新气象、正能量和进步姿态,是平等、民主、亲近的代名词,被广泛地用来彰显人民之间、党员之间的平等地位,增强个人的社会认同感和归属感。

改革开放以来,"同志"一词逐渐失去对大众的吸引力。社会上人们不再互称"同志",代之以先生、夫人、小姐、兄弟及老板、老师、师傅、叔叔、阿姨等称谓。"同志"使用范围收窄的同时,内涵却被拓展。1989年首届"香港同志电影节"把"同志"作为同性恋的代称后,这一特指称谓很快在港台等地流传开来。使用在同性恋者身上的"同志"一词,尽管也是表达一种价值取向,但在党外使用"同志"称呼多少令人尴尬。

"同志"一词使用范围收窄并不代表这个称呼已过时,而是真实地反映出该词的价值回归。在市场经济体制不断完善和全球化快速发展的当今,社会更需要一种能够代表个性的称谓或符号,将社会上所有人统称为"同志"已无法反映个人的价值倾向和行业归属,乱用"同志"甚至颇显滑稽。不可否认,尽管随着政治大环境的变化和人的观念更新,共产党内开始有人喜欢用姓氏加职务来称呼对方或他人,但党内互称"同志"仍是主流,在党代会上更是没有"领袖"只有"同志"。不仅在党内,中国共产党还直称各民主党派、全国工商联和无党派人士为"同志"。在共同促进中华民族繁荣发展的特定意义上,"同志"并非共产党员所独据,这在一定程度上体现了"同志"价值意蕴的时代风采。

历史地看,中国共产党对"同志"价值意蕴作出了重要贡献。

第一,彰显了"同志"所隐含的马克思主义基本价值观。"价值虚无"的主要特点是传统价值体系坍塌,以前被认为崇高、神圣、庄严的那些价值被认为是虚假的、不靠谱的东西。与此相近的另一种情况是"价值忽略",即有些隐含的价值未被发现或未被重视。长期以来,无产阶级政党广泛使用"同志"一词,却常忽略了"同志"关系所隐含的一些马克思主义价值观。事实上,在马克思主义价值体系中,民主、平等、友爱、信赖、互助等属于其基本的价值观,这样一些基本价值观的存在意味着共产党的同志之间还有非比寻常的特殊价值。那些不以马克思主义理论为指导的党派或组织使用"同志"

一词时，可以不接受"民主、平等、友爱、信赖、互助"等价值观念，因为不同党派和组织都有自己的价值体系。而无产阶级政党既然选择接受马克思主义价值体系，其同志关系就必须蕴含社会主义基本价值观。反过来说，党内同志关系意味着不能搞"一言堂"和等级制，更不可独断专行、派系丛生、互不信任。在中国共产党发展历史中，除了毛泽东重视"同志"称呼，邓小平对"同志"之称也明确表示"很喜欢"。邓小平之后的几届领导人也都如此，他们的言行充分彰显了无产阶级政党使用"同志"所蕴含的马克思主义基本价值观。

第二，指明了"同志"所蕴含的社会主义核心价值观追求。党的十八大明确提出社会主义核心价值观，即"富强、民主、文明、和谐，自由、平等、公正、法治，爱国、敬业、诚信、友善"。历史上，资本主义核心价值观通常被概括为自由、平等、人权、博爱等内容，它们在反封建斗争中发挥了凝聚一切社会进步力量、指引革命方向的旗帜作用。核心价值追求表述简练且目标明确，故对资产阶级革命者、对取得革命胜利意义重大。社会主义核心价值观是中国共产党对科学社会主义的重要贡献，它的提出也为中国使用"同志"一词指明了最具核心性的价值追求，昭示着历经苦难但仍在继续追寻民族复兴中国梦的中国共产党人将更加清楚自身所肩负的历史使命及核心价值追求，从而有助于加强同志间的团结，坚定同志们的马克思主义信仰，并减少前进道路上的曲折和失误。

第三，拓展了"同志"的共同价值内涵。我们不认同西方一些人所宣扬的"普世价值"，因为"普世价值"实际是他们这些人的"自产价值"和"特有价值"，只不过"抢注"了"普世"标签而已。但是，中国赞同人类存在共同价值，国家主席习近平在联合国大会上指出："和平、发展、公平、正义、民主、自由，是全人类的共同价值，也是联合国的崇高目标。"[1]共同价值新理念的提出，不仅显示了中国共产党人具有包容、开放、自信的气度，愿意积极吸收人类文明的一切优秀成果，而且标志着中国共产党人具有勇于创新的自觉意识，与时俱进和恰如其分地为"同志"一词拓展了共同价值追求的时代内涵。进一步说，当今时代的中国共产党，既把所有接受马克思主义基

---

① 习近平. 携手构建合作共赢新伙伴 同心打造人类命运共同体——在第七十届联合国大会一般性辩论时的讲话[N]. 人民日报，2015-09-29（2）.

本价值观和社会主义核心价值观的党员称作"同志",也把世界上一切追求和平、发展、公平、正义、民主、自由共同价值的人视为"同志"。

（杨永志、郭英楠:《学术交流》2016 年第 7 期）

论高校马克思主义教育"互联网+"的实现途径

互联网时代，人们获取信息的途径增多、频率加快。信息网络被开发出越来越多的功能，如超时空性、多媒体性和开放性等功能，推动了信息传播的现代化，也为马克思主义教育创造了前所未有的便利条件。要提高高校马克思主义教育效果，必须充分利用互联网条件。从学者研究和个人教学观察等实际来看，笔者认为高校马克思主义教育，应实现"互联网+"相应方法的改进。

一、开辟网络新媒体教育的新课堂

以往，我们常把社会实践称作"第二课堂"，不言而喻第一课堂就是传统的课堂教学。相对这样的认识，我们可以把利用网络新媒体形成的课堂叫作"第三课堂"。马克思主义理论教育，最近一些年利用"第二课堂"已经很少，原因是如果集体进行社会实践，成本、时间和独生子女安全等问题的困扰太多，使效果很好的"第二课堂"难以普遍开展。利用网络新媒体开辟"第三课堂"，可以避免上述不利条件的困扰，并且能极大补充"第一课堂"的不足。

如何开辟马克思主义理论教育的新课堂，或者"第三课堂"，可以在以下方面考虑。

（1）积极引导课堂上的"低头族"。手机上网普及以后，以往课堂教育纪律要求之一就是课上不能玩手机。但是由于马克思主义理论课大部分是"大课堂"，所以这种纪律要求往往形同虚设，一些学生我行我素，看微信、玩游戏、网聊等现象屡禁不止。如果由简单地不许玩手机，变为让学生使用手机查询资料、印证老师所述观点、扫二维码填写调查问卷等，结果会大不相同。

（2）利用网络进行课堂互动。课堂教学的互动环节对于增强教学时效性非常必要，如果教学过程缺乏互动，只是教师在讲台上自言自语，学生学习积极性不可能高。网络互动需要在课堂上使用联网电脑和手机，前者受到条件限制，一般课堂很难做到人手一台，所以最好是使用上网手机。这是一种新尝试，但还需要探索更好的方式，形成以调动学生积极性的互动。在一定意义上，教师能否搞好教学互动可以说是评价其教学水平的重要指标，因为互动不仅能活跃教学气氛，增强学生对教学内容重点、要点、关键点的把握，而且能使教与学步调一致，节奏协调。探索利用手机等进行课堂互动，可以为课堂教学互动插上新技术的翅膀。

（3）利用网络对学生的学习状况进行科学考核。传统的考核方式表现为多数学生在期末考试来临前，集中进行死记硬背，他们的目标是得高分，而不是自身综合素质的提高，这是传统考核方式问题的实质。通过现代网络对学生进行考核，既可以强调平时学习的重要性，实行"一习多考"，综合平时考试成绩，又能凸显学生自主学习的效果。对于老师来说，运用好的考核软件，可以人人减轻阅卷负担，抽出更多的精力和时间用于教学活动。所以，应该积极探索马克思主义教育网上考核新路径，使考核更好地服务教学并有助于提高学生认识问题、分析问题、解决问题的能力。

二、利用网络引擎收集讨论题内容

网络具有"双向互动""多点互动"等特点，它与传统媒体如电视、报纸、书刊等方式进行的单向信息传播有较大差别。进一步说，网络是一种以"交流""沟通""互动"为内涵的"传播"，它有助于感情交流、思想沟通、师生互动，使现代教学更加人性化和体现教学规律。西方一些大国素质教育水平高的原因之一就是他们普遍运用"问题讨论方法"进行教学，即在课上布置问题，然后由学生自行分组，从网络、图书馆、社会访问等渠道收集资料，在课上由小组代表发表见解，老师和同学为其打分，其综合平均成绩就是这个小组同学的平时成绩。

面对信息时代，如何"传播信息"仅是其中的一个方面，而如何"挖掘信息"对于学生更为关键。可以说，一个只会接受信息而不会挖掘利用信息的学生不是一个好学生。或者说，在现代教育中，那些通过互联网会主动收集信息、利用信息的学生才符合优秀标准。具体到利用网络引擎收集讨论题内容，它是挖掘信息的科学方式，能使教师与学生的角色发生一定程度转变，使主动的、探索式的、个性化的学习成为可能。

网络发展使搜索引擎不断完善。随着网络信息技术的发展，各种各样的搜索引擎层出不穷，它的不断完善和改进，更加方便人们在网上搜索所需信息，许多网友感叹，"没有搜不到的东西"，"没有任何信息能逃过我们的搜索"。可见，利用现代信息技术进行理论学习，尤其是进行马克思主义教育，是非常必要和有效的方式之一。

运用搜索引擎收集讨论题内容，其好处就在于：一是收集资料便利快捷，能够降低劳动成本；二是整理材料简单，避免耗时费力；三是与实际调研相结合，能增强支撑思想观点依据的科学性；四是能比较准确地反映学生的真实能力和学习效果，对学生的评价公平公正。

三、利用网络进行"慕课"教学

"慕课"是西方国家首先兴起的大规模网络开放课程的一种形式，它在某种意义上颠覆了传统的教学方式，重新调整了不同教师在虚拟课堂中的位置和作用。过去，虽然电视大学、网络公开课等也把教学过程录成视频放到网上，但是这种"网上授课"不能与"慕课"同日而语。采取慕课方式，任何人，都可以任意选择要学习的知识。在传统教学中有一个重要问题课程受学校规模的限制，可供学生选择的课程有限。所以，利用网络进行慕课学习，使学生选择课程、教师、时间、地点等的自由度非常之大。

网络虚拟课堂与真实课堂相结合，有助于培养学生自主学习的能力。从国外引进的"翻转课堂"（"Flipped Classroom"或"Inverted Classroom"）概念，是指根据需要重新调整课堂内外的时间，将学习的决定权从教师那里转移到学生手中。有研究认为，"翻转课堂就是颠覆传统的课堂教学模式，翻转课堂的实质就是弱化教师在课堂教学中教的部分，强化课堂上学生讨论的部分，翻转课堂强调虚拟课堂与真实课堂相结合。虚拟课堂在此指网络课堂，虚拟课堂与真实课堂不一样，没有教室、没有面对面教学的教师和学生"[1]。不管是虚拟课堂还是"翻转课堂"，对于学生来说就是增加了自主学习的途径，

---

[1] 蔡雯雯. 慕课背景下马克思主义基本原理概论创新性教学探究[J]. 科教导刊（上旬刊），2015（9）.

是对真实课堂的有效补充。

随着互联网的发展，教育进入了"在线"时代。互联网和信息技术已经深刻地影响到社会生活的方方面面，特别是在教育领域，教学改革势在必行。因此，马克思主义教学必须跟上时代发展的步伐，在教学方式、教学考核评价机制上进行改革创新，利用慕课倡导的先进教学理念，引导学生自主学习，使课堂教学更具实效性。

四、利用互联网进行马克思主义理论宣传

随着网络信息传播技术的迅猛发展，各种信息鱼龙混杂，从维护意识形态安全的意义上看，互联网几乎是当今我们的思想政治领域新战场，国内外一些别有用心的敌对势力出于意识形态斗争的需要，大量散布西方的错误价值观念，反对马克思主义。针对这一复杂的新形势，我们需要打造一支优秀的马克思主义研究、宣传、普及的网络理论队伍，在各宣传网站以宣讲、讨论、答疑等形式传播马克思主义，进行有针对性和有实效性的舆论引导。众所周知，网络平台不仅是各种信息交流的场所，更是思想交锋、文化较量、价值观斗争的阵地。

目前，一些西方国家公开提出要向我国等世界上所谓"非民主化国家"推销他们的价值观和政治制度，而且这种推销已经从传统方式转变为利用互联网，由渗透为主转为直接进攻。面对西方国家在网络平台上向我国提出的价值观挑战，如果不能积极应战，就会引发人们价值观混乱和信仰危机，甚或动摇社会主义根基。我们要围绕社会主义核心价值观在网络平台上讲好"中国故事"，以一个个鲜活、生动的典型事件感染人们。讲好"中国故事"要把握三个原则：

一是故事要有一定的情节，材料要生动，力戒"空架子"或"花架子"，能够吸引网民注意，读着读着就会喜欢，随着故事情节深入就能接受其中的价值理念；

二是故事的道理要深入浅出，避免讲大道理，而是要让"自由""平等""公正""法治"等价值观蕴含于故事之中，发挥"一滴水可以折射绚丽阳光"的作用；

三是故事要真实可信，具有典型性，通过网络平台讲动人的故事，让中

国甚至其他国家的网民也能受到感染,感悟到在生机勃勃的社会主义实践中,中国共产党和中国人民克服重重困难,同舟共济,共创辉煌的艰辛和努力,使其从情感态度上理解和认同社会主义核心价值观。如何借助网络平台开展社会主义核心价值观的宣传活动,坚持正面化是基本原则,即旗帜鲜明、底气十足、内容明确。而正面化的前提是要有"核心价值观自信",就是不惧诋毁、不怕批评、不断培育。

从我们党思想政治工作的历史经验看,价值观等意识形态的正面宣传活动非常必要,实践效果也十分显著。在网络平台上开展社会主义核心价值观正面宣传活动,应着重于以下三个方面:一是将其作为政治任务和网络管理工作,要求国内各大网站进行社会主义核心价值观的宣传活动,包括以居先的、醒目的、简明的形式标示社会主义核心价值观的具体内容;二是在国内互联网主要平台上开辟社会主义核心价值观宣传专栏,组织登载有分量的文章,开展热点话题的讨论,介绍践行社会主义核心价值观的典型事例等;三是借助不断衍生的网络微型新平台,如微博、微信等进行社会主义核心价值观的积极传播,把具有正能量的信息,以及以各种艺术形式出现的"好段子""红段子"推荐给广大网民。但值得注意的是,在网络平台上进行社会主义核心价值观的宣传活动,要切忌复杂化、过度化和粗鄙化。坚持正确的政治方向,进行科学的价值引导,以自身的权威性和准确性来消除网络中存在的虚假信息、错误信息,在与各种错误社会思潮的较量中坚定地推进马克思主义。可以说,以网络平台方式传播价值观,已经与传统的教育、读书、自省和身教等方式并驾齐驱,成为价值观选择的重要条件。

五、利用网络技术手段提高教学内容的文化吸引力

在高校马克思主义教育中,要适当地运用网络语言,及时捕捉广大学生反映强烈的问题,将马克思主义转化为学生们易于接受的网络话语体系,以增强马克思主义教育的吸引力和感染力。除此之外,还可以利用网络传播技术,将马克思主义基本观点和基本方法转化为文字、声音、图像、动画相融合的多媒体文本,增强趣味性,吸引读者阅读。

提高网络内容的吸引力,要与优秀文化结合起来。这方面,最关键的是建立以社会主义核心价值观为中心的网络文化生态,其根本就是要通过文化

"化人"。而文化"化人"的目的是利用文化传播价值观，达到这一目的应做到以下三方面。

（1）要充分利用优秀文化中所蕴含的正确价值观。在网络平台利用文化传播价值观时要防止两种错误倾向：一是在把社会主义核心价值观的精髓注入中华优秀传统文化过程中，警惕封建落后文化的"沉渣泛起"；二是在吸收世界优秀文化成果时，不可"包容过度"，警惕自身成为西方文化糟粕的俘虏。

（2）要采用能够吸引人的各种文化内容和形式。文化是最丰富多彩的，而对于广大网民尤其是青少年网民来说，越是文化形式新颖和文化底蕴深厚的东西，对他们越有吸引力。可以说，几乎没有什么文化内容和形式不含有价值观的，包括像动画片"猫和老鼠""黑猫警长"等同样渗透着某种价值观。所以，发挥正确价值观的引导作用，关键就要找到相应的文化载体。只有找到群众喜闻乐见的、轻松幽默的、贴近生活的文化艺术形式，才能抓住受教育者的眼球，使社会主义核心价值观内化于心。

（3）要根据网络平台的技术特点发展和利用微文化。微文化作为一种文化形态很早就存在，但是目前兴盛起来的微文化，则主要与微博、微信等新的社交网络普及有关，伴随着微博、微信的广泛使用，当前"微文化正以其'微言大义'的内涵和'无微不至'的外延，潜移默化地从细微之处影响着人们的思维轨迹和人生方向"①。深入挖掘微文化的资源并发挥其涵养主流意识形态的作用，有助于大学生接受社会主义核心价值观。

六、从网上寻找大学生关注的热点问题答疑

一般来说，广大网民反映的热点难点问题，也是大学生们关注的热点问题。所以，要把善于抓住网络热点、探究学生关心的各类问题，作为马克思主义教育的重要环节来对待。

传统寻找大学生关注的热点问题，往往是通过调查问卷或者听取学生直接的建议。这种方式的缺陷在于不全面不及时，有些人并不愿意表达自己的真实想法，有些人不善于表达自己的疑问，尤其对于涉及马克思主义的热点问题，多数学生害怕立场出问题而不敢提出问题。而通过微博、微信等现代

---

① 王琳. 如何利用网络平台传播社会主义核心价值观[EB/OL]. 光明网，2014-09-25.

大学生普遍运用的社交网络，可以清晰地获得学生的问题关注点在哪。

从网上寻找大学生关注的社会热点问题，关键是建立信息反馈机制。在网上体察学情、了解学意，建立和完善传播马克思主义的网络反馈机制，根据学生们反映的新情况、新问题，及时修改教育方案，有助于马克思主义教育。对学生的反馈信息进行科学性、客观性与动态性的评估，具体分析反馈信息，检验马克思主义通过网络的传播效果并作出积极回应，在教学实践中给予贯彻落实。

七、完善马克思主义学院"红色网站"

高校是我国社会信息化程度最高、发展势头最快的地方之一，网络与高校思想政治教育的结合，将使高校思想政治教育更快发展。21 世纪以来，我国高校思想政治教育"红色网站"如雨后春笋般不断涌现，使马克思主义教育手段更加丰富。

马克思主义学院"红色网站"是网络思想政治教育的重要阵地。目前，多数大学中的马克思主义学院都建立了自己的专门网站。马克思主义学院网站，除了发布一些教师个人信息和学院日常工作外，还应具有鲜明的"红色"，即要把马克思主义学院网站建设成宣传马克思主义的一块高地，方便全校师生在网站上查询与马克思主义相关的各种内容，包括马克思主义创始人的经典观点和中国特色社会主义理论成果的最新进展。

笔者认为，马克思主义学院"红色网站"应汇集大量马列经典著作和理论文章供师生学习，方便学生随时随地查询和浏览。同时，网站应经常举办各种理论宣传、学习讨论、征文等活动。网站栏目和内容的设置要与课堂的教学内容衔接好，使马克思主义教学从教室延伸到网络。另外，针对大学生心理状况，应开设相关的心理咨询栏目，心理咨询专家以网上聊天的形式与同学进行交流，为其解疑、释惑，缓解学生心理压力，解决学生思想实际。

八、开拓"网络批评"新渠道

网络时代的马克思主义教育工作者，既要熟悉马克思主义的基本立场、观点和方法，又要具有一定的网络技术水平，成为既懂网络传播技术又擅长马克思主义理论的复合型人才。马克思主义教育工作者可以仿照"文艺批评"形式开展积极的"网络批评"，针对国内外一些错误的价值观开展批判，对错误的思想要旗帜鲜明地"亮剑"。

面对网络新媒体迅猛发展，能否扎紧我国主流意识形态建设的"篱笆"，是对我们党执政能力的一场生死考验。面对西方国家利用网络新媒体咄咄逼人的形势，我们必须加快行动起来，积极利用网络新媒体宣传正能量，开展对错误思想的批判和斗争。

开展"网络批评"，一是要针对某些西方国家利用互联网日益加紧对我国倾销他们所谓的"普世价值"和各种错误价值观，进行有理有据的批判，达到明辨是非的目的，帮助人们搞清什么是真善美，哪些算假丑恶；二是要针对国内有些人或者由于愚昧，或者出于其他目的，利用网络平台介绍和赞美西方错误价值观，宣扬国内早被打入历史垃圾箱中的反动、低俗、落后的价值观，展开全面与重点相结合的批判，应对来自不同方向价值观"黑客"的攻击。在"网络批评"过程中，要充分运用社会主义核心价值观这一强大思想武器，实现手段与目的、批评与教育的结合，引导大学生树立积极向上、健康正确的价值观。

（杨永志：《贵州省党校学报》2016 年第 6 期）

马克思主义基本自由观及其历史分析和中国实践

自由是古今中外思想家、政治家甚至诗人使用频率最高的词语之一，但不同时代、不同利益集团和不同情境下的自由不能同日而语。马克思主义基本自由观既吸收了人类自由思想的优秀成分，又在根本上有别于形形色色的各种自由思想。在我国大力培育和践行社会主义核心价值观的背景下，对马克思主义基本自由观进行深入研究，具有重要的学术价值和现实意义。

一、马克思主义基本自由观的初步概括

马克思主义基本自由观，是指站在马克思主义立场上关于自由问题的基本看法和根本观点。狭义上是指马克思和恩格斯所创立的基本自由观念，广义上是指在发展马克思主义过程中已经被丰富并且形成共识的主要自由观念。目前，学术界还没有关于马克思主义基本自由观的概念。从整体来看，我们认为马克思主义基本自由观可概括为以下几个方面。

（一）自由是共产主义的最高追求和社会主义核心价值观

个人自由是人的最大价值，它不仅集中体现人性、人格和人的尊严，使人成之为人，而且也是对人的终极关怀。马克思主义创始人的思想，出发点和归宿就是实现人的自由而全面发展，他们创立的科学社会主义，把共产主义确定为无产阶级及其政党的最高理想和人类社会发展的最高阶段。马克思和恩格斯作为人类自由的崇尚者、探究者和追索者，以严谨的科学态度奉自由为精神皈依，把自由与共产主义紧紧联系，一生为共产主义的自由而战。纵观人类思想发展的历史，不乏各种自由的迷狂者，但马克思和恩格斯与之不同，他们在对社会主义和共产主义这两个性质相同、阶段不同的社会的具

体描述中，不是仅凭主观来认定自由是共产主义的终极价值目标，并把自由放在社会主义价值观选择的核心位置，而是从社会发展规律出发，围绕无产阶级解放的伟大目标，科学地揭示了自由在新社会制度中应有的历史地位。

（二）社会主义自由受道德、法律和社会制度的约束

任何自由都是有限的，绝对自由并不存在。针对旧的社会制度，马克思主义创始人尤其强调只有消除旧式分工，打破影响生产力发展的各种枷锁，摆脱阶级压迫和剥削，消除两极分化和资本主义金钱政治，捍卫人民群众的言论、出版、宗教信仰自由等精神文化权益，才能有自由可言。社会主义虽然为自由充分发展创造了条件，但是马克思主义创始人认为这时的自由也并不是没有限制，仍然要受道德、法律和制度等因素制约。首先，社会主义自由必须遵循一定的道德规范。个人自由与承担道德责任有直接联系，如果人人不讲道德，就会损害他人利益最终也无法保障自身利益。马克思曾指出，每一种道德形式以及像自由、正义这样的意识"只有当阶级对立完全消失的时候才会完全消失"[1]。所以，绝不可误以为社会主义自由就可以不受道德约束。其次，社会主义自由必须遵循一定的法律规范。法律约束自由，同时也赋予人们享有自由的权利，法律约束可以让合理合法的自由获得好的存在环境。马克思认为，"法典就是人民自由的圣经"[2]，完善的法治是规范和保护个人自由的必备条件。最后，社会主义自由从根本上要靠制度实现。由于制度与自由息息相关，所以在实践中必须不断改革和完善社会主义制度，如恩格斯所说，"所谓'社会主义社会'不是一种一成不变的东西，而应当和任何其他社会制度一样，把它看成是经常变化和改革的社会"[3]，只有不断改革，才能使人民群众的自由水平逐步提高。

（三）社会主义自由在本质上是"集体自由"

所谓"集体自由"，就是在一定的集体范围内，个人自由与他人自由既相互制约又相互促进。进一步说，"集体自由"以集体主义为基础，个人不能随心所欲，个人自由受到集体意志和利益的限定，个人的自由绝不能以牺牲多数人的自由为代价。马克思和恩格斯在《共产党宣言》中指出："代替那存在

---

① 马克思恩格斯选集（第 1 卷）[M]. 北京：人民出版社，2012：421.
② 马克思恩格斯全集（第 1 卷）[M]. 北京：人民出版社，1995：176.
③ 马克思恩格斯选集（第 4 卷）[M]. 北京：人民出版社，2012：601.

着阶级和阶级对立的资产阶级旧社会的，将是这样一个联合体，在那里，每个人的自由发展是一切人的自由发展的条件。"①按这句话来理解，"联合体"（亦称"自由人联合体"）就是一个集体，集体可以是一个生产单位、一个行政区域、一个社会阶层或者阶级、一个国家或者民族、全世界或者全人类。一方面，"联合体"内一切人的自由是每个具体的人都自由，或者说每个人都有了自由才能实现一切人的自由。但值得注意的是，把一切人的自由理解为个体自由的总和则是片面的，一切人的自由绝不等于每个人的自由的简单加总。另一方面，每个人的自由发展是一切人的自由发展的"条件"，这个条件实际隐含着每个人的自由以及自由发展不仅不能妨碍他人，而且要顾及他人获得自由和自由发展。由于深刻揭示了"联合体"内"一切人的自由"的集体主义性质，所以用"集体自由"来概括马克思主义自由观的本质，不仅在理论上和逻辑上能够成立，而且对于正确理解社会主义自由，科学指导社会主义实践意义重大。

（四）社会主义自由是无产阶级和广大劳动群众的自由

马克思主义基本自由观的立场非常明确，它强调社会主义自由的主体是无产阶级和广大劳动群众，即从最广大人民群众的根本利益出发，让大多数社会成员真正享有的人民自由。马克思和恩格斯在谈到自由问题时，总是强调为谁的自由、什么样的自由和什么限度的自由。马克思主义创始人的基本自由观与西方新、旧自由主义普遍主张的以个性张扬为基础的"个体自由"，以及由此派生的"绝对自由""无限自由""自由至上"等自由观有着本质的区别。资本主义的自由本质上是商品交换的自由、资本的自由，而雇佣劳动者只有出卖劳动力的自由。马克思对此曾一针见血地指出，"在自由竞争中自由的并不是个人，而是资本"②。进一步说，资本主义制度不仅整体上使自由所能达到的高度有限，他们所吹嘘的充分自由只是"雾里花"或"水中月"，资本所有者能够享有较多的自由，普通劳动者享有的只不过是那种资本治理和资本奴役下很有限的自由而已。

（五）社会主义自由是共产党人必须高扬的思想旗帜

在西方资产阶级大革命时期，自由是最鲜明、最普遍运用、最具感召力

---

① 马克思恩格斯选集（第4卷）[M]. 北京：人民出版社，2012：647.
② 马克思恩格斯文集（第8卷）[M]. 北京：人民出版社，2009：179.

的时代旗帜，新兴资产阶级高举这面旗帜，团结各种群体力量，推翻了封建专制。马克思和恩格斯在充分吸收人类文明成果的过程中，形成了马克思主义基本自由观。其中，在《德意志意识形态》中提出共产主义是"以每一个个人的全面而自由的发展为基本原则的社会形式"①，在《共产党宣言》中阐明"共产党人为工人阶级的最近的目的和利益而斗争，但是他们在当前的运动中同时代表运动的未来"②，未来社会是每个人的全面而自由的发展，在《对英国北方社会主义联盟纲领的修正》中论述"我们的目的是要建立社会主义制度，这种制度将给所有的人提供健康而有益的工作，给所有的人提供充裕的物质生活和闲暇时间，给所有的人提供真正的充分的自由"③，都可领悟到他们为马克思主义政党指明了自由是必须高扬的旗帜和为之奋斗的价值追求，共产党人要自觉用社会主义自由的旗帜集聚个人力量、引领社会前进方向。

二、马克思主义基本自由观的历史分析

（一）马克思主义基本自由观来源的历史分析

在科学社会主义形成之前的 16 到 19 世纪的几个世纪里，活跃的空想社会主义者们在批判资本主义制度缺陷的同时，也设计了所谓理想的社会主义。尽管这些社会主义存在着非常多的主观空想成分，并且他们个人的观点也不尽相同，但是在当时的历史条件下，空想社会主义却代表了无产阶级和广大劳动者对美好社会生活的向往。马克思和恩格斯并不是像一些资产阶级学者那样简单地否定空想社会主义，而是从无产阶级的阶级利益出发，在建构自身学说体系过程中，运用辩证唯物主义和历史唯物主义的科学方法，在批判地吸收空想社会主义关于实行公有制、按劳分配、计划经济、民主管理、人人平等、友爱和谐、互助合作等思想的同时，也批判地吸收了空想社会主义关于社会主义能使大多数人获得充分自由、真正自由和全面自由等具体理念，同空想社会主义者坚定地站在一起反对资本主义、小资产阶级、无政府主义

---

① 马克思恩格斯选集（第 2 卷）[M]. 北京：人民出版社，2012：267.
② 马克思恩格斯选集（第 1 卷）[M]. 北京：人民出版社，2012：434.
③ 马克思恩格斯全集（第 21 卷）[M]. 北京：人民出版社，1965：570.

等各种自由思潮。绝不可说这是"近朱者赤",因为在此之前马克思和恩格斯也曾仔细、深入研究和比较了欧洲的各种自由学说,但是从实际内容看,马克思主义基本自由观首先和最多的来自空想社会主义,受空想社会主义自由思想影响最大。

(二)马克思主义基本自由观形成的历史分析

马克思的自由思想虽然早在其 1841 年春天的博士论文《德谟克利特的自然哲学和伊壁鸠鲁的自然哲学的差别》中就有出现,但是马克思最初的自由思想比较稚嫩,受黑格尔的影响较大。恩格斯最早关于自由的论述出现在 1839 年春天的《乌培河谷来信》,他在文中抨击了虔诚主义宗教对自由的限制,主张脱离保守教会实现个体自由。当然,他们那时对自由的理解比较肤浅,属于民主主义的自由观。马克思主义自由观的起点,通常被认为是从《1844 年经济学哲学手稿》开始,因为马克思在文中第一次系统地阐述了自由的问题,但是走向成熟的标志被认为是 1848 年发表的《共产党宣言》。《共产党宣言》不仅是科学社会主义的奠基之作,同时也把对自由的认识提升到一个新的高度。由于在此期间马克思和恩格斯对自由的认识开始自觉地运用唯物史观的分析工具,使他们从最初的民主主义自由观最终升华为科学社会主义自由观。以上这些表明:马克思主义基本自由观既是综合人类优秀文明成果的结晶,更是一个认识不断深入的过程,其主要哲学基础是历史唯物主义。

(三)马克思主义基本自由观标准的历史分析

马克思主义自由观的基本性,是指马克思主义自由观中所固有并在自身历史中体现出来的带有根本性的特点和标识。评定哪些属于马克思主义基本自由观,从历史经验来看主要依据三个方面。一是能反映观念自身的基础性和辐射性。如果观念没有基础性地位和辐射性作用,这样的自由观念不能称为基本自由观,这也是评断是不是马克思主义基本自由观的一般前提。二是能区别于其他自由观的显著特点。如果区分度不明显,就不具有成为"基本"观念的属性。进一步说,只有那些站在马克思主义立场上并彰显自身显著特征的自由观才属于马克思主义基本自由观。三是在理论体系中具有成熟性和一贯性的思想。从马克思《1844 年经济学哲学手稿》第一次系统阐述自由观开始,到恩格斯 1887 年在《对英国北方社会主义联盟纲领的修正》中最后一次涉及社会主义制度就是要"给所有的人提供真正的充分的自由"等自由问题为止，我们在前面所概括的马克思主义基本自由观在 40 多年里都具有一以贯之的特征。此外，除了客观的评定标准之外，人们在一定时期受认识和实践中各种因素影响，普遍的认同也可以作为历史性标准，就是说"共识"对社会主义基本自由观具体内容的认定也非常重要。

（四）马克思主义基本自由观价值的历史分析

历史地评价马克思主义基本自由观的价值，可以概括为三个方面的重大意义。一是增强了自身的理论品质。马克思主义基本自由观丰富了马克思主义理论体系，使马克思主义更加完善。同时，与其他各种自由观相比，马克思主义基本自由观也具有突出特点，表面上看为个人所拓展的自由度"阈值"较小，但所赋予的自由内涵更合理，个人总体获得的自由"实惠"更多，在马克思主义基本自由观基础上形成的自由模式，是一种不同于资本主义的自由模式，这就为人类多样化自由发展提供了选择的余地。二是科学定位了自由的界限。以往的自由主义倡导者往往把自由度定得很宽，把人们对自由希冀的"胃口"吊得很高，当一些许诺在现实中兑现不了时，难免使人易患"自由焦虑症"。而且他们多采用理性分析和价值分析的简单方法，既不能科学解释自由为什么会成为人的最高追求和对人的终极关怀，也不能令人信服地说明自由的内涵、本质和实现条件，相反使人对自由愈加平添了"狐疑"和忧虑。三是为后来的社会主义自由实践指明了方向。有了社会主义自由模式和马克思主义基本自由观的具体指导，社会主义建设和发展在自由问题上就有了比较明确的方向，社会主义国家依据自身发展的实际和人类对自由的正确新认识，选择切合实际的自由模式，不至于盲信各种错误自由思潮，有助于我们减少在自由实践中的失误。

三、马克思主义基本自由观的中国实践

马克思主义基本自由观的中国实践，可以分为两个重要时期，即新民主主义革命时期和社会主义建设时期，马克思主义基本自由观在这两个时期存在着一定的实践差别。

（一）马克思主义基本自由观在新民主主义革命时期的实践

以毛泽东为代表的中国共产党人，在接受马克思主义的同时也接受了马克思主义基本自由观，并在实践中进行了广泛应用。新民主主义革命时期马克思主义基本自由观实践的着力点和效果如下：

1. 摆脱帝国主义殖民统治，使中华民族实现了国家独立和人民自由

从 1840 年开始，中国沦为半殖民地半封建社会，贫困和不自由程度是世界少见的。对此，毛泽东在 1946 年与美国记者斯蒂尔的谈话中曾坚定地指出："不管怎样艰难困苦，中国人民的独立、和平、民主的任务是一定要实现的。任何本国和外国的压迫力量，不可能阻止这一任务的实现。"[①]在 1948 年的《全世界革命力量团结起来，反对帝国主义的侵略》中毛泽东指出："十月革命的光芒照耀着我们。苦难的中国人民必须求得解放，并且他们坚信是能够求得解放的。"[②]在 1937 年的《中国共产党在抗日时期的任务》中，毛泽东指出："争取政治上的民主自由，则为保证抗战胜利的中心一环。"[③]在整个新民主主义革命时期，独立、和平、民主是中国共产党领导人民争取自由的主要实践之一，并最终实现了自由目标。

2. 推翻官僚资本主义统治，使劳动者阶级获得了政治解放和经济自由

资本主义分为不同阶段，如列宁将其区分为自由资本主义阶段和垄断资本主义阶段，资本主义的政治统治也分为不同类型，如民主资本主义统治和官僚资本主义统治。通常，官僚资本主义是国家权力和财产私人所有制的结合，具有垄断资本主义的性质。我国新民主主义革命时期，以蒋介石为代表的资产阶级统治属于官僚资本主义统治，这种统治不仅极大地限制了自由竞争和经济发展，更是压抑了整个社会的政治自由。中国共产党领导中国人民经过 28 年艰苦卓绝的斗争，推翻了帝国主义、封建主义和官僚资本主义的统治，建立了新中国，开辟了中国历史的新纪元。这一实践，使中国无产阶级和劳动群众实现了革命目的，在政治上获得了解放，在经济上获得了自由。

3. 横扫封建主义思想，使各民族群众获得了精神解放和文化自由

中国封建社会从战国时期直到清朝灭亡，长达 2300 多年，其时间长度为世界少有。毛泽东认为，"政权、族权、神权、夫权，代表了全部封建宗法的

---

① 毛泽东选集（第 4 卷）[M]. 北京：人民出版社，1991：1202.

② 毛泽东选集（第 4 卷）[M]. 北京：人民出版社，1991：1359.

③ 毛泽东选集（第 1 卷）[M]. 北京：人民出版社，1991：256.

思想和制度，是束缚中国人民特别是农民的四条极大的绳索"①。辛亥革命把封建统治推翻以后，大量的封建主义思想和习惯势力仍然长期桎梏着人的精神世界。中国共产党领导下的新民主主义革命，广泛地传播了马克思主义科学思想和人类先进文化，尤其是 70 年前在延安文艺座谈会精神指引下，民族的、科学的、大众的"中华民族新文化"遍地喷涌，并逐步汇聚成唤醒工农荡涤旧文化的时代洪流，使中国人民较大程度地获得了精神解放和文化自由。

　　这一时期马克思主义基本自由观的实践特点：一是通过暴力革命作为实现自由的主要手段，彻底实现了民族独立和人民的政治解放；二是采用无产阶级专政和人民民主的方式使人民当家作主，劳动者阶级的自由发生了翻天覆地的根本改变；三是用马克思主义世界观、价值观和人生观教育了人民，开辟了五四运动之后中国文化自觉和文化自由的又一片新天地。在毛泽东思想指引下，中国共产党领导全国各族人民，经过长期的反对帝国主义、封建主义、官僚资本主义的革命斗争，取得了新民主主义革命的胜利，建立了人民民主专政的中华人民共和国。

　　当然，毛泽东在接受马克思主义基本自由观的同时坚决反对小资产阶级的自由主义，他在 1937 年 9 月专门写了《反对自由主义》的文章，认为根源于小资产阶级的自由对革命不利，"革命的集体组织中的自由主义是十分有害的"，"它使革命队伍失掉严密的组织和纪律，政策不能贯彻到底，党的组织和党所领导的群众发生隔离"。②与此类似，邓小平在 20 世纪 80 年代领导中国改革开放过程中，也多次提出坚决反对"资产阶级自由化"的思想。

（二）马克思主义基本自由观在社会主义建设时期的实践

　　社会主义改造完成之后，中国早期社会主义自由探索走了一些弯路，限制自由和自由畸形化倾向明显。这个时期影响个人自由发展的表现包括实行单一公有制、进行平均主义分配、经营管理权集中、多数政策体现"一刀切"、广大农村不允许因地制宜以及"割资本主义尾巴"等等。而畸形自由的表现主要是"造反有理"、"革命有功"、"砸烂公检法"、"破四旧"、随意限制他人人身自由、强制对单位领导和科技文化界人员"劳动改造"等等。

　　党的十一届三中全会召开，邓小平领导"拨乱反正"，开始改革开放，探

---

　　① 毛泽东选集（第 1 卷）[M]. 北京：人民出版社，1991：31.
　　② 毛泽东选集（第 2 卷）[M]. 北京：人民出版社，1991：360.

索中国特色社会主义道路,使社会主义自由实践和发展逐步走上了正确轨道。首先是"思想解放"运动的自由实践,主要包括当时开展的"实践是检验真理的唯一标准大讨论"、反对"两个凡是"的斗争、吸收资本主义先进管理经验等,激发了人民群众的创造性思维,推动了改革开放的发展和现代化局面的打开。其次是"大力解放和发展生产力"的自由实践,如推广"承包制"、为企业"放权"、鼓励一部分人先富起来、确定"三个有利于标准"、发展社会主义市场经济、鼓励非公有制经济发展等等,推动了中国特色社会主义理论、道路和制度的形成。

改革开放以来我国社会主义自由的实践探索,既体现了对马克思主义基本自由观的继承和发展,又客观反映了时代进步和基本国情,从而形成了中国特色社会主义自由或者说中国式自由的模式,主要特点有以下几个方面。

(1)偏好集中型自由体制。典型的集中型自由体制就是"举国体制",主要表现为以国家利益为最高目标,动员和调配全国有关的力量,包括精神意志和物质资源,集中解决某些重大事项。"举国体制"虽存在一定的弊端,但是其稳定社会、提高效率、重点攻关和建设的优势也非常明显。这种体制比较符合东方国家传统的治国理念。长期以来我国"举国体制"也在不断改进之中,目的是使马克思主义基本自由观的"集体自由"表达更为合理,实践运用更加适当。

(2)规范媒体的自由言论。长期以来,国内外一些反社会主义势力对这种意识形态治理方式大加攻击。但中国对媒体言论实行适当的规范,并不违背国家宪法规定的公民言论自由,而恰恰是中国特色公民言论自由的体现,符合马克思主义基本自由观所倡导的反对"绝对自由"的原则和精神。

(3)为个人自由设立政治前提。中国特色社会主义,除了用法律和道德规范自由之外,还为公民自由设立了政治前提,即坚持社会主义道路,坚持人民民主专政,坚持中国共产党的领导,坚持马克思列宁主义、毛泽东思想。"四项基本原则"是政治原则或者政治纪律,任何公民的自由都不能逾越这一界限。社会主义是中华民族的历史性选择,中国当前坚持四项基本原则,符合最广大人民的根本利益。因此,为社会发展设立政治前提,与马克思主义基本自由观中"自由是有条件的"思想相一致。

(4)将生存权放在自由权之前。长期以来,西方发达国家把人权与自由相联系,惯用以自由权为核心内容的人权说事。对于广大发展中国家来说,摆在人权第一位的是人民的生存权,没有生存权,其他一切人权以及由人权体现的自由均无从谈起。与西方发达国家主张人的个性、思想言论、个人利益等自由权居先的观点不同，中国特色社会主义自由把生存权作为人权自由的第一位内容，既是当前中国作为世界人口最多、生存压力大之国家的实际需要，也是遵循马克思主义基本自由观的反映。

（5）以根本利益为自由根基。按照马克思主义的观点，人民奋斗所追求的一切都同他们的利益有关。现实生活中，利益种类非常之多，有直接利益和间接利益、物质利益和声誉利益、集体利益和个人利益、共同利益和本位利益、一般利益和根本利益等等。与资本主义普遍主张的自由与个人利益相联系不同，社会主义要求把自由与最广大人民群众根本利益的争取、获得、共享和维护紧紧地联系在一起。从实践来看，中国特色社会主义道路尽管需要历经温饱、小康、现代化、民族复兴等各种不同阶段，但是中国共产党始终遵循马克思主义基本自由观，坚持从最广大人民根本利益出发来定位人的自由。

（6）善用民主集中制的自由方法。中国共产党把民主集中制作为自身的重要组织制度和工作方法，坚持民主基础上的集中和集中指导下的民主相结合。一方面，从民主到集中可以实现从"个人自由"向"集体自由"的转化；另一方面，既民主又集中可以使个人畅所欲言，避免官僚和独裁，有利于提高决策的科学性和工作效率，避免"拖沓"和"扯皮"。目前，党内民主集中制的方法正在向社会治理现代化全面推广，形成了以党内民主带动人民民主的自由发展新生态。

（杨永志、郭英楠：《理论学刊》2016 年第 3 期）

论马克思主义自由观与社会主义

——对社会主义核心价值观中"自由"认识的一个视角

通常，人们把自身摆脱外在力量的限制称作自由。历史上有许多关于自由的理解，对人类深刻认识自由起到了促进作用；但也必须承认，有些理解存在片面性或根本性的错误。马克思和恩格斯第一次从历史、唯物和实践的视角剖析了自由及其本质，认为人不能免受外在客观必然性的限制，但是人不是外在客观必然性的奴隶，而是驾驭和利用它的主人。就是说，人可以通过运用自己的实践力量和对认识的深化，去积极地打破外在限制，从而获得一定程度的解放，获得自由和自由的发展。

关于马克思主义自由观与社会主义的关系理论，以往鲜有人专门探究。当前，培育和践行社会主义核心价值观是我国新的热门话题，为加深对社会主义核心价值观中关于自由的认识，我们有必要对马克思主义自由观与社会主义的内在联系进行较为系统的考察。

一、马克思主义自由观
与空想社会主义和科学社会主义理论的关系非常密切

（一）马克思主义自由观的形成深受空想社会主义自由思想的启迪

首先，马克思主义自由观接受了空想社会主义关于社会主义是人类实现幸福和自由的理想社会制度的基本主张。众所周知，在科学社会主义形成之前，从 16 世纪到 18 世纪历经了三个多世纪，空想社会主义者们从批判资本主义制度以及理性和正义出发，将理论与实验并行、探求与设计相济，编织出一幅社会主义制度的美好蓝图。马克思和恩格斯从无产阶级的阶级利益出发，在建构自身学说的体系中，深入研究和比较了欧洲的自由主义学说、启蒙思想、空想社会主义和无政府主义等各种理论，最终选择了社会主义。从大量公开的历史文献资料看，马克思和恩格斯选择社会主义，一方面深受多数空想社会主义者关于实行公有制、按劳分配、计划经济、人人平等、友爱和谐、互助合作等社会主义思想的影响，认为这一制度具有经济公平性和道德合理性，能促进社会生产力的不断发展；另一方面是因为社会主义本身能够使社会的大多数人获得充分、真正和全面的自由，是避免资本主义自由局限性的理想社会制度。19 世纪中叶，随着资本主义矛盾的日益突出，关于人类社会发展的历史趋势主要有两种判断：一种判断认为，资本主义是人类发展的理想社会制度和最高阶段；另一种判断认为，社会主义是代替资本主义的理想社会制度和最高阶段。空想社会主义是后一种判断的坚定捍卫者。马克思和恩格斯在经过大量科学研究的基础上也毅然选择了后者的判断，他们反对资产阶级宣扬的资本主义合理论和永恒论，认定社会主义和共产主义制度比资本主义制度更合理、更高级。

其次，马克思主义自由观吸收了空想社会主义个人自由与集体利益须一致等思想。空想社会主义尤其是三大空想社会主义者，均有个人自由与集体利益须一致的思想。圣西门说："真正的自由绝不在于社会成员像人们渴望的那样随心所欲、不关心集体。任何地方出现这种倾向，都应当严格制止。相反，真正的自由，在于尽可能广泛地和毫无障碍地发展人们世俗方面或精神方面有利于集体的才能。"①傅立叶也希望建立一种以"法伦斯泰尔"（他为理想社会设计的建筑物的名字）为基层组织的社会主义社会，在这里，个人利益和集体利益是一致的。欧文的理想社会就是建立在生产资料公有制基础上的"众多共产主义公社的联合体"，当这种联合体普及欧洲、普及全世界之后，就会"把全世界联合成为一个只被共同的利益联系起来的伟大的共和国"②。从文献资料看，个人自由不能任性，也不可与集体利益相分离、相对立，更不能表现为某种抽象、虚无状态，这是空想社会主义者的共识。在"集体"这个概念上，马克思和恩格斯在《共产党宣言》中所说的"自由人联合体"，也是借用了空想社会主义关于"利益联合体"的说法。可见，他们在

---

① Keith Taylor, Henri Saint-Simon, Selected Writings on Science, Industry and Social Organization[M]. New York: Holmes & Meier Publisher, 1975: 229.

② 柯象峰. 欧文选集（第 1 卷）[C]. 北京：商务印书馆，1979：150.

个人自由与集体利益关系问题上与空想社会主义强调的"个人自由须与集体利益一致"的主张如出一辙，同时又摒弃了个别空想社会主义者关于取消"个人的自由发展"，以及"平均主义"和"禁欲主义"等观念。

最后，马克思主义自由观总体上认同空想社会主义对他们那个时代错误自由思潮的批判。空想社会主义者普遍主张自由，如英国的温斯坦莱就曾明确要"建立一个真正的自由共和国"①；法国的摩莱里主张实现"充分的真正的自由"②。空想社会主义者主张的社会主义自由是非放任的自由，即通过社会生产的组织化，使个人自由活动纳入理性和集体的范围。如有学者所言："空想社会主义是一种不同于主张自由放任经济政策的主流政治经济学的另一思想流派。"③马克思和恩格斯认为："人们每次都不是在他们关于人的理想所决定和所容许的范围之内，而是在现有的生产力所决定和所容许的范围之内取得自由的。"④总的来看，对于无政府主义自由观和资产阶级自由观的批判，马克思和恩格斯与空想社会主义的立场基本一致。

除了上述方面，各种空想社会主义自由思想还在许多方面对马克思和恩格斯产生了影响。正如恩格斯指出的那样，马克思主义不是凭空产生的，"它必须首先从已有的思想材料出发"⑤。从历史实际来看，由于马克思和恩格斯的自由观属于社会主义性质，因此在众多自由观中，空想社会主义自由的"思想材料"，必然更能深刻启迪马克思和恩格斯自由观的形成。

（二）马克思主义自由观与科学社会主义在萌发过程中相互影响

马克思自由思想虽然早在其 1841 年春天的博士论文《德谟克利特的自然哲学和伊壁鸠鲁的自然哲学的差别》中就有发轫，其后在《〈黑格尔法哲学批判〉导言》中也有论及，但是马克思最初的自由思想比较稚嫩，受黑格尔的影响较大。恩格斯最早关于自由的论述出现在 1839 年春天的《乌培河谷来信》，他在文中抨击了虔诚主义宗教对自由的限制，主张脱离保守教会，实现个体自由。当然，那时恩格斯对自由的理解也较肤浅，属于民主主义的自由观。马克思主义自由观的创立，通常被认为是从创作《1844 年经济学——哲

---

① 翔豫. 评温斯坦莱的《自由》[J]. 史学月刊，1981（5）.
② 刘水林. 经济法的观念史解释——为什么是摩莱里[J]. 华北政法大学学报，2008（5）.
③ 吴易风. 空想社会主义[M]. 北京：北京出版社，1980：1-3.
④ 马克思恩格斯全集（第 3 卷）[M]. 北京：人民出版社，1960：507.
⑤ 马克思恩格斯选集（第 3 卷）[M]. 北京：人民出版社，2012：391.

学手稿》开始，在该文中他第一次系统地阐述了自由的问题，提出人的本质特征是"自由的自觉的活动"、自由并不来自人的自然本性、自由是全部精神存在的类本质①等观点，将共产主义视为解决人与自然、自由与必然之间对立的历史形式，试图从哲学上证明共产主义的必然性。马克思在 1845 年春天写的《关于费尔巴哈的提纲》通常被认为是历史唯物主义的起点，马克思和恩格斯在 1845—1846 年共同撰写的《德意志意识形态》，第一次系统地阐述了历史唯物主义的基本原理，同时对自由的认识也更加深刻。他们提出："在这个共同体中各个人都是作为个人参加的"②，共产主义是"以每一个个人的全面而自由的发展为基本原则的社会形式"③。而 1848 年发表的《共产党宣言》，不仅是科学社会主义的奠基之作，同时也把对自由的认识提升到一个新的高度。认为共产主义是一种"自由人的联合体"，在那里"每个人的自由发展是一切人的自由发展的条件"④。马克思在 1867 年发表的《资本论》（第1 卷）中，更加拓宽了对自由认识的视野，将其从哲学层面扩展到经济层面，或者说，把自由同马克思的另一重大发现——剩余价值理论相联系，认为人的自由是有限的，在物质生产领域人类不可能摆脱自然必然性的支配，只有"从动物的生存条件进入真正人的生存条件……人们才完全自觉地自己创造自己的历史"⑤。马克思进一步阐明，"流通中发展起来的交换价值过程，不但尊重自由和平等，而且自由和平等是它的产物"⑥，并形成把人类自由与物质生产相联系、置于社会经济基础之上的思想。马克思在 1875 年写成的《哥达纲领批判》中，提出了著名的"以自由的联合的劳动条件去代替劳动受奴役的经济条件"⑦的科学论断。恩格斯在 1877—1878 年撰写的《反杜林论》中，深刻阐述了自由与必然的关系，认为"自由不在于幻想中摆脱自然规律而独立，而在于认识这些规律，从而能够有计划地使自然规律为一定的目的服务"⑧。他在 1880 年撰写的《社会主义从空想到科学的发展》中，提出并

---

① 马克思恩格斯全集（第 1 卷）[M]. 北京：人民出版社，1995：171.
② 马克思恩格斯选集（第 1 卷）[M]. 北京：人民出版社，2012：202.
③ 马克思恩格斯选集（第 2 卷）[M]. 北京：人民出版社，2012：267.
④ 马克思恩格斯选集（第 1 卷）[M]. 北京：人民出版社，2012：422.
⑤ 马克思恩格斯选集（第 3 卷）[M]. 北京：人民出版社，2012：815.
⑥ 马克思恩格斯全集（第 31 卷）[M]. 北京：人民出版社，1998：362.
⑦ 马克思恩格斯选集（第 3 卷）[M]. 北京：人民出版社，2012：143.
⑧ 马克思恩格斯选集（第 3 卷）[M]. 北京：人民出版社，2012：491.

论证了共产主义是"人类从必然王国进入自由王国的飞跃"①等著名论断。马克思主义自由观和科学社会主义理论贯穿于马克思主义形成和发展的全过程。在时间顺序上，马克思主义自由观的出现虽然稍早于科学社会主义，但二者基本属于同期创立，1844—1880 年是马克思主义自由观和科学社会主义形成的辉煌历史时段以及重要的理论节点，也是二者相互缠绕和相互影响的重要时期。

（三）马克思主义自由观对科学社会主义的形成和发展意义重大

首先，马克思主义自由观是科学社会主义的重要思想基础。一方面，人的自由问题是马克思主义人学理论的核心，马克思和恩格斯从无产阶级的立场出发，在对异化劳动的批判和对私有财产观点的扬弃中高举起自由的旗帜。资本主义单纯从抽象的人道、人性出发，只兑现了少数人的自由而剥夺了多数人的自由。马克思主义不仅高度关注具体的人和多数人的自由，并且把对人的自由扩展到对人的自由条件的关注，揭示了人的存在和发展与社会制度之间的内在联系，为社会主义制度的合法性和合理性提供了法律的、道德的依据。另一方面，马克思主义创始人坚持以人为本的思想，把自由作为给予人的终极关怀，并且使以人为本的思想落脚在人的全面而自由发展和幸福的最大化上，社会主义以及共产主义能够保障和实现人的自由，实质就是保障和实现人的最大幸福。在这个意义上，马克思主义自由观为科学社会主义的形成提供了历史的与逻辑依据。

其次，马克思主义自由观属于科学社会主义的一项重要内容。自由观通常属于哲学范畴，而科学社会主义把如何追求自由纳入自己的研究视野。马克思主义自由观的这种"跨界与交叉"，一是源于马克思主义自由观是关于社会主义自由的认识，具体讲，是关于对社会主义自由的本质、规律、特征等的科学描述，以及对社会主义如何提供自由、发展自由、实现自由和保障自由的系统说明。二是因为马克思主义自由观内涵非常丰富，既包括自由的时间维度、个性张扬、全面发展、道德和法律限制等内容，又包括人与自然、人与社会、人与思维之间的关联和博弈。其中，有些方面已经超出了自由的哲学思辨本身而进入社会制度学或者社会形态学的"属地"。另外，从马克思主义的形成过程看，马克思和恩格斯在对共产主义的描述中，一直把自由放

---

① 马克思恩格斯选集（第3卷）[M]. 北京：人民出版社，2012：671.

在显著位置，认为科学社会主义是"关于现实的人及其历史发展的科学"①，这样的定位和定性，使科学社会主义必然承担起部分关于自由问题研究的历史使命。

最后，马克思主义自由观为科学社会主义提供了最高理想追求的主要内容和核心价值取向。马克思和恩格斯创立的科学社会主义，把共产主义确定为无产阶级及其政党的最高理想和人类社会发展的最高阶段，同时又把自由作为共产主义的重要特征。马克思主义者普遍认为："共产主义社会，将是物质财富极大丰富，人民精神境界极大提高，每个人自由而全面发展的社会。"②这种概括，说明自由是共产主义最高理想追求的一个主要内容。马克思和恩格斯是人类自由的崇尚者、探究者和追索者，他们以严谨的科学态度奉自由为精神皈依，把自由与共产主义紧紧联系，一生为共产主义自由而战。但是他们与其他各种自由的迷狂者不同："马克思主义以实现人的全面而自由的发展为根本价值宗旨和价值追求，以对人的解放与自由的诉求为坐标，建构起了自己的理论大厦，是一套完整的、科学的关于人的解放理论。"③可见，在马克思主义理论大厦中，马克思主义自由观既为科学社会主义提供了共产主义最高理想追求的主要内容，又在整体理论上清晰地向人们昭示了自由是社会主义和共产主义的核心价值观。

二、马克思主义创始人
对于自由以及自由与社会主义关系具有深刻的认识

马克思主义自由观是站在马克思主义立场上关于自由问题总的看法和根本观点，他们关于自由的认识，本质上可以概括为"集体自由"。所谓"集体自由"，就是在一定的集体范围内，个人自由与他人自由既相互制约又相互促进。进一步说，"集体自由"以集体主义为基础，个人不能随心所欲，个人自由受到集体意志和利益的限定。马克思和恩格斯在《共产党宣言》中指出："代替那存在着阶级和阶级对立的资产阶级旧社会的，将是这样一个联合体，

---

① 马克思恩格斯选集（第4卷）[M]. 北京：人民出版社，2012：247.

② 江泽民文选（第3卷）[C]. 北京：人民出版社，2006：293.

③ 戴木才. 倡导"自由"，高扬社会主义核心价值观和理想旗帜[N]. 光明日报，2013-04-18.

在那里，每个人的自由发展是一切人的自由发展的条件。"①这里的"联合体"是一个集体，集体可以是一个生产单位、一个行政区域、一个社会阶层或者阶级、一个国家或者民族、全世界或者全人类。实际上，这句话包含两层意思：一方面，"联合体"（集体）内一切人的自由是指每个具体的人都自由，或者说每个人都有了自由才能实现一切人的自由。但是值得注意的是：一方面，把一切人的自由理解为个体自由的总和是片面的，一切人的自由绝不等于每个人自由的简单加总；另一方面，每个人的自由发展是一切人的自由发展的"条件"，这个条件实际隐含着每个人的自由以及自由发展不仅不能妨碍他人，而且要顾及他人获得自由和自由发展。就如马克思指出的那样，"一个人的发展取决于和他直接或间接进行交往的其他一切人的发展"②，"只有在共同体中，个人才能获得全面发展其才能的手段，也就是说，只有在共同体中才可能有个人自由"③，"在真正的共同体的条件下，各个人在自己的联合中并通过这种联合获得自己的自由"④。可见，社会主义自由要具有整体性、协调性和互利性，这是个人自由与他人自由相统一的基础。马克思和恩格斯在《共产党宣言》中提出的这个命题，尽管不是他们晚年的思想，但从整体上看却是成熟的思想。由于他们深刻揭示了"联合体"内"一切人的自由"的集体性质，所以，用"集体自由"来概括马克思主义自由观的本质，不仅在理论上和逻辑上能够成立，而且对于我们正确理解社会主义自由、科学指导社会主义实践意义重大。

马克思主义创始人的自由观与西方新、旧自由主义普遍主张的以张扬个性为基础的"个体自由"，以及由此派生的"绝对自由""无限自由""自由至上"等自由观有着本质的区别。实际上，资本主义也实现不了真正意义上的"个体自由"，尽管资本主义制度的建立冲破了封建的自然经济结构体系，一定程度上实现了人自身和生产力的解放，为人类走向高度自由带来了新的希望，这是弥足珍贵的。但是资本主义的社会化大生产通过资本治理结构，对于私有的生产资料以及雇佣的劳动者具有绝对的支配权，它把被压迫的劳动者从一种奴役中解放出来，同时又毫不犹豫地将他们扔进新的资本奴役深渊。马克思曾一针见血地指出："在自由竞争中自由的并不是个人，而是资

① 马克思恩格斯选集（第4卷）[M]. 北京：人民出版社，2012：647.
② 马克思恩格斯全集（第3卷）[M]. 北京：人民出版社，1960：515.
③ 马克思恩格斯选集（第1卷）[M]. 北京：人民出版社，2012：199.
④ 马克思恩格斯选集（第1卷）[M]. 北京：人民出版社，2012：199.

本。"①就是说，资本主义制度不仅从整体上束缚了自由所能达到的高度，他们所吹嘘的充分自由只是"雾里花"或"水中月"，而且每一部分个体所享有的自由有很大差别，资本所有者能够享有较多的自由，普通劳动者享有的只不过是那种资本治理和资本奴役下有限的自由而已。

除了对自由的认识超凡脱俗，马克思主义创始人也辩证地认识到自由与社会主义的关系。

一方面，社会主义（包括共产主义）制度的建立能够使所有的人获得真正而充分的自由。在经济上，"当人们还不能使自己的吃喝住穿在质和量方面得到充分保证的时候，人们就根本不能获得解放"②，当社会物质财富积累达到一定程度时，就"可能保证他们的体力和智力获得充分的自由的发展和运用"③；在政治上，"共产主义是关于无产阶级解放的条件的学说"④，只有到共产主义，才能使人的自由和民主权利得到保证；在文化上，社会主义文化的繁荣发展能为人的自由提供精神动力和智力支持，"文化上的每一个进步，都是迈向自由的一步"⑤；在社会生活领域，社会主义为人们充分的自由提供更多的闲暇时间作为保障，"时间实际上是人的积极存在，它不仅是人的生命的尺度，而且是人的发展的空间"⑥。总之，"我们的目的是要建立社会主义制度，这种制度将给所有的人提供健康而有益的工作，给所有的人提供充裕的物质生活和闲暇时间，给所有的人提供真正的充分的自由"⑦。

另一方面，人的自由发展有助于推动社会主义事业的发展。马克思主义创始人除了强调在"联合体"内人民才能获得真正的、充分的自由，还强调人的自由发展，尤其是那种摆脱私有制和旧式分工的自由发展。马克思和恩格斯在《德意志意识形态》中举例这种自由发展为："在共产主义社会里，任何人都没有特殊的活动范围，而是都可以在任何部门内发展，社会调节着整个生产，因而使我有可能随自己的兴趣今天干这事，明天干那事，上午打猎，下午捕鱼，傍晚从事畜牧，晚饭后从事批判，这样就不会使我老是一个猎人、

① 马克思恩格斯文集（第 8 卷）[M]. 北京：人民出版社，2009：179.
② 马克思恩格斯选集（第 1 卷）[M]. 北京：人民出版社，2012：154.
③ 马克思恩格斯选集（第 3 卷）[M]. 北京：人民出版社，2012：670.
④ 马克思恩格斯选集（第 1 卷）[M]. 北京：人民出版社，2012：295.
⑤ 马克思恩格斯选集（第 3 卷）[M]. 北京：人民出版社，2012：492.
⑥ 马克思恩格斯全集（第 47 卷）[M]. 北京：人民出版社，1979：532.
⑦ 马克思恩格斯全集（第 21 卷）[M]. 北京：人民出版社，1965：570.

渔夫、牧人或批判者。"①马克思和恩格斯的自由发展思想，不仅蕴含了人的志趣、个性等方面的发展，并主张自由阈值的极致利用，而且蕴含了自由发展的历史意义，即"使每一个社会成员都能够完全自由地发展和发挥他的全部力量和才能"②。就是说，人的自由发展既是一种全面发展，也是使人的体力、智力等潜能完全释放出来的尽情发展。一旦社会主义提供这种自由发展机制，人的积极性就会被充分调动起来，社会主义建设事业的步伐就会加快。综上所述，马克思主义自由观的形成是对自由与社会主义关系认识史上的一次巨大飞跃，它意味着人类在必然的茫茫大海上看到了驶向自由彼岸的闪亮航标。

三、马克思主义自由观与中国特色社会主义具有不可或缺的理论联系和相互间的积极影响

（一）马克思主义自由观是中国特色社会主义的重要思想基础

在马克思主义中国化的历史进程中，马克思主义自由观促进了中国特色社会主义理论的形成和发展。邓小平在领导中国改革开放和现代化建设伊始，除了要面对十分困难的经济局面，还要面对以阶级斗争为纲的既定方针、"四人帮"极左路线的影响、"两个凡是"的条条框框、教条地对待马克思主义等各种思想障碍。作为老一辈无产阶级革命家，邓小平在恢复实事求是思想路线的同时，提出解放思想、坚持实践是检验真理的唯一标准等科学论断，以此排除思想干扰，打破僵局，逐步形成了中国特色社会主义的初步认识。思想的自由放飞，必然带来创新迸发。因此，马克思主义自由观催开了中国解放思想、改革开放、走自己道路的创新之花和特色之花，并结出中国特色社会主义理论体系的丰硕之果和成功之果。

从实践来看，在中国改革开放的整个过程中，在农村实行家庭联产承包、城市进行简政放权、建立经济特区、允许企业破产和职工失业、引进外资和发展私人资本、引入市场机制和放开物价、建立现代公司制度等一系列实践

---

① 马克思恩格斯选集（第1卷）[M]. 北京：人民出版社，2012：165.
② 马克思恩格斯选集（第1卷）[M]. 北京：人民出版社，2012：302.

环节中，体现了马克思主义自由观的中国化运用，展示了中国共产党领导全国各族人民充分利用马克思主义自由观为理论武器，积极开展生机勃勃的自由性试验和各种创造性活动。试想，如果我们没用自由和创新的理念来支配实践活动，而是故步自封和局限于条条框框，就不可能走出一条中国特色社会主义道路。

马克思主义自由观也为中国特色社会主义制度建设开辟了更加光明的广阔前景。以习近平同志为核心的新一届中央领导集体，提出实现"中国梦"的宏伟蓝图，带领全国各族人民开始了迈向自由的新征程。"中国梦"既是对自由的一种美好憧憬，又蕴含着丰富的现实创造；既坚持了自由的价值取向，又是解放思想的新体现。在妥善处理当前各种社会矛盾，坚持自主创新、依法治国、改善生态环境、确保经济平稳发展、探索社会主义协商民主、充分利用互联网技术，尤其是通过全面深化改革、完善各项制度等方面，都离不开马克思主义自由观的指导。

（二）中国特色社会主义自由是中国国情的客观反映，是对马克思主义自由观的继承发展

我国现阶段的自由是中国特色社会主义自由，它既不同于小资产阶级的自由，也远离无政府主义的自由，更有别于古往今来形形色色的资本主义自由。中国特色社会主义自由在理论和实践上既体现了对马克思主义自由观的继承发展，又客观反映了中国的基本国情。概括中国特色社会主义自由，主要有以下特点。

1. 在体制机制上具有较强的集中性

从体制机制上认识当前中国的自由，在"举国体制"方面的特点较为明显。所谓"举国体制"，是指以国家利益为最高目标，动员和调配全国的有关力量，包括精神意志和物质资源，集中解决某些重大事情的工作体制和运行机制。中国的"举国体制"具有稳定社会、提高效率、重点攻关和建设的优势，比较符合东方国家传统的治国理念。目前，一些西方国家认为这是限制自由发展的枷锁，但实际上，国家权力集中性较强的"举国体制"是自由模式的一种，是中国特色社会主义自由的特别表达。

2. 对媒体言论实行适当的监管

中国对媒体言论实行适当的监管，并不违背我国《宪法》中关于公民言论自由的规定，而恰恰是中国特色公民言论自由的体现。

3. 用"四项基本原则"作为公民自由的政治前提

任何自由都是有限度的，只是对其限定范围大小和程度高低不同而已。就普通公民而言，目前还没有哪个国家存在无限自由或绝对自由。对于自由的限定，目前多数国家主要用法律和道德来规范。在我国，体现为中国特色社会主义自由，这种自由，除了用法律和道德规范之外，还设立了政治前提——"四项基本原则"，即坚持社会主义道路，坚持人民民主专政，坚持中国共产党的领导，坚持马克思列宁主义、毛泽东思想。"四项基本原则"是政治原则或者政治纪律，任何公民的自由都不能越过这一界线。可见，中国特色社会主义自由，不仅有法律和道德前提，还有明确的政治原则作为前提，这是一般国家所没有的。

4. 把人民生存权放在中国人权自由的首位

长期以来，西方发达国家把人权与自由相联系，惯用人权自由说事。对于一个国家和民族来说，人权首先是人民的生存权，没有生存权，其他一切人权以及由人权体现的自由均无从谈起。实际上，《世界人权宣言》也把生存权放在首位，提出"人人有权享有生命、自由和人身安全"①。在过去的 60多年里，中国共产党和政府在争取及维护人权方面取得了历史性的成就，但由于中国目前处于社会主义初级阶段的国情没有变，国内主要矛盾没有变，作为一个发展中国家的国际地位没有变。在此形势下，维护国家独立与主权，保证不再受到帝国主义欺凌，在已经基本解决了温饱问题的基础上继续促进经济发展，解决在人口压力和人均资源相对贫乏制约下的社会经济发展和人民生活改善的问题，仍是当前中国特色社会主义建设亟待完成的艰巨任务。所以，与那些西方发达国家主张把人的个性、思想言论、个人利益等人权自由居先的观点不同，中国特色社会主义自由，乃是把生存权作为人权自由的首要内容。

5. 以广大人民根本利益作为自由的根基

人的利益和尊严能够充分反映人的自由。相比较而言，西方资产阶级自由观是普遍突出个人尊严的自由，强调彰显每个人的个性和个人利益；而中国特色社会主义自由，首先考虑在集体利益的基础上维护个人尊严，在利益与尊严的顺序关系和利益层级上二者之间具有较大差别。把广大人民的根本利益作为自由的根基，是马克思主义"集体自由"观的充分反映，按照马克

---

① 联合国. 世界人权宣言[EB/OL]. http://www.un.org/chinese/center/chbus/events/hurights/rights.htm，2015-10-09.

思主义的观点，人民奋斗所追求的一切都同他们的利益有关。广大人民根本利益的争取、获得和维护，能够充分反映人的自由水平和质量。中国共产党和政府从这种认识出发，在改革开放和社会主义现代化建设过程中，非常注重以最广大人民的根本利益为本，从维护大多数人利益的立场出发定位人的尊严。在实践中，只有那些与广大人民根本利益一致、反映集体主义自由的个人尊严才能得以保障，并获得法律认可和道义支持。

总体来看，中国特色社会主义自由对个人自由有一定的约束，除了个人自律外，还有国家机器对极少数人的专政，对公民实行法律规范、道德约束和政治限定，各种社会组织和各个部门对其内部成员进行相应的纪律要求，这些规范共同构成了中国特色社会主义自由的条件体系。从表面看，约束似乎与自由敌对，但从实际来看，中国人并没有因此比西方所谓的"自由世界"有更多人患上"自由焦虑"症。纵观历史舞台，在自由与学说、自由与实践、自由与制度之间上演的"爱恨情仇"中，马克思主义自由观与社会主义更多展示的是割不断的情丝。

（杨永志、陈秀丽：《天津师范大学学报》（社会科学版）2016 年第 2 期）

析"四个全面"战略布局的中国梦指向

党的十八大以来，以习近平同志为核心的党中央结合国际国内形势的新变化，站在中国现代化建设的关节点上，立足于治党治国的全局，着眼于中华民族伟大复兴的中国梦，提出了"四个全面"的整体构想。"四个全面"从战略布局的高度为实现中国梦进行了总布局。

一、全面建成小康社会：为中国梦的实现构筑新台阶

随着改革开放的不断深入，我国小康社会的建设目标越来越具体化和高级化，由"建设小康社会"到"全面建设小康社会"再到"全面建成小康社会"的演进与提升过程，每一个建设目标的实现，都是迈上一个新台阶，距离实现中国梦的宏伟目标就更近一步。

第一，建设小康社会是中国走向现代化的阶段性目标。早在 1984 年邓小平同志与日本首相中曾根康弘会晤时指出："翻两番，国民生产总值人均达到八百美元，就是到本世纪末在中国建立一个小康社会。"[①]建设小康社会是小平同志实现现代化"三步走"战略的第二步。第一步要解决温饱问题，第二步要建设小康社会，第三步实现现代化，赶上中等发达国家水平。经过改革开放 20 多年的艰苦拼搏，到 20 世纪末，中国基本步入小康社会。据国家统计局公布的数据显示，2000 年中国人均 GDP 达 856 美元，城镇居民人均可支配收入 6280 元，恩格尔系数为 49%；农村居民人均可支配收入 2253 元，恩格尔系数 39.4%，城镇化率达到 36.2%。据联合国开发计划署公布的《2001年人类发展报告》显示，2000 年中国人平均受教育年限为 6.4 年，大学入学

---

① 邓小平文选（第 3 卷）[M]. 北京：人民出版社，1993：54.

率为11%，每千人拥有的医生为2人。这一系列数字表明，我国的小康社会建设取得了一定的成就。但同时我们也客观地看到，中国小康社会与发达国家相比还有很大差距，有些指标甚至还低于发展中国家的平均水平。所以，全面建设更高水平的小康社会，既是我们党的奋斗目标，又是人民群众的殷切期盼。

第二，全面建设小康社会是新世纪中国实现现代化的新目标。2000年10月，党的十五届五中全会第一次提出，"从新世纪开始，中国进入了全面建设小康社会，加快推进社会主义现代化的新的发展阶段"①。2002年11月，党的十六大报告进一步指出："我们要在本世纪的头二十年，集中力量，全面建设惠及十几亿人口的更高水平的小康社会，这是实现现代化建设第三步战略目标必经的承上启下的发展阶段。"②为了实现这一新的目标，2007年10月，党的十七大报告强调，"我们要坚定信心，埋头苦干，为全面建成惠及十几亿人口的更高水平的小康社会打下更加牢固的基础"③。全面建设小康社会，不仅反映在经济发展和人民生活水平提高的量化指标上，而且反映在社会政治文明的进步和人们精神文明的进步程度上，是进入新世纪我国实现民族复兴现代化战略的新部署。

第三，全面建成小康社会是实现中国梦的关键一步。2012年11月，党的十八大报告指出："确保到二〇二〇年实现全面建成小康社会的宏伟目标。……实现国内生产总值和城乡居民人均收入比二〇一〇年翻一番。"④习近平总书记坚定地指出："我坚信，到中国共产党成立一百年时全面建成小康社会的目标一定能实现，到新中国成立一百年时建成富强民主文明和谐的社会主义现代化国家的目标一定能实现，中华民族伟大复兴的梦想一定能实现。"⑤全面建成小康社会，是实现中国梦"两个一百年"奋斗目标中的首个目标，是实现中华民族伟大复兴中国梦的关键环节。"建成"与"建设"仅一字之差，意义却非同一般。全面建成小康社会，一方面是中国共产党向广大

---

① 本书编写组. 十一届三中全会以来历次党代会、中央全会报告公报决议决定（下）[M]. 北京：中国方正出版社，2008：697.

② 本书编写组. 十一届三中全会以来历次党代会、中央全会报告公报决议决定（下）[M]. 北京：中国方正出版社，2008：748.

③ 本书编写组. 十一届三中全会以来历次党代会、中央全会报告公报决议决定（下）[M]. 北京：中国方正出版社，2008：917.

④ 中共中央文献研究室. 十八大以来重要文献选编（上）[M]. 北京：中央文献出版社，2014：13.

⑤ 中共中央文献研究室. 十八大以来重要文献选编（上）[M]. 北京：中央文献出版社，2014：84.

人民群众做出的庄严承诺。党的十六大至十八大十年间，中国的经济、政治、文化、社会、生态文明"五位一体"的现代化建设全面推进，国家的经济实力、生产能力、科技实力迈上了一个新台阶；人民群众的生活水平、城乡居民的收入水平、社会整体的保障水平迈上了一个新台阶；国家的综合国力、国际影响力、国际竞争力迈上了一个新台阶，距离全面建成小康社会的目标越来越接近，只要我们坚持不懈、继续奋斗，全面建成小康社会就会梦想成真，实现中国梦的目标就更近一步。另一方面有助于解决我国现实经济社会中存在的一些问题。目前，全面建成小康社会的主要指标有的已经达到或接近达到。根据国家统计局公布的数据显示，到 2014 年底，中国人均 GDP 已达到 7485 美元，城镇与农村居民可支配收入人均分别为 2.9 万元和 1.05 万元，全面建成小康社会的部分指标已经提前实现。但是，中国经济发展不平衡、不全面，如果不知难而上、深化改革，会影响全面建成小康社会的步伐，更何况还有一些领域中的指标，如生态环境、收入分配差距、教育卫生、文化软实力、社会保障等方面，与发达国家相比还存在很大差距，公民道德素质和社会精神文明还有待提高。

二、全面深化改革：为中国梦的实现开拓动力源

早在 1992 年邓小平同志就指出："不坚持社会主义，不改革开放，不发展经济，不改善人民生活，只能是死路一条。"[①]习近平总书记强调："改革开放是决定当代中国命运的关键一招，也是实现'两个一百年'奋斗目标、实现中华民族伟大复兴的关键一招。"[②]

党的十一届三中全会至今，改革开放使中国实现了温饱、奔向了小康，国家的面貌、党的面貌、人民的面貌焕然一新，经济、政治、科教、综合国力等都取得了世界瞩目的伟大成就。在经济方面，根据国家统计局统计的数据，截止到 2014 年底，中国 GDP 超过了 10 万亿美元，牢牢稳居世界第二大经济体的位置，仅次于最发达的美国；农业生产形势喜人，粮食总量继续增长，各种农产品丰富；工业生产运行平稳，从工业部门看，采矿业、制造业、燃气、水力、电力、热力等均有不同程度的增长，全国规模以上的工业

---

① 邓小平文选（第 3 卷）[M]. 北京：人民出版社，1993：370.

② 中共中央关于全面深化改革若干重大问题的决议[N]. 人民日报，2013-11-16（1）.

企业增长达 5.3%；国内固定资产投资增速实际为 15.1%；中国进出口总额居世界第一位，达 24901 亿元；城乡居民人均可支配收入达 20167 元，实际增长 8.0%。在政治方面，我国走上了中国特色的社会主义发展道路，通过完善各项政治制度，使人民的民主权利得到保障；成功地恢复了对香港和澳门行使主权；通过不断推进政治体制改革，全面推进依法治国和加大反腐败力度，使我们党执政更科学化、民主化、法治化，逐渐改善党群干群关系，国家政局稳定、社会和谐发展。在科教方面，改革开放后，中国全面落实"三个面向"的教育方针，各级各类教育都取得了长足发展，特别是标志着现代化水平的高等教育发展迅速，2014 年普通高校招生人数已达 698 万人，全国平均录取率为 74.3%。伴随着教育的不断发展，中国的高新技术取得了可喜成就，如杂交水稻实验成功、"神舟"飞船上天、"嫦娥"卫星奔月、"长征"火箭发射、"蛟龙"载人入海、辽宁舰航母亮剑、"银河"及"天河"计算机应用、高铁技术走向世界、人类基因图绘制等。随着改革开放的不断深入，中国的综合国力有了显著提高，成功举办了奥运会、残奥会、世博会、APEC 峰会等大型国际会议，牵头创立亚投行，提出"一带一路"倡议等。根据美国联邦调查局发表的 2015 年综合国力评估，中国的综合国力居世界第三位，仅次于美国和日本。一系列重大成就雄辩地证明，改革开放是当代中国发展的动力之源。

习近平总书记在十八届三中全会上指出："面对新形势新任务，全面建成小康社会，进而建成富强民主文明和谐的社会主义现代化国家、实现中华民族伟大复兴的中国梦，必须在新的历史起点上全面深化改革。"①全面深化改革，一方面，重点在"全面"上。涉及经济、政治、文化、社会、生态文明和党建设等各个方面，即不断完善经济制度与经济体制，完善经济发展环境，进一步解放和发展社会生产力，增强经济发展活力，激发社会创造创新能力，促进社会公平竞争；不断完善政治制度与政治体制，提高政府服务社会效率，增强政府服务人民效能；不断完善文化制度和文化体制，增强文化软实力，培育社会主义核心价值观；不断推进和谐社会和生态文明建设，维护社会稳定与生态平衡；不断加强党的建设，增强党的核心力量和领导能力。另一方面，关键在"深化"上。实现中国梦需要解决新形势下中国发展遇到的各种突出矛盾。全面深化改革，就是要着力解决发展不协调问题，合理调整产业

---

① 中共中央文献研究室. 十八大以来重要文献选编（上）[M]. 北京：中央文献出版社，2014：511-512.

结构，转变经济发展方式，解决好人民群众普遍关心的医疗、卫生、住房、教育、就业、养老、社会保障等问题；着力解决发展不平衡问题，进一步缩小区域和城乡居民的收入差距，加快城镇化步伐；着力解决发展不可持续问题，进一步强化生态文明建设，打造"绿水青山"工程，建设"美丽中国"；着力解决发展不安全问题，设立国家安全委员会，维护国家安全、政治安全、生产安全、食品安全、社会稳定等。《中共中央关于全面深化改革若干重大问题的决定》昭示世人，我们坚持改革开放基本路线不动摇，牢牢抓住重要战略机遇期，面对"三个没有变"的基本国情，积极应对"三个世属罕见"的挑战，通过全面深化改革，为实现中国梦提供不竭动力。

三、全面依法治国：为中国梦的实现提升国家治理水平

第一，全面依法治国，为实现中国梦提供经济支撑的法治保障。实现中国梦不是空想的口号，而是中华民族走向富强的奋斗目标，需要实实在在的市场经济发展创造出巨大的物质财富做基础。市场经济在本质上就是一种法治经济，要依法约束各种经济行为，调节各种经济关系。一要依法处理好政府与市场的关系。既要发挥政府的职能，将政府职能从注重事前审批转换到依法事中或事后监管上来，保障市场在资源配置中起决定性作用，进而激发社会经济活力，创造巨大的物质财富，满足人民不断增长的物质需要，助推国家富强、人民富裕的早日实现。二要依法维持公平竞争的市场秩序，创造良好的经济环境。企业作为市场经济的主体，在参与市场竞争中需要一个公平的环境，只有法治保障的竞争，才能使竞争带来活力与繁荣。目前，中国公平的市场秩序还没有完全形成，对知识产权的侵犯、对制造假冒伪劣产品的打击、对坑蒙拐骗行为的惩治还不到位，影响了市场活力与竞争效率。为此，要依法加强对市场的监管，严厉打击扰乱市场秩序的违法行为，有效促进企业公平竞争。三要完善经济制度及经济方面的法律法规。国家要不断完善以市场平等交换和公平竞争为原则，以保护产权和维护契约为导向的社会主义市场经济法律制度，包括知识产权保护制度、激励创业创新制度、促进科技成果转化制度、投融资管理制度等。完善的经济法律制度有利于促使企业依法经营、公平竞争、承担社会责任，"让一切劳动、知识、技术、管理、

资本的活力竞相迸发，让一切创造社会财富的源泉充分涌流"①，以此助推中国梦的实现。

第二，全面依法治国，为实现中国梦提供文化支撑的法治保障。习近平总书记在考察山东曲阜时强调："一个国家、一个民族的强盛，总是以文化兴盛为支撑的，中华民族伟大复兴需要以中华文化发展繁荣为条件。"②中国梦不仅是富强梦，而且是文明梦。因此，文化软实力的提升是实现中华民族复兴的基础。文化软实力包括文化的创造力、传播力和影响力。一个国家（地区）的文化软实力，主要取决于它的核心价值观的凝聚力与感召力，而"法治"恰恰是社会主义核心价值观的内涵之一。全面推进依法治国的进程与中国文化软实力的提升是相辅相成、相互促进的。全面推进依法治国，在文化方面主要表现在：一是对群众法治观念和法治意识的培育；二是对文化创作者知识产权的保护；三是建立健全文化法律制度，使其有利于遵循文化发展规律、把握社会主义先进文化前进方向、有益于激发文化创造活力、确保人民基本文化权益等，四是制定文化产业促进法和公共文化服务保障法，促进文化产业经济效益与社会效益相统一，促使公共文化服务均等化和标准化；五是加强网络文化立法，加强网络安全保护、完善网络信息服务、强化网络社会管理，依法规范人们的网络言行。通过培育法治精神、涵养法治文化、倡导法治价值观、健全文化制度与法规、依法保障文化繁荣与安全、提升文化软实力，助推中国梦的实现。

第三，全面依法治国，为实现中国梦提供政治文明的法治保障。中国梦的实现，既离不开经济繁荣的法治保障和文化支撑的法治保障，也离不开政治文明的法治保障。政治文明包括制度形态和价值形态两方面的内容，制度形态是其最基础的内容。概括地说，制度就是在长期实践基础上制定的科学合理的规矩，法律是国家治理的最大规矩。全面依法治国，关键就是要"立规矩、讲规矩、守规矩"。实现国家富强、民族振兴、人民幸福，必须以法治提供全局性、根本性、长期性的制度保障。所以，全面依法治国，既是中国共产党团结带领广大人民实现中国梦的必要途径，也是保证中国社会稳定和可持续发展、维护人民群众根本利益、实现中国梦的最基本条件。坚持科学民主立法，维护法律的权威与公正，培育法治理念与精神，推进国家治理体

① 中共中央关于全面推进依法治国若干重大问题的决定[N]. 人民日报，2014-10-29（1）.

② 习近平在山东考察时强调：认真贯彻党的十八届三中全会精神，汇聚起全面深化改革的强大正能量[N]. 人民日报，2013-11-29.

系和治理能力的现代化和法治化，确保实现中国梦的政治根基；依法加强和规范社会公共服务，不断完善涉及广大人民群众根本利益的相关法律法规，有效保护广大人民群众的合法权益。只有建立健全完善的法律制度、高效公正的执法体系，才能让人民群众真实感受到法律的公平正义。只有不断加强法治宣传教育，引导人民懂法守法，学会运用法律的武器维护自己的合法权益，才能形成依法化解各种社会矛盾的良好环境，营造和谐有序的社会氛围，凝聚广大人民群众的精神力量，共同为实现中国梦贡献力量。

四、全面从严治党：为中国梦的实现强化政治保障

首先，全面从严治党是实现中国梦的历史使命决定的。中国共产党成立至今已走过了 94 年光辉历程。回顾 94 年风云岁月，我们党始终肩负着民族复兴的伟大使命，将一个贫穷落后、战乱不已的旧中国，变成了当今独立自主、国家富强的新中国。新中国成立后，我们党成为一个大国的执政党，目前拥有 8600 多万名党员。党的凝聚力与战斗力，不仅关系着党自身的命运，而且关系着国家、民族和人民的命运。我们党的执政地位是历史的选择、人民的选择，但党的执政地位和先进性不是一成不变、一劳永逸的。历史经验表明，长期执政的党如果不加强自身建设，很容易出现精神懈怠、脱离群众，甚至消极腐败的危险。党要承担起历史和人民赋予的重大使命，必须全面从严治党。我们党要不断加强自身建设，核心在于密切联系群众、紧紧依靠群众，始终与人民同呼吸、共命运、心连心，最大限度地激发人民群众的首创精神，永远保持党的先进性和纯洁性。全面从严治党，一是要"全面"，就其内容而言，包括从严加强党的思想建设、组织建设、作风建设、反腐倡廉建设和党的制度建设等；就其主体而言，不仅包括各级党组织，而且包括全体党员及其党的领导干部。二是要"从严"，"打铁还需自身硬"，从"八项规定""四风建设"到"三严三实"，一边扎紧制度笼子，一边"打老虎""拍苍蝇"，将从严治党落在实处。只有治党全面、从严，党才能坚强有力，才能担负起实现中国梦的历史使命。

其次，全面从严治党是实现中国梦的奋斗目标决定的。实现中华民族伟大复兴是中国的"百年夙愿"，近代以来无数仁人志士为此前仆后继、奉献牺牲。今天的中国梦，就是要实现"两个一百年"的奋斗目标，实现经济上"富

强"、政治上"民主"、文化上"文明"、社会上"和谐"、生态上"美丽"的现代化。从国际看,经济全球化、世界多极化、科技迅猛发展、创新层出不穷,国际环境给中国现代化建设带来了新的机遇;但世界金融危机的影响、世界经济格局的新变化、思想文化的交流交融、各国综合国力竞争更加激烈、国际不确定的因素增多,也给中国现代化建设带来了前所未有的挑战。从国内看,中国"新四化"深入发展、资金供给充裕、市场潜力巨大、劳动力素质提高、政府调控能力增强、社会秩序稳定等诸多因素有利于现代化建设;但影响中国经济增长的资源环境约束强、区域发展不平衡、城乡发展不协调、产业结构不合理、收入分配不均衡、科技创新力不强等不利因素也制约着现代化建设。只有全面从严治党,提高党员及其领导干部的素质,提高党的执政能力和执政水平,才能克服国内外一切不利因素,抓住机遇、迎接挑战,使我们党始终是中国特色社会主义事业的领导核心,为实现中国梦提供坚强的政治保障。

最后,全面从严治党是实现中国梦的社会环境决定的。随着党情、国情、世情的不断变化,我们党面临的执政环境更加复杂,遇到的新课题更多,尤其是在新形势下面临着"四大考验"和"四大危险"。党执政的社会环境越复杂,就越要增强忧患意识和危机意识,深入实际、深入基层、深入研究治党实践经验与历史教训,通过纵向横向比较,积极借鉴中国传统优秀廉政文化,积极借鉴世界各国治党理政和反腐倡廉的有益经验,透过事物的表面现象,把握事物的本质,从而认识从严治党的规律,提高党抵御风险的能力,增强党的领导能力与执政能力,努力做到"为之于未有,治之于未乱",确保党始终是实现中国梦的坚强政治堡垒。

党的十八大提出"全面建成小康社会",党的十八届三中全会提出"全面深化改革",党的十八届四中全会提出"全面依法治国",党的群众路线教育实践活动总结大会提出"全面从严治党"。"四个全面"是马克思主义与当今中国实践相结合的最新理论成果,是中国特色社会主义理论与时俱进的新发展,是新形势下我们党治国理政新的战略部署。我们坚信,"四个全面"的贯彻落实,必将助推中华民族伟大复兴中国梦的实现。

(杨永志:《中共贵州省委党校学报》2015 年第 4 期)

论邓小平对社会主义核心价值观的历史贡献

一、邓小平坚持进行马克思主义中国化新的伟大实践，形成的中国特色社会主义理论，为社会主义核心价值观培育奠定了坚实可靠的认识基础

社会主义是一种思想、运动和制度，也是一种价值观。这些方面相比之下，直面大众、映入眼帘、打开心扉的首先是社会主义价值观，尤其是社会主义核心价值观。现实生活中，人们接触新东西总要做出判断，特别是对其进行好与坏、对与错等判断。根据实际的观察我们不难发现，人们对新东西的接触，首先要做出感性"有无必要接受"的初步判断，在此基础上再做出较为理性"为什么要接受"的总体分析。如果把"有无必要接受"作为价值选择，那么"为什么要接受"就是为价值选择寻求理论根据了。

理论作为一种认识，是对事物本质及其内在规律的揭示，并通过抽象和概括所得出的思想表达，可以上升为世界观和方法论；而价值观是一种选择，是人们基于自身生存发展需要对客观事物有无价值、有何价值以及价值大小的评价和选择。理论的最大作用是提供行为的指南，价值选择作为一种人的行为不能无的放矢，需依据理论、经验以及他人的选择等做出价值判断。所以坚持什么样的理论，就决定选择什么样的价值观。

邓小平在领导我国改革开放过程中，坚持进行马克思主义中国化新的伟大实践，创立了中国特色社会主义理论。邓小平的中国特色社会主义理论，在若干方面对科学社会主义做出了创新发展。第一，邓小平理论坚持解放思想、实事求是，在中国改革开放新的社会主义实践基础上继承前人又突破陈规，开拓了马克思主义的新境界；第二，邓小平理论坚持科学社会主义理论和实践的基本原则，积极探索社会主义现代化建设规律，深刻地揭示了社会

主义的本质，自觉运用现代科学产生的新方法，把对社会主义的认识提高到新水平；第三，邓小平理论坚持用马克思主义的宽广眼界观察世界，对时代特征和总体国际形势，对世界上其他社会主义国家的成败，发展中国家谋求发展的得失，发达国家发展的态势和矛盾，进行准确分析，作出了新的科学判断。

邓小平的中国特色社会主义理论具有很强的系统性。在邓小平的中国特色社会主义理论中，最突出的就是社会主义本质理论、社会主义初级阶段理论、社会主义改革开放理论和社会主义市场经济理论四大方面。除此之外，它全面回答了中国社会主义的发展道路、发展阶段、根本任务、发展动力、外部条件、政治保证、战略步骤、党的领导和依靠力量以及祖国统一等一系列基本问题，指导我们党制定了社会主义初级阶段的基本路线。它是贯通哲学、政治经济学、科学社会主义等领域，涵盖经济、政治、科技、教育、文化、民族、军事、外交、统一战线、党的建设等方面比较完备的科学体系。

正因为邓小平的中国特色社会主义理论博大精深、自成体系，具有突出的创新性和系统性，所以按照"有什么样认识，就会有什么样选择"的逻辑关系，邓小平的中国特色社会主义理论认识必然成为社会主义核心价值观选择的坚实可靠基础。同时，理论和价值观又不是截然分开的，二者往往互相包含。邓小平的许多思想，既包含着真理观又包含着价值观，是真理观与价值观的统一。

当然，国内相关领域研究者对于邓小平社会主义价值观体系的看法不尽相同。方爱东认为"社会主义优于资本主义的信念、以人民群众为主体的价值取向、实现人民共同富裕的价值理想、人的全面发展思想构成了邓小平社会主义价值观的基本点"①。田海舰认为，邓小平的社会主义价值观非常丰富，而"共同富裕、民主法治、精神文明、人的全面发展构成了邓小平的社会主义核心价值观的基本点"②。袁贵仁认为，邓小平价值观体系的"价值观精髓是实事求是、讲求实效；价值观的基础是爱国主义；价值观的核心是集体主义；价值观的主题是建设有中国特色社会主义；价值观的取向是人民利益；价值观的标准是'三个有利于'"③。然而，这些研究者的共识是，邓小平的社会主义价值观体系是客观存在的，而且是在中国特色社会主义理论

---

① 方爱东. 社会主义核心价值观的发展历程及其当代建构，2010：88.
② 田海舰. 社会主义核心价值观研究，2008：70.
③ 袁贵仁. 论邓小平的价值观思想[N]. 光明日报，1999-07-23.

基础上形成和发展的。

可见，如果没有邓小平对中国特色社会主义丰富、深刻和系统的新认识，就不会有对社会主义价值观的认识发展，我们今天概括和凝练社会主义核心价值观的过程可能会更长，内容也可能不如现在这样完整和准确。

二、邓小平围绕什么是社会主义和怎样建设社会主义主题形成的社会主义价值观体系，为社会主义核心价值观倡导提供了生态环境

就价值观体系的结构来说，社会主义价值观体系应由社会主义基本价值观、一般价值观和核心价值观三个层次的内容构成。其中社会主义基本价值观，是反映社会主义本质属性和主要特征的价值判断和取向，具有稳定性特点；社会主义一般价值观，是关于社会主义政治、经济、文化等各个领域以及社会生活各方面的具体价值判断和取向等，这类价值观念由社会主义基本原则派生，具有数量庞杂，变化性强特点；社会主义核心价值观是在社会主义意识形态中居于核心地位、决定着人的理想信念并发挥引导社会思潮的旗帜作用，这类价值观具有恒定性特点。其中，社会主义基本价值观处于社会主义价值观体系结构中的基础层次，它是厘清社会主义与其他社会形态价值差异的主要标志；社会主义一般价值观处于中间层次，它是在社会主义基本原则和基本价值观基础上派生出来的各种价值要求；社会主义核心价值观处于最高层次，它是人类社会走向未来最终和永恒追求的目标。三者相互联系、相互作用，构成一个有机联系且相对独立的整体。

若根据上述观点来分析邓小平的社会主义价值观体系，他作出的"公有制为主体""按劳分配""共同富裕""共产党领导""人民当家作主"等价值选择，属于基本价值观范畴；他关于"贫穷不是社会主义，发展太慢也不是社会主义，平均主义不是社会主义，两极分化也不是社会主义"，以及许多使用"有益""有利""好事""好处"等字眼儿的价值判断，属于一般价值观范畴；而他关于建设社会主义富强、民主、文明的现代化国家，强调平等、公正、法制，以及爱国、敬业、诚信等方面的价值选择，则属于核心价值观范畴。

而根据我们党在十八大提出的"三个倡导"社会主义核心价值观的内容来做对比分析，邓小平的社会主义价值观体系蕴含了其中的绝大部分内容。

首先，从国家层面看，邓小平关于"大力发展社会生产力""发展市场经济""实行改革开放""促进科技进步"和"建设小康社会"等，是建设社会主义"富强"国家的价值目标；"加强民主政治建设""保障人民当家作主"等，是实现社会主义"民主"的价值目标；"加强精神文明建设""加强道德建设"等，是发展社会主义"文明"的价值目标。其次，从社会层面看，邓小平关于"计划和市场都是经济手段"，这就从根本上解除了把计划经济和市场经济看作属于社会基本制度范畴的思想束缚，是为了实现经济的"自由"发展；培养有理想、有道德、有文化、有纪律的"四有公民"是为了实现人的"自由"和全面发展；关于"社会主义与资本主义不同的特点就是共同富裕，不搞两极分化"①，"社会主义最大的优越性是共同富裕"②等对共同富裕的选择，是为了实现社会主义的"平等"和"公正"；关于"建立健全社会主义法制"，"我们的民主制度还有不完善的地方，要制定一系列的法律、法令和条例，是民主制度化、法律化"③等价值取向，是为实现社会主义"法治"。最后，从公民层面看，邓小平关于"一个人，如果爱我们社会主义祖国，自觉自愿地为社会主义服务，为工农兵服务，应该说这表示他初步确立了无产阶级世界观"④，"国际主义、爱国主义都属于精神文明的范畴"⑤等，是"爱国"方面的价值准则；关于科技人员"只有把全副身心投入进去，专心致志，精益求精，不畏劳苦，百折不回，才有可能攀登科学高峰"⑥、要学习雷锋同志"干一行爱一行的工作态度"等是"敬业"方面的价值准则；关于党员要"说老实话，办老实事，做老实人"⑦"领导要取信于民，使党内信得过，人民信得过"⑧等是"诚信"方面的价值准则。

需要指出的是，在邓小平的社会主义价值观体系中，我们认为论及或强调比较少的是关于"和谐"和"友善"两个方面，其原因主要是我们国家当时刚从"斗争为纲"向"建设为纲"转型，"斗争"思维依然存在；同时，改革与反改革、资产阶级精神污染与社会主义意识形态的斗争很激烈，社会不

---

① 邓小平文选（第 3 卷）[M]．北京：人民出版社，1993：123.
② 邓小平文选（第 3 卷）[M]．北京：人民出版社，1993：364.
③ 邓小平文选（第 2 卷）[M]．北京：人民出版社，1994：359.
④ 邓小平文选（第 2 卷）[M]．北京：人民出版社，1994：92.
⑤ 邓小平文选（第 3 卷）[M]．北京：人民出版社，1993：28.
⑥ 邓小平文选（第 2 卷）[M]．北京：人民出版社，1994：94.
⑦ 邓小平文选（第 2 卷）[M]．北京：人民出版社，1994：75.
⑧ 邓小平文选（第 3 卷）[M]．北京：人民出版社，1993：274.

稳定因素较多，所以可能导致对"和谐""友善"等价值认识和选择不够。客观地说，任何价值体系都不可能是一蹴而就或完美无瑕的，都需要随着认识的加深而不断完善。邓小平的社会主义价值观体系中的些许缺憾，并不能影响其完整性，更没有影响他对社会主义核心价值观做出的巨大贡献。

邓小平的社会主义价值观体系突出特点有以下四个方面：①以马克思主义为理论基础，是站在马克思主义立场上，坚持马克思主义的世界观，运用马克思主义的方法论所形成的价值观体系；②以集体主义为出发点，以实现最广大人民根本利益为归宿，或者说落脚于实现最广大人民的根本利益；③其最高价值追求是实现人的自由全面发展，它超越了以往价值观体系关于最高价值目标的历史局限，是那些资产阶级关于"自由""民主""人权"等抽象、虚妄的价值追求所不能企及的；④是稳定和发展的统一，它在中国特色社会主义的实践中得以固化，在共产党人的理论自觉中得以发展。

三、邓小平在总结历史经验和领导我国改革开放实践中，不断加深对社会主义的认识，为社会主义核心价值观概括提供了必要条件

邓小平能为社会主义核心价值观做出巨大的贡献，不仅源于他本人深厚的马克思主义理论功底、长期领导社会主义建设的丰富经历，以及对人类社会发展趋势的准确判断，更源于以下两个具体方面。

首先，深入总结历史经验。邓小平坚持实事求是的原则，一个重要表现是尊重历史、研究历史。他对中国的社会主义价值选择，首先是建立在总结社会主义思想发展史特别是我国社会主义胜利与挫折的历史，并借鉴其他社会主义国家兴衰成败的历史经验基础上进行的。

马克思和恩格斯在160多年前，充分吸收了空想社会主义的合理成分，并依据对历史实践的全面总结和深入分析，创建了科学社会主义理论和价值观，开创了人类社会主义历史的新纪元。

在社会主义从理论付诸实践的过程中，世界社会主义运动曾经面临许多艰难困苦。我国社会主义建设曾走了很长的一段弯路，社会主义发展遭受了严重挫折。在这样错综复杂和十分危难的形势面前，邓小平力挽狂澜、拨云见日，提出要"搞清什么是社会主义"。他通过对社会主义国家历史经验的深

入总结，提出了平均主义、发展太慢、不要民主法治、不要精神文明等不是社会主义的价值判断；在改革开放面临严峻考验的历史关头，提出以有利于生产力发展、人民生活水平提高、综合国力增强为标志的"三个有利于"的社会主义价值标准；面对一些人提出的"中国向何处去"的问题，指出："中国不搞社会主义不行，不坚持社会主义不行。"①针对我国实现"四个现代化"的历史过程，提出了到21世纪中叶实现国家"富强、民主、文明"的社会主义现代化价值目标。尽管邓小平从未明确和具体说过社会主义核心价值观是什么，但是他对社会主义发展历史的深入总结，极大地推动了我们对社会主义核心价值观的认识。

其次，不断发现实践问题。邓小平坚持实事求是的原则，另一个重要表现就是注重实践，善于从实践中发现问题并进行价值判断和选择。在总结历史经验教训和领导改革开放实践过程中，邓小平认为中国光坚持社会主义远远不够，必须走中国式的发展道路。为此，邓小平在党的十二大开幕词中明确指出："把马克思主义的普遍真理同我国的具体实际结合起来，走自己的路，建设有中国特色社会主义，这是我们总结长期历史经验得出的基本结论。"②他认为，在中国建设社会主义这样的事，马克思、列宁的本本上也找不出来；每个国家的基础不同、历史不同，所处的环境不同，别人的经验可以参考，但是不能照搬。所以，社会主义必须是切合中国实际的有中国特色的社会主义。

走中国特色社会主义发展道路，邓小平把发展生产力、实现国家富强放在价值选择的首位。20世纪60年代，邓小平关于生产力和生产关系的关系有一著名论述，也就是人们时常提到"白猫黑猫"论，当然也是"文化大革命"时期被批判的"唯生产力论"。所以很早开始，邓小平就把生产力发展作为检验一切工作根本的价值标准，坚决反对以生产关系作为价值标准。他在"文化大革命"前就说过："生产关系究竟以什么形式为最好，恐怕要采取这样一种态度，就是哪种形式在哪个地方能够比较容易比较快地恢复和发展农业生产，就采取哪种形式。"③在"文化大革命"之后，他更是坚决反对"一大二公"的错误价值理念，在他领导下取消了人民公社制度等错误价值理念的产物。为了发展生产力，邓小平还提出了与发展生产力相匹配的其他价值

---

① 邓小平文选（第3卷）[M]. 北京：人民出版社，1993：326.

② 邓小平文选（第3卷）[M]. 北京：人民出版社，1993：3.

③ 邓小平文选（第1卷）[M]. 北京：人民出版社，1993：323.

选择，如科学技术是第一生产力、改革是发展生产力的直接动力、发展生产力必须以发展教育为基础、发展是硬道理等等。当然，邓小平从来都是把生产力作为手段的，无论是改革之初提出的社会主义根本任务是解放和发展生产力，还是在他晚年提出的社会主义本质论，发展生产力是为了实现社会主义国家的富强目标。

邓小平非常善于在实践中发现问题，他的很多社会主义价值选择都是与当时我国实践息息相关的。比如，在我国开放之初，针对许多人公费出国逾期不归问题，邓小平提出加强"爱国主义教育"；针对一些青年人资产阶级享乐思想严重，对工作不负责任，邓小平提出要"爱岗敬业"；针对搞市场经济一些人见利忘义，邓小平提出"要诚实守信"；针对社会上人才标准多元化问题，邓小平提出要做"四有新人"；针对部分人的道德滑坡，邓小平提出要"五讲四美"；针对社会在一段时间只强调物质文明而忽略精神文明，邓小平提出物质文明和精神文明"两手抓，两手都要硬"，针对民主法治建设中存在的各种问题，邓小平提出加强"民主法治建设"等等，这些都说明邓小平对社会主义核心价值观的触及，与我国社会主义建设实践有着非常紧密的联系。

总之，邓小平对社会主义的认识以及关于社会主义一系列价值判断和选择，为社会主义核心价值观应运而生作出了孕育性的重大历史贡献。

（杨永志、刘文佳：《理论建设》2014 年第 5 期）

弘扬大学精神是贯彻核心价值观的重要环节

——以南开大学校训为例

校训是大学精神的主要载体，承载着办学理想与价值追求的经典校训，不仅为一代代高校学人树立了矢志奋斗的标杆，也为社会主义核心价值观的培育提供了新的载体。南开大学"允公允能、日新月异"的校训承载了什么样的大学精神？在全社会培育和践行社会主义核心价值观的语境中如何弘扬大学精神？

一、大学精神与校训是什么关系？

大学精神就是大学自身存在和发展过程中形成的具有独特气质的精神形式。从其内涵来看，大学精神是大学治理者根据本校历史传统、科学和文明发展趋势，对自身建设目标提出的最高要求。从其外延来看，大学精神限于高等教育范畴，是人类文明进步的一种体现。从本质来说，大学精神是一种价值追求，是创造精神、批判精神以及人类情怀的凝聚。

世界上许多知名大学都有自己的校训。国外大学如美国哈佛大学的校训是"与柏拉图为友，与亚里士多德为友，更要与真理为友"；耶鲁大学的校训是"光明与真理"；斯坦福大学的校训是"愿学术自由之风劲吹"；日本早稻田大学的校训是"学问独立，培养模范国民"；等等。国内大学如北京大学的"爱国、进步、民主、科学"；清华大学的"自强不息、厚德载物"；南京大学的"诚朴雄伟、励学敦行"；北京师范大学的"学为人师、行为世范"；武汉大学的"自强弘毅、求是拓新"；复旦大学的"博学而笃志、切问而近思"；浙江大学的"求是、创新"；中国人民大学的"实事求是"，以及南开大学的

"允公允能，日新月异"；等等。

一般来说，校训是大学精神的集中体现，也是一个学校的教育宗旨、人文精神、办学特色等全部内涵的集要和概括，通常使用民族传统哲理语言的形式表现出来。因而它言简意赅、目标明确，读之发人深省、看罢可催人奋进。以南开大学的校训"允公允能，日新月异"为例，南开大学成立于1919年，当时的校长为张伯苓，他解释校训"允公允能"时说，"要有服务社会的责任和服务社会的能力，你有责任心没有能力不行，你有能力但没有责任感也不行"。用现任校长龚克的话说，就是培养学生的"社会责任感、实践能力和创新精神"。南开大学要培养允公允能的人，就是对公共利益要敬畏，要维护公共利益，维护多数人的利益；同时要有公心，对社会有责任感，包括对国家、对民族、对家人、对朋友都有责任感。而"日新月异"，则是学生、教师和学校不断进步，志存高远，开拓创新。南开精神有着丰富的内涵和意蕴，可以从不同角度进行理解和阐发。随着时代发展，南开精神在发扬光大中被不断注入新的内涵，但其精神实质，总是离不开"公、能、新"三个字。

二、社会主义核心价值观与大学精神是什么关系？

在广泛进行社会主义核心价值观的教育和践行过程中，人们难免提出这样的问题。面对知识经济的机遇和挑战，彰显大学精神不仅是高等教育自身发展的需要，同时也是贯彻社会主义核心价值观的需要。那么，社会主义核心价值观与大学精神究竟是什么关系。笔者认为：首先二者是一种社会核心价值观与部门核心价值观的关系。社会主义核心价值观是我们今天社会的最高价值追求，而大学精神是不同学校确定的自身最高价值追求，二者的相同点是都属于最高价值追求，不同点是追求不在一个层次之上。其次，二者具有高度的一致性。我国社会主义核心价值观作为最高价值追求，统领一切价值取向；而大学精神作为具体价值追求，体现的是社会主义核心价值观的精神和意蕴。所以从总体上说，二者之间是相辅相成的关系，即社会主义核心价值观离不开各种具体价值观，包括大学精神为其营造的生存环境，否则将会被"架空"而成为"花架子"；大学精神体现着社会主义核心价值观，是其延伸、具体化和专门化。

同样以体现南开大学的大学精神——校训为例。允公的"公"所蕴含的公德心、公益心、公平心和正义感，以及维护公共利益、公共秩序、公共卫生，维护大局、维护集体、做事公道等等价值追求，就是社会主义核心价值观中的"公正"的体现或者延伸。而允能的"能"，所蕴含的有能力、有作为、善创新等等价值追求，则是社会主义核心价值观中"富强、民主、文明、和谐"的实现前提。如果大学不能培养既有科学文化知识，又能够施展才华的一代又一代合格人才，那么中华民族伟大复兴和中国梦的实现就是一句空话。正是在这个意义上，大学精神是社会主义核心价值观具体的、深入的体现。

人类社会发展的历史表明，对一个民族、一个国家来说，最持久、最深层的力量是全社会共同认可的核心价值观。核心价值观，承载着一个民族、一个国家的精神追求，体现着一个社会评判是非曲直的价值标准。弘扬大学精神，就是弘扬正确的核心价值观，青年的价值取向决定了未来整个社会的价值取向，而青年又处在价值观形成和确立的时期，这一时期的价值观养成十分重要。

可见，如同核心价值观与城市精神、行业精神的一致一样，弘扬大学精神是在社会主义大学中贯彻社会主义核心价值观的重要环节。

三、如何让弘扬大学精神与贯彻社会主义核心价值观
相辅相成？

贯彻社会主义核心价值观和弘扬大学精神，在现实中路径很多。

首先，要通过大学思想政治理论课正面宣传大学精神。不管是中国传统文化中的"算命"说，还是西方流行的"星座"说，大多把人性作为先天注定的东西。实际上，人性中先天的成分微乎其微，所以没必要追究人之初"性本善"还是"性本恶"，而应找到后天影响人性的"秘钥"。笔者认为，核心价值观就是影响人性的"秘钥"，要打开塑造人性之门，非核心价值观莫属。因为人性总是要通过人的态度、情感和各种行为来流露，而人的态度、情感和各种行为又是他所选择的核心价值观的反映，所以涵养或者改变人性，根本上要从核心价值观教育开始，具体包括从弘扬大学精神入手。

大学精神不是自为的，需要我们在实践中认真落实。在南开大学 2013年应届的 3077 名本科毕业生中，有 118 人没能如期获得学位，其中不乏高考成绩佼佼者，甚至还有极少数人因为作弊而受到校纪处分。在这年新学期开学典礼上，当着全校刚刚入学的 3308 名本科生、3146 名硕士生、843 名博士生和来自世界各地的 551 名留学生，校长龚克自曝"家丑"，希望借此警告新生珍惜大学生活，守住学风底线，发扬南开精神，做具有"公能"素质的南开人。

其次，要借助网络平台开展社会主义核心价值观的宣传活动。宣传要旗帜鲜明、底气十足、内容明确，要不惧诋毁、不怕批评、不断培育。在大学校园中，如何应对网络平台上各种错误价值观的挑战，有人认为应采取"堵疏结合"的防御策略，构筑社会主义价值观的坚固防线。从实际来看，这是一种消极的斗争方式，价值观的"防火墙"很难构筑，由于价值观的载体形式多种多样，在网络平台上很容易被"翻墙"。所以不应采取像对待"打黄扫非"那样实行"堵"的治理方式，而应该采取以"疏"为主的斗争策略，仿照文学领域中"文艺批评"的专业形式，创建以社会主义核心价值观为支撑的"网络批评"。即以一种专业化的视角，根据网络技术的发展和网民日益增多的现实，尤其是各种错误价值观充斥网络、鱼龙混杂、难辨真假的状况，形成专业化的"网络批评"及其队伍，负责在网络中对各种错误价值观展开积极的批判和斗争。这种"网络批评"，既有别于一般意义的"网络监管"，也不同于文学领域中的"文艺批评"，而是根据网络发展过程中各种错误价值观滥觞状况而形成的一种思想战线新业态。

最后，采用能够吸引人的各种文化内容和形式。对于大学生来说，阅读什么内容是可以自由选择的，所以必须让社会主义核心价值观融入校园文化之中，而不仅仅是精英文化之中，以切合实际、大学生乐于接受和易于接受并彰显人文关怀的内容，多借助群众喜闻乐见的、轻松幽默的、贴近生活的各种文化艺术形式，才能抓住大学生的眼球，使社会主义核心价值观内化于心。同时，根据网络平台的技术特点发展和利用微文化。微文化作为新兴的文化形态，起源于微博的风靡流行，成熟于微信、微小说、微电影、微公益的汇聚融合，与网络平台的不断拓展息息相关。目前，微文化正以其"微言大义"的内涵和"无微不至"的外延，潜移默化地从细微之处影响着人们的思维轨迹和人生方向。深入挖掘微文化的资源并发挥其价值观引导作用，同样有助于利用网络平台向大学生传播社会主义核心价值观。

总之，我们要把弘扬大学精神与贯彻社会主义核心价值观有机结合起来，使之成为高校教育体制改革的重要内容和中心环节。

（杨永志：光明网理论版 2014-06-28）

树立以核心价值观居先的教育新理念

所谓以核心价值观居先的教育新理念，就是在整个社会教育中，尤其是系统的各级各类学校教育中，把核心价值观教育放在全部教育目标和教学评估体系首位的思想。当前，在我国全面推进并深化教育体制改革中，总体上应以社会主义核心价值观培育的成败作为学校教育的根本评价标准。

教育是一个国家或民族立足和发展的基础。不能否定，传统教育为国家或民族发展做出了巨大贡献，培养出大量有知识、有文化、有道德的人才，使中国成为闻名于世的文化大国和礼仪之邦。但是也不得不承认，我国传统教育偏重"传业"而偏轻"授道"。换句话说，传统教育着重于各种知识的传授，而缺乏对人格、人性、人道等人文精神方面的培养。我国传统知识分子常局限于"小我"发展和"关门"研究，多学问大师而少"先天下之忧而忧，后天下之乐而乐"的英才，就是这种教育不足的体现。现代教育的目标，不仅要培养有知识、有文化、有道德的人，还要培养有理想信念的人，而且要把理想信念放在德、智、体、美之先，让培养理想信念成为素质教育的首要内容。

对于社会主义国家来说，使每个受教育者有道德和有正确的理想信念，要比"学富五车"更为重要。1989 年 3 月，邓小平在会见时任乌干达总统穆塞韦尼时指出："我们最近十年的发展是很好的。我们最大的失误是在教育方面，思想政治工作薄弱了，教育发展不够。"20 多年过去了，我国教育理念转变和教育体制改革从未停止，但依然存在功利主义、个人主义倾向，一些学生缺乏包容、担当品质和团结、合作精神。这些问题说到底，就是社会主义核心价值观教育不够。

树立以核心价值观居先的教育新理念，具体包括下列内容。第一，应把教育目标首先定位在"信仰教育"上。能不能培养出有正确理想信念的人，应是我国教育优先考虑的问题。如果培养的学生大多没有自由、平等、公正、法治观念，即便他们文化知识学得再好，国家未来发展也难以高枕无忧。第二，应把教学评估体系建立在"知识教育"与"人性教育"的结合上。"知识教育"代替不了"人性教育"，只有核心价值观才最能对国民性进行高度提升，成为青少年素质中的基因性元素。怎样让外界不再说我们缺乏文明诚信和法律意识，怎样让社会的贪腐现象"断根"而不是"后治"，唯有培养学生具有正义、担当、关爱、智慧等人性才是治本之策。第三，应把社会主义核心价值观融入教育教学之中。人的理想信念直接和根本取决于核心价值观，要解决我国理想信念教育不够的问题，就必须从培育学生的社会主义核心价值观入手。我国学校教育中德育"占时"并不少，关键是以往社会主义核心价值观教育的集中度和效率不够高，当下亟待改变这种状况。重新审视全面发展的标准。全面发展的人不只是传统意义的"德才兼备"，或者传统意义的德智体美标准，而是集科学精神和人文精神于一身的人，不断造就出大量的这种后来者，才是我们民族发展的希望所在。

树立以核心价值观居先的教育新理念，在具体教学实践中，首先，在教育原则上，既不能把所有的教学内容都变成讲社会主义核心价值观的极端化教育，同时也要注意避免"文化知识教育与价值取向无关"的错误观念。要通过科学方法，把社会主义核心价值观教育融入所有的各种文化知识和品德教育之中。其次，在教育内容上，要树立"大德育"的理念，德育不能仅局限于伦理道德的教育，也不能只会教学生背社会主义核心价值观所概括的"24个字"。除了理想教育，公民教育、生命教育、道德教育、人格教育等等都属于核心价值观教育的范畴。最后，在教育方法上，要通过生动形象的广征博引和具体事例的深入剖析吸引学生的注意力，提高"抬头率"；要带领学生深入社会生活，进行结合实际的各种教学实践活动；要鼓励学生从点滴小事上做起，真实地体验践行社会主义核心价值观的感受；要积极运用新媒体等各种技术手段进行宣传社会主义核心价值观的教育。随着互联网及其应用平台的快速扩展，西方发达国家越来越重视运用新媒体影响我国青少年的价值取向，要维护社会主义意识形态安全，就要求教师不仅是会使用各种新媒体的"行家"，而且要努力成为运用各种新媒体向学生讲授社会主义核心价值观的"高人"。

（杨永志：《中国高等教育》2014年第7期）

马克思主义革命性的当代解读

马克思主义的革命精神和革命思想集中体现为马克思主义革命性。马克思主义革命性是马克思主义的本质特征之一，离开革命性，马克思主义就会失去其本来面目。在这个意义上，马克思主义革命性是划清马克思主义与非马克思主义界限的一个重要标志。党的十一届三中全会之后，我国进入一个较长的社会主义和谐社会建设时期。由于环境的变化，一些人偏重于马克思主义的科学性而淡忘了革命性，一些人滋生了"告别革命"或"无需革命"的错误观念，而不断成长起来的新生代更是对马克思主义革命性越来越陌生，为了减少人们在新的历史条件下对此存在的错误观念或模糊认识，我们有必要从时代和实践的视角对马克思主义革命性的传统精神和时代蕴意进行探究。

一、马克思主义革命性的传统精神

中国汉字"革命"一词源于西周。《周易·革卦》曰："天地革，而四时成；汤武革命，顺乎天意而应乎人。""革命"在这里的意思主要是指由人顺应天意而导致的王朝更替或变化。1895年孙中山在广州发动反清起义，自称"造反"，日本媒体将起义者们称作"革命党"。孙中山觉得这样的称谓好，此后在其领导资产阶级推翻帝制的运动中，"革命"一词被广泛使用并赋予武装暴力的含义，与英文"revolution"的本意接近。自1919年的五四运动之后，"革命"一词被赋予革故鼎新、正义、进步和神圣等多重含义，其使用范围也被迅速扩大，从政治生活拓展到经济、文化乃至道德风俗等各个领域，同旧的势力、制度、观念等进行决裂和不妥协的斗争一时成为社会时尚。总体来说，从中国民主革命开始一直到"文化大革命"结束，"革命"概念存在着滥用问题；而自改革开放以来，"革命"概念又存在被边缘化的倾向。

马克思主义经典作家认为革命是社会历史前进的火车头，革命同阶级、阶级社会和阶级斗争紧密联系，在阶级社会中革命就是一个阶级推翻另一个阶级的暴力行动，是社会制度变革的主要手段。当然，马克思主义理论所蕴含的革命性，我们不能仅从暴力变革和阶级斗争的狭隘意义上来理解。作为传统意义的马克思主义革命性，具体可以概括为以下四个方面。

（1）鲜明的阶级立场和斗争精神。马克思主义以无产阶级的历史使命为出发点，公开坦诚自己理论的阶级性和意识形态性，认为无产阶级及其政党的一切理论和奋斗致力于实现广大人民的根本利益，申明自己的理论是指导无产阶级革命并推翻资产阶级统治，实现人类解放的思想体系。如同马克思和恩格斯在《共产党宣言》中指出的那样："共产党人不屑于隐瞒自己的观点和意图。"①从历史上看，任何理论都有其特定的服务对象，但是几乎没有哪种理论愿意承认这一点。那些刻意掩饰理论阶级性和条件性，自诩"不带任何阶级偏见"，具有"普世价值"的理论体系，往往是　切剥削阶级理论自欺欺人的惯用伎俩和普遍特点；而旗帜鲜明地表明理论本身的阶级立场和斗争精神，就成为马克思主义革命性的显著标识。

（2）主动的变革旨趣和创新意识。马克思主义以实践为基础，与传统哲学家们只注重"认识世界"的特点不同，它没有把自己的理论变成纯粹的思辨，特别强调理论改造世界的实践功能，并以改变世界为己任。同时，马克思主义与那些脱离实际的抽象教条也截然不同，它科学地阐明了实践的观点在自身理论体系中的基础和核心作用，主张在实践过程中积极发挥人的主观能动性和创造性。为此，马克思主义理论不是像黑格尔所比喻的那种黄昏时才起飞的"猫头鹰"，即事后才进行反思的理论，而是马克思所比喻的迎接人类黎明的"高卢雄鸡"，即充满着主动变革旨趣和创造意识的摒弃旧世界并积极创建新世界的理论。

（3）自觉的辩证否定和批判态度。马克思主义以"条件性"为前提，除了承认一切具体事物对于它赖以生存的条件来说具有暂时的合理性以外，它对现存事物的肯定的理解中同时包含着否定的理解，把世界看作永无止境的发展过程；它不承认任何无条件的"绝对真理"以及"永恒不变"和"放之四海而皆准"的理论；它不以包医百病的绝对真理为理论追求，更不以脱离

---

① 马克思恩格斯选集（第1卷）[M]. 北京：人民出版社，1995：307.

实际的"概念罗列"为理论风格；它反对故步自封、僵化不变，倡导理论的"武器"属性。因而在其本质上，马克思主义理论自觉地坚守着对事物发展认识上的辩证否定观和对人类一切文明成果批判继承的鲜明态度。

（4）积极的理想追求和献身气魄。理想追求基于信仰，信仰是对某种理念矢志不渝的信服和尊崇，是人生的精神支柱和政党凝聚力量的旗帜。正是因为马克思主义科学理论确立的理想信念，我们无产阶级革命才有了明确和科学的信仰及追求，并在此基础上激发出献身民族独立、人民解放、国家繁荣、人民幸福事业的宏伟气魄。事实表明：只有把积极的理想追求与不怕牺牲的献身气魄结合起来，才能克服艰难险阻，创造人间奇迹。积极追求共产主义的远大理想，甘于把个人的生命贡献给人类的伟大事业，这种无怨无悔、矢志不渝、不怕死、不嫌苦、不计个人得失的精神同样是马克思主义革命性的题中应有之义。

可见，在尊重科学的前提下，"敢于斗争、求新求变、自觉批判、勇于献身"应是马克思主义传统革命性的基本精神。

二、马克思主义革命性的时代蕴意

马克思主义作为开放的和与时俱进的科学体系，自身的内在要求决定了其革命性随着时代和实践的发展而相应变化，即在传统精神基础上实现新的演进和拓展。具体来说，马克思主义革命性在当代社会历史条件下的核心蕴意为以下几方面：

1. 解放思想

解放思想是指人们自觉突破习惯势力和传统观念束缚的思想变革。从历史上看，解放思想有时可以积聚和发展为划时代的事件，如欧洲的启蒙运动、中国的五四运动和实践检验真理标准大讨论，并成为社会革命的前奏和意识形态转换的契机。在中国特色社会主义现代化建设实践中，解放思想往往以常态化呈现，它既是中国共产党思想路线的本质要求，也是应对前进道路上各种新情况新问题、不断开创事业新局面的一大法宝。如邓小平所言："一个党，一个国家，一个民族，如果一切从本本出发，思想僵化，迷信盛行，那它就不能前进，它的生机就停止了，就要亡党亡国。"①进一步说，坚持以实事求是为前提的解放思想，需要同传统的不良习惯势力、错误观念和片面认识实行彻底决裂，而敢于打破"条条框框""不唯书不唯上"和"不信邪"等行为本身既有革命的突破性质，又有大无畏的革命勇气。所以在和平与发展时代，任何在实事求是基础上的解放思想都应是马克思主义革命性的首要体现。

2. 改革开放

推翻旧制度的行为是革命，改革不适应生产力发展的体制机制也是一定意义的革命。邓小平就曾说过："革命是解放生产力，改革也是解放生产力。"②他还明确指出："改革是一场新的革命"，"改革是中国的第二次革命"。③可见，夺取政权的活动是革命，巩固政权的改革也具有革命的性质。同时，改革开放也需要具备"破与立"的胆略和气魄，要有敢于向旧体制挑战的勇气和不断调整不适应生产力发展的体制机制的信心。从共产主义运动史来看，有些国家社会主义实践的失败，与改革过程中畏首畏尾的不彻底性，或者缺乏勇气和信心的半途而废有着直接的关系。我国社会主义建设取得的巨大成就，同样与中国共产党人满怀高昂斗志，坚定不移地进行改革开放并走出一条中国特色社会主义道路分不开。正是在这个意义上，改革开放当属于马克思主义革命性在社会主义建设时期的重要体现。

3. 开拓创新

随着社会主要矛盾的转化，阶级斗争在人民当家作主时代全面转化为向各种困难和挑战作斗争，而开拓创新上升为进行这种斗争的主要手段。当前，国际竞争日趋激烈，不确定因素和潜在风险明显增多。同时，随着国内改革发展的深入，各种深层次矛盾日益凸显。面对这样十分复杂和困难局面，唯一的出路就是在实践基础上和科学理论指导下不断开拓创新。开拓创新要冒失败的风险，失败是开拓创新的常态。只有把党和人民的利益放在至高无上的位置，不计眼前和局部的利益得失，才可能迎难而上、不怕失败、奋发有为、锐意进取。从一定意义上说，一部中国特色社会主义发展的历史，就是一部在实践基础上理论创新、制度创新和其他各方面创新的历史。实践证明，开拓创新具有推动科技进步和社会发展的变革作用，同时需要具备较高的迎

---

① 邓小平文选（第2卷）[M]. 北京：人民出版社，2004：143.

② 邓小平文选（第3卷）[M]. 北京：人民出版社，2003：370.

③ 邓小平文选（第3卷）[M]. 北京：人民出版社，2003：113.

接挑战的革命胆识和智慧。因此，开拓创新必然是马克思主义革命性的新时代内容。

4. 甘于奉献

中国特色社会主义理论为共产党员选择了甘于奉献的价值取向，这种价值取向是革命战争年代的不怕牺牲精神在和平建设时期的延伸和体现，它既是共产党员应该具备的优良品质和崭新风貌，也是中国特色社会主义建设事业凝聚各种力量的重要条件。正如胡锦涛同志所言："甘于奉献是崇高的精神境界，是美好的人生追求，也是成就事业的前提。"[①]历史上，只有真正献身革命的仁人志士才具有甘于奉献的品质。在今天，那些坚定信念、淡泊名利、勇于担当、创先争优、大公无私、全心全意为人民服务的共产党员，是真正的时代先锋和社会楷模，他们甘于奉献的思想境界和高尚的道德情操，是马克思主义高度革命觉悟和彻底革命精神的充分体现。

概括来说，突破、改革、创新和奉献应是马克思主义革命性传统精神的当代演进和新蕴意。

三、马克思主义革命性的现实统一

马克思主义革命性无论是传统精神还是时代蕴意，都必须与实践相统一才有意义。进一步说，马克思主义革命性，在新的历史条件下必须与贯彻落实科学发展观和构建社会主义和谐社会等中国特色社会主义建设伟大实践相统一。

（一）马克思主义革命性与科学发展观的统一

（1）马克思主义是革命性与科学性的高度统一。毋庸置疑，各个阶级都有自己的私利，当科学的发现和运用有可能危害其私利时，这时科学性与革命性往往是不相容的。但无产阶级不同，它是人类历史上最先进的阶级，其阶级的根本利益与社会发展规律、与人类彻底解放的必然趋势是完全一致的。按照马克思主义的观点："科学越是毫无顾忌和大公无私，它就越符合工人阶

---

① 胡锦涛对青年三希望：勤于学习善于创造甘于奉献[N]. 中新网，2003-07-25.

级的利益和愿望。"①而形成这一状况的根本原因就在于,"马克思主义理论对世界各国社会主义者具有的不可遏止的吸引力,就在于它把严格的和高度的科学性(它是科学的成就)同革命性结合起来,并且不仅仅是因为学说的创始人兼有学者和革命家的品质而偶然地结合起来,而是把二者内在地和不可分割地结合在这个理论本身中"②。由此而论,科学发展观作为马克思主义世界观和方法论中国化的最新成果,也必然是革命性与科学性的高度统一。

(2)科学发展的实践活动蕴含着革命性因素。无论是从广义的坚持解放思想和与时俱进、不断深化改革和扩大开放、走新型工业化道路、建设创新型国家、尊重人民群众首创精神等等,还是从狭义的以人为本,坚持全面、协调、可持续的原则,统筹经济社会和人的全面发展,这些科学发展的理念,无不秉承了马克思主义革命性所蕴含的变革激情和创新精神。科学发展贵在实践,实践是产生和蕴含革命性因素的最好土壤,科学发展只有通过包含革命性的实践活动才能推动制度变革和社会进步,这是与空想社会主义者"注重理论缺乏实践"、与那些自命不凡的资产阶级理论家所谓"只讲学术不问政治"的最大区别。可以肯定,随着科学发展实践活动的广泛展开,马克思主义革命性一定会被不断发扬光大。

(3)革命性是推动科学理论和实践发展的重要动力。理论创新既要结合实践,又要尊重规律,还要有对人民负责的革命热情。从中国共产党90多年的发展历程和中国特色社会主义建设30多年的经验看,离开革命性,科学理论创新的速度和推动社会进步的威力就会大大减弱;只有坚持实践、紧跟时代、尊重规律,并以积极的革命热情自觉地揭示社会发展客观规律,理论创新才能不断发展并彰显威力。因此,把马克思主义革命性与科学性统一于解放思想与实事求是的实际中,是理论创新的不二法宝。科学理论创新必然推动科学实践发展。事实正是如此,中国特色社会主义理论创新,由于实现了与马克思主义革命性有机结合,使得当今我国科学发展进程充满着锐意进取、生机勃勃和高歌猛进的气势。

(二)马克思主义革命性与社会主义和谐社会的统一

首先,马克思主义革命性与和谐社会的统一体现为是同一性与斗争性的对立统一。同一性与斗争性的统一是一切社会存在的客观基础,其中同一性

---

① 马克思恩格斯选集(第2卷)[M]. 北京:人民出版社,1995:258.

② 列宁选集(第1卷)[M]. 北京:人民出版社,1995:83.

包含斗争性，斗争性寓于同一性之中，同一性制约斗争性。但同一性并非无差别的等同，而是包含差异和对立的同一，这种同一的许多条件要通过斗争来建立，所以没有斗争性就没有同一性。和谐社会虽然强调同一性，但不能没有斗争性，没有斗争性或者革命性，和谐社会就不能构建和发展。但是，同一性不是脱离斗争性而孤立存在的东西。因此，我们既要努力摆脱长期受"斗争哲学"影响形成的极左思想，培育和谐社会发展所需要的宽容心态和平衡思维，又要保持旺盛的革命斗志，通过斗争性摒弃那些反动、有害、过时的东西，实现革命性与和谐社会的统一。

其次，马克思主义革命性与和谐社会的统一体现为当今社会发展需要突破、改革、创新和激情等新的革命精神。祥和、稳定、协调、宽容等固然是和谐社会的重要特征，但这些并不意味着社会矛盾的消失。党的十六届六中全会指出："任何社会都不可能没有矛盾，人类社会总是在矛盾运动中发展进步的。构建社会主义和谐社会是一个不断化解社会矛盾的持续过程。"①和谐社会矛盾解决需要马克思主义革命性的现代方式。思想上的先进与落后、地域间发展速度的快与慢、社会不同群体收入分配的高与低、经济发展与生态环境的快与好等等，都构成和谐社会矛盾的斗争性。解决和谐社会的矛盾，需要通过革命性原则，如深化改革体制，进一步推动经济社会发展，消除党内腐败和社会不正之风，解决好民生问题等等，没有革命性精神、气魄和态度就不能达到目的。

最后，马克思主义革命性与和谐社会的统一体现为革命方式仍是解决社会矛盾的重要手段。和谐社会矛盾的解决需要马克思主义革命性的方式。尽管当前我国社会矛盾绝大部分属于人民内部矛盾，应当运用解决人民内部矛盾的方法来处理，通过沟通、交流、引导、教育、宽容、理解等方式来解决。但社会主义初级阶段不可能不存在敌我矛盾。一方面，仇视社会主义制度及破坏社会主义建设的敌对势力的存在，决定了社会主义社会仍然在一定范围内存在敌我矛盾。因此，我们要继续推进社会主义现代化建设事业，维护社会主义社会的和谐局面。另一方面，时代的发展不断演化出具有敌对性质的新矛盾，如互联网和全球化的发展，使意识形态领域的斗争日益突出，形成正确思想与错误思想交锋、先进文化与落后文化较量、意识形态领域渗透与反渗透的新战场。要坚持以马克思主义革命性来树立"阵地意识"，积极开展

---

① 十六大以来重要文献选编（下）[M]. 北京：中央文献出版社，2006：650.

对国内外各种错误思潮作斗争，对网络上各种恶意攻击和网络谣言制造者作斗争。

总之，不管时代如何变化，我们对马克思主义革命性要始终保持正确认识，形势越是复杂，观念越是新潮，就越需要在根本问题上统一思想、凝聚共识，坚定地维护马克思主义革命性。

（杨永志、张艳：《理论建设》2013 年第 5 期）

互联网条件下如何做好意识形态工作

最近，习近平同志在全国宣传思想工作会议上指出："要把网上舆论工作作为宣传思想工作的重中之重来抓。"①这是党中央对于对意识形态具有重大影响的网上舆论工作作出的新部署和新要求，充分体现了党中央的与时俱进和对互联网发展趋势的准确把握。习近平同志这一重要讲话，不仅为开创宣传思想工作新局面、扎扎实实做好意识形态工作提出了具体要求，而且也为在互联网条件下应对各种挑战，抵御错误思潮的冲击，做好意识形态工作指明了方向。

一、互联网条件下做好我国意识形态工作的重要意义

做好我国社会主义意识形态工作本身具有重要理论意义。习近平同志强调，"经济建设是党的中心工作，意识形态工作是党的一项极端重要的工作"②。这是站在党和国家全局的高度，深刻阐明了党的中心工作与意识形态工作的定位和关系，明确提出了正确把握这两项工作的实践要求。能否做好意识形态工作，事关党的前途和命运，事关国家长治久安，事关民族凝聚力和向心力。这一思想，也深刻阐明了意识形态工作在党和国家工作全局中的重要地位和作用。从理论和实践看，当前我们抓好意识形态工作，一是加强执政党建设的必然要求。我们党历来高度重视意识形态工作，始终把做好意识形态工作作为重要的政治优势，强调把意识形态工作放到与中心工作同

---

① 习近平在全国宣传思想工作会议上强调 胸怀大局把握大势着眼大事 努力把宣传思想工作做得更好[N]. 人民日报，2013-08-20.
② 习近平在全国宣传思想工作会议上强调 胸怀大局把握大势着眼大事 努力把宣传思想工作做得更好[N]. 人民日报，2013-08-20.

等重要的位置来抓，不断巩固党执政的思想政治基础。二是意识形态工作关系举什么旗、走什么路、坚持什么方向等重大问题。一个政党或政治集团夺取政权往往是从确立指导思想、抢夺意识形态话语权开始的，一个政权的瓦解往往也是以舆论阵地被攻破、意识形态主导权丧失为标志的。面对错综复杂的发展环境，我们更要因势而谋、应势而动、顺势而为，把意识形态工作的领导权、管理权、话语权牢牢掌握在手中，任何时候都不能旁落。三是抓好意识形态工作是团结全党全国各族人民共同奋斗的必然要求。意识形态工作具有根本性、全局性、战略性，是治党治国的重要保障，要确保党长期执政、永续执政，就必须紧紧抓好思想理论建设这个根本，牢牢把握意识形态工作这个优势，坚持用科学理论武装全党，形成思想统一、目标明确、步调一致、奋发进取的态势。

面对互联网发展做好意识形态工作具有重要现实意义。截止到目前，我国互联网网民有将近 6 亿人，手机网民有 4.6 亿人，其中微博用户达 3 亿人，使用微信等各种客户端的人数与日俱增。互联网的快速发展，使得宣传思想工作的环境、对象、范围、方式已经发生了很大变化，如果不正视这种变化、重视这个现实，顺势而为、因势利导，与时俱进地调整我们宣传思想工作的思路和重点，甚至想绕开网上意识形态工作都是不行的。可以肯定地说，面对如此庞大而且日益壮大的网民大军，做好新形势下意识形态工作困难很大。在新的历史条件下，我们面临的挑战很多，如来自国内市场经济转型的挑战，来自经济全球化的挑战，来自文化多元化的挑战和来自互联网发展的挑战，等等。其中，互联网发展，尤其是以互联网为基础的各种新媒体、社交网络对我国意识形态工作提出的挑战正日益凸显。

具体来说，国际上围绕发展模式和价值观的较量日益加剧，各种思想文化交流交融交锋更加频繁，意识形态领域渗透与反渗透的斗争尖锐复杂。国内随着改革深化和开放扩大，利益格局深刻调整，社会转型步伐加快，人们思想活动的独立性、选择性、多变性、差异性日益增强，一些错误思想观点借助互联网这个大众传媒最有效的工具和平台，向社会主义意识形态发起前所未有的猛烈进攻。如果我们对国际国内这一新形势不加警惕，或者任由不良现象恣意蔓延，那么我国社会主义意识形态将面临崩溃的危险。

由此可见：第一，随着移动互联网和智能移动终端的发展和普及，网上信息源头和传播渠道急剧增多，网络舆论规模与影响越来越大，互联网日益成为各种社会思潮、各种利益诉求汇聚的平台，做好互联网条件下的意识形态工作，是确保国家安全和意识形态安全的重大决策；第二，互联网特别是有"自媒体"之称的社交网络的裂变式发展，带来了信息传播方式的变革，改变了我国信息传播格局和人们的信息获取方式，成为影响广泛且深刻的新媒体，成为影响人们思想观念的重要力量；第三，互联网带来了人们信息表达、交流沟通、社交联络和思维习惯的重要转变，一些志趣相投、利益相关的网民跨越地域、行业和国界，形成了新的社会群体和社会关系，日益影响公共事务和政策走向；第四，我国网民中青少年占大多数，网络中存在一些如网络谣言、网络暴力等不文明现象，不仅扰乱社会秩序、败坏社会风气，而且还危害青少年身心健康；第五，西方文化在当前仍占强势地位，我们的文化软实力相对较弱，一些所谓有远见的西方政治家们，早就转向运用互联网这一平台作为分化、瓦解社会主义意识形态的新阵地，大肆宣传不利于我国社会稳定的言论，加大了我们思想政治工作的难度。

二、互联网条件下做好我国意识形态工作的基本原则

在互联网条件下，做好意识形态工作是一个崭新的课题，没有任何经验可循，但是我们也不能手忙脚乱或无所作为。我们当前做好互联网条件下的意识形态工作，应把握好以下几项基本原则。

（1）坚持"固本"与"强基"的统一。习近平同志指出，"宣传思想工作就是要巩固马克思主义在意识形态领域的指导地位，巩固全党全国人民团结奋斗的共同思想基础"①。"两个巩固"，是我们党从坚持和发展中国特色社会主义的战略全局出发，对宣传思想文化工作根本任务最集中最鲜明的概括，也是面对互联网发展挑战做好意识形态工作的首要着力点。"固本"，就是巩固马克思主义在我国社会主义意识形态领域指导地位的本；"强基"，就是加强全党全国人民的中国特色社会主义共同思想基础建设。要固本强基，必须把坚持正确导向摆在首位，始终绷紧导向这根弦，讲导向不含糊、抓导向不放松，运用互联网来大力宣传马克思主义，宣传中国特色社会主义。

（2）坚持党性与人民性的统一。习近平同志指出，"党性和人民性从来都

---

① 习近平在全国宣传思想工作会议上强调 胸怀大局把握大势着眼大事 努力把宣传思想工作做得更好[N]. 人民日报，2013-08-20.

是一致的、统一的，做好意识形态工作必须坚持二者的统一"①。坚持党性，核心就是要坚持正确政治方向，坚持以马克思主义为指导，站稳政治立场。坚持人民性，就是要牢固树立人民群众是历史创造者的观点，把全心全意为人民服务作为全部活动的依据和根本标准，把实现好、维护好、发展好最广大人民根本利益作为出发点和落脚点，牢固树立以人民为中心的工作导向，坚持以民为本、以人为本，相信群众、依靠群众、虚心向群众学习，切实解决好"为了谁、依靠谁、我是谁"的根本问题。站在全党的立场上、站在全体人民的立场上，牢牢把握党性和人民性的统一，始终坚持宣传思想文化工作的正确方向，才有可能把互联网条件下的意识形态工作做好。

（3）坚持文化建设与网络监管的统一。意识形态工作首先要创造出良好的文化环境，其次要对互联网依法进行管理。因此，在加强网络文化建设、打造健康向上的网络文化、用先进文化占领网络阵地的同时，必须依法加强网络社会管理，加强网上舆论引导，规范网络传播秩序，加大对网络谣言等有害信息的整治力度，使网络空间保持纯净清朗。为此，要坚持党管媒体，坚持政治家办报、办刊、办台、办新闻网站，加大监管力度、提高监管水平，确保所属宣传思想文化阵地坚持正确导向。在建设与监管"两手抓"的过程中，要充分认识互联网的媒体属性与意识形态的政治属性，把二者的特点和共性有机结合起来，并贯彻"积极利用、科学发展、依法管理、确保安全"的方针，建立文化发展的长效机制，综合运用各种手段做好监管工作，为做好我国意识形态工作创造条件。

（4）坚持积极学习网络知识与运用网络手段的统一。随着微博、微信等新媒体成为越来越多的人获取信息的主要来源，在互联网基础上产生的新媒体的广泛传播力、社会影响力、舆论渗透力与日俱增，但我们客观上还存在本领缺乏、手段生疏等问题。我们要克服对新技术不熟悉的恐慌、学会运用新手段；要把握新媒体的基本属性和发展规律，增强工作的主动性和预见性；要研究对待新媒体的办法和措施，提升引导、服务和管理能力；要积极主动、灵活自如地用好新媒体，参与网络舆论，发好网言声音，逐步成为网络舆论的行家里手，让互联网充分为社会主义意识形态安全和发展服务。

（5）坚持"御外"与"稳内"的统一。"御外"就是抵御外来错误思潮通过互联网带来的影响。既然意识形态安全属于国家主权安全的一部分，而国

---

① 习近平在全国宣传思想工作会议上强调 胸怀大局把握大势着眼大事 努力把宣传思想工作做得更好[N]. 人民日报，2013-08-20.

家主权安全的本质在于防御外敌侵占，那么意识形态安全建设首先是抵御外来不良社会思潮的冲击，保障价值观稳定乃至社会的稳定。"御外"首先就要对外来不良社会思潮有清醒的认识。现代新殖民主义的一个重要内容是"精神侵略""观念殖民"，其最明显的特点是打着"言论自由"的旗号输出他们所谓正确的"价值观"，这是我们必须要进行积极抵制的。"稳内"就是努力维护和稳定国内主流意识形态的安全。"稳内"的关键在于积极消除国内不利于人们正确思想观念稳定的各种因素，着力化解社会矛盾，尤其是带有普遍性的问题，实现人们对主流意识形态内在价值的高度认同和自觉践行。

三、互联网条件下做好我国意识形态工作的主要思路

在互联网条件下做好我国意识形态工作，就要按照习近平总书记的指示，增强政治意识、大局意识、责任意识、危机意识，并且敢于担当、改革创新，以积极有为的精神状态开创意识形态工作的新局面。

（1）不断进行意识形态工作的理念创新。习近平同志强调："当前做好宣传思想工作，比以往任何时候都更加需要创新。"①宣传思想工作创新，重点要抓好理念创新、手段创新、基层工作创新。只有创新，才能使宣传思想工作突破过去不可逾越的障碍；只有创新，才能更好地发挥宣传思想工作引领风气之先的作用；只有创新，才能使宣传思想工作更好地满足人民群众日益增长的精神文化需求。而创新的抓手，一是保持思想的敏锐性和开放度，勇于突破陈旧观念的束缚，善于打破习惯思维的定势，敢于摒弃不合时宜的桎梏；二是要培养"积极作为"的态度，能够在领导和管理互联网建设中及时准确、公开透明、全面客观地进行舆论引导，真正以思想认识新飞跃开创正面宣传新局面；三是努力探究在新的历史条件下意识形态工作的规律，坚持以科学理念为指导，推动宣传思想工作科学发展和与时俱进。

（2）把意识形态工作与中国特色社会主义实践紧密结合。无论是党的领导干部，还是意识形态工作者，都要坚持"三贴近"、践行"走转改"，在中国特色社会主义伟大实践中提高宣传思想工作的质量和水平。正如习近平同志指出的那样，把最大公约数找出来，在改革开放上形成聚焦，做事就能事

---

① 习近平在全国宣传思想工作会议上强调 胸怀大局把握大势着眼大事 努力把宣传思想工作做得更好[N]. 人民日报，2013-08-20.

半而功倍。寻求最大公约数，就要找准共同点。共同点越多，公约数越大。意识形态工作要做到群众心坎上，就必须坚持面对面、心贴心、实打实，针对人民群众普遍的疑惑、误解等，进行有针对性的宣传教育，结合经济建设、政治建设、文化建设、社会建设和生态文明建设等，利用互联网这个现代化信息平台，做好意识形态工作。

（3）把开展意识形态工作与实现绝大多数人根本利益紧密结合。要做到这一点，就必须把实现好、维护好、发展好最广大人民根本利益作为出发点和落脚点。当前，我国分配领域存在分配不公等问题，一些人对子女教育、个人就业，以及医疗、住房、生态环境、食品安全等有意见，个人的生存和发展利益受到了损害。如果意识形态工作不在根本上解决这些问题，意识形态工作的任何方式都会失效。因此，理想信念教育必须以实现人民群众的各种利益为基础。

（4）加强党对网络时代意识形态工作的领导和增强媒体的责任担当意识。习近平同志指出："做好意识形态工作必须全党动手，要树立大宣传的工作理念，动员各条战线各个部门一起来做。"①对于网络时代的意识形态工作也是一样，不仅各级党政部门要抓好，而且还要强化媒体担当意识，把一切具备传播功能和媒介属性的载体和平台都作为我们的传播渠道，纳入我们的管理体系，了解"网络生态"，克服"水土不服"。加强网上依法管理、科学管理和动态管理，把管内容、管媒体与管媒体人结合起来，实现网上网下管理互通互动，做到新媒体和社交网络扩展到哪里，管理就跟进到哪里。通过加强党的领导与增强媒体责任，扫除社会瘴气，匡扶时代正气，汇聚发展人气。

（5）自觉提高网络意识形态工作的管理水平。网络时代的意识形态工作，既要自觉地把宣传思想工作同各个领域的行政管理、行业管理、社会管理更加紧密地结合起来，使之贯穿于经济社会发展各领域各环节，动员最广泛的力量参与到宣传思想工作中来，齐抓共管，形成合力；也应采取"堵"和"疏"相结合的方式，在划清社会主义意识形态同封建主义、资本主义腐朽思想文化界限的前提下，吹响反击各种错误思潮的"集结号"，用社会主义核心价值体系、社会主义核心价值观对多元文化进行积极引领，扩大先进文化的影响范围，提高大众明辨是非的能力，以此实现全党和全社会的思想统一和力量

---

① 习近平在全国宣传思想工作会议上强调 胸怀大局把握大势着眼大事 努力把宣传思想工作做得更好[N]. 人民日报，2013-08-20.

凝聚。总之，我们只有深入研究网络规律并把握意识形态发展大趋势，才能在互联网条件下打赢维护我国意识形态安全的战争。

（杨永志：《求知》2013 第 10 期）

论社会主义价值观体系的特征、结构和形成

价值观是人们基于自身生存发展需要对客观事物有无价值、有何价值以及价值大小的评价标准和根本看法，是人们关于价值问题所持有的相对稳定的立场、观点和态度的总和。发源于 16 世纪欧洲的社会主义价值观，伴随着社会实践和认识的不断发展，经过了漫长的历史演进过程，逐步形成了一个庞大而复杂的思想观念系统。

一、社会主义价值观体系的主要特征

价值观存在于人类个体头脑中，而价值体系不仅存在于人的头脑中，还与社会政治经济制度、时代精神潮流结合在一起。价值观体系与价值体系的区别在于：价值观体系（Value Concept System）主要由价值判断、价值取向、价值追求、价值导向、价值评判和价值约束等内容构成；而价值体系（Value System）则是一个民族在一定时代和社会条件下社会意识的集中反映，包括指导思想、理想、信仰和道德等方面的价值选择。在这个意义上，社会主义价值观体系是社会主义价值体系的重要组成部分，前者侧重于价值内容，后者侧重于价值功能。从理论和实践来看，不仅价值观与价值体系存在差异，而且社会主义价值观体系与资本主义等其他价值观体系也存在差异，这些差异构成了社会主义价值观体系的如下特征。

第一，社会主义价值观体系以马克思主义为理论基础。社会主义价值观体系复杂且庞大，只有站在马克思主义立场上，坚持马克思主义的世界观，运用马克思主义的方法论所形成的价值观体系，方属于社会主义的价值观体系范畴。在这个意义上，社会主义价值观体系与资本主义等其他非社会主义价值观体系截然不同，其本质区别在于是否以马克思主义为理论基础。

第二，社会主义价值观体系以集体主义为出发点，以实现最广大人民根本利益为归宿。所谓集体主义，就是在个人与社会的关系当中主张个人利益应当服从集体、民族和国家利益的一种理论。集体主义价值观有着与个人主义价值观和其他价值观无法比拟的社会凝聚力和时代合理性，它反映着社会主义的本质，体现社会主义发展方向，符合历史发展规律。集体主义所倡导的原则是：社会利益与个人利益相互制约相互促进，由于社会利益的具体性，个人的利益必须通过社会利益即最广大人民的根本利益来反映；同时，由于个人的有限性，在其实现自身利益时必须考虑他人利益，通过实现社会利益来发展自己。社会主义价值观体系必须落脚于实现最广大人民的根本利益。

第三，社会主义价值观体系中最高价值追求是实现人的全面而自由地发展，它超越了以往价值观体系关于最高价值目标的历史局限。历史唯物主义认为，人类社会大体需要经历人对神的依赖、人对物的依赖和人的全面而自由发展三大发展阶段，社会主义制度替代资本主义制度不仅是历史发展的必然，更是人类实现价值追求目标的完美体现。马克思、恩格斯在《共产党宣言》中指出，取代资产阶级社会的，"将是这样一个联合体，在那里，每个人的自由发展是一切人的自由发展的条件"。马克思在《资本论》中进一步指出，未来社会将是"一个更高级的、以每个人的全面而自由的发展为基本原则的社会形式"。可见，马克思主义是围绕如何使人摆脱剥削、压迫和异化，实现人的自由、解放和发展展开的，并把实现人的全面而自由发展视为共产主义社会最高价值目标，这是那些资产阶级关于"民主""人权"等抽象、虚妄价值追求所不能企及的。

第四，"社会主义核心价值体系是兴国之魂，是社会主义先进文化的精髓，决定着中国特色社会主义发展方向"。在当代，随着开放程度加深，市场化程度增强和互联网快速发展，人们的思想观念空前活跃，价值取向日趋多样。只有坚持发挥社会主义核心价值体系的主导作用，才能有效抵制社会各种低俗之风影响，抵御外来错误社会思潮冲击，促进先进文化发展繁荣，保证马克思主义在意识形态中的主导地位，推动社会主义价值观体系健康发展。

第五，社会主义价值观体系是稳定和发展的统一，它在无产阶级的社会主义实践中得以固化，在共产党人的理论自觉中得以发展。社会主义价值观体系从出现到如今，经过500多年的风雨洗礼。在社会主义500年发展中，既有认识上的曲折和超越，也有思想上的动摇和成熟，更有实践中的受挫和成功。但无论怎样，从20世纪初以来，随着工人运动的风起云涌和社会主义实践的潮起潮落，以及共产党人执政经验的日积月累，社会主义价值观体系一直呈现稳定和发展并存的态势。一方面，人们对社会主义基本价值观等认识上取得广泛认同，起到了固化社会主义价值观体系的作用；另一方面，随着共产党人理论自觉意识不断增强，在社会主义核心价值观等认识上取得新突破，使社会主义价值观体系在内容和结构上不断获得丰富与发展。

二、社会主义价值观体系的内在结构及其联系

以系统论的观点看，任何系统都是具有一定结构，因子之间相互作用并形成有机联系的整体。社会主义价值观体系亦是如此。有研究者认为，"每个社会的价值观体系都是一个复杂的系统，在这个价值体系中，有些价值观处于主导地位，有些价值观处于从属地位，由此就区分出一个社会的核心价值观与非核心价值观或一般价值观。在社会主义价值观体系中，也存在着社会主义核心价值观与非核心价值观或一般价值观的区别"。这种观点虽有见地，但我们认为对于价值观体系只区分为核心价值观和一般价值观两个层次还不够，社会主义价值观体系应由三个层次的价值观内容构成。

第一个层次：社会主义基本价值观。目前，关于社会主义基本价值观的概念并没有一个被普遍公认的定义，以前包括马克思主义经典作家在内较少有人使用这个概念。在涉及这一用语的有关研究文章中，峦亚丽、邓永芳认为："一个社会的本质、特征和理想追求集中表现为该社会的基本的价值观念和价值取向。……民主、富强、公正、和谐和自由是中国特色社会主义最基本的价值观。"而根据我们的研究，社会主义基本价值观，应是反映社会主义本质属性和主要特征的价值判断和取向。

那么在社会主义价值观中，哪些内容能够反映社会主义本质属性和主要特征呢？空想社会主义者多数认为"公有制和集体劳动、按劳分配或共同享用劳动成果、实行广泛的群众民主或自治管理、形成互助和谐的人际关系"等能比较充分地反映社会主义本质属性和主要特征。马克思主义经典作家从历史唯物主义出发，科学地揭示了社会主义发展规律和内在本质，后人对科学社会主义的本质属性和主要特征一般理解并概括为"公有制、按劳分配和计划经济"三个方面。在中国改革开放过程中，邓小平同志根据中国特色社会主义实践，高屋建瓴地提出关于社会主义本质和根本原则等一系列新认

识，启发人们以社会主义本质属性和主要特征视角深入考察社会主义价值观中的一些问题，以及重新思考社会主义价值观体系中的内容取舍。不可否认，国内外学者对社会主义本质属性和主要特征的基本价值观一直众说纷纭，比较有代表性的观点包括"生产资料公有制""按劳分配""经济高度计划或调控""公有制与市场结合""群众自治管理""高社会福利""人民民主""保障人的尊严"和"互助合作"等等。其中，主张实行公有制、按劳分配、共同富裕、共产党领导、人民民主等意见最为集中，也最能反映当代人普遍对社会主义本质属性和主要特征的认识。

第二个层次：社会主义一般价值观。社会主义一般价值观，是关于社会主义政治、经济、文化等各个领域以及社会生活各方面的具体判断和取向。通常来说，社会主义一般价值观有三个比较明显的特点：一是这类价值观念是社会主义社会所要求的，它既可能由社会主义基本原则派生，也有可能是源于现实发展需要，还有可能是对人类优秀文化的继承，如为人民服务、让权力在阳光下运行、尊老爱幼等一些观念；二是这类价值观的数量较大，由于社会生活的领域非常宽广，除了经济、政治、文化等领域，还有诸如军事、外交、民族、宗教等许多具体方面，由此形成的观念总量可想而知；三是这类价值观的变动性较强，在社会主义革命、建设和改革过程中，随着条件的变化，社会的关注点及认识也在变化，有些旧的价值观念隐于历史的幕后，有些新的价值观念登上时代的台前，它们不如基本价值观那样稳定，更不像核心价值观那样永恒。

从历史发展过程考察社会主义一般价值观就会发现，空想社会主义对社会主义一般价值观的阐发，主要反映在他们五花八门的各种"空想设计"里面，这些臆想的社会主义一般价值观，构成了社会主义价值观体系的重要内容。科学社会主义创始人马克思和恩格斯关于社会主义一般价值观的论述相比较而言并不多，一方面是因为他们研究的重点在揭示资本主义灭亡规律，关于社会主义一般价值选择只是原则性的论及；另一方面是因为他们没有直接面对社会主义建设实践，所以由实践提出的大量的一般价值选择也就涉及较少。在马克思和恩格斯以后的社会主义运动尤其是社会主义实践中，社会主义一般价值观可谓与日俱增，而且鱼龙混杂，其中有一些西方马克思主义在社会主义一般价值观上自说自话，偏离社会主义的基本原则；还有一些社会主义国家的领导人，面对社会主义建设和改革中遇到的各种问题，无所适从，反复无常。

新中国成立以来,中国共产党在领导社会主义革命和建设的艰辛探索中,形成了一系列社会主义一般价值观,其中既有"独立自主""民主富强""改革开放""无私奉献"等正确的价值取向,也曾有"排斥市场经济""以阶级斗争为纲""平均主义分配"等错误的价值选择。那些既坚持科学社会主义基本原则,又根据时代条件赋予其鲜明中国特色所形成的社会主义价值观,逐步成为家喻户晓的一般价值理念和社会主义价值观体系的重要组成部分。

第三个层次:社会主义核心价值观。一般来讲,核心价值观也有三个突出特点,一是在一定社会意识形态中居于核心理念地位,是人们理想信念的基础,是一面高扬的旗帜;二是相对于基本价值观和一般价值观来说具有恒定性,不因时代发展以及国情或世情变化而变化;三是相对于基本价值观,它更多地取决于人的精神层面而不是社会的制度层面,一定程度上是人类文明发展的共同性精神诉求。在这个意义上,社会主义价值观体系中的核心价值观,就是反映社会主义和人类最高价值追求的理想信念。

通常来讲,资本主义核心价值观被概括为"自由、平等、博爱"等内容,社会主义核心价值观在相当长的历史时期中并不明确,而且很少被提及。空想社会主义关于社会主义的论述可谓汗牛充栋,但始终没有明确社会主义核心价值观是什么。马克思主义经典作家对科学社会主义进行了深刻阐释,但也没有直接论及社会主义核心价值观是什么。在西方马克思主义盛行的 20 世纪早期和社会主义运动风起云涌的整个 20 世纪,尽管社会主义理论和实践丰富多彩,但同样缺少关于社会主义核心价值观的概括和凝练。那么,为什么很长时间以来有关社会主义的大量研究中缺乏关于社会主义核心价值观的概括呢?究其深层原因,可能与核心价值观的"源泉"有关。进一步说,与基本价值观直接取决于社会属性和特征不同,核心价值观带有的制度痕迹并不明显。那么,核心价值观究竟是由人的共同需要决定还是由社会制度决定,抑或由人的共同需要和社会制度共同决定,是一个有待深入研究的问题。当代中国共产党人秉承理论自信的优良传统,进入 21 世纪以来,依据对中国特色社会主义实践的全面深刻总结,先后提出社会主义核心价值体系和社会主义核心价值观的新思想,这种理论自觉和理论创新,为培育和践行社会主义核心价值观、进一步完善社会主义价值观体系指明了方向。

总体来看,社会主义基本价值观处于社会主义价值观体系结构中的基础层次,它是厘清社会主义与其他社会形态价值差异的主要标志;社会主义一般价值观处于中间层次,它是在社会主义基本原则和基本价值观基础上派生出来的各种价值理念；社会主义核心价值观处于最高层次，它是人类社会走向未来的最终和永恒追求的目标。在社会主义价值观体系中，社会主义基本价值观、一般价值观、核心价值观相互联系、相互作用，构成一个有机联系且相对独立的整体。

三、社会主义价值观体系的历史演进

（一）社会主义价值观体系发轫于空想社会主义

空想社会主义奠基人莫尔在 1516 年出版的《乌托邦》一书中就明确提出了一些社会主义价值观。莫尔的社会主义价值观包括：生产资料公有制，"如不彻底废除私有制，产品不可能公平分配，人类不可能获得幸福"[①]；生活富裕，"每个人一无所有，而又每人富裕"[②]；参加劳动，"每一座城及其附近地区中凡年龄体力适合于劳动的男女都要参加劳动"[③]；等等。另一位著名空想社会主义者康帕内拉在 1623 年出版的《太阳城》一书中，也形成了类似的价值理念，如生产资料公有，"财产公有是一种最好的制度"[④]；共同富裕，"他们的公社制度使大家都成为富人，同时又都是穷人；他们都是富人，因为大家共同占有一切；他们都是穷人，因为每个人都没有任何私有财产"[⑤]；互相帮助，"他们之间有很密切的互助关系，……他们虽然彼此没有什么馈赠，但他们之间的友谊却表现在战争和生病的时候以及进行科学竞赛的时候，那时他们都彼此帮助"[⑥]；等等。莫尔和康帕内拉的这些价值观成为社会主义价值观体系架构的最初内容。

18 世纪中叶到 19 世纪初，空想社会主义获得空前发展，法国的圣西门、傅立叶，英国的欧文等空想社会主义杰出代表，在批判地继承了莫尔、康帕内拉、闵采尔等人关于"公有""平等""共富""互助"等思想基础上，进一步扩展了社会主义的价值理念，如劳动光荣，"劳动是一切美德的源泉，最有

① 托马斯·莫尔. 乌托邦[M]. 戴镏龄，译. 北京：商务印书馆，2006：44.
② 托马斯·莫尔. 乌托邦[M]. 戴镏龄，译. 北京：商务印书馆，2006：155.
③ 托马斯·莫尔. 乌托邦[M]. 戴镏龄，译. 北京：商务印书馆，2006：57-58.
④ 康帕内拉. 太阳城[M]. 陈大维，译. 北京：商务印书馆，2009：746.
⑤ 康帕内拉. 太阳城[M]. 陈大维，译. 北京：商务印书馆，2009：24.
⑥ 康帕内拉. 太阳城[M]. 陈大维，译. 北京：商务印书馆，2009：10-11.

益的劳动应当受到尊重","劳动是人的天生爱好,劳动权是最主要的天赋人权";全面发展,人一生下来就要受到良好的教育,"很好地培养他们的体、智、德、行方面的品质,把他们教育成全面发展的人";充分自由,每个人可根据自己的兴趣爱好自由地从事劳动,"聪明灵巧贡献给自己比较喜爱的诱人的活动";社会和谐,"每个人有最大的可能将自己的精神力量和物质力量最有益的贡献于社会和大多数同胞";消除阶级对立和人的差别,"消灭了一部分人统治另一部分人的现象,而联合起来共同去影响自然界","除了年龄上的差别以外,没有任何人为的差别和一般差别";等等。所有这些,使社会主义价值观有了更为丰富和深刻的内涵。

空想社会主义在从开始发端到走向高潮的 300 年里,有两个突出特点:一是他们都"确信有可能实现一个财产共有、普天同乐、和谐协力和团结的社会,一个能使人类的力量,人类的美,人类的光辉和荣耀升华到最高境界的社会,一个安抚受难的人民、把不幸的人们从饥饿和悲伤的苦难中拯救出来而把幸运的人从自我主义中解脱出来的社会, 一个使劳动与欢乐、富有与善良、德行与幸福在尘世间结合起来的社会";二是他们的社会主义价值观大都以"公有制"和"平等"为基础,在经济上共同占有生产资料,在政治上人人享有平等权利,构成他们对未来美好社会的基本价值观。

(二)社会主义价值观体系集成于科学社会主义

马克思和恩格斯在批判继承空想社会主义基础上,建立了科学社会主义学说体系,并由此形成了科学社会主义价值观体系。

第一,奠定了社会主义价值观及其体系的理论基础。众所周知,正确的价值观依赖于科学的世界观。在此意义上,只有科学的社会主义理论,才能使社会主义价值观体系建立既有坚实的基础,又可达到一定的历史高度。马克思和恩格斯社会主义学说之所以是科学的社会主义学说,是因为他们的学说是建立科学的世界观和方法论基础之上。恩格斯曾在《卡尔·马克思》中指出,马克思是"第一个给社会主义,因而也给现代整个工人运动提供了科学基础的人"①。在《社会主义从空想到科学的发展》中,他认为马克思的两个伟大发现——唯物史观和剩余价值,使社会主义变成了科学。科学社会主义基本原则,是形成"生产资料公有制""计划经济""人民当家作主"等

---

① 马克思恩格斯选集(第 3 卷)[M]. 北京:人民出版社,1995:328.

社会主义基本价值观的直接基础。而与空想社会主义不同，科学社会主义价值观体系以科学理论为依托，具有高度的可靠性。

第二，在科学社会主义价值观体系中核心价值观呼之欲出。尽管马克思和恩格斯从没明确社会主义核心价值观具体是什么，但是他们实际上对社会主义核心价值观已经有了较为集中和深刻的认识，比如像人的自由、平等和社会的公正。关于自由，马克思和恩格斯认为，"我们的目的是要建立社会主义制度，这种制度将给所有的人提供健康而有益的工作，给所有的人提供充裕的生活和闲暇的时间，给所有的人提供真正的充分的自由"①。他们还指出，自由以人们对自身生存条件的拥有和支配为前提，"生产者只有占有生产资料之后才能获得自由"②，"人终于成为自己的社会结合的主人，从而也就成为自然界的主人，成为自身的主人——自由的人"③。关于平等，恩格斯指出："一切人，或至少是一个国家的一切公民，或一个社会的一切成员，都应当有平等的政治地位和社会地位。"④平等是无产阶级的战斗口号，马克思将社会主义的平等所要实现的目标定位于"争取平等的权利和义务，并消灭一切阶级统治"⑤。在马克思那里，"平等的要求已经不再限于政治权利方面，它也应当扩大到个人的社会地位方面；必须加以消灭的不仅是阶级特权，而且是阶级差别本身"⑥。关于公正，马克思和恩格斯认为，"社会主义是正义的事业，是实现平等基础上的自由人的联合"⑦，"真正的自由和真正的平等只有在共产主义制度下才可能实现；而这样的制度是正义所要求的"。1871年，马克思在为国际工人协会起草的"共同章程"中明确指出，"加入协会的一切团体和个人，承认真理、正义和道德是他们彼此间和对一切人的关系的基础，而不分肤色、信仰或民族……"总之，与空想社会主义不同，在科学社会主义价值观体系中，不仅有比较明确的基本价值观和一般价值观，而且也已触及核心价值观，从而使其体系结构达到完整程度。

第三，确立社会主义价值观体系永葆生机活力和不断发展的开放性。恩格斯指出，"所谓'社会主义社会'不是一种一成不变的东西，而应当和任何

---

① 马克思恩格斯全集（第 21 卷）[M]. 北京：人民出版社，1965：576.
② 马克思恩格斯全集（第 19 卷）[M]. 北京：人民出版社，1963：264.
③ 马克思恩格斯选集（第 3 卷）[M]. 北京：人民出版社，1995：760.
④ 马克思恩格斯选集（第 3 卷）[M]. 北京：人民出版社，1995：444.
⑤ 马克思恩格斯选集（第 2 卷）[M]. 北京：人民出版社，1995：609.
⑥ 马克思恩格斯选集（第 3 卷）[M]. 北京：人民出版社，1995：721.
⑦ 马克思恩格斯选集（第 3 卷）[M]. 北京：人民出版社，1995：61.

其他社会制度一样，把它看成是经常变化和改革的社会"①。马克思和恩格斯历来坚决反对为未来社会做详细具体的描绘，他们一再宣称，绝不提供任何可以适用于一切时间、地点、条件的"一劳永逸的现存方案"②，也并未对社会主义基本价值观做出详尽阐述和具体说明。他们只是在批判资本主义的过程中，在同各种学说流派的论争中，对未来社会的大致图景做过一些粗线条的勾勒和描述，给后人留有充分的空间，以便社会主义继承者在实践和认识过程中，不断丰富、发展和创新社会主义价值观体系。与空想社会主义不同，科学社会主义价值观体系更加合理。

（三）社会主义价值观体系突破于中国特色社会主义

以科学社会主义基本原则和时代发展、中国实际为背景形成的中国特色社会主义，不仅对科学社会主义理论发展做出了巨大贡献，而且也使反映理论发展的社会主义价值观体系取得若干新突破。

第一，在社会主义基本价值观中，把计划经济排除在外，而将共同富裕纳入其中。在领导中国的改革开放过程中，邓小平同志深刻指出："计划经济不等于社会主义，资本主义也有计划；市场经济不等于资本主义，社会主义也有市场。"③他坚决否定了计划等于社会主义，以及计划经济是社会主义基本特征和基本价值观，而一再强调："一个公有制占主体，一个共同富裕，这是我们所必须坚持的社会主义的根本原则。"④实际上，邓小平同志的论断等于明确肯定了共同富裕是社会主义的基本价值观之一。这为深入探讨社会主义基本价值观开启了新的认识之门。

第二，对社会主义本质及反映本质属性的重点方面，做出了全新的价值分析。在社会主义本质问题上，1992年初，邓小平同志在"南方谈话"中提出了"社会主义的本质是解放生产力，发展生产力，消灭剥削，消除两极分化，最终达到共同富裕"的论断。除此之外，当代中国共产党人还对"社会和谐是中国特色社会主义的本质属性""实现人的全面发展是社会主义新社会的本质要求""促进社会公平和正义是社会主义制度的本质要求""发展民主与健全法制是社会主义制度的内在要求"等社会主义建设重点方面，做出

① 马克思恩格斯文集（第10卷）[M]．北京：人民出版社，2009：588.
② 马克思恩格斯全集（第36卷）[M]．北京：人民出版社，1974：419.
③ 邓小平文选（第3卷）[M]．北京：人民出版社，1993：373.
④ 邓小平文选（第3卷）[M]．北京：人民出版社，1993：111.

了它们是否体现社会主义本质属性的价值判断。所有这些，使人们对于在社会主义建设中应重点坚持什么，哪些归属社会主义价值观体系范畴的认识更加明确。

第三，围绕什么是社会主义和怎样建设社会主义这个核心，全面丰富了社会主义价值观体系。空想社会主义和经典马克思主义，着重于围绕什么是社会主义形成社会主义价值观及其体系，而中国特色社会主义不仅围绕什么是社会主义，更是从实践出发围绕怎样建设社会主义形成一系列社会主义新认识，如"贫穷不是社会主义，发展太慢也不是社会主义；平均主义不是社会主义，两极分化也不是社会主义"①；"改革是社会主义社会发展的直接动力"；"坚持以人为本的科学发展"；等等。这些中国特色社会主义新认识，不仅填补了以往在社会主义建设认识上的空缺，更从价值观方面扩展了社会主义价值观体系的视域和内容。

第四，在中国特色社会主义实践中不断推出系统性的道德要求，充实了社会主义价值观体系。1982 年写入新宪法的"爱祖国""爱人民""爱劳动""爱科学""爱护公共财物"，简称"五爱"的关于我国社会主义道德建设基本要求；2001 年颁发的《公民道德建设实施纲要》，把公民基本道德规范集中概括为"爱国守法、明礼诚信、团结友善、勤俭自强、敬业奉献"；2006 年提出"坚持以热爱祖国为荣、以危害祖国为耻，以服务人民为荣、以背离人民为耻，以崇尚科学为荣、以愚昧无知为耻，以辛勤劳动为荣、以好逸恶劳为耻，以团结互助为荣、以损人利己为耻，以诚实守信为荣、以见利忘义为耻，以遵纪守法为荣、以违法乱纪为耻，以艰苦奋斗为荣、以骄奢淫逸为耻"，简称"八荣八耻"的社会主义荣辱观；等等。这些依据时代发展、实践需要和中国传统美德提出的系统性道德要求，从社会道德伦理方面充实了社会主义价值观体系。

第五，社会主义核心价值体系和社会主义核心价值观等新思想相继推出，促进了对社会主义核心价值观体系整体认识水平的提高。随着全球化趋势增强和我国现代化建设步伐加快，从推动社会主义文化大发展大繁荣和增强文化竞争力的战略高度，中共十七届六中全会提出并阐释了社会主义核心价值体系，而后在中共十八大上，又进一步明确了中国特色社会主义所要倡导的社会主义核心价值观。尽管在社会主义核心价值体系和社会主义核心价值观

---

① 十四大以来重要文献选编（上）[M]. 北京：人民出版社，1996：447.

上，仍然有许多问题需要深入研究，但是当代中国共产党人所取得的这些理论新突破，不仅有助于发挥社会主义核心价值体系和核心价值观统一思想、引领思潮、激扬民气、凝聚人心的重要作用，更有助于发展和完善社会主义价值观体系，深化人们对社会主义价值观体系的认识。

（杨永志、董丽娇:《学习与实践》2013 年第 9 期）

简论民主政治信息化新趋势

当前，以信息技术为基础的互联网快速发展深刻地影响着社会生活的各个方面，使人们的沟通和交往方式等发生了历史性改变，也给民主政治生活带来极其深远的重大影响，并由此形成日渐突出的民主政治信息化新趋势。

一、民主政治信息化发展的显著标志

民主政治信息化，是指民主政治制度与信息技术手段相结合，借助互联网平台，以相关信息作为媒介推动民主政治发展的一种状态和过程。有学者认为："民主政治的信息化，简单地讲，就是指把民主政治对信息的实际需求转化为具体的信息结构和机制。"①随着社会信息化和信息技术的突飞猛进，民主政治与互联网及其信息的联系日益紧密，民主政治手段、内容和形式，包括网络问政、行政问责、政务公开、干部提拔公示等民主监督、民主选举、民主参与和民主管理都广泛借助于信息化推动自身发展，并通过信息化开辟了民主政治现代发展、特色发展和体制完善的新通道。目前，民主政治信息化发展已然演化成全球性趋势，而体现这一趋势的显著标志主要为以下几方面。

1. 电子政务正在成为各国进行民主政治建设的主要内容

电子政务作为民主政治信息化的重要载体，已经全面融入各国民主政治生活之中。据有关资料显示，目前发达国家毫无例外地在政府网站基础上建有各级政府的电子政务平台，新兴经济体和大多数发展中国家，也都把建设政府网站及电子政务平台作为推进民主政治建设的基础条件。通过电子政务

---

① 叶国英，吴建华. 民主政治的信息化是制度化和法制化的基础[J]. 江淮论坛，2007（3）.

平台，可以让本国网民清楚地了解到纳税人所纳税款的使用情况，包括政府的收支预算信息、招投标信息、经费使用信息和行政服务信息等，并可直接留言或陈述自己对国家政策及其执行情况的看法，发挥民主参与和民主监督的作用。我国电子政务建设虽起步较晚，但发展势头很快，并且与我国民主政治生活中的政务公开和政务服务紧紧地捆绑在一起。为了进一步推动我国政务公开的进程，2011 年 8 月，中共中央办公厅和国务院办公厅联合印发的《关于深化政务公开加强政务服务的意见》指出，要加强"互联网等现代科技手段在政务服务中的应用，将服务中心信息化纳入当地电子政务建设总体规划，充分利用现有电子政务资源，逐步实现网上办理审批、缴费、咨询、办证、监督以及联网核查等事项"①。随着相关重大政策的陆续出台，电子政务在今后我国社会主义民主政治现代化和信息化建设中将发挥更大的作用。

2. 网络信息平台日益成为执政者与公民双向沟通的重要桥梁

20 世纪 90 年代以来，互联网作为信息社会的载体和信息交流的手段，凭借其开放性、便利性、互动性等特质，以惊人的速度在全球扩展并迅速渗透到生活的方方面面。反映到政治领域，那就是在执政者与公民之间架起了相互沟通的电子桥梁和跨时空联系的平台，实现了执政者与公民之间的直接互动。在网络信息平台上，普通公民可以通过电子邮件、聊天室、论坛、博客、播客、微博等网络应用表达自己的政治立场和政治观点、参与民意调查，通过网络舆论反映社情民意和社会现象。而执政者则可以通过"市长信箱""在线访谈""热点问题论坛""网络听证会""网上信访""网上举报""网上调查""网上进谏""建议提案""民意征集""政务论坛"等网络形式，广泛而深入地了解公民的意见和要求，并对问题进行及时的反馈。互联网真正发挥了"纵向"和"横向"的互联及双向沟通作用。

3. 网络舆论信息越来越成为影响民主参与和决策的政治势力

互联网的迅猛发展与普及应用为信息传播提供了一条更为快捷和方便的渠道，也为网民提供了一个更加开放的舆论空间。在这个空间中，人们以信息化的方式发表观点和看法，形成网络舆论信息。这些网络舆论信息往往折射社会热点和社会焦点，有的甚至直指政府部门各项政策内容，成为影响民主参与和决策不容忽视的政治势力，从根本上改变了传统政府的管理模式。众所周知，传统政府的管理在组织上是金字塔式的，由于纵向层次过多，不

---

① 中办国办印发《意见》要求深化政务公开加强政务服务[N]. 人民日报，2011-08-03.

仅导致信息传递速度慢，而且也经常由于各层次的筛选最终导致信息失真。在这种信息传递方式下，社情民意很难真正传达到权力中心。随着互联网的发展，网络舆论信息越来越成为影响民主参与和决策不容忽视的政治势力。一方面，社会公共事件的网络舆情可能起到推波助澜和误导政治参与者行为，不利于社会的政治稳定；另一方面，围绕这些事件形成的网络舆论，可以引起政治管理层的高度重视，从而使舆情成为推动民主政治建设不可忽视的无形力量。

二、民主政治信息化新趋势形成和发展的因由

（一）互联网发展是全球性民主政治信息化新趋势形成和发展的前提条件

目前，民主政治信息化已经成为一种全球性趋势，这一切皆依赖于互联网的快速发展。互联网将世界上最主要的信息数据库和千万台计算机联成一张立体交叉并有交互作用的信息网络，然后利用统一的通信协议将信息转化为彼此可以交换的语言，在计算机系统之间交换文件、传递信息，"使世界形成了一个没有边界的信息空间"①。信息的完备性和对称性是民主制度化和法制化的必要条件，但是完备和对称的信息在现实中是不存在的。互联网等信息技术的飞跃式发展，尽管不能消除信息的不完备和不对称，但是能在很大程度上减少公民行使权利时带来的诸多不便，大大提高民主政治的效率和质量。目前，互联网已经成为民众最重要的政治信息来源，成为人们参政议政，表达自己的政治立场、观点，参与国家决策的重要平台，也是各国政要向公众传达自己的政治立场和主张，塑造个人形象，与民众增加互动，争取选民支持的最新方式。因此，从一定意义上来说，互联网使民主政治信息化成为可能，是民主政治信息化得以发展的前提条件，离开互联网，民主政治信息化将是一纸空文，更不会出现全球性民主政治信息化的新趋势。

---

① 江泽民. 在第十六届世界计算机大会开幕式上的讲话[N]. 人民日报, 2000-08-21.

（二）现代化要求是全球性民主政治信息化新趋势形成和发展的动力源泉

现代化的实现不仅要求经济发展，同时要求政治进步。民主政治信息化是民主政治发展的新趋势，也是现代化建设的重要目标。在现代化过程中，只有民主政治建设逐步现代化，才会有整个国家和民族的现代化。正如美国著名现代化理论家布莱克所指出的，考察社会现代化的程度，最可靠的方法是考察其政治现代化的程度，因为"我们关于现代化的信息，在很大程度上源于政治"，而且"现代社会的全部复杂性可能最好地反映在政治观念、政治纲领、政治问题和政治制度上"①。民主作为政治的一种形式，是政治现代化之魂，其首要的衡量标准是公众的政治参与。对此，塞缪尔·P.亨廷顿明确指出："公众参与是影响政治发展的重要渠道，公众参与的程度和规模是衡量一个社会政治现代化的一个重要尺度。"②也就是说，公众参与的程度和规模越大，社会政治现代化的程度就越高。而公众政治参与程度的提高和规模的扩大往往依赖现代传播工具的改进。现代化催生了互联网，互联网又引发了社会信息化更加广泛深入地发展，并进一步呼唤民主政治制度的创新，以及各国加强合作共谋政治现代化发展的愿望。不能否认，自第二次世界大战以来，世界现代化步伐不断加快，但是民主政治现代化与经济、文化现代化发展相比相对滞后，就是因为尽管人们的民主政治现代化愿望非常强烈，然而却苦于找不到物质技术支持和制度变革的突破口。由此可见，全面迈向现代化的内在要求，是全球性民主政治信息化新趋势形成和发展的动力源泉。

（三）民主本质是全球性民主政治信息化新趋势形成和发展的根本原因

民主政治信息化有助于民主政治公开化。公开是一种政治现象，它总是与民主相联系。对此，列宁曾经一针见血地指出，"没有公开性而谈民主制是很可笑的"③。美国著名社会学家科恩明确指出："当公共机构的报告难以取得时，当政府机构的会议不准公众列席时，当一切行政决定都是在秘密会议上作出公众不得与闻而且当这样做并不公开说明理由时，结果就必然会妨害

① C.E. 布莱克. 现代化的动力[M]. 段小光，译. 成都：四川人民出版社，1988：58.
② 塞缪尔·P. 亨廷顿. 变革社会中的政治秩序[M]. 北京：华夏出版社，1988：67.
③ 列宁选集（第1卷）[M]. 北京：人民出版社，1995：417.

公民的参与。这样一来，不仅民主的范围明显受到限制，在其余的范围内，深度也相应降低。"①民主政治信息化是民主制度化和法制化的基础，要真正保障人民民主，就必须高度重视民主政治的信息化建设。不仅如此，民主政治信息化还有助于民主政治直接化和实现广泛性。理想的民主应该是通过"全民公决"来直接和全面地表达公民意愿。然而，受各种客观条件的限制，现实的民主多数情况下只能采取"代表"的形式。互联网的出现在一定程度上扩大了民主的直接性，通过网络人们可以直接发表意见，表达自己的政治观点和理念并按照自己的意愿做出判断和选择，实现了公民直接参政议政。正如美国传播学家麦克卢汉所指出的："随着信息运动的增加，政治变化的趋向是逐渐偏离选民代表政治，走向全民立即卷入中央决策行为的政治。"②正因为互联网具有推动民主直接化的作用，较为充分地实现民主的广泛性，所以民主政治信息化发展新趋势才得以最终形成。

三、民主政治信息化与我国的民主政治建设

当前，我国民主政治建设应着重于以下三个方面利用民主政治信息化趋势。

（一）要充分利用民主政治信息化彰显我国民主政治的"中国特色"

我国民主政治的中国特色，可以概括为六个坚持：坚持和完善人民代表大会制度，从根本上保证人民在国家生活中的主人翁地位；坚持和完善中国共产党领导的多党合作和政治协商制度，最大限度地为发展中国特色社会主义凝聚力量；坚持和完善民族区域自治制度，形成各民族共同团结奋斗、共同繁荣发展的大好局面；坚持和完善基层群众自治制度，充分体现和保障人民当家作主；坚持科学执政、民主执政、依法执政，保证党领导人民有效治理国家；坚持依法治国基本方略，加快建设社会主义法治国家。从实践来看，民主政治建设的"中国特色"，就是坚持共产党的领导、人民当家作主和依法治国的三者统一。社会主义民主最大的特点是人家当家作主，人民当家作主是社会主义民主政治的本质和核心，也是中国特色社会主义民主与西方资本

---

① 科恩. 论民主[M]. 北京：商务印书馆，2005：164.

② 马歇尔·麦克卢汉. 人的延伸——媒介通论[M]. 成都：四川人民出版社，1992：234.

主义民主的根本区别。人民当家作主，说到底就是人民的国家人民管，人民的事情人民办。对此，我国宪法明确规定："一切权力属于人民。"这就明确规定了我国民主政治的性质，也从根本上明确了人民享有管理国家和社会事务的一切权力。而人民行使民主权利，最好的办法就是让人民直接参与到政治生活中来。对此，列宁在《无产阶级在我国革命中的任务》中明确指出："要让群众自下而上地直接参加全部国家生活的民主建设。"①因此，在中国特色社会主义建设的伟大实践中，我们必须利用信息化大趋势为民主政治服务，并使"中国特色"不断突出。

（二）要充分利用民主政治信息化推进我国民主政治的"现代化"

在通常情况下，民主现代化主要体现为民主主体的广泛性、民主参与的全程性和民主实现的真实性。而民主政治信息化的出现，为我国民主现代化提供了必要的物质技术条件。具体来说：首先，随着计算机技术的日臻成熟和成本下降，小型电脑迅速普及千家万户，人们可以随时在网上发表自己的观点和看法，依法实行民主选举、民主决策、民主管理、民主监督。其次，重要事件的发展以信息形式置于网民的视域之内，网民不仅通过网络信息对事件进行全程跟踪，而且通过信息反馈形成强有力的政治声势，推动事件向民主、正义、进步方向发展和解决。最后，互联网所搭建的执政者与公民之间的"信息高速公路"，已经成为"民心沟通的平台，领导决策的参谋"。任何民主政治生活中的大事小情，只有让广大群众充分表达诉求、发表看法、参与决策，才能使他们真正地拥有和全面行使各种民主权利，从而大大提高民主的真实性。正如有的学者所指出的："当中国的互联网逐步规范、理性成熟时，中国的政治文明也将迈出现代性的步伐。"②可见，民主政治信息化是我国民主政治现代化发展的契机所在，我们必须紧紧抓住这一趋势所提供的机遇，加快民主政治现代化发展步伐。

（三）要充分利用民主政治信息化来深化我国政治体制的改革

改革开放以来，特别是党的十六大以来，我国积极稳妥地推进政治体制改革，并取得了重大进展。我国的政治体制改革，绝不能照搬西方政治制度模式，这个基本原则不能放弃。在政治制度建设上，一要加快政府机构改革

---

① 列宁选集（第3卷）[M]. 北京：人民出版社，1972：48.
② 吴焰. 当总书记也成为网友[N]. 人民日报，2008-06-23.

步伐，提高政府的信息化和现代化管理水平，推行政务信息公开，切实保障人民群众的知情权、参与权和监督权；二要利用互联网及信息化的积极一面，提高群众有序进行政治参与的热情，运用信息技术完善现代监督机制，建立健全网上举报制度，广泛实行网上监督公示，进一步加大网络反腐的力度；三是不断提高社会信息化程度，实现机会面前人人平等。

　　总之，我们必须顺应民主政治信息化大趋势，并积极利用民主政治信息化实现党的领导、人民当家作主、依法治国的有机统一，发展更加广泛、更加充分的人民民主。

（杨永志、吴佩芬：《理论与改革》2013 年第 2 期）

"三个倡导"是一面高扬的旗帜

党的十八大报告提出要"倡导富强、民主、文明、和谐，倡导自由、平等、公正、法治，倡导爱国、敬业、诚信、友善，积极培育和践行社会主义核心价值观"。社会主义核心价值观问题首次纳入党的纲领性文献之中，为我们树立起了一面社会主义核心价值观的旗帜。

一、"三个倡导"的提出，彰显了中国共产党推进理论创新的自觉意识，是中国特色社会主义理论的重要发展

随着中国特色社会主义建设事业的不断发展，我国对什么是社会主义和怎样建设社会主义的认识要求更加明确。近些年无论是实际工作者还是理论工作者，对鲜明提出社会主义核心价值观的呼声很高，期待非常热切。特别是有些理论工作者，率先开展了对社会主义核心价值观凝练的探讨，一些重要报刊传媒也进行了大力的推动。党的十八大报告将社会主义核心价值观问题提出来，既是中国特色社会主义实践发展的需要，也顺应了人民群众对社会主义本质属性和最高追求给出简明回答的意愿，更体现了我们党积极进行理论创新的勇气和智慧。

党的十八大报告关于社会主义核心价值观的阐述，使用了"倡导"和"培育"的字眼，这既是一种开放性的表述方式，也能体现党对理论创新的审慎态度，不仅为今后全党和全国人民深入认识、培育、凝练社会主义核心价值观留有充分余地，又可避免在理论概括上犯主观主义错误。"三个倡导"就是一面新旗帜，是对中国特色社会主义理论的重大发展。

二、"三个倡导"的提出，丰富和发展了马克思主义的价值学说，对理论发展和实践指导具有重大意义

其一，有助于丰富和发展马克思主义的价值学说，推动马克思主义理论创新。从 1848 年《共产党宣言》发表算起，科学社会主义思想产生至今已有 160 多年的历史，社会主义作为更高的社会形态，在社会运动进程中需要也应当形成自身的核心价值观。党的十八大报告适时地提出社会主义核心价值观，对丰富马克思主义价值学说和中国特色社会主义理论创新具有非凡的意义。

其二，有助于引领整合多样化的社会思潮，应对西方价值观的冲击和挑战。改革开放以来，人们在思想认识上的独立性、选择性、多变性、差异性日益增强。面对国际国内条件变化造成的各种价值观念和社会思潮纷繁变幻，保障我国文化健康发展和社会主义意识形态安全成为迫在眉睫的任务。发掘和培育社会主义核心价值观，亮出自己的精神旗帜，有助于引领整合多样化社会思潮，把不同阶层、不同认识水平的人团结和凝聚起来。

其三，有助于贯彻落实社会主义核心价值体系，推进社会主义核心价值体系具体化发展。社会主义核心价值体系是一个内容全面系统、内涵丰富深刻、思想理论性很强的科学体系。总结提炼出科学准确、通俗简明的社会主义核心价值观，有利于推进社会主义核心价值体系的理论建设、宣传教育和学习践行，有利于社会主义核心价值体系更好地走进群众、引领群众。

其四，有助于做好马克思主义大众化的推广和普及工作，让社会主义核心价值观深入人心。当前，人们的思想文化和价值观念正发生深层的碰撞，人们的价值追求、价值选择与整合都遭遇了困惑、疑虑和迷茫，但同时也激发了人们对新的社会主流价值的渴望和探求。培育和践行社会主义核心价值观，成为统一思想、凝聚人心、应对思想意识形态领域挑战的关键。

其五，有助于进一步凝练社会主义核心价值观，引导社会主义核心价值观研究沿着正确方向发展。近年来，《光明日报》和《学术月刊》等新闻媒体和学术刊物发起和推动社会主义核心价值观凝练问题的大讨论，使社会主义核心价值观逐步变成全国性热议话题。党的十八大报告提出我国现阶段应该倡导什么样的社会主义核心价值观，无疑将进一步引导相关讨论的健康发展

并走向新的高度。

三、"三个倡导"的提出，推动理论工作者积极思考社会主义核心价值观问题，总结经验并开展深入的研究

在党的十八大报告基础上，尽管我们的认识加深了，但是培育和践行社会主义核心价值观的工作仍任重道远。我们理论工作者的任务，除了深入学习其精神实质外，还有两个亟待解决的问题要解决。其一，进一步高度凝练社会主义核心价值观，使广大群众易记和熟知，真正发挥理论武装群众的作用；其二，进一步明确社会主义核心价值体系与社会主义核心价值观的内在联系，找到社会主义核心价值体系与社会主义核心价值观的契合点，提高它们引领社会思潮的互补性和实效性。

回顾和总结近几年关于社会主义核心价值观的讨论，在关于社会主义核心价值观的问题上，虽然取得了非常重要的研究成果，但也不能否认，对社会主义核心价值观凝练的学术探讨，存在一定的偏颇，需要我们继续总结经验并开展深入的学术研究。我们通过深入学习党的十八大报告精神，不仅要高扬社会主义核心价值观的旗帜，更要积极培育和践行社会主义核心价值观。

（杨永志：《光明日报》2013-01-19）

论新媒体时代我国意识形态安全的维护

新媒体（New media）概念是 1967 年由美国哥伦比亚广播电视网（CBS）技术研究所所长戈尔德马克（P.Goldmark）率先提出的。新媒体是相对于报刊、广播、电视和户外广告等传统媒体而言的现代信息传播手段的统称，是利用数字技术、网络技术、移动技术，通过互联网、无线通信网、卫星等渠道以及电脑、手机、数字电视机等终端，向用户提供各种信息的新渠道。不管人们如何定义新媒体，有一点是确定的，那就是相对传统媒体而言它的功能、种类和作用方式在不断变化和延伸，并以互联网为核心从边缘走向主流。在新媒体日益成为各种思想文化交汇和意识形态较量的重要平台的当下，如何维护我国意识形态安全，就成为我们必须面对和亟待解决的重大课题。

一、新媒体与意识形态及其安全的关联

所谓意识形态安全，是指一个国家以核心价值体系为标志的主流意识形态地位能否长期保持稳定，自身能否阻挡外来冲击、避免内部思想混乱的状态和能力。如果与现行社会制度相匹配的主流意识形态受到严峻挑战，仍能泰然处之，就属于意识形态安全；而当这种主流意识形态在挑战中不能从容应对危险，就属于意识形态不安全。通常，对主流意识形态的挑战来自内部因素与外部环境两个方面。在内部，意识形态安全关键在于有没有相对稳定的价值观体系与保持先进的传播体系；在外部，意识形态安全关键在于社会指导思想能不能在与其他思潮的较量中处于优势地位。意识形态安全是维护民族利益、保障国家安全的重要防线，其实质是确保核心价值体系的引导作用，巩固主流意识形态的政治地位。就我国意识形态安全而言，根本标志在于无论错误思潮的冲击有多大，社会主义核心价值体系仍得到大多数社会成

员的高度认同和自觉践行，以马克思主义为指导的主流意识形态不断得到巩固和发展。

新媒体与意识形态及其安全有着非常紧密的关联。

首先，新媒体与意识形态存在技术性关联。新媒体建立在数字技术和网络技术等现代新信息技术基础上，它主要是以计算机信息处理技术为基础，综合了网络技术、无线通信技术、遥感技术、电子技术、宽带技术、卫星定位技术和智能技术等，是当代社会各种新科技成果的综合运用和充分体现。新媒体作为现代科技的结晶，以其特有的传播方式、互动功能以及快速便捷特性、大众参与机制等，把新科技日益渗透到意识形态领域，影响着传统主流意识形态的稳定地位。

马克思早就注意到了科学技术与意识形态之间的密切关系，他在《哲学的贫困》中指出："手工磨产生的是封建主为首的社会，蒸汽磨产生的是工业资本家为首的社会。人们按照自己的物质生产的发展建立相应的社会关系，正是这些人又按照自己的社会关系创造了相应的原理、观念和范畴。"①他在《资本论》中进一步论述了自然科学通过技术与人的社会生活特别是精神生活的内在联系，认为"技术会揭示人对自然的能动关系，人的生活的直接生产过程，以及人的社会生活条件和由此产生的精神观念的直接生产过程"②。按照马克思主义的观点，科学技术本身并不是意识形态的范畴，但是科学技术发展对意识形态变化具有重大作用和深远的影响。

其次，新媒体与意识形态存在信息性关联。以互联网为核心的新媒体与意识形态最直接的联系是信息。在现代通信技术的基础上，各种思想文化信息、民主政治信息、社会生活信息以及那些捕风捉影或故意制造的虚假信息等，通过新媒体以声音、文字、图形、影像等复合形式呈现出来，并不受边界限制，实现全球覆盖。新媒体不利于意识形态安全的信息性关联，正如有学者指出的那样："一是新媒体双向互动性使信息内容的片面性增强，易导致价值观念多元化；二是新媒体传播格局使大众参与性增强，易导致意识形态把关弱化；三是新媒体传播过程的'裂变式'特征，易导致网络谣言生成和蔓延，从而严重影响现实社会的和谐稳定。"③

具体来说，新媒体与意识形态作用机制是："新媒体—各种价值观信息—

---

① 马克思恩格斯全集（第4卷）[M]. 北京：人民出版社，1979：144.
② 资本论（第1卷）[M]. 北京：人民出版社，1975：410.
③ 曾长秋，聂智. 虚拟社会的意识形态整合及其路径[N]. 人民日报，2012-07-05.

社会意识形态。"新媒体对信息传播和渗透具有无与伦比的强大功能,各种价值观信息在新媒体时代如同一波接一波的浪潮冲击着人们的传统观念。其中,正确、进步的观念能推动意识形态的完善和发展;错误、腐朽的观念可能导致原有价值观体系的崩溃。可见,新媒体在推动人类文明进步的同时,也因其信息性关联,对社会意识形态安全构成潜在威胁。

最后,新媒体与意识形态存在工具性关联。新媒体特有的技术、信息性能及其与意识形态的关联,是促进人们解放思想、创新观念的利器。同时,新媒体也可能成为一些人改造他人价值观念的有效工具。以往,一些西方国家以传统媒体为手段,大肆宣传他们所谓的"普世价值",借助媒体这种"软实力"和"巧实力",试图按照其标准改造人类的精神世界。但由于传统媒体的局限性,使西化、分化手段的作用有限,用资产阶级理论体系一世界的效果不甚明显。新媒体出现以后,许多人意识到利用新媒体的各种性能和优势,可以大大提高对人们价值观的影响效率,获取更多的自身利益。

美国学者亚历山大·温特在《国际政治的社会理论》中、玛莎·费丽莫在《国际社会中的国家利益》中和康多利萨·赖斯在《促进美国国家利益》中,都提出保护意识形态安全就是保护国家利益。托尼·史密斯更是毫不掩饰地指出:"在过去的一个世纪中,美国外交政策最宏伟的目标就是将在海外推广民主作为维护国家安全的重要途径。"[①]美国前国务卿奥尔布赖特认为"美国的利益不可能轻易与其价值观割裂开来"[②]。现任国务卿希拉里于2010年和2011年连续两次发表"关于互联网自由"的讲话,明显地表达了美国政府把互联网等新媒体作为推进西方民主、政治渗透与和平演变的技术工具。第二次世界大战后的美国历届政府也都把对外输出价值观作为美国外交政策的基石。2010年的《美国国家安全战略报告》更是对新媒体寄予厚望,认为"因特网、无线网络、移动智能手机、卫星等技术,为促进民主人权提供了全新的机会,利用这类技术,能有效地把我们的信息传达给世界"[③]。当然,这种通过输出价值观来实现自身利益、不管他国利益的做法是有悖法理和道德的。

---

① 王更喜. 美国网络公共外交与国家安全[A]. 公共外交季刊 2012 春季号(总第 9 期),2012:5.
② 新华社联合国 1999 年 5 月 10 日英文电。
③ 王更喜. 美国输出价值观的"新武器"[N]. 人民日报,2012-03-23.

二、新媒体时代我国意识形态安全面临的挑战

（一）新媒体发展增加了对大众思想的引导难度

在以往传统媒体的传播环境下，通过家庭、学校、机关、企事业单位、大众传媒等场所和环境是相互衔接、密不可分的统一体。国家可以采取动员集体学习、集体收听收看、面对面地辅导讲授等手段进行意识形态教育，把握舆论导向。这种传播模式的最大特点是单向式的，民众是信息的接受者，易形成集中统一的、自上而下的传播模式。

在新媒体时代，民众不再仅仅是信息的接受者、消费者，还是信息的创造者、发布者，可以自主地参与信息创造，自由地进行交流讨论，传播有关信息，发表看法，提出建议。信息的传播模式由单向灌输模式转变为一种双向互动模式，环境的虚拟性使得意识形态的构建方式从直接的现场建构转化为虚拟的非现场构建，以传统媒体为中心的自上而下的传播已经变为与多中心的、发散式的传播形态平行发展，出现了对议题跟进的新现象。在这种情况下，以前那种集中统一的、自上而下的信息管理模式受到挑战，社会主义核心价值观的引导难度增大。

（二）新媒体发展削弱了对社会舆论的控制力度

传统媒体时代，意识形态构建者与人民群众之间存在着一定的信息不对称，意识形态构建者是信息发布的主导者，普通大众是信息的接受者。所以在传统媒体时代，社会舆论受媒体技术的限制，很难形成"舆论浪潮"的冲击力，谣言的传播范围也会受到限制，对意识形态安全的影响较小。

在新媒体时代，任何人或组织都可以从网络上获取信息，也可以通过新媒体发布各种真实或虚假的信息。新媒体的发展增加了普通群众言论表达的渠道，社会舆论成为民主政治发展的动员力量。但也不能否认，新媒体也有误导社会舆论、滋生网络谣言的弊端，无论以信息和言论发布为核心的自媒体微博，还是以"群"为中心的社交网络，都形成了一种虚拟的网络形态。随着虚拟环境的发展，网络谣言更容易滋生和传播，误导社会舆论走向。早在 2008 年，胡锦涛同志在视察人民日报社时就指出："互联网已成为思想文

化信息的集散地和社会舆论的放大器，我们要充分认识以互联网为代表的新兴媒体的社会影响，高度重视互联网的建设、运用、管理。"①由于新媒体在信息传播速度、范围和深度等方面大大超越了传统媒体，相关部门对信息流动的控制难度增大，诸如谣言、错误理念、蛊惑性煽动性的反社会宣传以网络信息形式传播，更易为不明事理的群众所接受，从而引发人们的思想混乱，危及意识形态安全。

（三）新媒体发展消解了民众对外来错误思潮的抵御强度

长期以来，国际上的敌对势力对我实施西化、分化的意识形态渗透活动从未停止，渗透与反渗透、歪曲与反歪曲斗争交织在一起。一些别有用心的西方国家总是拿自由、民主、人权等问题大肆炒作，把个别问题扩大化，把简单问题复杂化，把一般问题政治化，极力向我国推行他们那一套所谓的正确价值观体系。但是，在传统媒体为主导的时代，外来错误信息受媒体自身条件的限制，无论是影响范围还是作用力度都较小。

随着新媒体的发展，国际信息传播渠道越来越宽。"无国界"的信息流动在有助于我们吸收人类优秀文明成果的同时，大量的错误思潮也纷纷涌入，冲击着我国以社会主义核心价值体系为标志的主流意识形态阵地。信息冗余常常伴随着知识的碎片化、追求的浮躁化、思考的表层化，从而削弱人们对价值观正确与否的判断力和选择性，极端个人主义、实用主义、享乐主义、颓废主义等更容易被一些人接受，不利于民众抵御外来错误思潮的冲击。

此外，以网络为核心的新媒体，其安全运行日益成为稳定社会秩序的先决条件，因而事关国计民生的重要系统一旦被黑客攻击得逞而陷入瘫痪，实体经济和整个社会赖以正常运转的"神经系统"就将被破坏，从而使意识形态中的指挥中枢失去应有功能。毋庸讳言，在现代社会"拿起常规武器造反"成功的可能性越来越小，而"通过信息引爆社会混乱"，达到某种政治目的的可能性越来越大。正如有学者所言："在强大的网络优势中，却潜藏着最脆弱的网络环节。一旦重要的网络受到攻击，陷入瘫痪，整个国家安全就将面临崩溃的危险，其后果不亚于用原子弹直接轰炸一个国家的重要设施，甚至更为严重。"②所以，新媒体的迅猛发展给我国社会主义意识形态安全带来了新的挑战。

---

① 胡锦涛. 在人民日报社考察工作时的讲话[N]. 人民日报，2008-06-26.
② 黄永根. 互联网与国家安全[J]. 中国党政干部论坛，2010（2）：18-20.

三、新媒体时代维护我国意识形态安全的着力点

在新媒体时代维护我国的意识形态安全，应将着力点放在以下几个方面。

（一）坚持马克思主义在意识形态领域的指导地位

我国社会主义意识形态安全的根本在于坚持和巩固马克思主义的指导地位。在任何挑战面前，只要以马克思主义为指导的地位没有动摇，我国意识形态安全就有保障。从实践来看，西方国家西化、分化我国的最终目的，就是迫使我们放弃马克思主义，用资产阶级价值体系取而代之。回顾历史，马克思主义从来不畏挑战，它在与各种思潮的激烈交锋中不断发展壮大，但各种错误思潮对马克思主义的销蚀、破坏、解构的作用非常大。所以，在新形势下坚持和巩固马克思主义在我国意识形态领域的指导地位，不仅要防"明枪"，更需防"暗箭"，借助新媒体进行意识形态整合，以群众喜闻乐见的方式传播马克思主义，以科学思维和方法与时俱进地发展马克思主义，坚定不移地坚持以马克思主义为指导，增强马克思主义意识形态的吸引力和凝聚力。

（二）发挥社会主义核心价值体系对多元文化的引领作用

引领作用社会主义核心价值体系是我国社会主义意识形态的本质体现，正处于社会急剧转型和深入进行改革开放的中国要坚持马克思主义为指导，就要对多元文化进行引领，处理好多样化的社会与一元化意识形态的关系、解放思想与统一思想的关系、吸收人类精神文明成果与抵御外来错误思潮的关系。任何社会和任何时代，意识形态出现安全问题都源于大众在核心价值观上发生动摇和改变，导致这种动摇和改变的是在多元化思潮的冲击下，人们思想发生混乱，核心价值取向离散。在新媒体使信息传播"去中心化"、信息管理"把关人虚弱"的趋势下，发生思想混乱和核心价值观离散的风险将不断加大。所以，在新媒体时代维护我国意识形态安全，应采取"堵""疏"结合的方式。所谓"堵"，就是在划清社会主义意识形态同封建主义、资本主义腐朽思想文化界限的前提下，吹响反击各种错误思潮的"集结号"；所谓"疏"，就是用社会主义核心价值体系对多元文化进行自觉引领，扩大先进文

化的影响范围，提高大众明辨是非的能力，以此实现思想统一和力量凝聚。

（三）充分利用网络信息技术提高对社会舆论的掌控能力

新媒体时代的信息传播既要倚重技术，又要讲究艺术。各级党政部门，要提高信息化环境下的执政能力，运用新媒体创新社会管理，使各种新媒体成为党和政府密切联系群众的途径之一。正如有学者指出的那样："进入新媒体时代，言论闸口日渐拓宽，信息来源变多变杂，各种真真假假的传言、猜想等裹挟在信息洪流中泥沙俱下，令舆论场的复杂性骤然增加，也给舆论场引导增添了难度。"①对于新媒体的舆论，我们既要重视，又不应片面迎合，而应区别对待，加强引导，依法管理。对新媒体发出的偏激言论、虚假信息给予坚决回击和充分揭露。同时，善于利用新媒体的信息优势，扫除社会瘴气，匡扶时代的正气。在新媒体时代，信息传播具有"多对多"的特点。众声交汇的舆论场里，一些声音会在多点传播中不断向外辐射，如同池塘中的水波，越传越远，产生更广泛的影响。要善于利用新媒体传播信息的"水波效应"，找到"共振频率"。所以，要探求新媒体传播规律，提高有关负责部门对社会舆论的掌控能力。

（四）积极制定促进新媒体科学发展的政策法规

新媒体时代的信息环境维护，需加强受众的"自律"和"他律"。所谓加强"自律"，就是提高受众的社会道德修养，树立正确的世界观、价值观和人生观，自觉不信谣、不传谣。新媒体不应脱出法律与道德的空间，加强管理和言论自由之间没有非此即彼的对立，一个缺乏自律的行业没有多少发展余地。在新媒体时代，"受众越是变得'浮光掠影'，媒体从业者越不能'捕风捉影'和'哗众取宠'，越是坚守新闻专业的守则，不轻信、不盲从，清醒、理智、冷静、踏踏实实做新闻"②。所谓加强"他律"，就是强化新媒体舆论的信息技术管理和法规建设，实施严格的技术监控，坚决打击利用新媒体散布谣言和各种违法违规的活动。同时，加大执法力度，壮大执法队伍，健全执法体系，落实执法责任。德国对互联网等新媒体的管理，就包括那些通过新媒体煽动极端的言行，如"纳粹主义、恐怖主义、种族主义、暴力以及儿童色情等黄色内容，自 2003 年以来，已有上千个媒体被检查处列为青少年不

---

① 唐宋. 如何驱逐"腐败猜想"[N]. 人民日报，2012-03-01.

② 陈家兴. 化解媒体"眼球情结"[N]. 人民日报，2012-03-02.

宜接触的媒体"①。类似的经验，我们应积极借鉴。

（五）努力创新新媒体健康发展的管理体制机制

从管理的角度看新媒体时代维护我国意识形态安全，一要在发挥传统媒体和新媒体的互动叠加效应基础上，大力发展健康的新媒体，并使其发挥传播信息的主导作用；二要对新媒体进行积极地监控和管理，在管理主体上应建立多部门联动机制，在管理方法上要"多管齐下"，在管理策略上要把"短、平、快"治理与建立长效机制相结合，在管理分工上要落实好有关部门的分级管理和属地管理责任；三是理顺经营者与管理者的关系，新媒体经营者最核心的诉求是发展环境，希望有关管理部门有比较清晰的政策预期，而管理者最关心的则是健康和安全的发展态势，要求新媒体完善信息制作和发布流程；四是要把以互联网为核心的新媒体定位为国家战略性的基础设施，结合我国当前实际，使其成为推动经济社会发展、文化繁荣、科技进步的条件，同时也成为我国参与国际全面竞争的重要平台；五是积极培养既懂意识形态工作艺术、又熟悉新媒体技术应用的新型人才队伍，提高管理效率和管理水平。

总之，我们必须认真应对新媒体对意识形态安全提出的挑战，积极认识新媒体技术要领，充分利用新媒体信息传播优势，努力探索新媒体与意识形态良性互动规律，确保我国社会主义意识形态安全得以充分维护。

（杨永志、张艳：《理论与现代化》2012 年第 6 期）

---

① 柴野. 网络世界也受法律约束[N]. 光明日报，2012-04-20.

发展健康向上网络文化的三个着力点

随着现代信息技术的迅猛发展和网民人数的急剧增加，越来越多的人把网络作为了解信息、浏览新闻、学习知识、发表意见、休闲娱乐等的主要场所，通过网络进行文化创造和参与文化建设，从而产生了网络文化。目前，人们对于网络文化还没有形成一致性的表述，比较有代表性的观点认为：网络文化是指网民借助网络技术在网络空间中从事各种活动的文化表现。网络文化虽然产生时间不长，但影响广泛，在文化建设中具有举足轻重的地位。按照党的十七届六中全会《中共中央关于深化文化体制改革、推动社会主义文化大发展大繁荣若干重大问题的决定》精神，发展健康向上的网络文化，需把握三个着力点。

树立网络阵地意识。当今时代，互联网日益成为文化交流、思潮交汇的平台，成为正确思想与错误思想交锋、先进文化与落后文化较量、意识形态领域渗透与反渗透的新战场和主阵地。在这个阵地上的斗争包括以下方面：一是同国际上各种错误思潮的斗争。当前，一些西方国家为了达到对我国西化、分化，通过互联网输出其价值观念，对此我们要有清醒的认识。二是同利用网络制造和传播消极、低俗、腐朽文化行为的斗争。网络文化是文化建设的新领域。目前，网络上的各种信息良莠不齐，一些消极、低俗、腐朽的文化对广大网民尤其是青少年产生了不良影响，需要引起我们的高度重视。三是同网络上各种恶意攻击的斗争。互联网既是信息传播的集散地，也是社会舆论的放大器，这就给一些别有用心者提供了机会。有的人故意制造网络谣言，以损害他人和公众利益为目的；有的人通过网络误导社会舆论，丑化我们党和国家形象。对于这些恶意攻击，我们绝不能听之任之。可以说，网络这个阵地马克思主义不去占领，各种非马克思主义和反马克思主义就会去占领。发展健康向上的网络文化，必须树立网络阵地意识，占领网络信息传播制高点，积极进行正确的舆论引导，旗帜鲜明地应对各种挑战。

强化网络文化管理。网络文化作为一种全新的文化形态，一方面为网民施展文化创造才华提供了广阔空间和技术支撑，是广大网民满足文化需求的重要精神家园；另一方面也存在着先进与落后、健康与腐朽、高尚与低俗、科学与谬误、精华与糟粕等同时并存的问题，甚至还存在着网络欺诈、网络色情等违法犯罪活动。要有效打击网上违法犯罪，净化网络文化环境，为网民提供高品位的文化产品，就绝不能任由网络文化"无限"发展，而必须通过强化管理"规范"发展。网络无疆，自由有度。党的十七届六中全会提出要"加强网络法制建设，加快形成法律规范、行政监管、行业自律、技术保障、公众监督、社会教育相结合的互联网管理体系"①。只有切实贯彻落实这些精神，遵循网络文化发展规律来强化管理、科学管理、依法管理、有效管理，才能收获网络文化繁荣发展的丰硕成果。

积极进行价值观引导。高品位的文化不仅能"化人""富人"，而且能促进人的自由全面发展。恩格斯曾说过："最初的、从动物界分离出来的人，在一切本质方面是和动物本身一样不自由的；但是文化上的每一个进步，都是迈向自由的一步。"②然而，文化的积极作用不是自在的，必须通过文化自觉活动来实现，必须积极进行价值观引导。人类文化发展的历史充分表明，没有正确价值观的积极引导，文化就不可能健康发展，人也不可能自由全面发展。网络文化是面向广大人民群众的文化，共建共享是其本质特征，健康向上是我国发展网络文化的基本目标。当前，在社会意识多元和文化多样的背景下，网络不仅要成为文化繁荣发展的手段，也要成为传播社会主义核心价值体系、防止思想文化"走偏"的工具。这就要求在发展网络文化时积极进行价值观引导，坚持社会主义核心价值体系在网络文化建设中的灵魂作用，坚持马克思主义指导地位、坚定中国特色社会主义共同理想、弘扬以爱国主义为核心的民族精神和以改革创新为核心的时代精神、树立和践行社会主义荣辱观。坚持贴近实际、贴近生活、贴近群众，加强对网上社会热点问题的解疑释惑，推动网络舆论生态向和谐方向发展，让人民群众对中国特色社会主义的发展充满信心。

（杨永志：《人民日报》2012-02-06）

---

① 中共中央关于深化文化体制改革、推动社会主义文化大发展大繁荣若干重大问题的决定[N]. 人民日报，2011-10-26.

② 马克思恩格斯文集（第9卷）[M]. 北京：人民出版社，2009：120.

电子政务新时代与我国民主政治发展新趋势

当前，以互联网为核心的信息技术的快速发展把人类带入了信息社会或者说网络社会。互联网深刻地影响着现代社会的各个方面，使人们的交往与沟通方式发生了根本性的变革，也给我国民主政治生活带来前所未有的重大影响。随着我国互联网技术的日益普及，电子政务在我国经历了初显端倪、固态化和凸显作用三个阶段，目前正积极推动着中国特色社会主义民主政治建设的发展。

一、我国已经进入了电子政务发展的新时代

电子政务，即建立在信息技术基础上政府政务信息披露和政务服务的专项网络平台。从 1993 年正式启动"三金工程"开始，我国电子政务建设经历了从无到有、从小到大的发展过程，它不仅受到党和政府的高度重视，得以迅速发展，而且也深受广大网民的热情欢迎。

目前我国已经进入了电子政务发展的新时代。其具体标志是：第一，覆盖面广。已有"100%的国务院组成部门和省级政府、95%以上的地市级政府、85%以上的区县级政府建成了政府网站"①，各级政府基本建成了电子政务的技术平台。第二，功效明显。按照国家有关规定和要求，各级政府的电子政务基本能及时更新常规信息、发布重大事件公告、公开政府工作情况、反馈群众意见等，政府网站这一电子政务的第一窗口在政府信息公开中尽显威力。第三，影响深远。从汶川特大地震到玉树强地震等一系列重大突发事件中的有效信息公开，从新闻发布会、听证会频繁举办到网络新闻发言人制

---

① 白龙，何扬. 如何唤醒"休眠"政府网站[N]. 人民日报，2010-12-08.

度出台，从中央财政预算公开到中央部委公开预算，从地方政府"晒账本"到地方官员的财产公示等①，电子政务对社会生活的影响越来越大。而这一切反映在民主政治的发展上就是：电子政务使公民知情权以及参与权和监督权的范围、程度大大提高，是我国完善政务公开和政务服务、推进民主现代化发展的加速器。

信息技术和互联网飞速发展是推动我国政府政务服务走向电子政务新时代的关键。纵观我国政府政务信息公开过程，不难看出，信息技术和互联网发展是影响政务信息公开和服务重要手段——电子政务的发展的关键。正如有学者所言："飞速发展的信息技术影响着社会的每一个领域，为政府信息的广泛传播奠定了技术基础，也为实现政府改革的目标提供了有力的技术支持。"②充分利用互联网提供的电子政务平台，扩大人民群众知情范围，激发普通百姓参政热情，促进民众监督政府工作，已成为不少地方政府的施政亮点。同时，我国网络日益普及和上网人数剧增，"截至 2011 年 6 月底，我国的网民数量已达 4.85 亿，较 2010 年底增加 2770 万人。"③，发展势头有增无减，这为电子政务充分发挥作用提供了更多受众。

我国"十二五"规划纲要明确提出：以信息共享、互联互通为重点，大力推进国家电子政务网络建设，整合提升政府公共服务和管理能力。为了具体落实"十二五"规划的要求，2011 年 8 月中共中央办公厅和国务院办公厅联合印发了《关于深化政务公开加强政务服务的意见》，指出："要加强互联网等现代科技手段在政务服务中的应用，将服务中心信息化纳入当地电子政务建设总体规划，充分利用电子政务资源，逐步实现网上办理审批、缴费、咨询、办证、监督以及联网核查等事项。"④这些加强电子政务建设的重大举措，为电子政务发展开辟了广阔空间并提供了持续动力，不仅意味着电子政务在今后我国社会主义民主政治信息化建设中将发挥更大的作用，而且标志着我国已经进入电子政务这样一个崭新的时代。

---

① 王锡锌，吕艳滨. 信息公开，积跬步以至千里[N]. 人民日报，2010-05-13.
② 颜海. 政府信息公开理论与实践[M]. 武汉：武汉大学出版社，2008：60.
③ 中国互联网络信息中心. 第 28 次中国互联网络发展状况统计报告[R]. 2011.
④ 中办国办印发《意见》要求深化政务公开加强政务服务[N]. 人民日报，2011-08-03.

二、电子政务与民主政治信息化的关系

所谓民主政治信息化，是指民主政治制度与信息技术手段相结合，借助互联网平台，以相关信息作为媒介推动民主政治发展的一种状态和过程。我国的政务公开目前主要就是通过互联网的电子政务平台来实现的；政务服务，包括网上报名、咨询、办证、缴费等也有相当部分要依靠电子政务。在互联网大规模普及之后，作为上层建筑的民主政治，实现了与现代信息技术的渗透与结合，借助互联网信息渠道丰富了民主的形式，拓宽了民主的渠道，为民主化管理提供了决策信息系统和智力支持，保障和扩大了人民群众的知情权、参与权、表达权和监督权。可以说，民主政治信息化既是全球性的一种新趋势，更是我国社会主义民主政治"现代化发展"和"特色化发展"的新趋势。进一步说，民主政治信息化对我国民主政治现代化和民主政治特色化至关重要，只有顺应民主政治信息化发展的新趋势，才能加快我国民主政治现代化的进程，从而推动中国特色的社会主义民主政治发展。

电子政务与我国民主政治信息化存在着直接和密切的联系。二者之间的联系是通过政府政务信息公开和政务服务、充分保障和不断扩大公民应该享有的民主权利来实现的。

首先，电子政务能有效推动民主政治信息化发展。政务公开和政务服务是社会主义民主政治的重要内容。党的十六大以来，我国行政体制改革不断深化，政府信息公开、行政权力公开透明运行、公共事业单位办事公开全方位推进、行政服务中心发展迅速、服务群众功能不断完善。但是，我国当前政务公开和政务服务领域还存在一些问题：重公开的形式而轻公开的内容；公开内容不全面、程序不规范；信息公开与保密关系处置不当；政府信息共享机制不健全；服务体系的建设不够完善；服务中心运行缺乏明确规范；行政审批和办事效率有待提高。这些问题都在一定程度上制约着我国民主政治的发展。同时，正是这些问题亟待解决，促成了电子政务的萌芽。

从互联网本身来说，也需要发展电子政务来消除不良和冗余信息。互联网本应是信息时代公众便捷获取信息、轻松享受生活、创造和分享健康文化的平台，是网民共同的精神家园。但是随着互联网在我国的高速发展，论坛、博客、微博等各类网络应用形态层出不穷，混杂在其中的关于政府政务的虚

假信息和谣言，误导了网民，污染了网络环境，降低了政府公信力，有的甚至已经影响到国家的形象，这在一定程度上干扰了我国民主政治的正常发展。因此，不管是我国政务公开和政务服务存在的问题，还是互联网发展本身存在的问题，都需要电子政务来及时发布政务信息，提升政务服务水平，充分发挥电子政务在信息传播和存取上的优势，进而有效推动我国民主政治信息化发展。

电子政务有效推动民主政治信息化发展主要体现在两个方面：一方面，电子政务为政府信息公开提供新的运行载体，也为公民获取信息创造更多的机会。凭借互联网传播快捷、辐射广泛、存取方便、容易复制、不受时空限制等特点，政府可以在第一时间传播信息，既减少了诸多不必要的中间环节，缩短信息采集、加工、传递与获取的时间，又避免了因信息多级传播而造成的扭曲，保证政府政务信息公开与公民知情的时效性和真实性。另一方面，电子政务打破了传统政府部门之间的界限，改变着部门林立、条块分割、等级森严的结构关系。

在政府部门之间以及政府与公众之间开辟出一条有效的信息沟通渠道。电子政务所固有的超时空性与交互性特征，既能加速信息的流动，又能促进政府与公众间的直接交流，从而有利于加强互动，构建和谐的关系。只有通过信息化加大政务公开力度，在政务服务的过程中坚持以公开透明为基本要求，并以公开促进服务水平的提高，才能创造条件保障人民群众更好地了解、参与和监督政府工作。

其次，民主政治信息化发展能为电子政务提供创新的动力和发展空间。需求以及创新是发展的动力。将民主政治信息公开，是民主政治现代化的必然要求。民主政治信息化发展不仅可以有效地提高政府工作效率，促进政府各项管理工作精细化和科学化，而且能够为公民提供更好的政治生活服务，保障公民的民主权利，营造出有利的民主氛围。从国际上看，民主政治信息化发展是我国适应全球化、信息化和民主化浪潮的必然选择。政府信息的公开与透明，民主政治的发展与完善，是提高我国国际形象的重要途径，也是我国坚持以人为本、执政为民理念的具体体现。民主政治信息化是民主政治发展的新趋势，它在国家政治生活中的作用日益重要，政府部门和广大群众对民主政治信息化的关注度也越来越高，因此而产生的对政务服务信息化的大量需求必然为电子政务的发展与创新提供了动力。

深化政务公开和加强政务服务的核心是按照深化行政体制改革的要求，

转变政府职能，推进行政权力运行程序化和公开透明；按照"以公开为原则、不公开为例外"的宗旨，及时、准确、全面公开群众普遍关心、涉及群众切身利益的政府信息。电子政务实质上就是以政府信息公开为核心内容的政务信息化。在电子政务环境下，政府在信息占有和使用上的优势变得不再明显，政府信息管理模式发生变化，并具有了更强的信息获取能力和更现代的信息传递手段，为政府信息公开与公民知情知政打下坚实的技术基础。美国著名社会学家科恩曾说："如果一个社会不仅准许普遍参与而且鼓励持续、有力、有效并了解情况的参与，而事实上实现了这种参与并把决定权留给参与者，这种社会的民主就是既有广度又有深度的民主。"①无论是满足深化行政体制改革的要求，还是不断实现提高政府工作透明度的目标，这些都是民主政治信息化的必然趋势，为电子政务拓展了广阔的发展空间。

由此可见，电子政务与民主政治信息化是相互依托的关系：一方面，电子政务是民主政治信息化的重要推手，它与网络问政、网络民意表达、网络舆论监督等构成推动民主政治信息化的合力，为推进决策科学化、民主化提供了决策信息和智力支持，增强了决策透明度和公众参与度；另一方面，民主政治信息化为电子政务提供持续和大量的需求，促进电子政务不断地创新管理、创新形式、创新内容，有助于完善各类公开办事制度，为保证人民赋予的权力始终用来为人民谋利益、保障人民享有更多更切实的民主权利创造了更有利的条件。

三、电子政务推动了我国民主政治的发展

党的十七大报告深刻指出："人民当家作主是社会主义民主政治的本质和核心"，要"扩大人民民主，保证人民当家作主"，就"要健全民主制度，丰富民主形式，拓宽民主渠道"，"保障人民的知情权、参与权、表达权、监督权"。报告还提出"加快行政管理体制改革，建设服务型政府，就要抓紧进行包括推行电子政务在内等一系列工作"②。十七大报告不仅为坚定不移发展社会主义民主政治指明了方向，也为在推进社会主义民主政治"制度化、规

---

① 科恩. 论民主[M]. 聂崇信，朱秀贤，译. 北京：商务印书馆，1994：22.

② 胡锦涛. 高举中国特色社会主义伟大旗帜 为夺取全面建设小康社会新胜利而奋斗——在中国共产党第十七次全国代表大会上的报告[R]. 北京：人民出版社，2007：29-32.

范化、程序化"的同时不断推进"信息化"发展的新趋势奠定了理论基础。

电子政务作为 20 世纪末刚刚兴起的、信息技术与政府政务信息相结合的一项重要成果，获得了突飞猛进的发展，日益成为互联网时代政府顺应民意、提高政治自觉的有效工具，也成为人民群众知情、参与、监督政府工作的有效平台。具体来说，电子政务对我国社会主义民主政治信息化发展新趋势有以下方面的影响：

1. 电子政务在保障人民群众知情权方面发挥了积极的作用

民主政治的基本含义是人民当家作主，而保障人民群众对国家事务有充分的知情权是人民当家作主的基本前提。如列宁所言："只有群众知道一切，能判断一切，并自觉从事一切的时候，国家才有力量。"①当前，我国电子政务建设与政府信息公开工作的有机结合，使政府信息公开不仅在技术上成为一件并不困难的事情，而且也从一个侧面保障了我国公民的知情权。从技术角度看，电子政务能加快我国政府信息公开与人民群众知情的步伐；从经济角度看，电子政务能大大降低政府信息公开与人民群众知情的成本，从政治角度看，电子政务能通过政务信息和服务促进民主的进步。所以，无论从哪个角度看，或者与报纸、电视和广播等媒介手段相比，电子政务都对保障和扩大人民群众知情权具有非常积极的意义。

从理论上说，电子政务最大的特点就是将政务信息置于人民群众的视野之中，让人民群众充分知情，知情是民主权利的基础，是民主现代化的前提。正如有关专家所言：在中国特色社会主义民主政治现代化建设中，"必须让公开制度化"，"政府因透明而进步"，"公开是反腐的利器"，"信息充分公开才能打造节俭政府"。②从实践来看，电子政务推动民主政治信息化的效果非常显著。随着我国民主政治现代化进程的加快，政务公开中的"三公"［用财政拨款支出的出国（境）费、车辆购置及运行费、公务接待费］向社会公开话题不断升温，受到社会的广泛关注。2011 年 4 月 1 日，财政部在其门户网站上公开了 2011 年部门预算，成为 2011 年首个公开账本的中央部委。这种"晒政府账本"行为本身就是通过互联网的电子政务平台实现的。它一方面反映了我国民主政治信息化的状况，另一方面也反映了我国电子政务在保障人民群众知情权方面大有作为。

---

① 列宁全集（第 26 卷）［M］. 北京：人民出版社，1995：234.
② 关注"三公"经费公开［N］. 人民日报，2011-08-03.

2. 电子政务在保障人民群众监督权方面扮演了至关重要的角色

知情与监督是政治民主的两大权利，没有知情就不能监督，而没有监督的知情也毫无意义。在电子政务发展的新时代，政府工作被置于"网眼"监视之下，而这种"网眼"就是政务信息公开化的结果。换句话说，建设电子政务，让公民充分知情，本身就是开展群众监督的有效途径。例如 2009 年 3 月，辽宁省政府纠风办和省政务公开办，将省内县区级政府工作报告公布在电子政务平台上，接受网民监督点评，群众为此提出许多意见和建议，极大地发挥了群众监督的作用。①

社会主义民主政治建设历史表明，民主监督是社会主义民主政治建设的重要内容。"只有让人民来监督政府，政府才不敢松懈。只有人人起来负责，才不会人亡政息。"②人民群众的监督是维护社会稳定与发展的重大力量。于是，有学者把现代民主，或者向现代化发展的民主核心功能理解为"纠错机制"，认为"为了促进政治发展和社会进步，治理者应该转变观念，使民主成为权衡'政府满意'与'社会满意'之间的重要机制，发挥民主纠错机制的作用"③。基于过去群众监督范围较窄，自下而上的制约明显薄弱的状况，互联网基础上建立的电子政务平台，突破了这种局限，真正在公民与政府间架起了沟通的桥梁，特别是电子政务衍生的"网络监督"，使公民能够及时了解政府动态，监督公共事务，保障政府行为符合最广大人民根本利益。实践证明：缺乏必要的政治信息，群众的民主监督只会落入空谈；而没有群众借助电子政务所提供信息的监督，所谓的现代民主也会受到阻碍。

3. 电子政务在保障人民群众参与权方面具有不可替代的地位

除了"监督"本身是民主参与的重要方面，公民政治参与还包括其他内容。传统的政治参与活动主要是通过建议、辩论、投票等形式展开的，并在很大程度上受时间、空间、经济等因素的限制，导致公民的政治参与度较低，与社会主义民主的本质要求差距较大。而在电子政务广泛发展的新时代，许多地方政府网站的电子政务平台，都设立了网民表达意见和建议的栏目，它给人们提供了新的参政途径，使公民直接参与社会公共事务成为可能。在"两会"期间，公民也能通过电脑，与各部门领导进行"面对面"的交流，让自己成为名副其实的"远程代表"。正是建立在互联网基础上的电子政务整合了

① 颜珂，等. 互联网上"隆中对"[N]. 人民日报，2010-03-07.
② 黄炎培. 八十年来[M]. 北京：文史资料出版社，1982：148.
③ 张洋. 民主是一种纠错机制[N]. 人民日报，2011-08-24.

传统媒介的许多优点，改善了信息受限的局面，营造了良好的政治参与环境，使上至国家大事，下至社区小事，网民们均可对其谈想法、提建议。据《人民日报》2011 年 3 月 16 日报道，陕西省合阳县政府网站在 2010 年共收到网民咨询、建议、投诉和表扬信息共 270 条，通过电子政务平台给予答复 256 条，当地政府通过这些信息，不断总结经验，进一步改进了工作。这一事例反映出电子政务已经深入到我国政治生活的方方面面，公民借助电子政务平台进行的参政议政活动，效果非常明显。毋庸置疑，电子政务尽管主要功能在于"民知情"，但同时也有"知民情"的作用，而且在政府"问政于民"和"问计于民"方面，也有其他方式不能取代的独特优势。在这个意义上，电子政务有助于普通公民参与社会政治活动。

总之，民主政治信息化是电子政务新时代，中国特色社会主义民主政治现代化发展的大势所趋。

（杨永志、朱健.《理论与现代化》2012 年第 1 期）

也谈社会主义核心价值观的凝练

——兼与包心鉴先生商榷

最近，在关于社会主义核心价值观大讨论中，我国研究社会主义学说的著名学者包心鉴先生在 2012 年 1 月 14 日的《光明日报》上撰文《社会主义核心价值观的凝练与建构》（以下简称《包文》），提出了对这个问题的看法《包文》很有见地，观点明确思想深刻，读后深受教益和启发，但他关于"社会主义核心价值观，尤其是中国特色社会主义的核心价值观，可以概括为'以人为本，民主公正'"的观点我难于苟同。

"以人为本，民主公正"不能充分反映人类文明成果

纵观人类的历史，爱的价值取向是人类文明进步取得的重大成果之一。但在不同时代、不同国度、不同信仰中，爱意并非相同。以儒家思想为代表的中华传统文化长期以来主张"仁爱"，西方资产阶级理念普遍宣扬"博爱"，多数宗教组织或慈善人士奉行给人施以"关爱"。

不能否认，这些爱的主张既有其历史局限性，但同时也是人类从野蛮走向文明进步的体现，构成了不同民族、不同信仰的有益基因。科学社会主义批判地继承了传统民族精神的"仁爱"，吸取并超越了资产阶级的"博爱"，一定程度融入了宗教、慈善人士的"关爱"，倡导社会主义"友爱"。"友爱"是一种互爱，这种爱既没有身份地位的等级之分，也不是居高临下或以强对弱的有限关怀，更没有出于同情的怜悯和施舍成分。"友爱"所反映的社会关系是具有共同理想信念的同志间之爱，是劳动者阶级和人民间之爱，是为追求幸福而和谐相处之爱，是在危难时刻同舟共济之爱，是勇于牺牲无私奉献

之爱。它既有别于情爱的狭窄，更不同于泛爱的抽象。马克思主义的"友爱观"能深刻地反映社会主义的内在要求和普遍联系，是社会主义社会以及共产主义社会人与人之间关系的基础，所以社会主义核心价值观不能缺少"友爱"。

"民主公正"不是社会主义核心价值观的最高概括

民主是社会主义政治建设的主要内容，但在相对意义上，民主是手段和形式，平等是民主的目的和内容。资产阶级把平等与自由等并列，作为最高价值追求之一，体现了在核心价值观凝练上的高度性原则。社会主义大力倡导民主并积极进行民主政治建设，是为了追求并实现社会平等，所以在民主与平等的选择上决不可退而求次之，或者片面强调手段和过分追求形式。

公正是社会主义追求，因为在以往的阶级社会中，不公正是社会矛盾的主要根源，统治阶级只为少数人谋利益，广大劳动群众长期处于被压迫、剥削、奴役等极端不公的境遇。平等是公正的体现，更是社会主义追求的终极目标之一，正如马克思所说："一切人，或至少是一个国家的一切公民，或一个社会的一切成员，都应当有平等的政治地位和社会地位。"①

当然，社会主义的平等绝不限于"法律面前"，更不是在"上帝面前"。社会主义制度的建立，最终为了消除阶级社会中的各种不公正不平等，使全体人民在政治、经济、文化等方面都享有平等的权利，从而实现人的自由全面发展。在民主和公正都是为了实现权利和利益意义上，用"平等"涵盖"民主和公正"，更符合社会主义核心价值观高度凝练的要求。

"以人为本，民主公正"没能体现社会主义的根本特征

社会主义的特殊精神是集体主义，而互助又是集体主义精神的集中体现和根本特征。马克思曾有这样的论述："协作提高了个人生产力，而且是创造

---

① 马克思恩格斯选集（第3卷）[M]. 北京：人民出版社，1972：143.

了一种生产力，这种生产力本身必然是集体力。"①毛泽东认为互助合作是"提倡以集体和个人利益相结合的原则为一切言论行动的标准的社会主义精神"②。江泽民同志也强调，要发扬互相帮助、互相友爱、助人为乐的集体主义精神。胡锦涛同志则把团结互助作为社会主义荣辱观的一项基本要求。社会主义互助要求人与人之间相互帮扶和支持，实现携手共进，这是社会主义社会区别于其他社会的显著标志。

高扬社会主义互助旗帜，有助于增强民族的向心力、凝聚力和创造力。提倡团结互助，有利于化解社会矛盾，把各种社会力量组织起来，把各种积极因素调动起来，推进社会主义和谐社会的构建；有利于促使人与人之间团结友爱，形成新型的社会主义人际关系；有利于实现民族团结进步、国家安定统一。可见，体现社会主义集体主义精神的"互助"，要比"以人为本，民主公正"更能集中反映社会主义的根本特征。

"以人为本"作为核心价值观没能准确反映社会主义的本质

历史上，"以人为本"价值观在许多社会制度下被推崇，在古代文明中就有"民本主义"，资本主义更是强调"人本主义"。尽管在许多情形下，"民本"或"人本"被统治阶级当作"抚民、骗人"的幌子，在其背后"资本""权本"等才是真实面目。

但是抛开这些不论，仅就"民本"或"人本"的一般意义来说，也都不是区别社会主义与其他社会的显著标志。在对社会制度本质的认识上，不应太"现实"，而应从制度本身的内在联系和根本原则出发。在社会主义本质问题上，我很赞同邓小平的共同富裕观。他曾多次强调："一个公有制占主体，一个共同富裕，这是我们必须坚持的社会主义的根本原则。"③在 1992 年的南方谈话中，他更是明确提出："社会主义的本质，是解放生产力，发展生产力，消灭剥削，消除两极分化，最终达到共同富裕。"④简言之，与"以人为本"的理念相比，"共富"更能鲜明地反映社会主义的本质。

---

① 马克思恩格斯全集（第 23 卷）[M]. 北京：人民出版社，1972：362.
② 毛泽东选集（第 5 卷）[M]. 北京：人民出版社，1977：244.
③ 邓小平文选（第 3 卷）[M]. 北京：人民出版社，1993：111.
④ 邓小平文选（第 3 卷）[M]. 北京：人民出版社，1993：373.

"友爱、平等、互助、共富",可凝练为社会主义核心价值观

综上所述,我认为社会主义核心价值观应凝练为:"友爱、平等、互助、共富"这样的四词八字。这种表述能比较高度和凝练地表达社会主义的基本追求和终极目标,全面反映社会主义根本特征和本质。这里还需补充两点:

其一,对社会主义核心价值观的凝练不能从中国特色社会主义的"特殊性"出发,而必须从科学社会主义的"一般性"出发,否则就会陷入错误方法论的泥沼,走进"现实的就是最合理的"盲区。简单地说,社会主义核心价值观不应因民族和时代的变化而变化,它反映的是马克思主义科学社会主义的普适性,而不是真理的时空性。无论在中国还是他国,社会主义核心价值观都该是相同相通的。我们只能说,进行关于社会主义核心价值观的凝练,是马克思主义中国化时代化的任务,体现为中国特色社会主义的新认识概括。

其二,对于社会主义核心价值观的凝练,除了要反映社会主义根本特征和本质之外,还要遵循简明易记的原则。资产阶级启蒙思想家如卢梭、孟德斯鸠、伏尔泰等人,早在资产阶级革命高潮之前的300年就形成了"自由、平等、博爱、人权"的思想,不仅起到鼓舞资产阶级革命的作用,而且逐步历练为资产阶级的核心价值观,上升到国家的意识形态层面。我们凝练社会主义核心价值观,也是为了有助于马克思主义大众化的推进,突出社会主义核心价值观的重要地位,发挥社会主义核心价值观的引领作用,所以就更需要精准。

最后需说明的是,上述商榷如有断章取义、有论无据、误解歪批之嫌,纯属个人才疏学浅,恳请包先生及学界同仁谅解。

(杨永志:《光明日报》2012-02-14)

论共产党人的力量源泉

——纪念中国共产党建党 90 周年

掸去历史篇章的尘封，拨开岁月征程的迷雾。从《共产党宣言》中马克思主义经典作家对共产党的理论定性和定位，到中国共产党 90 年的伟大实践探索，从最初徘徊在欧洲上空的思想幽灵，到引领当代社会文明进步的重要政治中坚，历史事实雄辩地向世人表明——共产党人有力量！如果以中国共产党筚路蓝缕的发展历史作为思考问题的背景，我们不难发现共产党人的力量集中体现为这一政治组织所蕴含的创造力、凝聚力和战斗力，而这"三大力量"主要来自以下"四大源泉"。

共产党人的力量源泉之一：同人民群众紧相连

"历史是人民群众创造的"[①]，"人民，只有人民，才是创造世界历史的动力"[②]。这些马克思主义唯物史观表明了一个道理：人民群众是最有力量的社会主体。而共产党与人民群众有着最紧密的联系，人民群众所拥有的巨大力量必然传导和转化为党的力量。具体来说，共产党与人民群众紧密联系及其力量表现在以下三个方面：

首先，共产党人来自人民又不脱离人民。共产党人来自人民，不仅在于共产党作为特殊的政治组织，具有先进的阶级基础和广泛的群众基础，本身就是人民的一部分，是人民中的先进分子，而且在于它永远保持人民的本色，把自己的根基深植于人民之中。从古到今，没有一个政党组织不是由具体的

---

① 邓小平文选（第 1 卷）[M]. 北京：人民出版社，1994：217.
② 毛泽东选集（第 3 卷）[M]. 北京：人民出版社，1991：1031.

人来组成的。但同样，也没有一个政党组织能像共产党人那样，既没改变作为物质文化财富和历史创造者的人民本色而沦为纯粹政客；又与人民始终保持着"鱼水关系""血肉联系""种子与土地的关系"①而形成有机的一体。列宁曾指出："劳动群众拥护我们。我们的力量就在这里。全世界共产主义运动不可战胜的根源就在这里。"②毛泽东也曾指出："我们共产党人区别于其他任何政党的又一个显著的标志，就是和最广大的人民群众取得最密切的联系。"③从历史和实际来看，也只有共产党人，才有这种永远保持人民本色的"原生态"和与人民始终紧密结合的政治优势。正是在这种"来自人民又不脱离人民"的意义上，人民群众所蕴含的改造自然和创造历史的力量，必然成为共产党人所能拥有的力量。

其次，共产党人紧紧地依靠人民群众。共产党人紧紧地依靠人民群众最突出的体现就是坚持群众路线。群众路线是马克思主义关于人民群众是历史创造者原理在党的活动中的具体运用，其核心是"一切为了群众，一切依靠群众，从群众中来到群众中去"④。群众路线的主要任务包括宣传和教育群众、关心和帮助群众、学习和理解群众、发动和组织群众。在坚持群众路线过程中，要尊重人民群众的主体地位，全心全意为人民服务；要密切党和人民的联系，与人民群众打成一片；要尊重其首创精神，吸收人民群众的聪明才智。从理论上说，共产党的最大政治优势是密切联系群众，执政后的最大危险是脱离群众。所以，共产党人只有永远紧紧地依靠人民群众，才能成为战无不胜的"巨人安泰"⑤。实践证明，坚持群众路线，就能在共产党与人民之间架起一道紧密联系的桥梁，就能保证共产党的决策和决策的执行符合人民的利益使之具有广泛的群众基础，并从人民群众生机勃勃的伟大社会实践中获取源源不断的各种智慧力量。

最后，共产党人全心全意服务于人民群众。共产党人全心全意服务于人民群众最集中的体现就是代表最广人民群众的根本利益。以服务人民群众和代表人民群众利益为己任，这是由党的性质和宗旨决定的。马克思和恩格斯在《共产党宣言》中指出：共产党人"没有任何同整个无产阶级的利益不同

---

① 毛泽东选集（第 4 卷）[M]. 北京：人民出版社，1991：1162.
② 列宁选集（第 4 卷）[M]. 北京：人民出版社，1995：53.
③ 毛泽东选集（第 3 卷）[M]. 北京：人民出版社，1991：1094.
④ 中国共产党章程[M]. 北京：人民出版社，2007：18.
⑤ 联共（布）党史简明教程[M]. 北京：人民出版社，1975：398.

的利益"①。对此思想，中国共产党人以中国语境用中国风格表述为："全心全意为人民服务"；"始终代表最广大人民的根本利益"；"人民的利益高于一切"；"权为民所用、情为民所系、利为民所谋"；"着力解决人民群众最关心、最直接、最现实的利益问题"；"实现人民群众的利益是一切工作的出发点和归宿""把人民群众的利益实现好、维护好、发展好"；"发展为了人民、发展依靠人民、发展成果由人民共享"；"立党为公、执政为民"；"群众利益无小事"等经典口号。由此可见，共产党的力量在它全心全意为人民服务的践行中，在百姓衷心拥护的心坎里。共产党人真正代表了最广大人民群众的根本利益，人民群众就会真心拥护和全力支持共产党的领导，从而使共产党人获得来自人民拥护和支持的力量。

中国共产党 90 年的伟大实践及经验证明："人民群众是我们党的力量源泉和胜利之本。"②在革命、建设和改革的各个历史时期，中国共产党人始终坚持把党的命运同人民群众的命运紧紧联系在一起，取得了举世瞩目的成就，载入了中华民族伟大复兴的光辉史册。这一切，正是共产党人依靠亿万人民群众的智慧和支持，使自身力量不断增强的结果。

共产党人的力量源泉之二：以科学理论为指导

英国哲学家弗朗西斯·培根曾在 17 世纪 20 年代提出"知识就是力量"的观点，这一经典观点现已成为世界性的共识。马克思列宁主义深刻揭示了自然、社会、思维的本质和发展规律，是科学的理论知识，共产党人以马克思列宁主义作为指导思想的理论基础，也是获得力量的重要源泉。具体来说，以科学理论为指导产生的力量主要体现在下列方面：

第一，科学理论作为认识工具能增强共产党人认识和改造世界的能力。科学理论是认识世界的有效工具，能增强共产党人对世界的正确认识。不仅如此，马克思列宁主义不拘泥于单纯地认识和解释世界，也不为人类提供所谓永恒不变包医百病的绝对真理或"普世价值"，更不是专门关于个人安身立命的道德教化和抽象思辨，而是根据无产阶级和人类解放的历史使命，站在被剥削被压迫阶级的立场上，把理论的科学性与革命性高度统一起来，在正

---

① 马克思恩格斯选集（第 1 卷）[M]. 北京：人民出版社，1995：285.

② 十五大以来重要文献选编（下）[M]. 北京：人民出版社，2003：1998.

确认识世界的基础上为无产阶级及其政党提供改造世界的理论指导。进一步来说，共产党人依托马克思列宁主义的科学理论，能够拥有并不断地增强自身认识和改造世界的能力。

第二，科学理论作为理论武器能提高共产党人在思想战线上的战斗力。共产党人的任务不是抒发风花雪月式的浪漫情怀，或者满足于观瞻经典文本汇聚的"思想溪流"，而是以科学理论作为锐利和重型武器，在思想战线上抵御敌人攻击、捍卫真理、伸张正义、划清是非界限、防止错误思想干扰，在你死我活的残酷斗争中一决高下，在观念分野的急流险滩中奋勇搏击。共产党人通过马克思列宁主义科学理论武装，既能增强政治敏锐性和鉴别力，自觉划清马克思主义与反马克思主义和非马克思主义的界限，在大是大非问题和各种所谓的新潮观念面前始终头脑清醒和立场坚定，又能提高思想觉悟和免疫力，自觉抵制各种错误思潮的侵蚀和影响。历史上一些工人党衰亡过程，与他们没有真正以马克思列宁主义为指导，导致价值观混乱、是非界限不清、抵御思想进攻乏力等不无关系。可见，用科学理论来武装，是共产党人不断提高战斗力、谱写"喜看稻菽千重浪"①诗篇的重要前提。

第三，科学理论所确立的理想信念能变成共产党人的信仰力量。信仰是对某种理念矢志不渝的信服和尊崇，是个人人生的精神支柱，是政党凝聚和鼓舞斗志的旗帜。信仰力量是超自然的力量，信仰动摇是根本的动摇。共产党人的信仰不同于主观臆想或宗教迷狂，它来源于马克思主义的政治追求，其本质是为了实现人类境况改善和自身解放，是马克思列宁主义深刻揭示社会发展规律形成的精神产物，是社会客观发展必然过程与主观憧憬目标的统一。尽管科学理论确立的共产主义目标也充满着革命浪漫主义，但是共产党人举首向苍穹，不是为了追星逐月，而是为了人类神圣而伟大的事业。事实表明：坚定地恪守科学的理想信念，就没有克服不了的困难，就没有创造不出的奇迹。从中国共产党发展历史来看，之所以在艰苦卓绝的革命征程中历经磨难而愈挫愈奋，靠的就是坚如磐石的马克思主义信仰。可见，科学理论确立的理想信念，既铸就了共产党人"不爱财不为官不怕死"的个性特点、执着坚定的忠诚品质和变革图强的创新精神，也内化为投身共产主义事业、超越自我、勠力同心的工作热情和事业干劲。

第四，科学理论所倡导的奉献精神能变成共产党人投身事业的自觉力

---

① 毛泽东诗词集[M].北京：中央文献出版社，1996：110.

量。科学理论为共产党人选择了勇于奉献的价值取向。共产党人的奉献精神来自"爱"和"无私"。这个"爱"不是中国传统文化中所说的"仁爱",也不是西方现代文化中的"博爱",更不是一般人性或人道所恻隐的"悯爱",而是基于科学理论那种以人为本的"大爱",是"不仅爱你伟岸的身躯,也爱你坚持的位置、足下的土地"①那种爱真理、爱事业、爱人民的"至爱"。这个"无私",是邓小平所说的"为了国家和集体的利益,为了人民大众的利益,一切有革命觉悟的先进分子必要时都应当牺牲自己的利益"②的那种"大公无私",或者建立在集体主义基础之上的"先公后私"。正是这种"爱"和"无私",无论在什么条件下,"我是共产党员我先上""共产党员跟我上",已成为共产党人党性要求和优良品质的显著标识。同时,奉献精神又是榜样的力量,"榜样的力量是无穷的",它能够产生示范效应和引发连锁反应,形成先锋和楷模的力量。从逻辑上说,共产党人正是因为有了科学理论提供的理想信念,才有了崇高的思想境界和道德情操,才孕育出勇于牺牲的奉献精神,从而激发出献身民族独立、人民解放、国家繁荣、人民幸福事业的自觉力量。

中国共产党 90 年的伟大实践及经验证明:"一个充满活力、不断进步的政党,必然是一个崇尚科学、遵循规律的政党。"③在领导社会主义革命、建设和改革过程中,中国共产党人坚持高举马克思列宁主义的旗帜,并把依托科学理论所取得的各种精神滋养,变成抵御来自各个方面的风险,提高执政能力和水平,发展并壮大自身的强大力量。

共产党人的力量源泉之三:与时代发展同步伐

与时代发展同步伐就是顺应社会发展的规律和大趋势,始终走在时代前列。马克思和恩格斯曾明确指出:共产党"在当前的运动中同时代表运动的未来"④。这表明与时代发展同步伐是马克思主义政党的突出特点和本质规定,这一特点和性质决定了与时代发展同步伐也是共产党人的力量源泉。

第一,与时代发展同步伐能使共产党人永远保持旺盛的生命力。与时代

---

① 舒婷. 致橡树[M]. 南京:江苏文艺出版社,2003:25
② 邓小平文选(第 2 卷)[M]. 北京:人民出版社,1994:337.
③ 中国共产党章程[M]. 北京:人民出版社,2007:18.
④ 马克思恩格斯选集(第 1 卷)[M]. 北京:人民出版社,1995:306.

发展同步伐要求共产党人保持先进性，党的先进性是党与时代发展同步伐的集中体现。对于共产党人来说，因为是领导革命和建设事业的核心力量，承担着人类解放的历史重托，所以先进性至关重要。正如胡锦涛总书记所说："先进性是马克思主义政党的生命所系、力量所在。"①实践表明，任何政党的兴衰存亡，归根结底取决于它顺应历史潮流的程度和推动历史前进的作用，取决于人民群众根据其时代表现给予的支持力度和帮助效度。回顾中国共产党90年的奋斗历程，之所以能够在旧中国各种政治力量的长期斗争和反复较量中脱颖而出，不断发展壮大，最终成为执掌全国政权并长期执政的党；之所以能够团结带领全国各族人民，沿着中国特色社会主义道路奋勇前进，取得改革开放和现代化建设的辉煌成就，使中华民族的伟大复兴展现出了光辉前景，最根本的原因之一就在于中国共产党具有与时俱进的理论品质，始终保持了马克思主义政党的先进性和始终走在了时代前列。可见，共产党人只要始终代表先进生产力的发展要求、先进文化的前进方向、最广大人民的根本利益，就能把时代发展不断产生的能量化为自己生命的能量。

第二，与时代发展同步伐能使共产党人不断吸纳人类文明的优秀成果。马克思主义本身就是与时俱进的典范，它是在产生的历史条件已经具备、沿着概括科学发展新成果的途径上建立起来的，并不断研究和解决随着时代前进和实践发展所提出的新情况、新问题，丰富和发展自己。作为马克思主义政党，具有继承马克思主义作为开放体系兼收并蓄的天然条件。历史上许多所谓的科学严密的理论体系，之所以没有经受住历史风雨的洗礼而"花自飘零水自流"②，根源就在于它们不能或没有以与时俱进的精神和开放的体系来接纳人类文明新成果。而从中国共产党的实践来看，一部中国特色社会主义史，恰恰是一部马克思主义中国化的历史，一部与时代发展同步，广泛吸收和借鉴人类文明成果，并赋予其鲜明中国特色的历史。人类从古老的洪荒岁月中走来，今天已迈进了信息时代。这为共产党人以博大胸怀不断吸收人类一切优秀文明新成果提供了有利条件，而以积极的姿态和世界眼光广泛吸收人类文明的优秀成果，共产党人也将从中获得无穷的智慧力量。

第三，与时代发展同步伐能不断提高共产党人理论创新的能力。与时代发展同步伐也能推动共产党人在理论上不断开拓进取。江泽民同志指出："创新是一个民族进步的灵魂，是一个国家兴旺发达的不竭动力，也是一个政党

---

① 十六大以来重要文献选编（下）[M]. 北京：中央文献出版社，2008：525.

② 杨合林编. 李清照集[M]. 长沙：岳麓书社，1999：8.

永葆生机的源泉。"①共产党人只有与时代发展同步伐，才能拓宽视野，提高党的战略思维、创新思维、辩证思维能力；才能既坚持马克思主义基本原理，又谱写新的理论篇章；才能把时代和实践提供的新经验、新启示、新做法上升为新理论，并用这些创新理论指导新的伟大实践。马克思主义是随着时代和实践发展而不断发展的理论。因此，只有让紧跟时代和保持先进性的理念生生不息地传承下去，并始终贯穿于共产党建设和发展的历史长河，成为永恒不变的主题，共产党人才能在与时代同步发展中不断地进行理论创新，为自己补充永葆生机与活力的理论力量。

中国共产党 90 年的伟大实践及经验证明：坚持与时代同行，就能够朝气蓬勃，兴旺发达；如果落后于时代，停滞僵化，就迟早要被历史淘汰。历史洪流携风挟电、摧枯拉朽、势不可挡。因此，共产党人只要保持先进性、坚持与时俱进、积极开拓进取，就能源源不断地获取时代发展所赋予的巨大力量。

共产党人的力量源泉之四：集组织优势于一身

马克思主义政党，受其理论基础、目标宗旨、组织制度、作风要求等内在的本质规定，决定该组织集中了一般政治组织的优点，形成特殊的组织制度和运行机制，从而构成这一政党不同于其他政党的优秀组织禀赋并蕴藏着巨大的制度性力量。伴随着领导革命、建设和改革的伟大实践，这些优秀组织禀赋资源蕴含的巨大"组织制度力量"就会源源不断地释放出来，也成为共产党人的力量源泉。具体来说，共产党的组织优势及其所蕴含的力量在于：

第一，以共产主义信仰和目标为基础形成"同志式"的组织关系。共同的信仰和追求使党员之间互称"同志"。"同志"既是拥有某种共同理想追求的代名词，也表明党员之间是平等和相互帮助的关系。从马克思列宁主义科学理论孕育出来的共产主义信仰和同志式关系，既可避免衍生盲目信从的宗教式的"党徒"，也能避免产生当年德国国家社会党中希特勒式的"党棍"，更能避免为宗派利益勾心斗角、结党营私的"党霸"。俗话说，团结就是力量。共产党组织内部党员之间平等互助、相互尊重、先人后己的同志关系，就为

---

① 江泽民. 全面建设小康社会　开创中国特色社会主义事业新局面——在中国共产党第十六次全国代表大会上的报告[Z]. 北京：人民出版社，2002：11.

这一政治组织提供了具有高度凝聚力的团结的力量。

第二，以民主和集中相结合形成"民主集中制"的组织原则。民主集中制是共产党的根本组织制度和领导制度，这是一种民主基础上的集中和集中指导下的民主相结合的制度，是马克思主义认识论和群众路线在党的生活和组织建设中的运用。从党内民主来看，党内民主是党的生命，它能广泛凝聚全党的意愿和主张，增强党的创新活力；同时党内民主能带动人民民主，传导和积聚社会民主的力量，是共产党人创造力和凝聚力的重要来源。而从党内集中来看，党的集中能提高党内行动的协调性和效率性，能把分散力量变成集中的力量，并通过严密的组织结构和铁一般的纪律，巩固党的团结和统一，从而为这一政治组织提供了"举全党之力"的集中性和协调一致性的力量。

第三，通过继承和发扬党的优良作风等组织建设，能不断保持自身的健康成长。毛泽东同志把中国共产党的优良作风概括为理论联系实际、密切联系群众、批评和自我批评三个方面。而这样的党风，能把科学理论的力量、人民群众蕴含的力量和追求自我完美的力量充分汇聚起来。当然，共产党的优良传统和作风不是自在的，需要在不断地加强组织建设中通过制度完善来自觉保持和发扬。不能否认，中国共产党在执政过程中，也曾遭遇过重大失误和挫折，但是依靠其自身的力量纠正了这些问题，毫无愧色地成为人民群众最信任的领导者；在改革开放以来的 30 多年里，党内低俗之风和党内腐败成为削弱其有生力量的两大缺憾，尽管如此，我们仍有理由相信：共产党如果能正确调动自身免疫机制，通过加强组织建设和内部治理，就完全能实现党风的根本好转并遏止住腐败发展的势头，跳出政党通存的"历史周期律"陷阱。就是说，共产党组织加强作风建设，就能不断增强健康的力量。

第四，通过特有的政治路线、思想路线和组织路线，形成有利于党的各级组织和党员充分发挥作用的组织机制。共产党的组织机制中既有根本性制度又有程序性制度，尽管给予制度执行的自由裁量空间很小，存在着许多严格的原则性和纪律性约束，但是激发组织活力的余地却很大，这不仅有利于统一意志、统一行动，也有利于发挥各级党组织的科学领导作用和每个党员的先锋模范作用。邓小平在《悼伯承》文章中曾引用刘伯承的话："离开党，像我们这些人，都不会搞出什么名堂来的。"①江泽民同志也曾指出："在中

---

① 邓小平文选（第 3 卷）[M]. 北京：人民出版社，1993：189.

国，从来没有任何一个政治组织像我们党这样集中了那么多先进分子，组织得那么严密和广泛。"①这些论述表明：共产党人特有的组织机制，能把普通的人变成优秀的人，使共产党人成为"特殊材料制成的人"，能使个体的力量通过结构合理组合和优势互补，产生出组织学所说的叠加效应和整体大于部分之和倍增的力量。

此外，共产党的组织制度，还存在队伍内"吐故纳新"、自觉建设"学习型政党"、党外监督和评议、建立不同时期的统一战线、有效组织和发动群众、崇尚民主科学文明等组织优势，这些组织优势也是其力量源泉或者源泉条件的重要构成。从自然的角度说，如果没有牛顿和爱因斯坦，人类迟早也会发现力学三大定律和相对论；但从社会的角度看，如果没有共产党人凭借其组织优势等条件"纳力"和"给力"，人类社会的历史轨迹肯定不会这样行进。

中国共产党 90 年的伟大实践及经验证明：马克思主义政党的组织制度，是不可多得并蕴含巨大能量的宝贵资源。从 1921 年中国共产党的成立，中经 1949 年新中国的建立，再到今天改革开放过程中华民族的和平崛起，这个从小到大、从弱到强，极富传奇色彩的历史进程，充分昭示了共产党的组织制度拥有多种优秀特质和潜在力量。

总之，共产党人能够借助人民群众所拥有的力量、依托科学理论所提供的力量、顺应时代发展所赋予的力量、发掘组织优势所蕴含的力量，形成广泛强大和永不枯竭的力量源泉。并在领导社会主义革命、建设和改革过程中，把以各种形式汇聚而成的创造力、凝聚力和战斗力，进一步转化为推动社会和谐、公平正义和文明进步的力量。当然，这一切的前提是共产党人要真正按照马克思主义政党的组织性质、宗旨和原则去做，并伴随历史进程让这些力量淋漓尽致地涌流出来。

(《中国共产党 90 年研究文集》（上），中央文献出版社，2011 年)

---

① 江泽民文选（第 2 卷）[M]．北京：人民出版社，2006：42．

马克思主义时代化的理论蕴含

　　探讨马克思主义时代化，必须正确认识马克思主义中国化与时代化之间的联系和区别，弄清二者是并列而非包含的关系；必须深刻领悟到马克思主义时代化的当代意义和实践价值主要体现在共产党人与时代发展的同步伐上；必须科学理解马克思主义时代化的基本内涵和理论蕴意。

　　2009 年党的十七届四中全会通过的《中共中央关于加强和改进新形势下党的建设若干重大问题的决定》（以下简称《决定》），第一次鲜明地提出了推进马克思主义时代化的重大命题，将马克思主义"时代化"与"中国化""大众化"相并列。在长期研究马克思主义中国化的基础上，笔者对马克思主义时代化提出几点认识，以供探讨。

一、必须正确认识马克思主义中国化与时代化的关系

　　长期以来，有一种观点认为，马克思主义中国化内在包含着时代化。中央文献研究室第五编研部调研员王骏于 2009 年做客人民网时，就提出马克思主义中国化与时代化存在包含关系。

　　在我国，实际上，龚育之先生是比较早地重视马克思主义中国化概念的，同时，他也曾提出过中国化包含当代化。他从 20 世纪 20 年代，苏联给列宁主义下定义说起。当时出现过两种意见，一种强调俄国性，一种强调时代性，展开了一场争论。斯大林强调时代性，他说，列宁主义是帝国主义和无产阶级革命时代的马克思主义。比较起来，斯大林的概括眼界更高、更开阔。单提俄国的马克思主义，就把列宁主义的意义给限制了。列宁所处的时代，同马克思所处的时代相比，有了很大的不同，出现了帝国主义，出现了世界战争，出现了无产阶级革命。这些都是马克思的时代所没有的。同时，他也较

早地提出，"马克思主义中国化或民族化内涵包括着时代化"这一观点。之所以这样表述，笔者认为一方面是最初大力唱响马克思主义中国化时，龚先生认识到对待马克思主义存在"瘸腿"问题，觉得马克思主义还存在时代化问题，所以就把时代化蕴含在中国化里面了。另一方面，马克思主义中国化的确蕴含一定的时代含义。中国化是马克思主义基本原理同中国今天的实际相结合，"今天"本身具有时代化意义。笔者认为，马克思主义中国化与时代化的关系如下：

第一，马克思主义中国化内在包含着马克思主义时代化，但是二者之间不是包含关系，而是并列关系。把马克思主义中国化、时代化、大众化这"三化"并提，是党的十七届四中全会《决定》里面提出的一个完整的理论表述。但是，并不是这次会议第一次提出时代化的概念。江泽民同志提出，"与时俱进是马克思主义理论品质"①，这也是马克思主义时代化的一种表述，只是那时没有达到党的十七届四中全会所提的高度而已。党的十四大报告评述中国特色社会主义理论时说："它是马克思列宁主义基本原理与当代中国实际和时代特征相结合的产物。"而当前的"三化"（中国化、时代化、大众化）并提，也说明中国化与时代化之间不是包含关系。

第二，马克思主义中国化与马克思主义时代化具有一定的区别。一是虽然二者的前提条件相同，即都是马克思主义所主张的，真理是相对的，是有条件性的，但是二者的充分条件有别，马克思主义民族化是马克思主义理论必须"具有普遍的指导意义"，而马克思主义时代化是马克思主义必须是"开放的理论体系"。二是结合的对象不同，马克思主义中国化要求与中国的具体实际相结合，结合后彰显的是中国气派、中国风格等中国特色；而马克思主义时代化要求与时代发展新的科学和文化成就相结合，结合后彰显的是时代风采、科学的和先进的理念等等。三是"化"的任务有别，马克思主义中国化是为科学地解决中国问题，而马克思主义时代化是为解决马克思主义自身发展问题。四是过程的方式不同，马克思主义中国化主要是通过"实践"来实现的，而马克思主义时代化主要是通过总结、吸收和概括来实现的。当然，并不排除也经过实践实现，但是全球的和历史的实践，是间接性的实践。五是维度及指向不同，尽管在马克思恩格斯之后，马克思主义的所有问题，本质上都集中在如何解决马克思主义的"当下性"问题，即从时间上看的"当

---

① 本书编写组. 与时俱进 努力开创建设有中国特色社会主义事业新局面——认真学习江泽民同志"5·31"重要讲话[M]. 北京：人民出版社，2002：72.

代性"和从空间上看的"当地性"问题。而马克思主义中国化是个空间概念，指向"当地性"；马克思主义时代化是个时间概念，指向"当代性"。

第三，要改变"重民族化"（在中国叫中国化）而"轻时代化"的问题。一段时期里，我国在学科设置、理论宣传和教材编写中，存在"重中国化"而"轻时代化"的倾向和做法。比如在学科设置中，马克思主义理论学科下的二级学科有"马克思主义中国化专业"，而没有"马克思主义时代化专业"；在理论宣传战线上，马克思主义中国化的出现频率也远高于马克思主义时代化；在教材编写和课程设置中有"毛泽东思想和中国特色社会主义理论体系概论"，其中主要就是讲马克思主义中国化的历史过程和基本理论，而关于马克思主义时代化的内容不突出。事实上，马克思主义时代化一点都不比马克思主义中国化的历史任务轻。正确的做法，应该是"三化"并重。如果说民族化是马克思主义价值的关键所在，那么时代化就是马克思主义生命力的关键所在，而大众化则是马克思主义力量的关键所在。

毋庸置疑，马克思主义中国化和时代化是统一和紧密联系的，正如前文所说，中国化中的实际是当前的实际，具有一定的时代意义；同时，马克思主义时代化必须与一定的具体实践相结合才能与时俱进，不存在脱离实践的理论发展。但是无论如何，马克思主义中国化和时代化不能等同。

二、必须深刻领悟马克思主义时代化的当代意义和实践价值

从本质上说，马克思主义时代化是马克思主义与时俱进理论品质的集中体现，其当代意义和实践价值主要体现在共产党人"与时代发展同步伐"上。马克思和恩格斯曾明确指出，共产党在当前的运动中同时代表着运动的未来。①这表明与时代发展同步伐是马克思主义政党的突出特点和本质规定，这一特点和性质决定了与时代发展同步伐是共产党人的重要力量源泉。

第一，与时代发展同步伐能使共产党人永远保持旺盛的生命力。对于共产党人来说，因为其是领导革命和建设事业的核心力量，承担着解放人类的历史重托，所以先进性至关重要。正如胡锦涛总书记所说："先进性是马克思

---

① 马克思恩格斯选集（第1卷）[M]. 北京：人民出版社，1995：306.

主义政党的本质属性，是马克思主义政党的生命所系、力量所在。"①实践表明，任何政党的兴衰存亡，归根结底取决于它顺应历史潮流的程度和推动历史前进的作用，取决于人民群众根据其时代表现给予的支持力度和帮助效度。回顾中国共产党90年来的奋斗历程，之所以能够在旧中国各种政治力量的长期斗争和反复较量中脱颖而出，不断发展壮大，最终成为执掌全国政权并长期执政的党；之所以能够团结带领全国各族人民，沿着中国特色社会主义道路奋勇前进，取得改革开放和现代化建设的辉煌成就，使中华民族的伟大复兴展现出了光辉前景，最根本的原因之一就在于中国共产党具有与时俱进的理论品质，始终保持了马克思主义政党的先进性，始终走在了时代前列。

第二，与时代发展同步伐能使共产党人不断吸纳人类文明的优秀成果。马克思主义本身就是与时俱进的典范，它是在产生的历史条件已经具备、沿着概括科学发展新成果的途径上建立起来的，并不断研究和解决随着时代前进和实践发展所提出的新情况、新问题，丰富和发展自己。作为马克思主义政党，具有继承马克思主义作为开放体系兼收并蓄的天然条件。从中国共产党的实践来看，一部中国特色社会主义史，恰恰是一部马克思主义中国化的历史，一部与时代发展同步、广泛吸收和借鉴人类文明成果并赋予其鲜明中国特色的历史。

第三，与时代发展同步伐能不断提高共产党人理论创新的能力。与时代发展同步伐也能推动共产党人在理论上不断开拓进取。江泽民同志指出："创新是一个民族进步的灵魂，是一个国家兴旺发达的不竭动力，也是一个政党永葆生机的源泉。"②共产党人只有与时代发展同步伐，才能拓宽视野，提高党的战略思维、创新思维、辩证思维能力；才能既坚持马克思主义基本原理，又谱写新的理论篇章；才能把时代和实践提供的新经验、新启示、新做法上升为新理论，并用这些创新理论指导新的伟大实践。马克思主义是随着时代和实践发展而不断发展的理论。因此，只有让紧跟时代和保持先进性的理念生生不息地传承下去，并始终贯穿于共产党建设和发展的历史长河，成为永恒不变的主题，共产党人才能在与时代同步发展中不断地进行理论创新，为自己补充永葆生机与活力的理论力量。中国共产党90年的伟大实践及经验证明，共产党人只要保持先进性、坚持与时俱进、积极开拓进取，就能源源不

---

① 十六大以来重要文献选编（下）[M]. 北京：中央文献出版社，2008：525.

② 江泽民. 全面建设小康社会 开创中国特色社会主义事业新局面——在中国共产党第十六次全国代表大会上的报告[Z]. 北京：人民出版社，2002：13.

断地获取时代发展所赋予的巨大力量。

三、必须科学理解马克思主义时代化的基本内涵和理论蕴意

所谓马克思主义时代化，就是把马克思主义基本原理同时代特征相结合，不断吸收新的时代内容，使马克思主义紧跟时代发展步伐。具体标志是：反映时代精神、回答时代课题、引领时代潮流。学者董德兵在 2010 年发表的文章《论马克思主义时代化的精神实质和推进途径》中，认为马克思主义时代化包括三个方面的内容：一是马克思主义理论解读的时代化；二是马克思主义理论创新的时代化；三是马克思主义理论指导实践的时代化。对于"马克思主义理论解读的时代化"的表述，笔者不大赞同。这个表述或者做法都存在我们过去所批判的机会主义、实用主义、修正主义的嫌疑，容易引起误解。时代并不等于时尚，用马克思主义理论解读的时代化，体现更多的可能是时尚而不是时代。

首先，应根据对客观实际的新认识"丰富"马克思主义基本思想的内涵。马克思主义革命性传统内容应包括：鲜明的阶级立场、自觉的批判精神、积极的能动意识和执着的理想信念。在构建和谐社会和倡导科学发展的今天，马克思主义革命性没有消失和过时，而是被赋予为让广大人民共享改革成果、解放思想转变观念、深化体制机制改革、推进理论创新和科技进步、同一切错误思潮做坚决斗争等新的含义。相对于科学发展来说，马克思主义永远是科学性与革命性的统一，离开革命性而单纯强调科学性，马克思主义就会失去其本来面目，就不能发挥推动社会变革和进步的威力；相对于和谐社会来说，和谐社会需要通过斗争性（或革命性）扬弃那些陈旧的、过时的东西，坚决纠正不利于和谐社会建设的错误倾向。这种马克思主义时代化是随着实践的深入和范围扩大，使原来的认识更加深入和拓展了，是客观的反映，是马克思主义的题中应有之义在新的历史条件下被发掘出来了。比如马克思主义的世界历史理论、跨越卡夫丁峡谷理论等就属于这类时代性的新认识。简而言之，马克思主义革命性是马克思主义时代化的一种要求和体现，马克思主义革命性蕴含着马克思主义的时代化。

其次，应根据实践发展产生的新认识，扩展马克思主义的视域。例如在

社会主义生产目的问题上，我们现在强调"以人为本"，就必须把"造福于人民"放到最高的位置上面。科学的发展既不能以手段代替目标，也不能以总体财富增加或 GDP 总量增加为目标，而应以"人民幸福"为目标。"共享改革和发展成果""实现全体人民的幸福"才是科学发展的目标，也是人的现代化的根本或标志。所以，社会主义的生产和发展，应以全体人民群众的幸福度不断提升为目的。从党和政府的工作来看，要增加人民的幸福感或者幸福指数，所做的一切就要让人民生活得更加幸福、更有尊严，让社会更加公正、更加和谐。在这个意义上，科学发展观就是人民的幸福观，社会主义生产目的就是不断增加人民的福祉。而这些，也是马克思主义在时代发展中所拓展的新视域。

第三，应依据新的社会实践概括出既体现时代特征，又符合马克思主义基本原理和精神实质的新理论。比如社会主义市场经济理论、社会主义初级阶段理论就属于这类的时代化。用发展了的马克思主义指导新的社会实践，就是马克思主义时代化的基本内涵。比如我们党用中国特色社会主义理论直接指导当前中国的实践，就属于这类的时代化。2009 年 10 月 26 日，《人民日报》登载了程卫华先生的文章《如何理解马克思主义时代化》，文章指出，"从某种意义上说，中国特色社会主义理论体系正是对我国社会主义建设的国际环境和时代特征进行科学分析的成果"[①]。简单地说，他认为中国特色社会主义理论体系是马克思主义在中国时代化的产物。笔者认为，这种表述也可能存在对马克思主义时代化内涵的片面理解。中国特色社会主义理论体系是马克思主义中国化和时代化的结晶，党的文献指出："中国特色社会主义理论是马克思主义基本原理同中国具体实际和时代特征相结合的产物。"[②]即使必须分出中国特色社会主义理论主要是谁的产物，也应明确其主要是中国化的产物而不主要是时代化的产物。因为中国特色本身就意味着中国化或者民族化，而作为当今时代最显著的特征的全球化，与中国特色恰恰相矛盾：全球化强调的是普遍性，中国特色强调的是特殊性。进一步说，中国特色社会主义理论不是直接从全球化等时代特征得出的结果。总之，在对待马克思主义时代化的问题上，要体现理论上的厚道。

（杨永志：《人民论坛》2011 年第 14 期）

---

① 程卫华. 如何理解马克思主义时代化[N]. 人民日报, 2009-10-26.
② 中国共产党 90 年研究文集（上）[M]. 北京：中央文献出版社, 2011：603.

马克思主义学习型政党与社会主义意识形态建设

党的十七届四中全会提出要把建设马克思主义学习型政党作为当前重大而紧迫的战略任务。这项战略任务的提出，不仅对于提高中国共产党的马克思主义理论水平、保持党的先进性、增强党的执政能力等具有重要的现实意义，而且对于推进党的建设伟大工程和社会主义意识形态建设也具有深远的历史意义。为了深入理解建设马克思主义学习型政党的意义，本文拟揭示马克思主义学习型政党与社会主义意识形态建设的内在联系，探究二者的作用机制，构建二者的互动平台。

一、马克思主义学习型政党与社会主义意识形态建设的内在联系

通常可以把意识形态理解为系统化的思想体系，或者由一定世界观、价值观、人生观构成的观念范式。从学习本身具有的一般功能看，选择学习就是选择进步，因为学能明志、学能养德、学能增智，学习更可以形成、强化、改变和提高人的认识。如果把二者放在一起分析可以看出：首先，意识形态与学习在社会生活中不仅是相近的两个范畴，而且在一定程度上互为条件和相互作用，简单来说就是意识形态指导学习，通过学习又能对意识形态进行调整，二者之间的关系具有有机性；其次，学习可以产生认识，认识可以改变观念，观念可以影响意识形态，在这种环环相扣和依次递进的作用过程中，意识形态与学习之间的关系具有逻辑性；最后，意识形态与学习的关系不受人的左右，体现为社会生活中一种自然和必然的存在，因而二者之间的关系具有客观性。正是在意识形态内涵和学习功能的意义上，我们发现意识形态与学习的关系具有有机性、逻辑性和客观性，并且根据这些关系的基础地位，

将其实质是学习与观念的关系，确定为马克思主义学习型政党与社会主义意识形态第一个层面的联系。

社会主义意识形态是建立在社会主义经济基础之上并与之相适应的，反映无产阶级意志的法律、文化、道德和思想观念的思想体系或认识范式。社会主义意识形态不仅具有任何历史时期意识形态都具有的阶级性，更具有不同历史时期意识形态的核心价值性。进一步说，社会主义的主流意识形态是以马克思主义为指导思想、为核心价值理念、为显著特点的一种意识形态。在社会主义意识形态建设中，坚持马克思主义在意识形态领域的指导地位，是基本前提条件和首要理论任务。若没有或削弱马克思主义在意识形态领域的地位和作用，这样的意识形态也就不能称其为社会主义意识形态。换句话说，马克思主义是社会主义意识形态的核心。所以，社会主义意识形态建设必须紧紧围绕巩固马克思主义地位、坚持马克思主义指导、扩大马克思主义影响、提高马克思主义觉悟、推进马克思主义创新这个核心进行。从我们党的政治属性看，中国共产党是以马克思主义为指导的无产阶级政党。历史上在欧洲工人运动广泛蓬勃兴起的时代，无产阶级政党的派别很多，他们中有些没有以马克思主义为指导，在后来逐步演变成各式各样的社会民主党、工党等。只有真正以马克思主义为指导的无产阶级政党即共产党高举马克思主义的旗帜，以马克思主义理论武装自身并指导实践，马克思主义成为这个政党最明显的标记。由此可见，社会主义意识形态的马克思主义核心性与共产党的马克思主义政党属性相一致、相契合，即一个以马克思主义为核心，另一个以马克思主义为标记，它们都因马克思主义而存在并发生关系，马克思主义是二者之间直接而紧密联系的纽带。正因为如此，这种关系就可以称作纽带性的关系。在这个意义上，我们把这种关系确定为马克思主义学习型政党与社会主义意识形态第二个层面的联系。

我们可以从两个方面来理解马克思主义学习型政党的内涵。一方面，这个概念突出了马克思主义的特征。以往马克思主义经典作家把领导无产阶级解放运动的政党统称为"无产阶级政党"，1848 年《共产党宣言》发表之后，"共产党"与"无产阶级政党"两个概念可以互相替代。在当代"无产阶级政党"异化出社会民主党和工党等情况下，作为"共产党"的另一种表述"马克思主义政党"比"无产阶级政党"的表述更为准确。当然，马克思主义学习型政党的提出，不仅是要表明我们党的政治属性，更是为明确我们党的意识形态属性，特别是为了加强党的思想建设或者意识形态建设。另一方面，这个概念突出了学习型的特征。"学习型"这个词出现在我国的政治生活中是2001年5月在上海召开的亚太经合组织人力资源能力建设高峰会议上,当时江泽民提出21世纪的中国要致力于"构筑终身教育体系,创建学习型社会"。2002年11月党的十六大报告明确提出要"形成全民学习、终身学习的学习型社会,促进人的全面发展"。2004年9月党的十六届四中全会通过的《关于加强党的执政能力建设的决定》第一次明确提出了"努力建设学习型政党"的概念。那么怎样理解学习型政党呢?毛泽东对此的认识是:"全党的同志,研究学问,大家都要学到底,都要进这个无期大学。要把全党变成一个大学校。"[1]邓小平对此的说法是:"我希望党中央能做出切实可行的决定,使全党的各级干部,在繁忙的工作中,仍然有一定的时间学习,熟悉马克思主义的基本理论从而加强我们工作中的原则性、系统性、预见性和创造性。"[2]简言之,马克思主义学习型政党属于社会主义意识形态建设的重要内容。所以,建设马克思主义学习型政党作为中国共产党党内社会主义意识形态建设的一项内容,与全社会的社会主义意识形态建设是部分与整体的关系。在这个意义上,我们把这种部分与整体的关系确定为马克思主义学习型政党与社会主义意识形态第三个层面的联系。

总之,从上述三个层面的联系不难看出,马克思主义学习型政党与社会主义意识形态之间存在着有机性、逻辑性、客观性以及纽带性和部分与整体性的关系,而且这些关系体现为相辅相成的正相关联系。

二、马克思主义学习型政党与社会主义意识形态建设的作用机制

(一)马克思主义学习型政党自身建设的关键性因素及积极作用

(1)马克思主义的优良学风。树立优良学风是马克思主义的一个基本原则,学风的关键性在于它能左右学习的方向、学习的目标和学习的态度。马克思主义优良学风的核心是理论联系实际,包括实事求是、开展调查研究、

---

① 毛泽东文集(第2卷)[M]. 北京:人民出版社,1993:185.
② 邓小平文选(第3卷)[M]. 北京:人民出版社,1993:147.

学用结合、学以致用，反对形式主义、实用主义、经验主义、教条主义，不说套话、空话、官话、废话，向书本学习、向实践学习、向人民群众学习等。只有树立这样的学风，学习型政党的建设才有价值和意义。否则，有可能造就一批主观主义的空谈家、庸俗的事务主义者、不会应用的"饱学"之士。

（2）科学有效的学习方法。学习方法是学习过程中决定学习效果的最根本因素，其关键性在于它决定学习是否有效以及效果的高低。运用科学的学习方法，掌握现代的学习手段，增强学习的针对性和实效性，就能取得事半功倍的效果。相反，学习流于形式、记不住、理解不了、不会抓重点、耗时长而吸收少等等，除了客观的生理或智力原因外，就可能是学习方法有问题。马克思主义历来重视学习的方法问题。马克思和恩格斯"辩证学习"思想，列宁"理论灌输"思想，毛泽东"理论联系实际"思想，邓小平"学马列要精、要管用"思想等，都对学习方法有重要的指导意义。

（3）党的高中级干部带头学习。领导干部不仅是决策者，也应是示范者，在马克思主义和各种科学文化知识的学习过程中，如果领导干部特别是党的高中级干部重视学习、勤于学习、带头学习，就会形成全党的讲学习、爱学习氛围，学习型政党的称号才会名副其实。相反，领导干部不带头学、不真学、学不好，要求广大普通党员学习好就是一句空话。毛泽东一直提倡党的高中级干部带头学，自1945年开始至1975的30多年里，根据不同时期特点和需要，先后数十次亲自为党内中高级干部圈定必读书目；改革开放以来，我们党先后建立和开展"中心组学习"和"中央政治局集体学习"等制度，使党内学习风气日浓。这些不仅表明了我们党的学习型建设一直就在行进之中，而且验证了党的高中级干部率先垂范的带头学习作用至关重要。

（二）建设马克思主义学习型政党对社会主义意识形态建设的促进作用

（1）对社会主义意识形态建设具有直接和重要作用。建设马克思主义学习型政党既是推进党的建设新的伟大工程，也是党的思想建设的主要内容，还是社会主义意识形态的重要组成部分。换句话说，学习型政党建设就是党内的思想建设或者意识形态建设，它对全社会意识形态建设的影响是直接的，而且由于中国共产党是执政党，在新的历史条件下担负着我国民族复兴和现代化发展的重任，处于领导核心的位置，这样的地位就使其影响力非常之大。所以党自身意识形态建设在很大程度上直接左右着全社会的意识形态建设。

（2）对社会主义意识形态建设具有内生性动力作用。建设马克思学习型政党，根本目的是始终坚持不断创新的马克思主义，以不断指导发展的实践。创新是发展的内在动力。纵观中国革命、建设和改革的历史，从以毛泽东为代表的第一代中央领导集体开始，历经几代中央领导集体的解放思想、实事求是、与时俱进，不断推进了马克思主义在中国这片土地上的创新发展，并确保了马克思主义在我国社会主义意识形态领域的指导地位。这一事实不仅证明了党是创新马克思主义的主体，马克思主义创新是党的集体智慧结晶，也证明了党创新马克思主义是社会主义意识形态建设内生性动力的不竭源泉。

（3）对社会主义意识形态吸引力和凝聚力具有增强作用。建设马克思主义学习型政党，直接目的是提高全党的马克思主义理论水平和科学文化素质，从而提高党的先进性、执政能力和领导水平，以及全党的战略思维、创新思维和辩证思维的能力。这些能力的提高，不仅适应社会主义市场经济、全方位的对外开放和信息网络化时代这样三大历史性条件的变化，而且有助于充分发挥社会主义核心价值体系的引领作用，抵御各种错误思想的干扰和不利影响，树立中国特色社会主义的共同理想，增强社会主义意识形态的吸引力和凝聚力。

（三）社会主义意识形态建设对建设马克思主义学习型政党的促进作用

（1）对建设马克思主义学习型政党具有规范和调节作用。马克思认为，"统治阶级的思想在每一时代都是占统治地位的思想"①。就是说，意识形态必然反映统治阶级的意志、利益和愿望。同样，社会主义意识形态也必然对所属的意识形态建设的组成部分如政党学习等做出规范，包括为什么学习、学习什么、怎样学习等。当然，这种规范不是一成不变的，要根据时代和实践条件的变化，特别是社会主义意识形态内在的调整而进行调节。

（2）对建设马克思主义学习型政党具有指导和帮助作用。意识形态属于社会上层建筑，可以在较高的层面反映时代和实践的变化，并对所属子系统做出指导和帮助。在新的历史时期，意识形态能把人们对学习内容的关注引导到中国特色社会主义理论、人类最新知识方面，把学习的重要途径引导到

---

① 马克思恩格斯选集（第1卷）[M]．北京：人民出版社，1995：98．

互联网搜索查询和下载阅读方式等方面，把学习中的集中思考引导到结合社会重点热点问题等方面，把学习的现实目标引导到为提高自身理论水平和专业水平设计等方面，能帮助学习者认清形势、把握方法、定准位置。

（3）对建设马克思主义学习型政党具有拉动或助推作用。当今世界科学技术日新月异，经济和政治形势变化很快，中国特色社会主义建设过程中不断出现新问题和新挑战。社会意识形态建设要求广大党员干部保持先进性状态，不断适应形势变化提高自身理论水平并更新知识，担负起回答和解决自己时代所面临的历史性课题，对社会重大问题和热点问题做出令人信服地阐释。要达到这些要求，就需要不断学习和再学习。所以，社会主义意识形态建设过程，也是在执政党学习和再学习方面不断提出新要求的过程，并在不断的催促和要求过程中产生源源不断的拉动或助推作用。

三、马克思主义学习型政党与社会主义意识形态建设的互动平台

（一）从《决定》精神理解和构筑"两个建设"的互动平台

党的十七届四中全会通过的《中共中央关于加强和改进新形势下党的建设若干重大问题的决定》（以下简称《决定》）对建设马克思主义学习型政党提出了四个方面任务：一是推进马克思主义中国化、时代化、大众化，二是用中国特色社会主义理论体系武装全党，三是开展社会主义核心价值体系学习教育，四是建设学习型党组织。在这四项任务中，推进马克思主义中国化、时代化、大众化，既是建设马克思主义学习型政党的首要任务，也是社会主义意识形态建设的前提和基础；用中国特色社会主义理论体系武装全党，既是建设马克思主义学习型政党的长期战略任务，也是社会主义意识形态建设最具现实指导意义的内容；开展社会主义核心价值体系学习教育，既是建设马克思主义学习型政党的重要任务，也是社会主义意识形态建设的关键所在；建设学习型党组织，既是建设马克思主义学习型政党的基础工程，也是社会主义意识形态建设的伟大工程。

党的十七届四中全会《决定》还对社会主义意识形态建设工作提出了具体要求：一是通过学习增强党员、干部政治敏锐性和政治鉴别力，包括在复

杂多变的形势、大是大非和各种新观念面前始终立场坚定和头脑清醒；二是通过学习自觉划清马克思主义同反马克思主义的界限，包括社会主义公有制为主体、多种所有制经济共同发展的基本经济制度同私有化和单一公有制的界限，中国特色社会主义民主同西方资本主义民主的界限，社会主义思想文化同封建主义、资本主义腐朽思想文化的界限；三是通过学习加强抵制各种错误思想影响的能力，包括反对新自由主义、历史虚无主义、民主社会主义和普世价值论等；四是通过学习不断提高思想道德水平，包括弘扬民族精神、时代精神和践行社会主义荣辱观等。

把我们党建设马克思主义学习型政党四个方面的任务和社会主义意识形态建设的具体要求结合作为"两个建设"的基础，就能构筑既推动马克思主义学习型政党建设，又推动社会主义意识形态建设的互动平台。

（二）从历史经验思考和打造"两个建设"的互动平台

坚持把思想理论建设放在首位，通过党内学习加强党的思想和意识形态建设，是我们党建设的基本经验之一，毛泽东在领导中国革命和建设过程中在这方面树立了典范。毛泽东倡导树立马克思主义学风活动（延安整风运动等），支持编辑和发行马克思主义通俗读物（艾思奇的大众哲学等），组织各种各样的读书会（分组研读苏联政治经济学教材等），兴办各种党的干部学校（陕北公学、延安抗大等），根据不同时期的不同需要确定重点学习内容，向党的高中级干部推荐阅读书目的这些做法值得发扬和光大，这样的历史经验和有效方法在今天仍有传承的必要。

在建设马克思主义学习型政党过程中，除了继续完善"中心组学习"和"政治局集体学习"制度，实施"马克思主义理论研究和建设工程"，以及由中宣部组织编写"热点问题面对面"等做法外，还应根据现实情况，把由毛泽东开创的向党的高中级干部推荐阅读书目的做法，发展成在不同阶段向全党推荐重点学习书目的制度，形成党内学习的五年计划或十年规划，并通过宣传部门组织，掀起主题性学习和讨论的热潮。当前，要把学习重点放在中国特色社会主义理论体系方面，推荐中国特色社会主义理论体系的基本著作，用中国特色社会主义理论体系武装全党，使其转化为高举中国特色社会主义伟大旗帜的坚定意志、中国特色社会主义共同理想的坚定信念、运用科学理论分析和解决问题的实际能力、推动科学发展和促进社会和谐的过硬本领。在学习中国特色社会主义理论体系中，特别要把推荐社会主义核心价值体系著作作为重中之重，这对于目前巩固马克思主义在意识形态领域的指导地位非常重要。总之，通过打造向全党推荐阅读书目的平台，经过一定时期的积累，就会取得党内集中学习的可喜成果，并带动全社会意识形态建设的蓬勃发展。

（三）从时代发展认识和创新"两个建设"的互动平台

建设马克思主义学习型政党与社会主义意识形态建设不仅要紧跟时代发展，而且还要利用时代发展产生的相关科技成果作为有效的方法和手段，特别要同互联网技术及其普遍应用紧密结合起来，创新建设的互动平台。

首先，让网络成为执政党学习的重要手段。近年来，互联网技术突飞猛进和广泛应用，为开放式、互动式学习提供了坚实的技术基础。对于广大党员干部来说，由于网络信息承载量大，可以为其提供所有要学习的内容；网络信息传播快捷，可以第一时间了解党的重大会议内容及最新法规政策；网络信息传播方式多样，可以增强学习的吸引力；网络信息保存完整并"全天候"，便于利用搜索引擎对所需资料随时随地查询；网络信息双向交流便利，可以足不出户交流学习体会和获得进步。除此之外，通过网络学习还有利于广大党员干部在学习中"走出去""沉下去""静下来"。

其次，在网上学习要自觉树立阵地意识。网络的发展正在形成"超国家领域"的影响力，冲击着我国的主流意识形态。目前，世界上支撑互联网唯一的主根服务器在美国，而13台根服务器也多数在美国和西方国家。[①]同时，互联网信息以英语表述为主，西方文化具有强势话语地位，一些政客和学者利用这种优势，打着"网络自由"的旗号，贩卖西方价值观念，我们党员干部在通过互联网进行学习中必须给予高度警惕。一方面不能"因噎废食"，害怕互联网，不敢利用互联网这一科学途径和有效方式学习；另一方面要自觉树立阵地意识，维护网络空间的"国家主权"，吹响意识形态领域斗争的"集结号"，使广大党员干部利用网络学习获得进步，通过网络锻炼意识形态战斗力，逐步开创出互联网上马克思主义学习型政党和社会主义意识形态建设相互促进的新平台。

（杨永志、朱健：《中共天津市委党校学报》2010 年第 6 期）

---

① 钟声. 是捍卫"自由"还是捍卫"霸权"［N］. 人民日报，2010-01-26.

充分认识物联网在经济社会发展中的作用

　　国际金融危机爆发以来，为尽快摆脱危机影响，许多国家都在寻求和培育新的经济增长点。正是在这种大背景下，全面建设和推广物联网被提上议事日程。科学认识物联网这一新生事物，认真评估物联网对经济社会发展的影响，及早作出战略部署，抢占这一新兴产业的制高点，对于促进我国经济社会又好又快发展具有重要意义。

　　物联网最初是以美国麻省理工学院 Auto-ID 中心研究的产品电子代码为核心，利用射频识别、无线数据通信等技术，基于计算机互联网构造的实物互联网。简单地说，物联网就是将各种信息传感设备如射频识别装置、红外感应器等与互联网结合形成的一个巨大网络，让相关物品都与网络连接在一起，以实现物品的自动识别和信息的互联共享。

　　从本质上看，物联网是生产社会化、智能化发展的必然产物，是现代信息网络技术与传统商品市场有机结合的一种创造。这种创造不仅可以极大地促进社会生产力发展，而且能够改变社会生活方式。一方面，物联网对社会生产方式必将产生深刻影响。物联网把信息网络技术、传感器技术等应用于各个行业、各个产业，组成一个庞大网络，使人们能够通过互联网监控处于庞大网络中的物品运行情况，从而实现对物的智能化、精确化管理与操作。物联网的发展不仅能使生产确保质量、流通实现有序高效、资源配置更加合理、消费安全指数大大提高，而且将催生新兴产业、新的就业岗位和职业门类。可以说，物联网的发展将使生产领域和流通领域发生革命性突进，使劳动产品更多地具有人的智慧，进而引起生产力和生产方式的变革。另一方面，物联网对社会生活方式也将产生深刻影响。物联网是在互联网的基础上建立起人与物的充分沟通，在现代综合技术层面上达到人与物的智能化交流，这对社会生活具有非常重大而深远的意义。"国际电信联盟"曾在一份报告中这样描绘物联网对人们生活的影响：当司机出现操作失误时汽车会自动报警；

公文包会提醒主人忘带了什么东西；衣服会告诉洗衣机对颜色和水温的要求。的确，这些现在看来似乎不可能的事情，随着物联网的发展也许在将来会成为平常事。而且，随着社会生产方式和生活方式的转变，人们的思想观念、思维方式也将发生深刻变化。

要占领物联网这一新兴产业发展的制高点，我们必须及早作出战略部署。一是重视物联网发展长远规划的制定。着眼于推动我国经济长期平稳较快发展，将物联网的发展与提高我国自主创新能力、推动产业结构调整和升级、实现经济发展方式转变结合起来。发展物联网是复杂的社会系统工程，需要社会各方面的参与和支持。在这方面，应作出统一规划。二是推进物联网技术研发。物联网是科技进步的产物，其发展很大程度上依赖于技术是否成熟。当前，建设物联网的技术已基本成熟，但仍有许多问题需要进一步研究。应鼓励我国科研机构积极进行相关技术研发，努力掌握核心技术。三是鼓励和支持企业参与物联网建设。物联网发展几乎涉及所有企业。应从政策上鼓励和支持企业敏锐抓住现代科技发展带来的机遇，高度关注物联网发展动向，参与物联网建设，分享物联网成果，充分利用新技术手段提高自身生产服务水平和市场竞争力。

（杨永志：《人民日报》2010-02-03）

互联网：学习型党组织的新平台

首先，要让互联网成为执政党学习和提高素质的重要手段。近年来，互联网技术突飞猛进和广泛应用，使传统的学习方式发生了根本性变革，也为执政党学习提供了现代化条件。对于广大党员干部来说，由于互联网的信息承载量大，可以为其提供所有要学习的各种内容；网络信息传播快捷，可以第一时间了解党的重大会议精神及最新法规和方针政策；网络信息传播方式多样，可以增强学习的吸引力；网络信息保存完整并"全天候"，便于利用搜索引擎对所需资料随时随地查询。如此等等，为学习知识和观念更新提供了可能。当今世界科学技术日新月异、经济和政治形势变化很快，中国特色社会主义建设过程中不断地出现新问题和新挑战。面对新形势新挑战，党的建设客观上要求广大党员干部必须不断适应形势变化，努力掌握和运用一切科学的新思想、新知识、新经验。而互联网所具备的特殊功能和所提供的现代化学习条件，正可成为执政党不断学习和提高自身素质的重要手段。通过打造执政党的互联网学习平台，不仅有利于提高全党的马克思主义和各种科学文化水平，更有利于从动态上保持党的先进性。

其次，要把互联网作为向实践学习和群众学习的有效途径。互联网不仅提供了"积极向书本学习"的条件，也创造了"积极向实践和向群众学习"的新途径。由于互联网为开放式的现代学习方式提供了坚实的技术基础，因此在互联网世界里，人们可以把过去那些只能来自亲身实践的体会，亲自调研的材料，亲手接触的工作，通过参与互联网的某些活动来获得。尽管互联网不能完全取代社会实践和人民群众，但是互联网的确可以营造人民群众生机勃勃实践活动的场景和氛围，使人在虚拟的网络空间里获得真实生活的体验，包括了解大多数群众的利益关切和政治诉求、思想活动和价值取向、普遍问题和民生百态。进一步说，互联网世界有利于广大党员干部在学习中"走出来"和"沉下去"，可以获得向实践学习和群众学习的效果。可见，打造执政党的互联网学习平台，不仅能开辟开放式学习的有效途径，而且有助于学习者了解改革发展的实际，把学习和实践有机结合起来，掌握推动科学发展和促进社会和谐的过硬本领，不断提高我们党的执政能力。

再次，要利用互联网架设基层党组织和党员学习交流的桥梁。互联网上信息可以"双向"交流，这一功能有利于学习过程中进行互动。由于党的基层组织比较分散，加之社会主义市场经济体制建立后各种新经济组织和新社会组织层出不穷，使党员流动性、分散性显著增强。基层党组织和分散的党员如何进行学习，是建设马克思主义学习型政党亟待解决的重要课题。针对这种情况，应充分发挥互联网信息交流的桥梁作用。在纵向上，通过建立"网上党校""网络党组织"等方式，和开辟"党建热点""学习信息快递""党课指南""支部生活"等栏目，开展对基层党组织和分散党员的网络学习和教育，及时向他们传达党中央最新理论精神，布置上级党组织各项学习任务和要求，并把下面的意见及时向上级党组织反馈。在横向上，通过创办"党员论坛""党员之家""党内民主生活会"等形式，和设置"留言板""网上信箱""问题讨论"等栏目，开展基层党组织和分散党员学习体会的网上交流。以这种学习交流的桥梁为平台，将有助于奠定建设马克思主义学习型政党的坚实基础。

最后，要利用互联网拓展建设学习型党组织的阵地。充分发挥党校、行政学院、干部学院在教育培训中的主渠道、主阵地作用，发挥高等学校、社科研究机构以及部门和行业培训机构的作用，努力改进培训方法，提高培训质量。充分运用好各级各类新闻媒体和互联网、手机等新兴媒体，引导其发挥自身优势。积极运用信息网络技术手段，加强党员干部远程教育、电化教育等学习教育网络建设，加强数字图书馆、数字出版物等网络学习教育平台建设，推进文化信息资源共享工程建设，不断提高党员干部学习教育的信息化水平。今后，针对部分流动党员因长期在外，党员意识逐渐淡化、作用发挥不明显的问题，为了巩固和拓展党的专题教育成果，必须搭建专门的学习平台，结合家乡变化的实际，让在外打工的流动党员通过不断学习，使他们的思想跟上时代发展的节奏，充分发挥每个党员的先锋模范作用。

总之，把马克思主义中国化、时代化、大众化的一些好经验，把增强社会主义意识形态吸引力凝聚力的好做法，与互联网结合起来是打造互联网建设马克思主义学习型政党新平台的重要举措。

（杨永志：《光明日报》2010-02-28）

天津滨海新区应紧紧抓住物联网发展新契机

2010 年 3 月 5 日，温家宝总理在十一届全国人大三次会议所作政府工作报告中首次提出，要把物联网作为大力培育的战略性新兴产业之一，加快其研发和应用。物联网作为一种新的技术和产业，是将射频识别装置、红外感应器、全球定位系统、现代通信手段等各种信息传感设备与互联网结合起来形成的智能化网络，它是经济社会和科学技术发展到一定阶段的产物。物联网的出现，不仅实现了各种现代技术的综合运用并开辟了新的产业领域，使物流发展和管理进入到一个崭新的时代，而且对于促进产业结构调整、转变地区经济发展方式具有特殊的作用。滨海新区在进一步战略发展中，应紧紧抓住物联网技术和产业发展的新契机。如何认识物联网这一人们还比较生疏的新生事物，它对我国正在进行的转变经济发展方式有什么意义，以及天津滨海新区如何把物联网作为转变经济发展方式的新契机，是本文集中要研究的内容。

一、物联网对转变经济发展方式的作用和影响

目前，我国政府已把物联网作为一项战略性新兴产业来对待。有人预测，物联网给人类社会带来的影响和变革，可能远远大于互联网。物联网除了自身具有的优势地位和发展价值之外，它对转变经济发展方式具有非常重要的作用和影响。

1. 物联网的兴起有助于新技术在经济领域的运用

转变经济发展方式首先要以技术进步为依托。我们认为，物联网既是技术进步的产物，又是推动生产领域和流通领域发展革命性突进的一项新技术。如果说计算机的广泛应用是第一次信息产业浪潮，那么互联网和移动通信网

应是第二次信息产业浪潮，而物联网的兴起则是第三次信息产业浪潮。物联网具有高度的创造性、渗透性和带动性，除了对物流业、社区管理业和电子信息元器件业有直接的影响外，对工业、农业、环境等领域都有无与伦比的巨大影响。与传统技术创新不同，物联网是将各种新技术综合起来运用，它把生产、交换、分配、消费紧紧地连接在一起，从而创造出新的生产力。同时，面对经济发展中高消耗、高污染和资源环境等问题的约束，只能通过相关新技术的应用才能解决问题，物联网在这些方面大有可为，它通过各种传感装置的使用，感应信息的获得，实现人与人、人与物、物与物的充分沟通和智能化管理，从而大大提高生产水平和经营效率。从根本上说，经济活动中的高消耗和高污染还是由于技术进步的水平不够，在加强管理的前提下，新技术的创造和应用是关键，而物联网在经济领域的运用，其主要贡献在于提升管理水平、提高效率、实现节约，所以正可扮演减少消耗、污染、排放这样的技术角色。

2. 物联网的兴起有助于实现我国产业结构的调整

转变经济发展方式重要的内容之一是调整产业结构。我们认为，物联网技术的形成催生了新的经济形式和新的经济产业，并对传统产业形成剧烈的冲击，促使其发生变革。社会经济的产业结构比例是衡量一个国家经济发展水平的重要指标。我国的产业结构长期处于不合理的状态，尤其是第三产业的比例较低，仅占国民生产总值的 42.6%，远远低于发达国家 80%的水平，更低于世界平均水平 60%的标准。因此，要促进我国经济的健康发展，就要在"做优"第一产业、"做强"第二产业的基础上"做大"第三产业。未来一个时期，我国产业结构优化升级的方向是以高新技术产业为驱动力，以现代服务业和现代制造业为前导，带动产业结构的整体升级。在科学技术迅速发展的今天，充分发挥高新技术在产业结构调整中的作用，是建构我国现代服务业和现代制造业的技术支撑。物联网是高新技术产业的重要组成部分，它所提供的服务属于现代服务业，它所依靠的技术属于现代制造业。因此，物联网的发展把现代服务业与制造业的发展有机地结合起来，从而使我国的产业结构更趋于合理。

3. 物联网的兴起有助于我国经济发展找到新的增长点

转变经济发展方式还应寻求新的经济增长点。胡锦涛同志指出："实现科学发展，必然要求我们以解放思想为先导，以改革创新为动力。"①转变经济发展方式的一个重要内容是在解放思想的前提下，创造出更加科学、更为有效、更能持续的新的经济增长点作为我国经济持续发展的动力。从目前世界科技走向、经济态势、产业发展端倪来看，物联网具有促进持续发展的新经济增长点的品相。一方面，物联网本身的产业发展前景十分广阔，具有发展的潜质。目前，物联网已被正式列为国家五大新兴战略性产业之一，它自身就能够打造一个巨大的产业链。据专家预计，以当前的发展势头，到 2015年中国物联网整体市场规模将超过 7500 亿元，年复合增长率超过 30%。另据美国研究机构 Forrester 预测，物联网所带来的产业价值要比互联网大 30倍，物联网将会形成下一个万亿元级别的通信业务，产业的裂变性非常诱人，产业发展的持久性非常远大。另一方面，物联网的核心性和带动性的作用强大，具有战略发展的重要价值，有利于扩大生产性内需并驱动经济发展。我国现在服务业占 GDP 的比重明显偏低，尤其是同国内庞大的工业规模相比，生产性服务业发展严重滞后，成为制约我国转变经济发展方式的重要障碍。而从物联网的属性来看，它是生产性的服务业，它的发展能极大促进现代金融、现代物流、商务服务、信息服务、技术研发服务等重点产业的发展，并带动我国生产性服务业整体发展与功能提升，尤其是这些行业的经济持续增长。

二、天津滨海新区要紧紧抓住物联网勃兴带来的新契机

在科学发展观指导下，滨海新区在转变经济发展方式中，要紧紧抓住我国把物联网作为战略性新兴产业这一契机，通过发展物联网使新区经济跃上新台阶。

1. 滨海新区为什么要抓住物联网勃兴带来的新契机

首先，物联网的科技含量高，发展前景广阔。2009 年在全球经济危机的不利影响下，滨海新区逆势而上，GDP 增速继续在全国保持领先，实现国内生产总值 3760 亿元，增长 23.5%，占天津市比重约 53.7%。这些都与滨海新区经济发展技术含量高有直接的关系。长期以来，在滨海新区，一批国家级、

① 胡锦涛. 切实搞好深入实践科学发展观活动 把贯彻落实科学发展观提高到新的水平[N]. 中国青年报，2008-09-20.

省部级研发中心和行业技术研发中心相继建成，初步形成了多层次的科技创新平台，近两年先后投资 300 多亿元，组织实施了 100 多项重大高新技术产业化项目，使新区高新技术产业产值占工业产值的 48%。物联网作为技术创新的最新体现，属于先进生产力的范畴，它的出现为经济进一步发展提供了坚实的技术基础。滨海新区要想实现经济社会的持续发展，并不断跃上发展的新台阶，就必须突出发展物联网这一类科技含量高的战略性新兴产业，推动高水平的科技创新中心和研发基地在滨海新区早日形成。

其次，物联网产业方兴未艾，产业品性优良。在未来发展中，滨海新区提出"把继续推进产业结构的'高端化、高质化、高新化'作为主攻方向，以培育持续发展的内生动力为目标，积极打造自主创新的新平台，形成'高速、高效、低碳'的经济发展局面"。目前，在世界 500 强企业中有 120 多家入驻新区，航空航天、电子信息、装备制造、现代冶金等八大高端制造业高地初步形成。2010 年，滨海新区又打响了临港工业区、中心商务区、中新生态城、东疆保税港区等建设项目的"十大战役"，将构筑高端产业新优势，推动新区成为高端产业聚集区、自主创新领航区。物联网作为战略性新兴产业，其发展显示出勃勃的生机与活力，蕴藏着巨大的商机，它的发展不仅完全符合滨海新区的产业发展方向和要求，而且对于实现该区产业调整具有不可替代的作用，是增强其自身实力的着力点和促进产业升级的最佳选择。

最后，物联网发展与滨海新区整体发展目标相契合，能为转变经济发展方式作贡献。滨海新区发展给我们提供的经验是，要紧跟时代发展步伐，抓住科技革命的新成果，顺应经济发展的大趋势。当前，全国都在致力于经济发展方式的转变，滨海新区尽管"高消耗、高污染、低产出"的情况相对要好一些，但也不是不存在这方面的问题，所以转变经济发展方式同样刻不容缓。否则，就会变优势为平势，甚至劣势。因此，滨海新区必须抓住产业结构调整机会，抢占科技研发的制高点，利用原有的基础和优势，在发展物联网产业过程中增强竞争力，推动经济发展方式的转变。

2. 滨海新区应如何抓住物联网勃兴带来的新契机

滨海新区在物联网发展方面大有可为：

第一，结合其他国家和地区的经验，制定出物联网科学发展的产业政策。一方面滨海新区政府本身应从财政上加大资金投入量，为物联网发展奠定坚实的物质基础，同时积极出台各种鼓励和优惠政策，为物联网发展创造宽松环境；另一方面滨海新区政府要发挥调控和引导作用，特别要积极引导滨海新区的众多企业和科研单位把资金和技术投入到物联网的研究和推广上面，推动物联网短期内在滨海新区形成规模并产生示范效应。

第二，把物联网作为优势产业优先发展，做好战略性新兴产业的长远规划。滨海新区在物联网长远规划上，包括要站在全球化的高度，把物联网作为大项目好项目对待；以龙头企业为核心，以重大科技攻关项目为重点，实行产学研结合，通过技术扩散和产业群活动，扶持一批大企业、大集团作为物联网产业发展的支柱；改善物联网产业创新的环境，推动物联网技术的突破；谋划如何抢占技术的制高点，提高物联网产业的竞争力。

第三，在物联网装备上集中力量，积极进行相关的电子元器件生产。在滨海新区原有电子信息产业比较发达的基础上，形成完整的物联网装备基地，特别是相关的电子元器件研发和制造体系。时下，尤其要首先发展物联网所需的电子芯片、激光扫描器、摄像头、红外感应器、智能卡、手机等信息传感设备。同时，不断加大在物联网产业链上的技术创新与生产投资，积极设计、试验，并建立健全物联网先进系统，实现各个相联网络的并网和畅通无阻，以及建立研发中心，提供相应的各种配套软件。

第四，依托滨海新区人才和技术优势，试办港口物流、企业营销、小区管理、疾病监护、绿色食品基地等方面的物联网。当前，滨海新区人才济济，技术领先，电子信息业比较发达。这为率先试办物联网提供了有利条件。为此，应充分利用这种条件，设计出一些物联网方面的完美艺术杰作，为其在滨海新区全面推广做出示范，使相关部门、相关企业、广大百姓了解并参与其中，带动物联网在新区的迅速发展。

第五，根据滨海新区现有的基础和条件，重点发展物流业方面的物联网。物流业在欧美国家的成本只占 GDP 的 9%，而我国平均占到 18%。总体上看，我国的物流业管理比较粗放，运营成本过高。天津滨海新区尽管物流业的现代化程度较高，但是物流成本也存在偏高问题，其原因不在"硬件"方面，而主要是空车往返、仓储调动等智能化管理不够。目前，滨海新区物流的优势主要在其地理位置、空港条件和成熟的国际采购营销网方面，降低成本的余地主要在发展物联网上，如果能广泛发展和应用物联网，物流业总体竞争力必将大大提升。

（杨永志、高建华：《港口经济》2010 年第 5 期）

试论物联网在我国的科学发展

2009 年 8 月 7 日，温家宝总理到中国科学院无锡高新微纳传感网工程技术研发中心视察并发表讲话，强调要加强物联网建设。将微纳传感网工程技术中心项目引入无锡新区并落户的专家马晓东表示，未来 3 至 5 年物联网可以在信息发达的城市建立起来。随着物联网时代的到来，必须深入了解和认识物联网，更好地利用物联网为我国社会主义现代化建设服务。

一、物联网的概念及认识

2008 年下半年全球金融危机爆发以来，在经济下滑与失业率上升等不利因素影响下，许多国家都在试图谋求新的经济增长点，以实现经济的快速恢复与振兴。从历史上看，几乎每一次大的世界性危机，都会催生出一些具有里程碑意义的新技术，而新技术的应用与发展也会反过来对摆脱危机产生极为重要的作用。正是在这样的大背景下，物联网的全面建设与推广被许多国家提上议事日程，成为众多国家走出"经济沼泽"的选择。2009 年初，美国总统奥巴马就职后，将新能源和物联网列为振兴美国经济的两大武器。目前，我国也开始了加速推动物联网建设的进程。

物联网最初是以美国麻省理工学院自动化识别系统中心（Auto-ID Center）研究的产品电子代码（Electronic Product Code，EPC）为核心，利用射频识别（Radio Frequency Identification，RFID）、无线数据通信等技术，基于计算机互联网构造的一个覆盖世界上万事万物的实物互联网。①简单来讲，物联网就是将各种信息传感设备，如射频识别装置、红外感应器、全球定位

---

① 贾凯，刘慧，王保松. 物联网在我国医药流通中的应用研究[J]. 商业经济文荟，2005（5）.

系统、通信等各种装置与互联网结合起来而形成的一个巨大网络，它使所有物品都与网络连接在一起，方便识别与管理。①物联网的实质在于，利用射频自动识别技术，通过计算机互联网实现物品（商品）的自动识别以及信息的互联与共享。②

物联网是继计算机、互联网和移动通信网络之后世界信息产业的第三次浪潮。它把信息技术（Information Technology，IT）充分应用于各个行业、各个产业，通过把感应器安装在各种设备与装置上，即各种"物"上，组成一个庞大的物联网。然后，通过互联网，使人们能够对处于庞大网络中的人与设备等的运转情况实施监控，达到人与物的沟通和交流，实现对"物"的智能化、精确化监管与操作。物联网是一项十分复杂的技术，对精准化要求极高，它需要建立起庞大的网络。这个网络的建设涉及社会的方方面面，蕴含着巨大的发展潜力与市场潜力。据专家预计，这项技术将发展成为一个上万亿元规模的高科技市场，对我国经济发展与社会进步以及我国在电子通信技术方面国际地位的提高具有极为重要的作用。物联网是经济社会发展必然的产物，也是我国加快实现现代化的必然选择。

对于物联网的出现和迅速扩展，不仅要站在科技创新和新生事物的高度去加以认识，还要站在马克思主义认识论的高度进行审视，特别要用马克思主义世界历史的理论予以解读。早在160多年前，马克思和恩格斯就曾在《共产党宣言》中指出："资产阶级，由于开拓了世界市场，使一切国家的生产和消费都成为世界性的了。"③在这样的背景下，"过去那种地方的和民族的自给自足和闭关自守状态，被各民族的各方面的互相往来和各方面的互相依赖所代替了"④。并且为了"不断扩大产品销路的需要，驱使资产阶级奔走于全球各地。它必须到处落户，到处开发，到处建立联系"⑤。马克思主义经典作家这些用阶级分析的观点认识资产阶级历史作用的思想，也是今天我们正确认识物联网本质的基础。如果抛开资产阶级的作用，物联网的发展实质上是市场经济和信息时代使然，是信息网络与商品市场有机结合的一种创造。这种创造不仅极大地促进了社会生产力的发展，也极大地推动了各国的开放

---

① 马晓东. 五年内建立中国物联网[EB/OL]. http://tech.163.com/09/1019/00/5LURR7MK000915BE.html，2009-10-19.

② 朱砝. 物联网概念股横空出世[EB/OL]. http://stock.sohu.com/20090916/n266766027.shtml，2009-09-16.

③ 马克思恩格斯选集（第1卷）[M]. 北京：人民出版社，1995：275-276.

④ 马克思恩格斯选集（第1卷）[M]. 北京：人民出版社，1995：275-276.

⑤ 马克思恩格斯选集（第1卷）[M]. 北京：人民出版社，1995：275-276.

与联系以及全球化的发展，引领人类走向更高的文明时代。

推动物联网在我国的发展，也是在经济社会领域贯彻落实科学发展观的一种体现。正如胡锦涛所指出的那样："实现科学发展，必然要求我们以解放思想为先导、以改革创新为动力。"①当前我国发展物联网，一方面有助于提升创新发展与中国创造的水平，加快社会进步的步伐。实践证明，创新发展与中国创造是中国特色社会主义的动力源泉，而中国特色社会主义又是科学发展的光辉结晶。另一方面，发展物联网有利于转变经济发展方式，实现国民经济又好又快发展的目标。物联网作为科技进步的产物，它的广泛发展不仅能推动产业结构调整与升级，而且有利于经济发展方式的科学化，为中国特色社会主义发展奠定坚实的物质基础。总之，作为新生事物的物联网，其发展特点与普及价值完全符合以人为本、全面协调可持续发展的科学发展观的要求。

二、物联网对当代经济社会的深刻影响

每次重大的科学技术进步都会使社会生活发生巨变。技术变革的成果渗透在政治、经济、文化、社会等各个层面。当前，物联网作为一种新兴的技术力量，它所带来的变化已经初露端倪。物联网的出现和发展将极大地促进社会生产力的发展，丰富社会生活。可以说，物联网将在一定程度上改变社会的生产方式、生活方式，进而改变人们的生存方式。如果说与互联网相伴随的是信息化的飞速发展与虚拟世界的快速扩展，那么与物联网相伴随的则是信息技术的飞跃与智能化的大踏步迈进。

（1）物联网的出现和发展在一定程度上促使生产方式发生改变。当代经济的发展需要对生产方式进行不断变革。生产方式是一定的社会发展水平下生产力与生产关系相互作用的结果。马克思说："随着新的生产力的获得，人们便改变自己的生产方式，而随着生产方式的改变，他们便改变所有不过是这一特定生产方式的必然关系的生产关系。"②因此，生产力、生产关系与生产方式之间的关系可简单表述为：生产力的变化决定了社会生产方式的变化，进而改变了社会的生产关系即生产力-生产方式-生产关系。生产方式具有鲜

---

① 胡锦涛. 努力把贯彻落实科学发展观提高到新水平[J]. 求是，2009（1）.

② 马克思恩格斯资本论书信集[M]. 北京：人民出版社，1976：17.

明的与时俱进性，它随着生产力的发展而改变。

生产力变革的实质在于不断进行科技创新、制度创新，并通过这种创新不断建立适应社会发展的物质基础。"科学技术是第一生产力"，科技创新是生产力发展的核心因素。物联网作为技术创新的最新体现，作为先进生产力，它的出现与发展为生产力的进一步发展提供了坚实的技术基础和物质基础，也为生产方式的改变奠定了基础。

在物联网生产方式下，如何生产以及为谁生产都将发生变化。传统的借助于机器生产的方式将升级为借助于强大的物联网技术来进行生产，社会经济结构将发生变革。物联网技术是物联网经济发展的基础，借助各种识别技术，把物与互联网连接起来，组成人与物、物与物直接沟通的网络。物联网技术为物联网经济的产生与物联网社会的崛起提供了技术支持。物联网技术的形成催生了新的经济形式与新的经济产业，并对传统产业形成了剧烈的冲击，促使其发生变革。在物联网生产方式下，信息技术飞速发展，它所承接与处理的信息量远远多于传统意义上的信息交换，并将在完全崭新的层次、领域和范围内展开新的物质交换活动。借助于物联网技术，有形经济与无形经济将得到全面结合，从而使物联网经济成为当代经济发展的全新形态。同时，物联网的发展也将促使社会生产关系发生变革。在生产目的方面，物联网时代的生产更加注重人的主体权利以及人们对商品的知情权，生产过程更加人性化，生产动机更加注重人的本质，能促使当代社会中存在的环境问题、资源利用问题被提到更高的高度。对人类自身发展的关注，对社会关系的调整以及对资本的扬弃，将成为物联网时代发展的趋势。

（2）物联网的出现和发展在一定程度上促使生活方式发生改变。马克思认为："物质生活的生产方式制约着整个社会生活、政治生活和精神生活的过程。"①物联网的出现和发展改变着社会的生产方式，并进一步改变着社会的生活。社会生活在物联网影响下产生的变化将是翻天覆地的。马晓东也曾经指出，物联网用途广泛，遍及智能交通、环境保护、公共安全、工业监测、老人护理、个人健康等几乎所有的领域，具有非常广阔的发展前景。物联网的广泛应用将使人们充分感受到智能化的力量。国际电信联盟2005年的一份报告曾这样描绘物联网时代的图景：司机出现操作失误时汽车会自动报警；公文包会提醒主人忘带的东西；衣服会"告诉"洗衣机对颜色和水温的要求。

① 马克思恩格斯选集（第2卷）[M]．北京：人民出版社，1995：32．

首先，物联网信息服务系统的建立，将促使政府办公效率大幅提升，提高政府办公的透明度。一方面，通过物联网，政府机构可以更好地监测各个社会公共部门的运转情况，了解社会基础设施以及社会经济、环境等的发展状况，及时调整政策与措施，合理配置并优化资源，更好地适应社会的进步与经济的发展。同时，物联网的应用有利于各政府部门之间的沟通与交流，使之能够及时监测到出现问题的环节，并对各政府部门之间的责任进行理清，及时发现并解决问题。另一方面，在物联网环境中，公共权力的透明度将得到提高，政府不仅能对危害社会的行为进行及时监控，公民也可以通过物联网对政府决策进行有效监督。

其次，物联网的迅速发展对经济的刺激作用是巨大的。与互联网的发展十分相似，物联网也将成为一个促进经济发展的战略选择。物联网建设涉及社会生产生活的各个方面，仅用于动物、植物、机器等的传感器一项，其需求量就将远远超过手机的数量，可以创造大量的经济效益与就业机会。有专家预计，物联网技术将发展成为一个上万亿元规模的高科技市场。同时，物联网的发展将改变社会经济发展模式，调整产业结构，改变社会生产、交换、分配、消费的形式。物联网的发展将成为未来经济发展的助推器与国家经济力量的一个重要指标和参数。

互联网在不知不觉中改变了我国的政治文化、社会文化甚至企业文化，物联网的影响也同样会涉及社会文化的各个层面。马克思认为，经济基础决定上层建筑。文化作为上层建筑重要的组成部分，必然也会受到物联网经济的影响。物联网时代打破了互联网时代人与物沟通的限制，在真正实现人与物沟通的同时，还促进了物与物的沟通，在各个领域实现了人与物的智能化交流。这种交流冲破了传统文化交流的限制与障碍，在一定程度上加速了各种文化及文化实体之间的融合。物联网的广泛应用还将促进生态文明建设，促进人与物之间的交流，有利于环境保护、生态文明建设乃至整个社会文明程度的提高。

（3）物联网的出现和发展在一定程度上促使生存方式发生改变。与互联网一样，物联网并不仅仅是一种技术或工具，它更主要的作用在于为我们描绘一幅全新的社会蓝图，它不仅会改变社会的生产方式和人们的社会生活，还会在更深层面上改变人们的行为方式与思维模式，即人们的生存方式。物联网有可能在一定程度上起到重塑人们对社会的认知及改变人们行为习惯的作用。

　　首先，物联网将改变人们的行为方式。物联网时代是一个智能化的时代。物联网使人们的生活拟人化了，使万物都成了人的同类。人们可以通过智能化的控制与管理系统实现对物体的操控，从而提高物体的利用效率，节约能源，实现对各种物品的智能化管理。一方面，人们在这样的社会环境下可以更为方便地了解物品信息。例如，动物溯源系统的实现就可以使人们清楚地了解肉制品的安全性与质量。另一方面，物联网的发展更加注重人性化。面对拥挤的马路、破损的电梯，可以借助智能交通系统、智能电梯功能等发现问题并提出建议，以便更好地解决问题。在这样的社会中，人们的行为方式将变得更加简便与智能。

　　其次，物联网将改变人们的思维模式。物联网的不断发展将使人们更加深刻地感受到国际化氛围。物联网时代更加注重国际化沟通与合作，人们也更加注重自己全球化思维模式的培养，积极利用全球化的信息与服务为自身及社会服务。同时，物联网作为一个资源整合与优化配置的有效平台，它的发展必将促进人们思维的整体化，要求人们思维的创新性，实现资源的最佳利用与最大整合。物联网有利于促进人与物、物与物之间的沟通和对话。这种行为模式有利于人们互动式思维模式、开放性思维模式、反思性思维模式的建立。而在所有思维模式的转变中，创新性思维模式将成为核心。在物联网不断发展的过程中，人们将不断创新思维，以提升社会的智能化水平。在这个过程中，人们的思维模式必将受到影响进而发生变化。

三、推动物联网在我国科学发展的主要策略

　　物联网时代离我们越来越近了，为加快物联网时代的到来，更好地适应物联网时代，应在以下几个方面进行努力。

　　（1）各级政府要加大对物联网的资金与政策扶持力度。物联网是一项复杂的社会工程，它的发展需要社会各界的广泛支持。一方面，各级政府本身要从财政上加大资金投入量，为物联网发展奠定坚实的物质基础，同时出台各种鼓励和优惠政策，为物联网发展创造宽松的环境；另一方面，各级政府要发挥调控与引导作用，特别是积极引导社会上更多的企业与科研单位把资金和技术投入到物联网研究推广上面，推动物联网短期内在我国形成规模并产生示范效应。互联网革命从某种程度上讲是由美国"信息高速公路"战略

催熟的。20 世纪 90 年代，美国在克林顿任总统期间，计划用 20 年时间，耗资 2000 亿—4000 亿美元建设美国国家信息基础结构，这项计划及支持措施最终导致国际互联网形成，并创造出了巨大的经济和社会效益。今天我们发展物联网，同样需要前期大量的资金投入和政策扶持。只有如此，才有可能实现相关战略发展目标。

（2）各类科技部门要积极进行物联网方面的研究与完善工作。物联网是科技进步的结果，而科技进步是科研人员辛勤劳动的结晶。相关科技部门要积极组织人员集中进行技术攻关；相关科技人员要继续开拓进取，不断完善物联网技术；相关技术推广单位要敢为人先，排除各种困难进行推广应用。当前，尽管物联网技术基本成熟，但仍然存在两个方面的问题需要我们特别注意：一个是安全问题，这方面必须吸取互联网建设过程中的经验和教训，在技术开发与标准制定上提前做好安全工作，包括密码保护、标识解读、环节链接、人与物沟通等方面的工作；另一个是配套支持技术问题，要在互联网基础上综合各种技术手段，形成专业的网络系统，进行配套网络建设。同时，针对不同的行业研究特需技术，解决"通用"过程中存在的"个别"问题，以此提高物联网应用的广泛性和有效性。

（3）广大生产者和消费者要尽快进入物联网世界，领略物联网的风采。对企业来讲，要紧跟科学发展潮流，关注物联网发展动向，参与物联网建设，分享物联网发展成果，把握现代科技发展机遇，充分利用新技术手段提高自身生产服务水平与市场竞争力。特别在当前国际金融危机影响尚未完全消除的时候，更要顺势而为，争得先机。对消费者来讲，要解放思想，以共建共享的原则对待物联网这一新生事物，变被动接受为主动参与，积极支持物联网发展，主动反馈物联网发展中存在的问题，根据消费体验提出完善性意见，由此汇聚成物联网发展和普及的强大动力。

（4）国家相关管理部门要及时制定和完善物联网的科学标准。物联网的发展需要一个统一、规范的标准体系，这是确保其健康发展的一个重要条件。目前，我国物联网标准体系已经初步形成，在电力、交通、安防等部门的应用初见成效。《国家中长期科学与技术发展规（2006—2020 年）》和"新一代宽带移动无线通信网"重大专项也将物联网列入重点研究领域。此外，我国在传感技术标准领域走在了世界前列，与德国、美国、英国等一起成为物联网国际标准制定的主导国，但我国在物联网标准的某些方面还存在缺失，有些国内标准缺乏统一制式，尚未与国际标准接轨，制定并完善物联网的科学化标准势在必行。

（5）国内相关经营者要根据市场经济规律探索出一套有效的商业运作模式。我国物联网技术已经从实验室阶段走向实际应用阶段。近年来，国家电网、机场保安等领域已经出现了物联网的身影，海尔集团已经在自己生产的家电产品上安装了传感器，无锡传感网工程中心与上海世博会和浦东机场签下了 3000 万元的"防入侵微纳传感网"订单，物联网正在走向产业化应用阶段。①有专家预计，物联网技术的应用日益普及，将发展成为具有上万亿元规模的高科技市场。但总体来讲，我国物联网发展还处于起步阶段，不仅规模不够，相关产业链的稳固性和延伸性也不够，赢利模式还需根据市场规律做进一步探索。因此，应从分析市场因素入手，逐步形成具有中国特色、符合社会主义市场经济要求的物联网商业运作模式。

总之，发展物联网不仅是我国当前一项重要的战略任务，也是未来社会发展的必然趋势。可以断定，谁在物联网时代抢占了发展的制高点，谁就能在世界经济中占据举足轻重的地位。因此，推动物联网发展，不仅要从国家战略的高度考虑，也要从全球化的目标考虑；不仅要从刺激经济恢复的角度考虑，也要从不断增强我国经济实力与国际竞争力的角度考虑。尽管现阶段我国在物联网发展问题上还存在一定的困难和挑战，但只要本着科学发展的精神，就一定能开创出物联网发展的新时代。

（杨永志、高建华：《中国流通经济》2010 年第 2 期）

---

① 南京企业"抢食"互联网[N].人民日报，2009-11-11.

论推进马克思主义理论学科体系创新的条件

党的十七大报告提出，"要推进学科体系、学术观点、科研方法创新"①，这是我们党在新时期高举中国特色社会主义伟大旗帜，在繁荣发展哲学社会科学方面，对学科、学术和科研进一步发展提出的基本要求，也为马克思主义理论学科体系建设指明了正确方向。按照十七大报告的精神，马克思主义理论学科体系建设的根本出路在于创新。但是，怎样创新、从哪儿开始、条件和手段是什么等都存在着一系列需要深入研究的问题。本文把几个重要的"体系关系"作为切入点，仅就推进马克思主义理论学科体系创新的条件问题进行专门探讨。

一、厘清学科体系及其内在关系
是推进马克思主义理论学科体系创新的前提

推进马克思主义理论学科体系创新，厘清该学科体系及其内在关系是前提性的条件，因为创新首先要科学认识创新对象的本质联系和基本特征。目前学术界关于马克思主义理论学科体系及其内在关系有多种理解，我们在此采用图示方式设释并简要说明其中的四种主要理解。第一种理解的图示是：

---

① 张筱强. 十七大精神深度解读——文化建设篇[M]. 北京：人民出版社，2008：184.

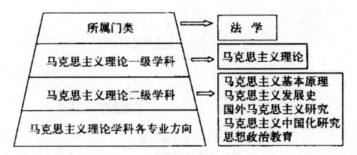

这是关于马克思主义理论学科体系比较狭义的表达，它在结构上分为四个层次，纵向表明马克思主义理论学科体系从所属门类到专业方向的逻辑关系。通过这个层次结构图，能够比较简单并清晰地了解马克思主义理论学科体系的内在关系。

第二种理解的图示是：

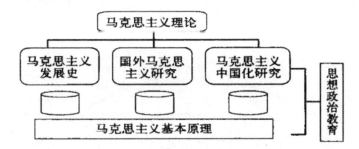

这是关于马克思主义理论学科体系更为狭义的理解，实质是关于马克思主义理论一级学科中五个二级学科之间地位和作用内在关系的简洁表达。图示表明，马克思主义基本原理在马克思主义理论学科体系中是基础性专业，马克思主义发展史、国外马克思主义和马克思主义中国化研究是支柱性专业，思想政治教育是应用性专业。它们之间紧密联系和相互作用就形成了马克思主义理论一级学科系统。①

---

① 张雷声. 马克思主义理论一级学科总体建设[J]. 思想理论教育，2006（6）.

第三种理解的图示是：

马克思主义理论学科
主要课程系统

马克思主义理论
学科教材系统

马克思主义理论研究队
伍和教师队伍系统

马克思主义理论学
科资料库系统

这是关于马克思主义理论学科体系从教育教学意义上的理解，它强调马克思主义理论教育教学"四大系统"的有机联系和统一。其中"课程系统"为引领，"教材系统"和"队伍系统"为主体，"资料库系统"为辅助。进一步说，完整的马克思主义理论学科体系应是这"四大的系统"之间的相互联系和作用。[1]

第四种理解的图示是：

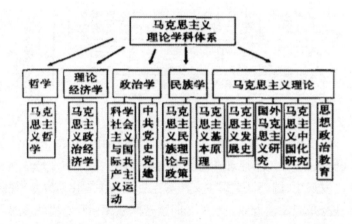

这是关于马克思主义理论学科体系的广义表达。在广义的概念中，还包括除马克思主义理论一级学科之外其他一级学科中马克思主义的专业学科，这些都是马克思主义理论学科体系的内容。[2]在更广的意义说，马克思主义理论学科体系不仅贯穿哲学、政治经济学、科学社会主义等领域，还涵盖历史学、社会学、伦理学、人类学、军事学、文艺学、民族学等领域的马克思

---

① 刘景泉. 关于加强马克思主义理论学科体系建设研究的几点思考[J]. 思想理论教育导刊, 2005（11）.

② 李毅. 马克思主义理论的整体性与学科建设[J]. 教学与研究, 2007（3）.

主义理论。①

以上关于马克思主义理论学科体系及其内在关系的理解尽管角度和范围不同，认识问题的深度也存在着差异，但是通过这些理解，可以帮助我们基本弄清马克思主义理论学科体系的主要轮廓，初步了解其内在联系和作用机制，进而为推进马克思主义理论学科体系创新准备前提条件。

二、发展中国特色社会主义理论体系
是推进马克思主义理论学科体系创新的基础

中国特色社会主义理论体系与马克思主义理论学科体系的关系，实际上就是马克思主义理论体系与马克思主义理论学科体系的关系，简单说是理论体系与学科体系的关系。目前学术界关于这二者之间的关系主要有以下几种观点：

一是认为，马克思主义理论体系是马克思主义理论学科体系建设的基础，但马克思主义理论体系并不只是马克思主义理论学科体系建立的基础，而是指导所有学科建设的理论基础，②即主张理论体系是学科体系的基础。

二是认为，应把马克思主义基础理论作为马克思主义理论学科体系建设的根本③。或者说，马克思主义基本原理是马克思主义基本立场、观点和方法的理论表达，应高度重视马克思主义基本原理在马克思主义理论学科体系中的基础核心地位，④主张马克思主义基本原理既是马克思主义理论体系的基础，也是马克思主义理论学科体系的基础。

三是认为，马克思主义理论体系必须通过一定的学科体系表现出来。马克思主义理论学科体系的创立是重要的理论创新，是马克思主义理论成熟的显著标志，⑤即主张马克思主义理论学科体系是马克思主义理论体系的体现。

这几种观点尽管有所差别，但是都有一定的道理，其差别主要在于看问题的角度不同。中国特色社会主义理论体系，是包括邓小平理论、"三个代表"

---

① 郑永廷. 马克思主义理论学科建设定位研究[J]. 马克思主义研究, 2006（10）.
② 俞思念. 关于马克思主义理论学科建设的思考[J]. 湖北民族学院学报（哲学社会科学版）, 2006（2）.
③ 梅荣双. 关于马克思主义基本原理学科几个重要问题的研究综述[J]. 思想教育理论导刊, 2005（10）.
④ 李毅. 设立马克思主义学科要处理好的几个关系[J]. 思想教育理论导刊, 2005（11）.
⑤ 孙堂厚. 我国马克思主义学科体系建设的战略思考[J]. 东北师大学报（哲学社会科学版）, 2006（1）.

重要思想以及科学发展观等重大战略思想在内的科学理论体系，它与马克思主义理论学科体系的关系具体来说就是：一方面，中国特色社会主义理论体系为马克思主义理论学科体系提供理论基础。随着马克思主义民族性、时代性和实践性特征的日益突出，我国马克思主义中国化的进程日益加快，中国特色社会主义理论越来越成为马克思主义理论体系的核心。正如党的十七大报告指出的那样："在当代中国，坚持中国特色社会主义理论体系，就是真正坚持马克思主义。"①这就是说，中国特色社会主义理论体系在当代中国是马克思主义理论体系的核心，因而中国特色社会主义理论体系越发展、越健全，马克思主义理论学科体系的基础才越牢固，推进学科体系创新的条件才越充分。没有中国特色社会主义理论体系做基础，马克思主义理论学科体系就会不完整、无活力、少依托，就会成为"空中楼阁"。

另一方面，马克思主义理论学科体系为中国特色社会主义理论体系提供学科服务。中国特色社会主义理论体系同样需要马克思主义理论学科体系的帮助和支持，这种帮助和支持具体体现为归类服务、专业服务、方向服务以及人才服务、技术手段服务和管理服务等。获得这样服务的中国特色社会主义理论体系，自身会更加科学、更加系统、更加完善。反之，理论体系就可能出现主观化、零散化和停滞化等各种问题。马克思主义学科性强调的是它的科学性，马克思主义理论性强调的是它的学理性。它们既有区别，又有联系，共同构成了马克思主义的基本内涵，是科学性和学科性的统一。当然，这种统一同样体现为马克思主义理论学科体系与中国特色社会主义理论体系的统一。

进一步来说，中国特色社会主义理论体系也是马克思主义理论学科体系创新的基础。这是因为二者是相辅相成的，理论体系既然是学科体系的基础，那么学科体系的发展和创新就不能离开理论体系的发展。相反，若没有理论体系的发展，学科体系创新就会成为"无源之水"，并导致学科体系创新停滞不前。从实践过程来看，正是在改革开放以来，中国共产党人创立了中国特色社会主义理论体系，丰富和发展了马克思主义理论体系，大力推动马克思主义理论研究和建设工程，在创新理论提供的理论基础上，以及在创新理论的指导下，才使马克思主义理论学科体系建设取得突破性进展。同理，我们在推进马克思主义理论学科体系创新的未来实践中，也必须紧紧依靠发展中

---

① 赵智奎. 改革开放 30 年思想史（下卷）[M]. 北京：人民出版社，2008：183.

国特色社会主义理论体系这个基础性条件。

三、改进思想政治理论课教学体系是
推进马克思主义理论学科体系创新的关键

马克思主义理论学科体系与高校思想政治理论课教学体系的关系，实质是学科体系与教学体系的关系。目前学界关于这方面最有代表性的观点包括：

一是认为，增设马克思主义理论一级学科，既是马克思主义理论学科自身建设的需要，又是服务于高校思想政治理论课教学、为加强思想政治理论课建设提供有力学科支撑的需要。[①]这类观点的核心是，学科体系是教学体系的手段，为教学提供学科支撑。

二是认为，"马克思主义理论学科体系是思想政治理论课教材体系的基础，思想政治理论课教材体系则是马克思主义理论学科体系的展开与运用"[②]。这类观点的核心是，学科体系是教学体系的基础，教学体系是学科体系的应用。

三是认为，马克思主义理论学科建设是思想政治理论课建设的学科支撑和学术基础，但不是马克思主义理论学科建设的全部任务和根本任务，否则就狭化了马克思主义理论学科的基本功能，局限了马克思主义理论教育的范围。[③]这类观点的核心是，学科体系不能等同于教育教学及课程体系。

综合学者的研究成果和不同意见，我们认为：一方面，马克思主义理论学科体系是高校思想政治理论课教学体系的重要基础，为其提供学科支撑。因为马克思主义理论学科体系的建立和发展既有利于稳定高校马克思主义理论研究和教学队伍，提高队伍的个人素质和整体水平，使教学体系的"大船"有靠岸的"码头"，也有利于巩固和扩大高校马克思主义理论阵地，使马克思主义教育战线能够"避虚就实"，提高教学实际中的科学性、实效性和战斗力。

另一方面，高校思想政治理论课教学体系为马克思主义理论学科体系发

---

① 顾钰民. 马克思主义理论学科建设的两点思考[J]. 思想理论教育导刊，2007（9）.
② 郑永廷. 马克思主义理论学科建设定位研究[J]. 马克思主义研究，2006（10）.
③ 王宏波，苏玉波. 思想政治理论课与马克思主义理论学科建设的关系[J]. 思想理论教育导刊，2007（9）.

展提供研究对象和实践依据。从逻辑的意义上说，教学体系为学科体系提供建设的重点目标、亟待研究的主要问题、理论与实际结合的切入点、教师和学生关于专业学科的感受和需要等。从实践的意义上讲，马克思主义理论学科体系要从高校马克思主义思想政治理论教育中获得实践过程所提供的源源不断的各种反馈信息，使学科体系这一"码头"根据教学体系"大船"所反映的客观实际来进行建设和发展。

新中国成立以来，我国马克思主义理论学科体系和教学体系及其关系发生了四个特别重要的变化：一是由最初主要注重理论体系发展对教学体系的支撑作用，到现阶段越来越呈现出马克思主义理论体系和马克思主义学科体系"两个体系"对思想政治理论课教学体系"双支撑"的发展趋势和格局；二是在教学体系的课程建设方面由以往只突出世界观教育，到现阶段逐步形成了世界观、人生观、价值观"三观"并重的教育体系和格局；三是从马克思主义理论学科体系的学科地位和层次较低，分散寄宿于其他各个学科之中，到现阶段逐步有了自己的一级学科和比较完整的学科体系，形成了集中与分散并重的学科体系和格局；四是马克思主义理论在高校经历了一个过去突出教学体系、着重建设马克思主义理论教学体系，到现阶段逐步发展成"教学体系"与"学科体系"并重的发展格局。

从马克思主义理论学科体系与教学体系本身特点、相互关系及其相互关系的历史变化过程不难看出，我们既要避免马克思主义理论教育脱离马克思主义理论学科支撑的非学科化倾向，又要避免以马克思主义理论教育代替马克思主义理论学科发展的简单化倾向。这就需要积极改进高校思想政治理论课教学体系，因为只有通过积极的改革，才能使这一具有中国特色社会主义特点的教学体系不断适应时代的发展和实际的变化，才能在推进学科体系创新中减少盲目性、克服主观性、避免孤立性。

四、完善社会主义核心价值体系
是推进马克思主义理论学科体系创新的保障

社会主义核心价值体系同样是推进马克思主义理论学科体系创新所不能忽略的重要条件之一，这从二者之间的辩证统一关系可以说明。

首先，社会主义核心价值体系与马克思主义理论学科体系存在着非常直接的紧密联系。党的十七大报告对社会主义核心价值体系作了精辟的阐述，提出"社会主义价值体系是社会主义意识形态的本质体现"，要"切实把社会主义核心价值体系融入国民教育和精神文明建设全过程，转化为人民的自觉追求"，应"积极探索用社会主义核心价值体系引领社会思潮的有效途径"，通过"建设社会主义核心价值体系，增强社会主义意识形态的吸引力和凝聚力"。①那么二者紧密联系的结合点就在于：①社会主义意识形态。社会主义核心价值体系是社会主义意识形态的本质体现，而马克思主义理论学科体系也是建设社会主义意识形态的直接学科，二者的意识形态基础一致。②国民教育和精神文明建设。社会主义核心价值体系是需要被人民群众普遍接受、理解和掌握的社会群体意识，而马克思主义理论学科体系也是增强科学意识的大众化效果、提高受众自觉性的学科化形式，二者的教育功能一致。③引领作用和吸引力、凝聚力。社会主义核心价值体系，是我们党为建立明确的社会主义基本价值理念、引领多样化社会思潮、增强民族凝聚力而提出和加以建设的，马克思主义理论学科体系也是在新的历史时期我们党为提高科学思想的主导作用，增强社会主义基本理念的吸引力，用正确的理论和价值观统一全民意识逐步建立的，二者的实践背景和目标一致。由于二者之间的这种紧密联系，就使得推进马克思主义理论学科体系创新离不开社会主义核心价值体系的建立和完善。

其次，社会主义核心价值体系是马克思主义理论学科体系的主要对象和重要内容。这两个体系不仅是紧密联系和直接沟通的，而且社会主义核心价值体系是马克思主义理论学科体系学术化、系统化、专业化的主要对象和重要内容。马克思主义理论学科体系是以马克思主义世界观、价值观、人生观为存在的基础，价值观是马克思主义的重要组成部分，在马克思主义世界观、价值观和人生观三大部分中，人们对马克思主义世界观的辩证唯物主义和历史唯物主义方法论、剩余价值论、劳动价值论生产力决定论等原理研究得都比较多，但是具体到马克思主义基本原理是哪些迄今还没有定论，而对马克思主义的人生观认识更是比较笼统。现在我们对社会主义的核心价值体系比较明确，即马克思主义指导思想、中国特色社会主义共同理想、民族精神和时代精神、社会主义荣辱观这四个方面内容。从实质来看，社会主义核心价值体系与马克思主义理论学科体系的关系仍然是理论体系与学科体系的关

① 胡锦涛. 高举中国特色社会主义伟大旗帜 为夺取全面建设小康社会新胜利而奋斗[Z]. 北京：人民出版社，2007：34.

系。那么按照理论体系与学科体系的一般逻辑关系，理论体系是学科体系的基础，没有理论体系给予的明确对象和内容，学科体系就会是空架子和"无的放矢"。目前，尽管我们对社会主义核心价值体系的内容比马克思主义基本原理核心体系和人生观核心体系的内容明确得多，但这并不意味着对社会主义核心价值体系的认识从此就"万事大吉"。从科学认识和实践过程的角度看，对于社会主义核心价值体系加深认识和要做的工作仍然"任重道远"。由于这样的关系和状况，马克思主义理论学科体系创新必然仰仗社会主义核心价值体系进一步完善和有突破性进展，并期待它能提供更多更好的条件。

最后，社会主义核心价值体系为推进马克思主义理论学科体系创新提供实践依据。一方面，理论比学科更贴近于实践，学科借助理论可以窥测实践反映。目前高校思想政治理论课教学的主要科目包括马克思主义基本原理、马克思主义中国化理论、中国近现代史，以及思想道德与法律基础等，这些科目中的许多理论就是关于社会主义核心价值体系的理论。由于社会主义核心价值体系能获得最直接的教学实践机会，从而就能为马克思主义理论学科体系创新提供比较丰富和深刻的实践启示。另一方面，"马克思主义的指导思想是社会主义核心价值体系的灵魂，中国特色社会主义共同理想是社会主义核心价值体系的主题，民族精神和时代精神是社会主义核心价值体系的精髓，社会主义荣辱观是社会主义核心价值体系的基础"[①]。由于社会主义核心价值体系在教学实践中具有内容上的广泛性，从而也能为马克思主义理论学科体系创新提供比较全面的实践经验和教训。此外，社会主义核心价值体系与马克思主义理论学科体系统一于中国特色社会主义的伟大实践，在这一实践中，人民群众生机勃勃的创造性实践蕴含着鲜明的中国特色和时代特征，从而不仅能促进社会主义核心价值体系的不断完善，也使社会主义核心价值体系作为推进马克思主义理论学科体系创新的条件，提供了与民族性和时代性相一致的创造性思维。

（杨永志：《思想理论教育》2009 年第 1 期）

---

① 中宣部. 如何理解建设社会主义核心价值体系[N]. 光明日报，2007-10-04.

在天津筹建"迪士尼乐园"的设想

迪士尼乐园是美国人在儿童动画片基础上发明的大型主题公众游乐项目，在世界上非常著名。自 1955 年第一个迪士尼乐园在美国加州建成以来，迪士尼集团相继在美国奥兰多、日本东京、法国巴黎和中国香港修建迪士尼乐园，目前全球共有 11 个。除了美国本土有数个项目外，被誉为亚洲第一游乐园的东京迪士尼乐园，依照美国迪士尼乐园而修建，它的主题乐园面积为 80 公顷左右，比美国本土的迪士尼乐园都要大。尽管存在东西方文化方面的差异，但是日本迪士尼乐园自 1983 年 4 月 15 日建成并开放，一直以来运营正常，经济效益很好。

香港迪士尼乐园是亚洲第二个该主题游乐项目，从 1999 年香港特区政府与美国迪士尼集团达成建园协议，到 2003 年完成填海工程，再到 2005 年 9 月 12 日正式开幕，"米老鼠"用了近 6 年才完成从美国到香港的定居旅程。该乐园占地 126 公顷，现已建成四个主题园区，分别是美国大街小镇、幻想世界、明日世界和探险世界。此外，还有两家酒店。包括填海在内的乐园兴建费用大约 300 亿港元，由香港特区政府和美国迪士尼集团共同建造，香港特区政府拥有其 57%的股份，另外 43%股份为迪士尼集团所有。目前香港迪士尼乐园经营状况良好，且游乐和参观者长盛不衰。到访迪士尼乐园的游客，将会暂时远离现实世界，走进缤纷的童话故事王国，感受神秘奇幻的未来国度及惊险刺激的历险世界。

一、中国内地目前为什么还没有迪士尼乐园

（1）迪士尼乐园项目的投资风险较大。在改革开放初期中国普遍贫困和落后的情况下，特别是在股份投资受限制的情况下，建造这样一个项目难以

筹措巨资。从香港建造的情况看，据有关资料显示，香港迪士尼乐园仅基础设施造价就高达141亿元，其中港府要额外承担136亿元基建设备费用（包括87亿元土地、27亿元基建渠务、22亿元交通运输），港府总支出逾224.5亿元（包括贷款），在香港缔造一个迪士尼梦想世界，平均每位港人要投资3300港元。

（2）迪士尼乐园项目的经营和收益风险较高。在中国广大消费者为温饱而劳碌的时代，不可能有很多人来进行这样的高消费。据香港迪士尼乐园的估算，港府占联营公司的57%股份，但亦要同时承担首期公园平整费用40亿元。虽然港府获联营公司发出同等价值的附属股份，但这些股份不会获派发股息，并只能于公园启用5年后，才可每年将股份转成普通股份，预计2018年才可获首次分红。如果中间遇到经济不景气，就会直接影响运营和收回成本。

（3）迪士尼乐园蕴含的西方文化与中国的传统文化差异较大。过去难于估计有多大范围的消费者能够接受这种文化及其衍生物。从香港的建成后营运情况看，现在每年可吸引1000万名游客，乐园启用首年经济效益是62亿元，第20年是121亿元，前20年是860亿元，前30年是1230亿元，未来40年带来1480亿元经济收益，即每年37亿元的经济收益。我们过去对此缺乏估计，也对文化融合度、认同度缺乏应有的心理准备，不可能冒如此风险。

（4）迪士尼乐园的知识产权标价太高。仍以香港为例，港府占联营公司的57%股份，而迪士尼公司则只需投资24.5亿元，并可以用港府联营公司名义贷款23亿元，不但可占43%股份，更可在乐园启用后，赚取饮食及出售纪念品的特许经营费、乐园总收入的2%利润，以及按乐园收入高低，收取除税前盈利的2%至8%作管理费，估计每年最少有1.5亿元收入。知识产权标价或者折价过高也是我国迄今未有一个该项目的重要原因。

我国上海市是最早积极筹建这一项目的地区，预期获批后将于2010年"世博会"后开工建设。上海迪士尼项目从动议到与美方达成协议，搁置的时间较长，另一原因也与美国迪士尼集团对其知识产权要价或折价太高有关。事实上，上海欲建迪士尼项目的消息早在2005年就有流传，到2008年底，谈判进入白热化阶段。2009年1月9日，美国迪士尼公司总部正式通过媒体发表声明，称迪士尼总部已与上海市政府签订关于迪士尼项目的框架协议，将把与上海市政府共同拟定的申请报告提交中国政府审批，它历经三年多才终于揭开了面纱。根据协议，迪士尼公司将持有上海迪士尼乐园43%的股份，上海市政府所有的一家合资控股企业则将持有 57%股份。这个主题公园项目预计耗资 244.8 亿元,一期占地约 1.5 平方公里,最早于 2014 年对游客开放。

一旦上海迪士尼乐园项目建成,不仅将带动总计上万亿的 GDP 总值,而且可能分流去香港迪士尼乐园的游客。估计内地 80%以上客流将被吸引至上海,甚至包括大量亚洲旅游资源。这也是上海迪士尼项目一波三折且异常低调的原因之一。

二、天津筹备建造迪士尼乐园的意义和条件

在天津筹建迪士尼乐园,是认真落实胡锦涛总书记"两个走在全国前列""一个排头兵"的重要要求和对天津工作的重要批示精神,大力实施市委"一二三四五六"奋斗目标和工作思路的积极举措。对于加快滨海新区的开发开放,拉动全市经济增长,保持经济社会平稳较快发展具有重要的战略意义。当前经济形势下,天津必须把扩大内需作为保增长的根本途径,把加快发展方式转变和结构调整作为保增长的主攻方向,全面实现"保增长、渡难关、上水平"的目标。为实现这一目标,要积极扩大投资,积极主动争取项目,千方百计上项目,集中精力抓项目,充分发挥重大项目的集聚、引领、带动效应,为经济发展提供强有力的支撑。具体来说:

(1)迪士尼乐园项目是"大项目"。该项目投资力度大,产业链长。投资领域包括房地产、影视娱乐、出版印刷、媒体网络、玩具生产、特许经营、广告、商业等一系列领域的龙头企业。香港迪士尼项目在未来 40 年内,将为香港政府带来 800 亿至 1480 亿元的巨额收入,资金回报率高达 25%,同时兴建乐园和相关基建项目已经创造了 11000 个就业机会,主题公园进一步提供 18400 个职位,预计未来 20 年,香港迪士尼乐园还将带来 35800 个就业机会。为不断吸引游客重游,香港迪士尼乐园表示每年都要兴建新的游戏项目。据上海方面对建设迪士尼乐园项目的估计:上海迪士尼全部建成后,项目总占地面积可能达到 6—8 平方公里,数倍于香港目前的迪士尼主题公园,其拉动效应要大于香港的迪士尼乐园,更高于投资 286 亿元、将在 2010 年开幕的"世博会"拉动效应。

(2)迪士尼乐园对于缺乏自然和人文景观地区是最好的人造"游乐项目"。这种成熟的人造项目不同于一般的人造景观。它能彻底改善天津缺乏重

大旅游项目的困境。预测上海迪士尼乐园建成后，旅游、航空、酒店将迎来大批游客而成为直接受惠对象。就长期利好来说，主要是家电行业，随着来迪士尼的游客增多，家电卖场中的礼品、小家电、照相机、数码产品将会受宠消费者，并有望出现较大幅度的销售增长。从迪士尼全球运营模式来看，其四大主要业务领域包括主题乐园和游乐场、影视内容制作、媒体网络平台和其他相关消费产品。天津虽然建城 600 余年，在北洋时期成为中国的最发达、最重要的地区，但是必须承认天津缺少重大的、特殊的自然景观和人文景观，这是天津这些年旅游业不发达的根本原因。目前天津酒店 50%客流来自会议、旅游等团体，随着经济下行期的到来，这部分消费额已经受到影响。在天津建造迪士尼乐园，将会使该地区的旅游状况大为改观。

（3）天津地理位置优越，是华北、东北、西北的联结点和过经地，可成为北方的大型游乐项目的落户地，而且还有大量的廉价的不宜农耕的荒地。此外，如果上海的迪士尼乐园获得国家批准，那么，珠三角有香港迪士尼乐园，长三角有上海迪士尼乐园，唯独环渤海地区没有，对于京津这样超大城市，以及整个北方地区的游乐消费，将是一个重要缺憾，而且对于国民经济整体消费布局来说也不合理。以京津两大城市为核心的京津走廊为枢轴，以环渤海湾的"大滨海地区"为新兴发展带，以环京津燕山和太行山区为生态文化带，共同构筑京津冀地区"一轴三带"的空间发展格局。这一有利的地理位置对于提高该地区的区域竞争力、资源环境承载力和文化影响力意义非常重大。

（4）经过 30 年的改革开放，天津积累起建造迪士尼乐园项目的实力和条件。根据 2009 年 1 月 12 日召开的"市人大二次会议报告"提供的数据：2008 年，天津市主要经济指标增幅居全国前列，全市生产总值 6300 亿元，增长 16%，财政收入 1490 亿元，增长 23.7%,全社会固定资产投资增长 42.5%，城市居民人均可支配收入 19423 元，实际增长 12.6%，农村居民人均纯收入 9670 元，增长 10.5%。万元产值能耗下降 4.9%，化学需氧量、二氧化硫排放量分别下降 1%。2009 年，全市经济和社会发展的主要预期目标是：生产总值增长 12%左右，财政收入增长 12%左右。全社会固定资产投资增长 25%，城市居民人均可支配收入增长 10%，农村居民人均纯收入增长 10%。万元产值能耗下降 4%，化学需氧量、二氧化硫排放量分别下降 1%。就是说，天津当前的经济、社会、文化、环境等条件越来越好，完全有能力实施迪士尼乐园项目的建设。

此外，目前正美国正处于经济危机的深重阶段，与其进行合作开发该项目的谈判相对比较容易，知识产权的要价或折价会相对较低。从这方面考虑，我们也应该把握住机会，适当降低营造成本。

三、天津筹建迪士尼乐园的地点选择

（1）天津建造迪士尼乐园的选址，第一要素是考虑天津本身的环境。就是说，这个项目既要符合迪士尼传统游乐项目中对环境的基本要求，又要考虑中国特色的游乐项目的配套建设问题，特别是海上项目对游客的吸引，以利于增大游乐项目内容的拓展，降低西方文化对中国游客吸引力方面的风险。这样看来，我们认为最好选址在沿海附近，比较理想的是潮白河、永定新河和蓟运河交汇处和入海口，毗邻"中新生态城"和"临海新城"。

"中新生态城"选址天津滨海新区汉沽和塘沽两区之间，面积约为 30 平方公里。中新生态城将运用生态经济、生态人居、生态文化、和谐社区、科学管理的新理念，建设"社会和谐、经济高效、生态良性循环"的人类居住形式，将把新加坡城市规划建设的先进理念、技术与天津的实际情况紧密结合，在建设节能、环保、宜居住宅的同时，发展教育培训、科技研发、文化创意、服务外包等现代服务业，配套建设一流的学校、医院、公园、文体设施和社区服务中心等公用建筑。以此为邻，将对迪士尼项目的大环境非常有利，起到相互支撑作用。

与此同时，天津市 2009 年还要投资 266 亿元建设滨海休闲旅游区——"临海新城"。该项目是滨海八大功能区之一的滨海休闲旅游区，选址在潮白河入海口，毗邻中新生态城，规划面积 35 平方公里，其中陆地面积 7 平方公里，海域面积 28 平方公里，海域部分通过吹海造陆实现。该项目具体由泰达投资控股有限公司实施，建成后的"临海新城"，将呈和谐、舒适、优美的海洋文化特色，以水岸休闲居住、水上休闲运动、海洋文化会展博览及综合服务功能为核心。

（2）天津建造迪士尼乐园的选址，第二要素是考虑天津附近的大型城市交通，特别是北京、石家庄、济南和沈阳等。天津是东北入关的关口和枢纽，高速公路和铁路，以及未来的高铁，使交通非常便利。津京之间的城际高铁和相通的三条高速公路，使两城之间近在咫尺。选址应与京津、津沈、津唐高速公路，以及京津城际高速铁路、津秦城际高速铁路连接处。以此理念，天津建迪士尼的选址在天津市的东北部为最好，这里与东北和西北的陆路交通联系最为便利，与辽东半岛、山东半岛、华东地区的海陆交通也非常便利。从空中交通来说，天津滨海国际机场对整个华北、东北、西北航线都已开辟，对东北亚地区的联系也有利，航线资源有利于未来进一步扩展。

（3）天津建造迪士尼乐园的选址，第三要素是考虑游乐项目内容的不断拓展。如果迪士尼项目选址在"中新生态城"和"临海新城"附近，就构成生态优美的"三角"区域，不仅整体环境优美，而且能拓展具有民族特点的游乐项目，如可以扩充海洋游乐项目，包括近海垂钓、海面风光游览、海底世界、潜海游、海鲜大餐等。同时，为创作出类似朝鲜"阿里郎"，广西桂林"印象刘三姐"式的主题游乐项目留有余地。就迪士尼游乐项目本身来说，可根据具体游客资源和乐趣而增减，如香港有娱乐项目有16项，巴黎有42项，东京有75项，加州有86项，佛罗里达州有106项，选址同样要考虑项目自身未来发展的空间。

总之，在天津规划和筹建迪士尼乐园项目，比较适应当前国内外经济发展的需要，符合科学发展观的基本要求，特别是能为天津滨海新区发展和百姓福祉带来很多好处，建议相关部门应尽早地对此进行是否可行的论证和谋划。

（杨永志、信欣：《环渤海经济瞭望》2009 年第 5 期）

论互联网在推进我国民主政治建设中的积极作用

互联网作为信息技术和信息时代的产物，经过十多年飞速发展，正以其强大的自由性、迅速性和广泛性，全面渗透和影响着人们的日常生活。据统计，目前全球互联网网民超过 10 亿，中国互联网网民已突破 2.5 亿，位居世界第一。互联网不仅成为现代社会发展须臾不能离开的条件，而且参与了改变社会民主政治生活的进程。因而，如何利用互联网这一特殊资源推进我国的社会主义民主政治建设，是摆在我们面前必须研究的课题。根据对相关实践特别是对已呈现出来的端倪的分析和概括，我认为目前互联网在推进我国民主政治建设中至少有九大积极作用。

（1）互联网正在演进成社情民意表达的无形广场。民主是公民意志和愿望的充分表达。近 30 年来，互联网正以前所未有的方式和力度改变着现代社会的方方面面，已经成为中国社会生活有机组成部分，更成为具有广泛代表性的民意聚集地。回顾互联网的发展历程，中国互联网从最初网络发烧友的娱乐工具，已然演进成社情民意表达的无形场所。利用日益发达的互联网搜集大众意见，不仅方便、广泛、快捷，而且具有低成本、高效率的优势。我国目前除了网民人数世界第一，诸如"BBS"论坛、网上投票、个人博客、网上辩论、视频交流、网上座谈会等信息交流、传播和搜集形式也比比皆是，非常盛行，通过网络这种无形的虚拟广场，使现实生活中的社情民意比较充分地反映出来。仅以网上投票为例，2008 年 6 月在中央文明办等单位举办的"抗震救灾英雄少年"评选活动中，网络投票就多达 5000 万张，网上感言评论多达 10 万多条。这一切表明，互联网正在成为推动我国社会主义民主政治建设的重要力量。

（2）互联网提供了群众利益维护和诉求的广阔平台。民主是广大群众对自身利益的维护和诉求。互联网的发展不仅提供了普通公民民主意愿表达的场所，创造了民主权利实施的环境，而且提供了广大群众对个人、基层、团体利益诉求的广阔平台。在网络比较普及和畅通的情况下，群众的一些利益问题反映到网上，相关的部门给予重视和解决，能够有效地减轻由利益矛盾引发的社会压力。例如广东梅州市政府门户网站开辟"梅州之声"专栏，搭起了一座流动畅通的民声之桥，并及时解决群众反映的利益问题和反馈解决措施的信息，促使当地社会更加和谐。相反，贵州瓮安发生的"6·28"事件，则是因为当地群众利益被损害而诉求渠道被长期堵塞，导致民怨沸腾，仅因一名女中学生的死因争议，最终酿成烧毁县政府 104 间办公室、县公安局 47 间办公室以及 22 辆警车的恶性事件。因此，减轻社会利益类矛盾积蓄和激化的程度，为我国民主政治进一步发展提供稳定的社会环境，是一项艰巨的任务，互联网在这方面正在发挥越来越大的作用。社会主义民主政治建设也应该越来越多地利用互联网提供的这一平台，关注群众诉求，维护群众利益，解决民生问题。

（3）互联网提供了公民参与社会政治生活的平等机会。民主是公民对社会政治生活的平等参与。由于互联网的发展和普及，人们在业余时间就可以足不出户进入这个场所，向社会表达自己的观念。这种表达还不受时间、地点、距离，以及名气、地位、财富、学历、出身、阶层等背景因素的限制，能畅所欲言地发表意见，交流看法，提出建议，让人们获得一种平等的、全新的民主体验。广大公民能有平等参与社会政治生活的机会，参与到社会主义民主政治建设的进程中来，说明他们的民主政治地位已经得到大大提升。回顾近些年，网络已经深刻介入中国的许多公共事件，公民通过互联网平等参与社会政治生活的机会越来越多，对社会政治生活的影响"权重"越来越大。正像有学者指出的那样："对于广大用户来说，互联网正成为他们实现草根民主、将个人议题演绎为公众议题、将局部关注放大为四海焦点议程的传播场所，在一定程度上改变着传统的政治生活。"①因此，在我国现代民主政治不断发展的大环境下，只有使更多的人平等地参与到民主政治生活中来，社会主义民主政治中的平等和公正性质才能真正地展示。

（4）互联网形成了各方能充分沟通和互动交流的有效机制。民主是能上下左右便利沟通和互动的关系。互联网的发展，冲破了传统社会架构下的信息沟通和交流的樊篱，使各级官员与百姓之间、百姓与百姓之间直接沟通、平等交流更加便利，从而为民主切磋、民主协商和对话创造了有利条件。这

---

① 孟威. 互联网络——热力蔓延，憧憬无限[N]. 人民日报，2008-02-22.

一点，从俄罗斯总理普京、德国总理默克尔、伊朗总统内贾德等政治家涉足网络，成为人气极高的"博主"就可见一斑。2008年6月20日，胡锦涛总书记在人民日报社考察工作时，也通过人民网"强国论坛"，兴致勃勃地与网民交流，鼓励网民对党和国家的工作多提建议性意见。目前，有不少地方干部积极"触网"，如湖南省委书记张春贤去年春节期间发帖给网友拜年；广东省委书记汪洋约见网友"灌水""拍砖"；江西省委成立"问计办"，专门收集梳理网友的建言献策；上海市长韩正就热点话题与网友"有问必答"等，体现了拳拳诚意，谆谆厚望。互联网除了便利上下沟通以外，近以亿计的网民借助博客和论坛等形式，广泛进行着相互之间的沟通和交流，以他们自己的方式参与民主政治建设过程。对此，有学者欣喜地指出："当中国的互联网逐步规范、理性成熟时，中国的政治文明也将迈出现代性的步伐。"①可以预见，随着互联网的不断发展和完善，这一沟通和交流机制将会日臻成熟，对我国社会主义民主政治建设的现代化发展必然起到积极的推助作用。

（5）互联网极大地促进了民主政治制度建设中的舆论监督。民主是公民对权力执行状况的公开监督。互联网所具有的开放性和便利性，也注定了它在政治信息公开、决策民主、阳光行政等方面能起到更好的监督作用，其中舆论监督的作用尤为明显。网络与政治的联姻正逐步从虚拟空间走上现实舞台，互联网舆论作为承载民众表达权的一种新方式，发挥着对各种社会不良现象进行监督的作用，也充分演示了民主和正义的力量。目前，已经出现了犯罪嫌疑人怕公安人员上网查对身份和通缉，腐败的贪官怕被上网成"明星"，各种造假者怕被上网"现眼"，赖账者怕被上网"曝光"，行政不作为者怕上网"晒黑"，有损公德者怕被"人肉搜索"，等等。例如"假华南虎照事件"，在具有较高专业素质的网民的舆论监督面前，"周老虎"及参与造假的政府官员们最终成为被人耻笑的"纸老虎"；曾获中央电视台"影响2006"年度新闻图片铜奖的"藏羚羊过桥洞"，被摄影爱好者发现"拼接"破绽在网上予以揭露后，造假的记者最终道歉并被解职。网民诟病各种不良社会现象，既体现了网上舆论监督的民主公开性，也体现了公民对所赋民主监督权的积极运用。

（6）互联网不断增强着社会民主政治活动的开放性。民主是公民拥有广泛的知情权。互联网等现代信息技术带来了人类传播方式的深刻变革，打破

---

① 吴焰. 当总书记也成为网友[N]. 人民日报，2008-06-23.

了传统媒介的时空界限，日益成为覆盖广泛、快捷高效、影响巨大、发展势头强劲的大众媒介。这种大众媒介一旦与政治联系在一起，就使社会民主政治活动拓展了时空界限，带来日益突出的开放性。一般来说，民主政治的开放性应有两点理解：其一是由少数人的参与，或者精英主导的政治，变为群众广泛参与，或大众来掌控的政治。这种开放体现了政治的民主性而非专制性，是社会主义民主政治所追求的理想状态，属于内在的开放性。其二是民主政治在不断发展中跨越国界、种族、语言、宗教，以及历史文化背景等差距，成为全人类共同和直接参与的活动。这种开放体现了政治的延展性而非局限性，是现代民主政治所追求的理想状态，属于外在的开放性。通过互联网，公民的知情范围和深度在不断加深，过去许多封锁信息的办法，在网络发达的今天已经不能奏效，推进了对重大事件的及时披露，减少了因信息不透明引起的社会恐慌和谣言传播。在国际上，通过互联网发出响亮的中国声音，让世界了解中国的政治主张和民主进程，也越来越体现了中国的民主开放性。

（7）互联网加快了社会主义政治文明进步的现代化步伐。民主是一个历史进步的过程。互联网打造的平等、互动、多元、人性化交流平台，为我国社会主义政治文明建设和进步提供了广阔的发展空间。美国学者亨廷顿认为，"人类的历史是文明的历史。不可能用其他任何思路来思考人类的发展"①。民主政治归根到底是个走向文明进步的过程，这个过程充满着艰辛、曲折、彷徨、迷茫，甚至有时误入歧途。然而，人类政治文明同其他文明一样，总的趋势是走向文明进步。互联网有助于政治文明的最主要特性在于：一是提供便捷的发表政治言论的渠道，为推进政治文明奠定了先决条件；二是提供广泛的政治信息交流，为推进政治文明增添了基本动力；三是公开透明的政治决策，为政治文明提供了环境支持，能减少政治的"暗箱操作"和"黑幕"发生。毋庸置疑，随着互联网的不断发展，我们对其特性的认识还会逐步加深。届时，互联网发展与政治文明进步肯定会更加相得益彰。

（8）互联网不断拓展民主政治大众教育和自我教育的功能。民主是公民相关政治理念的大众教育和自我教育。我国从 1987 年 9 月 14 日向世界发出"跨越长城、走向世界"的第一封电子邮件起，20 多年来，中国互联网事业在飞速发展的过程中，公民的各种政治理念特别是民主意识，通过网络不断

---

① 塞缪尔·亨廷顿. 文明的冲突与世界秩序重建[M]. 北京：新华出版社，2002：23.

增强。互联网本身就是个大学校，网民从中不仅表达自己的观点，更能从与网友的交流中，获得无声的教益，从而增加教育和受教育的机会。毫不夸张地说，我们从网友的各种评论中，能受到许许多多政治理念方面的教益。如一个网友评论恐怖分子时说，"你可以有权不赞同时下社会流行的共同价值理念，但你无权以戕害无辜者生命的方式表明你的政治信仰"；一个网友评论西方某些国家对西藏问题指手画脚时说，"任何人都不应将自己的认识和判断强加给他人，这样的做法往往会暴露自己的无知和浅薄"。不难看出，互联网在民主政治方面，正在给网民不断提供着日益发达的"远程教育"。

（9）互联网在提高党和政府科学执政和民主执政方面大有可为。民主是满足公民要求的方式抉择。互联网作为一种全新的信息传播技术，具有传统信息传播媒体无法比拟的突出优点。而蓬勃发展的网络功能把多数民意与最高决策层的思谋结合起来，就会取得科学执政、民主执政的理想效果。"2007年河南省洛阳市委九届五次全体（扩大）会议上，被纳入讨论主题的许多建设性意见，都是网民们通过互联网提出的。充分体现了网民发出的声音被日益重视，各级党和政府的执政理念在相应调整。"①目前，类似的情形不胜枚举，而且随着互联网的发展，这种个案必将演进为普遍现象。可以预见，它也必将大大促进我们党和政府的科学执政、民主执政的能力和水平。

应该看到，互联网的存在和发展，也带来许多负面影响。由于网络匿名、言论表达自由，社会中的个人文化水准、道德观念、价值取向等千差万别，所以互联网在促进我国民主政治建设的同时，也必然带来毫无顾忌、胡言乱语、肆意诬蔑、恶性污辱、破口谩骂等消极问题，以及由此引发的危害社会安全的信息散布、不良社会思潮恣意蔓延、违反法律的"人肉搜索"、以键盘为武器的"网络暴民"、不顾他人感受的"网络恶搞"、充满低俗内容的"灰色文化"。利用互联网的特有功能发展我国社会主义民主政治，特别是公民的言论和权利自由，同样需要进行"度"的控制和加强网络管理。互联网任何时候都不能脱离现实发展状况，不能超越社会道德和法律底线，不能演变成无政府主义、绝对自由主义、个人利益至上的舞台。

（杨永志：《中国党政干部论坛》2009 年第 2 期）

---

① 洛阳市委全会倾听网友意见[N].人民日报，2007-11-07.

增强互联网对我国意识形态正面影响力的思考

互联网正日益迅速和全面地融入人们的生活之中，成为现代社会发展须臾不能离开的资源，也潜移默化地改变着社会的意识形态。因而，增强互联网对意识形态正面影响力，自觉把握网上意识形态的发展态势，是增强社会主义意识形态吸引力和影响力必须认真思考的重要课题。

一、为什么要增强互联网对意识形态的正面影响力

从理论上说，增强互联网对意识形态的正面影响力主要依据以下三点：

网上的意识形态与现实社会的意识形态是联为一体和正相关的，增强互联网对意识形态的正面影响，将对现实中社会主义意识形态建设产生积极的推动作用。我国意识形态领域的主流是积极健康向上的，但也存在着清浊激荡的现象，存在与主旋律争夺阵地的杂音噪音。互联网作为中性的信息通道和载体，由于它具有对各种信息"来者不拒"和"自然反映"的特点，就使得现实社会意识形态的正负两种影响力客观地存在于网上。

互联网作为现代的信息通道和载体，也必然演绎成各种意识形态对垒和争夺的阵地。长期以来，中国共产党人把思想政治工作作为自身的一个优势来保持，通过自觉进行社会主义意识形态的灌输、掌控和引领，实现了主流意识形态的地位巩固和作用发挥。但是，在思想和文化多元发展的世界性潮流冲击下，我国社会主义意识形态面临着严峻的挑战和考验。所以，在思想文化反映最集中的互联网上布设"攻、防"新战线，既是应对这种挑战和考验的必然抉择，也是主流意识形态地位巩固和作用发挥的不二法门。

据权威部门发布的最新统计，我国现有网民 2.53 亿，占世界网民人数的 25%左右，位居世界第一。我国网民人数增加迅速，对网络依存度越来越高，

但是我们在互联网上进行思想、文化、道德、舆论等与意识形态有关的管理和引导进展较慢，与网络技术进步、网民人数增加、西方文化延伸的速度不成比例，网络对意识形态的负面影响还较多。因此，通过互联网对意识形态实施正面的、积极的影响还可以做得更好。

从实践来看，互联网通过大众舆论的方式越加广泛、深度地影响着社会意识形态的走向。以"范跑跑"事件为例，我们看到：首先，由于互联网具有信息传播方便、快捷、集中、低成本、可匿名等特点，越来越成为大众舆论的主经通道和集散地。"范跑跑"事件影响如此之大，正是这些特点决定的。其次，在互联网上，由于人们可以自由、公开和平等地讨论、评价、分析、争执某些议题，由此产生舆论力量，直接作用于人的精神方面。范美忠在网上开始时还可以跟网民辩论，后来招致舆论指责和抨击排山倒海，使之无法招架，强大的社会舆论让他丢尽了颜面。最后，互联网的言论自由和匿名性导致许多信息良莠不齐，鱼龙混杂。文明正义的舆论有助于推动社会进步和风气清明，而造谣惑众的舆论也可能由此演化成局部甚至整个社会的动乱，"范跑跑"事件引发的社会舆论，使许多网民受到了一场关于正确世界观、人生观、价值观的社会主义意识形态教育。可见，我们必须积极发挥互联网对意识形态的正面影响力，使社会主义意识形态在不断增强过程中，始终稳稳坐定中国主流意识形态的位置。

二、应从哪些方面增强互联网对意识形态的正面影响力

近年来，我国互联网上发生的各种事件层出不穷，除了前面的"范跑跑"事件，还有像"周老虎"事件、"藏羚羊"事件、"广场鸽"事件、"姚抄抄"事件、"杨不管"事件、"人肉搜索案"事件以及境外的"西藏警察镇压示威群众"假照片事件等等，对社会意识形态的影响非常广泛和深刻。通过对这些事件的梳理和思考，我认为应从以下 5 个方面增强互联网对我国意识形态的正面影响力：

（1）提高社会主义意识形态的引导力。2008 年 6 月 20 日，胡锦涛总书记在人民日报社考察时，对新闻宣传工作提出要求，"要把提高舆论引导能力

放在突出位置，进行深入研究，拿出切实措施，取得新的成效"①。由于互联网已经成为思想文化信息的集散地和社会舆论的放大器，在网上人们既是思想文化的接受者也是传播者，网络信息的开放性、互动性、隐藏性、随意性、便捷性和发散性，使舆论信息来源难以查究，内容难辨真伪，流向难以掌控。所以，在互联网上增强对意识形态的引导力，首先要从大众舆论的引导入手。其次，要牢牢把握意识形态引导的社会主义性质，实现社会主义核心价值体系对社会思潮的引领。

（2）提高社会主义意识形态的感染力。网民愿不愿意接受社会主义意识形态的正面引导，感染力是一个重要因素。网络环境中的浏览方式与课堂教学中的强制灌输不同，网民随时可以"用脚选择"。因此，增强社会主义意识形态的感染力，一是主流网站的文章和评论要有清新的风格，少套用文件语言，从社会生活中捕捉思想火花，汲取群众语言，以情动人，增加文章的亲和力；二是高度关注大多数网民的利益诉求，不仅为网民提供更多、更快、更好的服务，更要关心广大人民的利益，揭露社会假丑恶的现象，直面全社会关注的议题；三是以喜闻乐见的形式，以催人奋进的事实，以亲近群众的方法施加正面影响。如在抗震救灾中，人们从互联网听到了很多催人泪下也催人奋进的故事，使国内外无数人在心灵深处被震撼，意识形态正面影响的效果非常显著。

（3）提高社会主义意识形态的说服力。互联网作为发展势头强劲、可以互动交流的大众媒介，实施意识形态正面影响的重要作为就是在互联网上讲道理，必须以理服人，这就是提高社会主义意识形态的说服力。只有把"革命的大道理"以及"一般科学理念的小道理"讲深、讲透、讲到网民的心底，网民才能自觉接受，"影响"才有实效。所以，把"通俗"与"深刻"结合起来，把"说教"与"客观"结合起来，把"逻辑"与"实践"结合起来，站在高的位置和广的视角，面对复杂多变和五彩缤纷的事物做出深入浅出与合乎情理的阐释，广大网民才不至于被错误和庸俗的观念所左右，才能对科学的规律和崇高的理想有真正的认同、尊敬，才能得到潜移默化的教益和精神升华，并影响其意识形态的定位和定性。

（4）提高社会主义意识形态的中坚力。互联网在自觉宣传党的主张，弘扬社会正气，通达社情民意，引导社会热点，疏导公众情绪，搞好舆论监督

---

① 胡锦涛. 在人民日报社考察工作时的讲话[M]. 北京：人民出版社，2008：10.

的过程中，要形成对社会高度关注事件的舆论"左右力"，需要对事实的真实披露和对事理的科学解释；形成正确思想观念对互联网的强势"冲击力"，通过大量地正面宣传，使网民在耳濡目染中受到震撼和影响，从而使社会主义意识形态成为网上多元化思想和文化大潮的中流砥柱；形成网民对网上各种错误思潮的"免疫力"，通过加强网络文化的建设和管理，营造良好网络环境，使网民不断增强明辨是非和抵制蛊惑的能力。此外，提高社会主义意识形态的中坚力，还必须从长远的战略目标出发，努力使互联网成为民族的、科学的、大众的文化传播新途径。

（5）提高社会主义意识形态的参与力。作为信息技术和信息时代产物的互联网，经过近些年的飞速发展，正以其强大的自由度、包容力和变革性，全面渗透到人们的日常生活。对于广大网民来说，既能使思想表达不受时间、地点、距离，以及名气、地位、财富、学历、出身、阶层等背景因素的限制，也能将个人议题演绎为公众议题，将局部关注放大为四海焦点。提高社会主义意识形态的参与力，就是调动广大网民积极性，使其自觉参加互联网上的意识形态建设，从而争取更多网民，凝聚正义力量。近些年像农民工维权、强化低收入家庭社会保障、深化医疗保险体制改革、治理教育乱收费、应对重大公共事件等，网民们提出的很多建设性意见被采纳，体现了这种参与的普遍性和有效性。而犯罪嫌疑人怕被上网通缉，腐败分子怕被上网"晒黑"，造假者怕被上网"现眼"，赖账者怕被上网"曝光"，行政不作为者怕被上网成"明星"，有损公德者怕被"人肉搜索"等，又体现了网民对社会生活影响的"权重"越来越大。总之，打一场意识形态领域争夺占领权的"人民战争"，亦是增强互联网对意识形态正面影响力的应有之义。

三、怎么样增强互联网对意识形态的正面影响力

增强互联网对意识形态的正面影响力，会在许多方面大有可为，除了现实中加强社会主义意识形态建设的通常做法之外，结合互联网的特点，我认为在以下三个方面最为关键。

首先，必须建立有利的"网络舆论机制"。由于互联网具有公开、自由、便利、匿名等特征，各种社会信息必然裹挟着多元价值观念和各种社会集团利益要求，形成源源不断和规模宏大的舆论内容，有许多属"不利舆论"或

含不利舆论因素。因为舆论对意识形态的影响非常之大和直接，所以要减少互联网上"不利舆论"带给社会主义意识形态的负面影响，建立有利的"网络舆论机制"非常必要。

"网络舆论机制"的建设原则是：党的各级宣传部门进一步完善相关的网站，积极发出正确的舆论声音；组织专门的理论、教育、思想政治工作者和其他各种专业人才，积极参与互联网上各个场所，各类议题的评论、讨论、辩论和分析；建立专门的机构，对最新、重大、热门的国内外网上舆论进行关注、搜集和整理，然后采取科学的舆论引导措施。"网络舆论机制"的主要标准是：一是要有利于引导和主导舆论，不能让舆论放任自流；二是要有利于澄清舆论对象的真实性，避免流言蜚语和造谣惑众的情况发生；三是要有利于网民用正确的方法和观点对待舆论信息，减少社会对舆论的片面理解和错误认识。

其次，必须建立专门的"网络监管机构"。由于网络匿名、言论表达自由，社会中的个人文化水准、道德观念、价值取向等千差万别，所以必然带来一些人的毫无顾忌、胡言乱语、肆意诬蔑、恶性污辱、破口谩骂等消极问题，以及由此引发的危害社会安全的信息散布，不良社会思潮恣意蔓延，以键盘为武器的"网络暴民"，不顾他人感受的"网络恶搞"，充满低俗内容的"灰色文化"，等等。这些都表明，借助"网络监管机构"，专门负责对网上的意识形态运行状况进行监督和管理，也是非常必要的。

从建设原则看，"网络监管机构"一是应成为行政组织的一部分，列入政府编制，成为一个专门职能管理部门；二是该机构应由三类人员构成，包括公安人员、计算机专业人员和思想政治工作人员；三是应赋予其网络行政执法权，使其有权对互联网上直接危害社会主义意识形态的行为进行处罚和干预。从建设标准和目标看，对不利于社会稳定的舆论能进行及时引导和迅速反应；对国外网络媒体的造谣、歪曲报道和错误言论能进行有理、有据、有节的反击；对社会主义意识形态的最新成果能进行系统、全面、准确地宣传。

最后，必须不断推出丰富多彩的"网络施教形式"。互联网作为一种全新的信息传播技术，具有传统的信息传播媒体无法比拟的突出优势，如开放、互动、共享、个性化、多媒体等。正是这样的优势，吸引无数网民趋之若鹜。当然，在网上照搬传统的意识形态施教方法肯定不行，必须创新施教方式。以领导干部与网民对话交流形式为例，如广东省委书记汪洋约见网友"灌水""拍砖"等，就潜移默化地起到了意识形态影响作用。再以"网评"为例，一个网友评论恐怖分子说，"你可以有权不赞同时下社会流行的共同价值理念，但你无权以戕害无辜者生命的方式表明你的政治信仰"；类似带有哲理的"网评"，同样也会起到对其他网友意识形态的正面影响。所以，只要形式丰富多彩，内容生动活泼，道理贴近生活，互联网对意识形态正面影响的效果就一定会显著。

"网络施教形式"要体现出丰富多彩的原则：一是利用互联网特有的各种形式，诸如"BBS"论坛、网上投票、个人博客、网上辩论、网上座谈等信息交流形式，自觉参与其中进行"因势利导的施教"；二是通过传统的各种艺术形式，诸如戏曲、影视、小说、评书、相声、小品等形式，在网上进行"潜移默化的施教"；三是通过网上对话、视频、作品交流，以及箴言、邮件、"QQ"聊天等形式，进行"相互启发的施教"。而这一切的效果和目标，就是达到在互联网上对意识形态有正面的影响力，并通过不断创新形式使这种影响力越来越大。

（杨永志：《思想政治工作研究》2008 年第 11 期）

增强社会主义意识形态网上吸引力

随着互联网对社会生活影响日益广泛和深入，互联网意识形态在整个社会意识形态中影响"权重"也越来越大。因而，要增强社会主义意识形态吸引力，就必须重视互联网的社会主义意识形态吸引力问题。

目前，从总体上看互联网社会主义意识形态吸引力具体变现为：①关注性。据最新统计我国网民人数已达 2.53 亿，居世界第一。但是互联网对网民的吸引力主要来自国内外信息浏览、人际交流和沟通、网络游戏、视频娱乐、各种工具性需要等，需要加强社会主义意识形态在网上的影响力。②触动性。在互联网上进行思想、文化、道德、舆论等与意识形态有关的管理和引导进展太慢，尚未形成以社会主义核心价值体系为基础的主流意识形态。

针对这种情况，增强社会主义意识形态吸引力应着手以下方面：

第一，要加大我国在互联网的正面舆论力。2008 年 6 月 20 日，胡锦涛总书记在人民日报社考察时，对新闻宣传工作提出"要不断提高舆论引导力"的指示。互联网由于具有公开、自由、便利、匿名等特征，能将个人议题演绎为公众议题，将局部关注放大为四海焦点，多元价值观念和各种集团利益要求的信息，形成源源不断和规模宏大的舆论内容，越来与成为大众舆论的主经通道和集散地。舆论对意识形态的影响非常之大和直接，要减少互联网上错误舆论和虚假信息带给社会主义意识形态的负面影响，增强社会主义意识形态的吸引力，就要从大众舆论入手，在互联网上发出响亮的"主流声音"和"中国声音"，不断加大正面舆论的影响力量。

第二，要调动广大网民对公共事件的监督力。近年来，我国反映在互联网上的各种公共事件层出不穷，如"范跑跑""周老虎""藏羚羊"事件等，表明了网民对这些事件的参与度非常高。像为农民工争取各种权利、强化低收入家庭社会保障、深入医疗保险体系改革、治理教育乱收费等，网民们提出的很多意见被采纳，体现了网民参与的有效性。而犯罪嫌疑人怕被上网查对身份和通缉，腐败分子怕被上网"晒黑"，造假者怕被上网"现眼"，赖账者怕被上网"曝光"，行政不作为者怕被上网成为"明星"，有损公德者怕被"人肉搜索"等，体现了网民参与产生的社会威慑力非常之大。

第三，要增强社会主义意识形态的感染力。网民对互联网社会主义意识形态有没有兴趣，社会主义意识形态感染力是其中的一个重要因素。网络环境中的影响浏览方式与课堂教学中的强制灌输不同，网民随时可以"用脚表态"。为此，涉及意识形态教育的文章和评论要有清新风格，少套用文件语言，不用寻章摘句文笔，从社会生活中捕捉思想火花，汲取群众性语言，以情动人，增强文章的亲和力；高度关注大多数网民的利益诉求，不仅为网民提供更多、更快、更好的服务，更关心广大网民的利益，诟病社会假丑恶的现象，直面全社会关注的议题；以喜闻乐见的形式，以催人奋进的事实情节，以贴近群众亲近群众的方法吸引网民。这样，就会在一定程度上增强社会主义意识形态的感染力。

第四，要提高社会主义意识形态的说服力。作为社会主义意识形态战线工作者，应有互联网上的担当意识，要敢于直面社会热点和难点问题，特别是面对突发和激化的局部矛盾，在引导教育过程中，要把问题的道理讲深、讲透、讲到网民的心底，要把矛盾的核心和实质梳理清楚，对网民作出负责的交代，这样有助于减轻社会压力，更能获得网民的信任。面对五彩缤纷的现实生活问题做出深入浅出与合乎情理的阐释，广大网民才不至于被错误和庸俗观点所左右，才能对科学的揭示和崇高的境界有真正的认同、尊敬和皈依。

第五，形成对错误思潮的"免疫力"。互联网在自觉增强社会责任感，宣传党的主张，弘扬社会正气，通达社情民意，引导社会热点，疏导公众情绪，搞好舆论监督过程中，要形成对社会高度关注事件的舆论"左右力"，这种力量来自对事实的真实披露和对事理的科学解释，使网民在耳濡目染中受到震撼和影响，从而使社会主义意识形态成为网上多元化思想和文化大潮的中流砥柱；形成网民对网上各种错误思潮的"免疫力"，通过加强网络文化的建设，营造良好网络环境，使网民不断增强明辨是非和抵制蛊惑的能力。

毋庸讳言，互联网的存在和发展，也带来许多负面问题。由于网络匿名、言论表达自由，导致许多信息良莠不齐，鱼龙混杂。加之个人文化水准、道德观念、价值取向等千差万别，必然带来一些人的造谣诽谤和胡言乱语等现象，以及由此引发的危害社会安全的信息散布，不良社会思潮恣意蔓延，违反法律的"人肉搜索"，以键盘为武器的"网络暴力"等问题。对此除了采取各种必要的治理措施外，还必须积极实施增强社会主义意识形态吸引力的教育。

（杨永志：《光明日报》2008-10-26）

解放思想与发展中国特色社会主义

党的十七大报告把"继续解放思想"作为主题之一，并进一步提出了"解放思想是发展中国特色社会主义的一大法宝"的理论命题，这是我们党第一次对关于解放思想和发展中国特色社会主义关系问题做出的科学论断，对于继续解放思想，特别是对于推进中国特色社会主义实践又好又快发展，必将产生重大而深远的政治意义。

第一，中国特色社会主义理论是在不断解放思想的过程中逐步形成的。作为改革开放的理论号角——"实践是检验真理唯一标准的大讨论"，邓小平予以坚定支持并由此形成了一场声势浩大的思想解放运动。伴随着思想解放运动深入进行，中国改革开放拉开了历史的序幕，而随着改革开放实践的不断发展，逐步形成了中国特色社会主义的改革思路、具体概念、基本道路和理论体系。以此逻辑，没有思想解放运动，就没有规模宏大的改革开放实践，没有改革开放的伟大实践，就不会形成中国特色社会主义理论及其科学体系。

回顾 30 年前，因为在思想上自觉摆脱旧的观念束缚，才在改革开放不久，邓小平就提出了"走自己的路，不照搬他国模式"的特色思路。而自觉摆脱旧观念束缚，既包括从"左"的条条框框中解放出来，打破长期以来对马克思主义教条化的理解造成的巨大思想障碍和沉重枷锁，也包括摆脱各种极左或右的错误思想影响，坚持马克思主义的基本原理和精神实质，还包括从其他国家的建设模式解脱出来，并超越我们自身所受的各种局限。在思想解放中推进改革开放，在改革开放中寻求突破，从而把对什么是社会主义和怎样建设社会主义的认识提高到了一个新水平。

正是在改革开放中取得了解放思想的初步成效，邓小平才在 1982 年党的十二大上首次提出了"建设有中国特色社会主义"的概念，使我们的事业从此有了一个响亮的名字——中国特色社会主义。从党的十二大到党的十三大，我们党在深刻反思社会主义建设历史教训的基础上，认真总结了实践中的新鲜经验，不断解放思想，提出了社会主义初级阶段和党的基本路线等重要理论，奠定了中国特色社会主义理论的坚实思想基础。

正是在进一步解放思想和不断总结解放思想的经验教训过程中，才打开了我国现代化建设的新局面，开辟出一条通往中国特色社会主义的康庄大道。从党的十三大到十四大，我们党领导全国人民集中深入探索了具有中国特色的经济体制——社会主义市场经济体制，使我国经济体制改革的目标不再是"摸着石头过河"，而是满怀信心地朝着中国特色社会主义的既定目标前进。

正是在邓小平之后，我们党继续坚持高举中国特色社会主义的伟大旗帜，才使中国特色社会主义的理论体系更加丰富、不断完善和进一步发展。从党的十四大到党的十七大，以江泽民为核心的第三代领导集体，继续解放思想、实事求是、与时俱进，倡导马克思主义的理论创新，着力加强党的自身先进性建设，打开了我国政治、经济和文化发展的新局面，实现了改革开放新的历史性突破和中国特色社会主义事业的新发展。以胡锦涛为总书记的新一届中央领导集体，继续解放思想，求真务实，推进完善社会主义市场经济体制，提高党的执政能力建设，把马克思主义研究和中国化发展纳入系统工程建设，倡导科学发展、和谐发展等新理念，不仅使中国特色社会主义事业更加兴旺发达，也使中国特色社会主义道路越走越宽广，更使中国特色社会主义成为我们党全部理论和实践的主题。

第二，解放思想与中国特色社会主义是紧密联系和相互促进的。无论是从理论还是从实践来看，我们党的解放思想与中国特色社会主义从来都是紧密联系并相互促进的。我们的特色道路正是在这种联系中被开辟出来的，我们的特色理论正是在这种联系中渐次形成的，我们的特色事业正是在这种联系中结出了丰硕的果实。从这样的认识出发来审视解放思想与中国特色社会主义的关系，就不难得出以下的分析结论。

首先，二者之间存在着作用机制。没有解放思想这个先决条件，人们的思想还将束缚在旧的观念里，不敢对马克思"科学社会主义"越"雷池"一步，只能是教条式地按照马克思主义经典作家的思想，按照其他社会主义的模式去做，并且不顾时代的发展、民族的特殊情况和历史的背景、实践内容的根本变化加以创新。中国特色社会主义是"马克思主义基本原理同中国的具体实际相结合"所形成的产物，是对科学社会主义的创新。反过来说，不解放思想，就没有"结合"和"创新"，或者说"结合"和"创新"将流于形式。邓小平同志曾指出："解放思想，就是使思想和实际相符合。"这里的使思想和实际相符合，也可以理解成为把马克思主义基本原理同中国具体实际相符合，这正是中国特色社会主义的精神实质。那么，邓小平的这个思想，就精辟地阐明了解放思想与中国特色社会主义客观存在紧密联系及其相互作用关系。从实践来看，解放思想对中国特色社会主义所起的作用为前提作用、引领作用和促进作用。其中，前提作用体现在没有解放思想中国特色社会主义就不能发展或发展不快；引领作用体现在解放思想为发展中国特色社会主义开辟道路和指引方向；促进作用体现在解放思想的程度和广度与中国特色社会主义的发展水平和程度正相关。而中国特色社会主义也不是被动的，其实践越发展，解放思想的经验越丰富，效果越明显。近30年的改革开放实践已经充分地证明了这一点。

其次，二者之间存在着运行机制。在改革开放的大背景下和实践中，解放思想与中国特色社会主义不仅相互依存和相互作用，而且还形成一种动态的相互"伴随"，在伴随中相互作用的运行关系。解放思想不是一次完成并达到目的的，随着改革开放和实践的深入进行，解放思想也逐步地深化和扩展范围，所以从这个意义上讲，解放思想是个不断进行的过程，也是个逐步深化和扩展的过程。而中国特色社会主义同样是随着认识的提高和实践的深入进行才得以发展的，其发展过程与解放思想方向一致、过程一致、路径一致。一方面，中国特色社会主义理论和实践的发展，不但取决于其民族性、时代性和实践性，更取决于我们党在解放思想和理论创新过程中的连续性、科学性（质量）以及行进速度。另一方面，解放思想也离不开中国特色社会主义的发展过程，我们党在今天之所以强调解放思想，而且特别强调"继续解放思想"，就是因为没有解放思想中国特色社会主义事业就会停止，中国特色社会主义道路的前进方向就会迷茫，中国特色社会主义理论创新就没有建树。可见，解放思想和中国特色社会主义必须在发展过程中互相作用，在动态运行中紧密联系，在相互联系中共同前进，它们之间是辩证统一关系，统一于当代中国改革开放的伟大实践。

最后，二者之间存在着目标机制。解放思想要继续，中国特色社会主义要发展，这都是我们党今天既定的目标，是在新时期的重大战略任务和工作重点。邓小平在改革开放之初就一针见血地指出："不打破思想僵化，不大大解放干部和群众的思想，四个现代化就没有希望。"把解放思想作为四个现代化的希望所在，现代化又是中国特色社会主义的近期目标，所以解放思想在实质上也就是中国特色社会主义的希望所在。江泽民同志在十四大报告中指出："解放思想、实事求是，是建设有中国特色社会主义理论的精髓。"[①]他把解放思想作为中国特色社会主义最根本的内容之一，体现了解放思想的历史地位。胡锦涛同志在党的十七大进一步指出，"解放思想是发展中国特色社会主义的一大法宝"[②]，并把要继续解放思想作为报告主题，写进了新修改的党章，由此不难看出，解放思想对中国特色社会主义具有非常重要的现实作用。从广泛的意义上来说，中国特色社会主义是手段，它是实现中华民族富强民主文明和谐的途径和手段。但就具体和相对的范畴来说，解放思想是发展中国特色社会主义的手段，中国特色社会主义是解放思想的目的，继续解放思想是为发展中国特色社会主义的需要服务。但是，解放思想和中国特色社会主义不管在中国社会发展进步的总系统中如何扮演着为更高目标服务的角色，还是在相对的范畴中互相扮演着手段和目标的角色，它们各自都有本身的目标。就解放思想来说，它在时代和阶段性特征变化中，目标就是要扩大解放思想的广度，要求党的各级领导，马克思主义的理论工作者，广大人民群众能改变不正确的观念。要加深解放思想的深度，不能使思想认识的变革停留在表面性和一般化的状态上；要加快解放思想的进程，实现人民幸福和民族复兴时不我待，思想观念更新缓慢就是所谓的思想不够解放；要提高思想解放的自觉性，在网络信息时代解放思想有越来越现代的技术条件支撑，依靠外在的推动和被动的逼迫都是违背解放思想原则的；要科学的解放，即与实事求是相结合的解放，而不是主观的和没有边际的乱解放。就中国特色社会主义来说，它的自身目标包括要不断丰富、完善和发展与马克思主义一脉相承的理论科学体系，要不断解决实践中遇到的各种矛盾和问题，要完成构建和谐社会，实现全面小康、新型工业化道路、现代化强国等一系列战略任务，而这些各自的具体目标之间又构成相互联系和作用的系统。

第三，发展中国特色社会主义需要继续利用解放思想这个法宝。党的十七大提出解放思想是发展中国特色社会主义的法宝之一，一方面说明解放思想对推进中国特色社会主义的作用不仅直接，而且强大；另一方面也说明解放思想不是推进中国特色社会主义的唯一力量或手段，还有其他方面的内容。那么为什么解放思想对推进中国特色社会主义的发展有如此功效，我们

① 江泽民文选（第 1 卷）[M]. 北京：人民出版社，2006：370.
② 胡锦涛. 高举中国特色社会主义伟大旗帜 为夺取全面建设小康社会新胜利而奋斗——在中国共产党第十七次全国代表大会上的报告[M]. 北京：人民出版社，2007：7.

要继续利用解放思想这个法宝呢？除了前面分析的二者之间客观存在着紧密联系和作用机制外，还有以下原因。

其一，中国特色社会主义事业是前无古人的开创性事业。党的十七大报告指出："当今世界正在发生广泛而深刻的变化，当代中国正在发生广泛而深刻的变革。"①160 多年前，马克思恩格斯《共产党宣言》的发表，标志着科学社会主义的诞生。但是，随着时代条件的变化，我们与马克思和恩格斯关于社会主义应该在发达资本主义国家首先建立的设想不同，我国在建立社会主义制度之前，并没有经历过资本主义的充分发展。所以，尽管马克思主义提供了科学社会主义的理论，但是这些理论仅仅是原则性的、一般的、初步的、以那个时代为背景的，我国社会主义是在半殖民地半封建社会基础上建立起来的，目前还处于社会主义的初级阶段，这不仅要求我们的事业不能在理论上照搬科学社会主义，而且在实践中也不能照抄其他社会主义国家的模式。唯一的出路，就是通过解放思想，开创出伟大的时代和伟大的事业。由此，解放思想在开创社会主义事业的过程中就被推到了历史的"前台"，成为中国特色社会主义事业须臾不能离开的一个重要条件或法宝之一。

其二，中国特色社会主义道路是一条充满着机遇和挑战的道路。党的十七大报告指出："中国特色社会主义道路，就是在中国共产党的领导下，立足基本国情，以经济建设为中心，坚持四项基本原则，坚持改革开放，解放和发展社会生产力，巩固和完善社会主义制度，建设社会主义市场经济、社会主义民主政治、社会主义先进文化、社会主义和谐社会，建设富强民主文明和谐的社会主义现代化国家。"②正是由于中国特色社会主义道路既坚持了科学社会主义的基本原则，又根据我国实际和时代特征赋予其鲜明的中国特色。所以，这是一条充满着希望的成功之路，也是充满着艰辛和风险的挑战之路。正如英国著名历史学家汤因比所说："机遇来自挑战。"我们的探索机遇前所未有，挑战也前所未有，而且机遇大于挑战。在前进的道路上肯定会遇到一些新情况和新问题，这个时候就不能再用原有的经验来解决，需要我们解放思想和创新性思维。也正如邓小平在南方谈话中所说："没有一点闯的精神，

---

① 胡锦涛. 高举中国特色社会主义伟大旗帜 为夺取全面建设小康社会新胜利而奋斗——在中国共产党第十七次全国代表大会上的报告[M]. 北京：人民出版社，2007：7.

② 胡锦涛. 高举中国特色社会主义伟大旗帜 为夺取全面建设小康社会新胜利而奋斗——在中国共产党第十七次全国代表大会上的报告[M]. 北京：人民出版社，2007：17.

没有一点冒的精神，没有一股气呀、劲呀，就走不出一条新路。"①实践证明，在探索社会主义前进道路的过程中，必须要与时俱进，勇于变革、勇于创新，永不僵化、永不停滞，不为任何风险所惧，不被任何干扰所惑，在不断解放思想中使中国特色社会主义道路越走越宽广。

其三，中国特色社会主义理论是以科学社会主义为基础的创新科学体系。党的十七大报告指出："我们党坚持马克思主义的思想路线，不断探索和回答什么是社会主义、怎样建设社会主义，建设什么样的党、怎样建设党，实现什么样的发展、怎样发展等重大理论和实际问题，不断推进马克思主义中国化。"②毋庸讳言，中国特色社会主义是以科学社会主义为基础，是与之一脉相承的科学体系，但同时又是与时俱进的创新科学体系，是一以贯之的连贯性和与时俱进的创造性的有机结合。中国特色社会主义作为马克思主义中国化的最新成果，之所以能够成为最宝贵的政治和精神财富，是因为它凝聚了几代中国共产党人的智慧和心血，体现了一代又一代人的解放思想和伟大觉醒。反过来说，没有解放思想，就不会有一代又一代和一个又一个的理论探索和创新，也没有马克思主义中国化的伟大成果，更没有以科学社会主义为基础的中国特色社会主义创新科学体系。

我们党在 21 世纪新阶段做出"继续"解放思想的政治宣言，也说明这一法宝对于今后发展中国特色社主义仍然是至关重要和不可或缺的，无论是在具体方面完善社会主义市场经济、发展社会主义民主政治、建设社会主义先进文化、构建社会主义和谐社会，还是在总体方面高举中国特色社会主义伟大旗帜，沿着中国特色社会主义光明大道前行，创新中国特色社会主义理论体系。总之一句话，要把我国建设成为富强民主文明和谐的社会主义现代化国家，实现中华民族的伟大复兴，都需要通过进一步解放思想才能实现。

（杨永志、于敏：《求知》2008 年第 5 期）

---

① 邓小平文选（第 3 卷）[M]．北京：人民出版社，1993：392.

② 胡锦涛. 高举中国特色社会主义伟大旗帜 为夺取全面建设小康社会新胜利而奋斗——在中国共产党第十七次全国代表大会上的报告[M]．北京：人民出版社，2007：15.

马克思主义整体性视阈的中国特色社会主义

简单地说，马克思主义整体性就是把马克思主义的各种理论作为一个整体来认识和对待。马克思主义整体性的内涵有三个基本方面：一是要求集中、完整、准确地反映马克思主义的思想体系，而不是教条地抱着马克思主义经典作家在特定时间、环境、对象等条件下所作的个别结论不放；二是要求用全面、联系、发展的观点和方法，掌握马克思主义的基本立场、观点、方法和基本原理，而不是机械地用片面、孤立、静止的方法诠释和对待马克思主义；三是要求综合运用和实践马克思主义，而不是主观地抛开民族性、时代性和实践性恣意解构马克思主义。运用马克思主义整体性方法透视中国特色社会主义，是现实提出的新课题，进行这一探讨将有助于加深对中国特色社会主义与马克思主义关系的认识。

一、中国特色社会主义伟大旗帜
是马克思主义的伟大旗帜

2006 年 6 月 25 日，胡锦涛总书记在中央党校发表的重要讲话中强调，要高举中国特色社会主义伟大旗帜。在党的十七大上，他更加鲜明地提出举什么旗的问题。当前，我们党把中国特色社会主义的旗帜越举越高。那么，在马克思主义整体性的视阈下，中国特色社会主义旗帜具有怎样的意义呢？

（1）高举中国特色社会主义旗帜就是高举马克思主义的旗帜。中国共产党人根据长期革命和建设的实践，总结出实现共产党领导和巩固社会主义制度必须坚定不移地坚持马克思主义的宝贵历史经验，而坚持马克思主义就要高举马克思主义的旗帜。同样，历史经验也告诉我们，坚持马克思主义绝不能教条、机械、主观地对待马克思主义，必须与本国国情和时代特征结合起

来，形成具有本国特点、本国气派、本国风格的马克思主义，用这种与民族、时代和实践相结合形成的理论及理论旗帜引领社会主义事业朝着正确方向前进。中国特色社会主义是改革开放以来，中国共产党和中国人民在波澜壮阔的创新实践中概括出来的。它是指导中国社会主义现代化建设、实现民族伟大复兴的指导思想和光辉旗帜，是当代中国发展进步的旗帜，是全党全国各族人民团结奋斗的旗帜，是马克思主义的旗帜。换句话说，我们今天高举中国特色社会主义的旗帜，就是向全人类表明，中国共产党和中国人民要继续高举马克思主义的旗帜。

（2）中国特色社会主义旗帜与马克思主义旗帜同属一个理论层面。在马克思主义中国化的伟大进程中，毛泽东最早提出马克思主义中国化的概念和命题，毛泽东思想成为马克思主义中国化的第一个理论成果，也成为马克思主义在中国民主革命和社会主义革命及建设早期的理论旗帜。在一定历史时期，毛泽东思想代表了中国的马克思主义，是中国的马克思主义旗帜。改革开放以来，在以邓小平、江泽民和胡锦涛为首的党中央领导下，通过不断理论创新形成的中国特色社会主义理论体系，是马克思主义中国化的又一理论成果，是马克思主义在中国发展的新阶段，也是马克思主义旗帜在新时期的代名词。江泽民同志在党的十五大报告中曾指出："高举邓小平理论的旗帜，就是真正高举马克思列宁主义、毛泽东思想的旗帜。"①同理，高举中国特色社会主义旗帜，也就是高举马克思主义的旗帜。有些人认为，中国特色社会主义在本质上属于科学社会主义的范畴，与科学社会主义理论同处于一个理论层面。这样的认识不准确，因为科学社会主义只是马克思主义的一个组成部分或一种学科理论，它不可能等同或替代马克思主义。如果以此认识把中国特色社会主义定位于中国的科学社会主义，或者认为它仅仅是对科学社会主义理论的继承和发展，那么就会大大降低其理论层面和高度，也不可能承载当代中国马克思主义旗帜的重托。因此，在中国特色社会主义与马克思主义同属于"完整科学体系"理论层面的意义上，二者是具有相同高度的理论旗帜，或者说是同一理论旗帜从不同侧面进行的展示。

（3）中国特色社会主义旗帜集中体现的是马克思主义的思想体系。集中地体现一门学说的思想体系，是马克思主义整体性的科学内涵首要之义和基本原则。邓小平在谈毛泽东思想的时候，曾反复强调要"把毛泽东思想作为

---

① 江泽民文选（第2卷）[M]. 北京：人民出版社，2006：12.

一个思想体系来看待。我们要高举旗帜，就是要学习和运用这个思想体系"①；还说"我们要真正领会毛泽东思想，不能从个别词句来理解，必须从整个思想体系中准确地完整地理解"②。在总结对待马克思主义的历史经验时，邓小平也曾一针见血地指出：林彪"说'老三篇'就代表了毛泽东思想。林彪还把毛泽东思想同马克思列宁主义割裂开来"③。而"'四人帮'歪曲、篡改毛泽东思想，他们引用毛泽东同志的某些只言片语来骗人、吓唬人"④。可见，只有站在"思想体系"的高度来认识马克思主义，才能把握其理论的根本原则和真谛，避免教条主义、主观主义和片面性。中国特色社会主义作为马克思主义科学体系的延伸，它所体现的马克思主义思想体系核心内容包括：坚持辩证唯物主义和历史唯物主义的世界观和方法论；遵循一切从实际出发、实事求是的理论精髓和科学精神；站稳理论为无产阶级和广大劳动群众服务的阶级立场；揭示社会主义本质和社会主义建设的规律；以本民族的国情为依托，使基本原理根据不同的文化背景和国情做出相机抉择和调整；以一定的历史条件为转移，使理论反映时代发展和时代变化；与具体实践紧紧联系在一起，把实践作为理论来源、理论完善和发展的根据；等等。简明地说，中国特色社会主义体现的不是马克思主义某一学科或某一种理论，也不是马克思主义的某一基本立场、观点和方法，更不是马克思主义经典作家在特定对象、时间、地点的只言片语或个别结论。中国特色社会主义作为一面旗帜，它只能是马克思主义整个思想体系根本原则和真谛的集中体现。

二、中国特色社会主义理论
是对马克思主义的全面继承和发展

马克思主义整体性的科学内涵的另一个基本原则是全面性，全面性也是理论整体性的必存之义。中国特色社会主义在两个方面全面体现了马克思主义。

（1）中国特色社会主义理论全面坚持和继承了马克思主义的基本立场、

① 邓小平文选（第2卷）[M]. 北京：人民出版社，1994：39.
② 邓小平文选（第2卷）[M]. 北京：人民出版社，1994：42-43.
③ 邓小平文选（第2卷）[M]. 北京：人民出版社，1994：42-43.
④ 邓小平文选（第2卷）[M]. 北京：人民出版社，1994：42-43.

观点、方法和基本原理。一般来看，中国特色社会主义理论表现为坚持和继承了马克思主义各个学科丰富的理论内容。然而，在整体性视阈下，中国特色社会主义理论则主要表现为全面坚持和继承了马克思主义的基本立场、观点、方法和基本原理。

早在延安整风时期，毛泽东在谈到坚持和继承马克思主义时就指出："应确立以研究中国革命实际问题为中心，以马克思列宁主义基本原则为指导的方针，废除静止地孤立地研究马克思列宁主义的方法。"①强调坚持和继承马列主义的"基本原则"。而后，在比较多的场合使用"坚持和继承马克思主义'普遍真理'"的说法。邓小平通常也用这一说法。在 1982 年中国共产党十二大开幕词中第一次提出中国特色社会主义概念时，就说："把马克思主义的普遍真理同我国的具体实践结合起来，走自己的道路，建设有中国特色社会主义。"②在 20 世纪 90 年代以后，我们党才逐步开始使用"基本原理"的提法，并且进一步明确为"坚持马克思主义的基本立场、观点、方法，坚持马克思主义的基本原理"③。

但到目前为止，我们党的文献和学者的研究对基本原理具体应包括哪些内容还没有统一的定论，只在一些文献中部分提到。如由中央宣传部起草的《"三个代表"重要思想学习纲要》提出："'三个代表'重要思想继承和发展了马克思主义关于人类社会前进最终是由生产力发展决定的，同时是由先进文化引导的，是由人民群众推动的等基本原理。"④此外，在江泽民同志的著述中有："坚持马克思主义基本原理，最重要的就是坚持生产关系必须适应生产力发展的论断，通过改革开放不断解放和发展社会生产力，逐步实现全体人民共同富裕，这是历史唯物主义的真谛。"⑤ "社会存在决定社会意识，这是马克思主义关于社会物质运动和精神运动关系的一条基本原理。"⑥在胡锦涛同志的著述中也有："始终代表中国先进生产力的发展要求，是对马克思主义关于生产力和生产关系、经济基础和上层建筑的辩证关系这一基本原理的运用和阐发；始终代表中国先进文化的前进方向，是对马克思主义关于物质生活和精神生活、社会存在和社会意识的辩证关系这一基本原理的运用和阐

---

① 毛泽东选集（第 3 卷）[M]. 北京：人民出版社，1991：803.
② 邓小平文选（第 3 卷）[M]. 北京：人民出版社，1993：3.
③ 江泽民文选（第 3 卷）[M]. 北京：人民出版社，2006：335.
④ 中共中央宣传部. "三个代表"重要思想学习纲要[Z]. 北京：学习出版社，2003：9.
⑤ 江泽民文选（第 3 卷）[M]. 北京：人民出版社，2006：131-132.
⑥ 江泽民文选（第 3 卷）[M]. 北京：人民出版社，2006：344.

发；始终代表中国最广大人民的根本利益，是对马克思主义关于人民群众是推动历史前进的动力这一基本原理的运用和阐发。"①总体来看，尽管目前对坚持和继承马克思主义基本立场、观点、方法和基本原理的认识还比较抽象，但是中国特色社会主义理论，从整体上做到了全面坚持和继承马克思主义基本立场、观点、方法和基本原理。

（2）中国特色社会主义理论全面丰富和发展了马克思主义科学体系。中国特色社会主义理论不能说是纯粹意义的社会主义理论，一方面，它不单是关于社会主义思想、运动、制度的学术阐述，以及关于本质、规律、结构的理论揭示，而是在社会主义制度的既定前提下，对国家经济、政治、文化、人民生活等各个方面的全面思想主张，也是在一定时期关于国家建设的路线、方针、政策和措施的高度理论概括和经验总结。

邓小平是中国特色社会主义理论的奠基人，邓小平理论围绕什么是社会主义和怎样建设社会主义这个核心，全面丰富和发展了马克思主义。江泽民同志对此的概括是："邓小平理论是贯通哲学、政治经济学和科学社会主义等领域，涵盖经济、政治、科技、教育、文化、民族、军事、外交、统一战线、党的建设等方面比较完备的科学体系。"他还进一步指出："这个理论内容丰富、博大精深，涵盖了党和国家工作的各个方面。"②可见，作为中国特色社会主义理论主要组成部分的邓小平理论，不是马克思主义某一方面的丰富和发展，而是对马克思科学体系的全面丰富和发展。

江泽民同志作为党的第三代领导核心，在带领全党全国人民继续沿着邓小平开辟的中国特色社会主义方向前进过程中，围绕建设什么样的党和怎样建设党这个核心，通过进一步完善和发展中国特色社会理论，进而全面丰富和发展了马克思主义。以胡锦涛同志为核心的新一届领导集体对此的概括是："三个代表"重要思想，在改革发展稳定、内政外交国防、治党治国治军各个方面，提出了一系列紧密联系、相互贯通的新思想、新观点、新论断，构成了一个系统的科学理论。可见，作为中国特色社主义理论重要组成部分的"三个代表"重要思想，涵盖了经济、政治、文化、社会生活和党的建设各个领域，也是对马克思主义科学体系的全面丰富和发展。

胡锦涛作为新一届党中央总书记，继续带领全党和全国人民推进中国特色社会主义伟大事业，在深入进行改革开放和社会主义现代化建设中，提出

---

① 胡锦涛. 在"三个代表"重要思想理论研讨会上的讲话[M]. 北京：人民出版社，2003：6.

② 江泽民文选（第2卷）[M]. 北京：人民出版社，2006：350.

科学发展、和谐发展的新理念，围绕进行什么样的发展和怎样发展这个核心，创立了科学发展观的系统理论，继续完善和发展了中国特色社会主义理论。科学发展观强调坚持以经济建设为中心，体现了历史唯物主义关于生产力发展是人类社会发展基础的观点；强调坚持以人为本，体现了历史唯物主义关于人民是历史发展主体的观点；强调全面推进经济建设、政治建设、文化建设、社会建设，体现了唯物辩证法关于事物之间相互联系、辩证统一的基本原理；强调实现经济发展要与人口、资源、环境相协调，保证永续发展，体现了辩证唯物主义关于人与自然关系的思想。可见，科学发展观同样全面丰富和发展了马克思主义科学体系。

总之，中国特色社会主义对马克思主义的丰富和发展不是孤立进行的，而是遵循马克思主义关于一切事物都是相互联系、相互影响、相互制约的原则，站在中国现代化发展和民族复兴的全局性、战略性高度，既全面丰富和发展了马克思主义理论内容，又以在中国当代发展不同阶段形成的系统理论，构成中国特色社会主义理论体系，全面丰富和发展了马克思主义科学体系。

三、中国特色社会主义道路
是对马克思主义的综合性实践和创造性发展

马克思主义整体性的科学内涵还有一个基本原则，就是对理论的综合性实践，并在实践中创造性发展理论。而中国特色社主义道路，正是综合性实践和创造性发展马克思主义的最好例证。

（1）中国特色社会主义道路，是在我国社会主义现代化建设中马克思主义各个学科理论综合实践的结果。道路是理论与实践结合的一种反映，它更多地具有实践的属性。党的十七大报告把中国特色社会主义道路的内涵明确为：在中国共产党领导下，立足基本国情，以经济建设为中心，坚持四项基本原则，坚持改革开放，解放和发展生产力，巩固和完善社会主义制度，建设社会主义市场经济、社会主义民主政治、社会主义先进文化、社会主义和谐社会，建设富强民主文明和谐的社会主义现代化国家。从中不难看出，中国特色社会主义道路所反映的实践，包括了经济建设、政治建设、文化建设、社会建设等各个领域，以及这些大的领域下各种具体建设的综合内容。而从社会主义现代化建设的实践看，第一代中央领导集体提出"四个现代化"的战略目标，第二代中央领导集体在新的历史条件下将其调整为"中国式的现代化"及"整体小康"的战略目标，第三代中央领导集体进一步提出"全面建设小康社会"的战略目标，在此基础上新一届中央领导集体又增加了"构建社会主义和谐社会"的战略目标，我国现代化建设的战略目标内容在不断地丰富。社会主义现代化建设实践内容的综合性和丰富性，必然要求作为实践指南的马克思主义理论与之相适应，不能以单一或部分学科的理论进行指导，而是运用马克思主义所有学科的理论，包括社会主义建立理论、国家管理理论、社会进步理论、思想意识形态理论、政党建设理论、民族关系理论和国际关系理论等各种理论在新道路探索中进行综合指导。进一步说，马克思主义历史学、哲学、经济学、法学、军事学、文化学、社会学、教育学、人类学、伦理学等各个学科理论在我国社会主义现代化建设中的综合实践，才形成了中国特色社会主义道路。

（2）中国特色社会主义道路，是在马克思主义中国化过程中马克思主义基本原理与中国具体实际结合的综合产物。毛泽东早在1938年提出马克思主义中国化概念时就强调："马克思主义的中国化，使之在其每一表现中带着中国的特性。"①邓小平1984年会见日本客人时则进一步提出："马克思主义必须是同中国实际相结合的马克思主义，社会主义必须是切合中国实际的有中国特色的社会主义。"②江泽民在谈到马克思主义中国化时也指出："社会主义实践的每一次历史性飞跃，都是马克思主义基本原理同具体实践相结合进行理论创新的结果。"③这些论述阐明了两个重要的观点，一是中国特色社会主义道路与马克思主义中国化有着直接和紧密的联系，没有马克思主义中国化的实践就没有中国特色社会主义道路；二是中国特色社会主义道路是马克思主义基本原理与中国具体实际结合的结果，没有马克思主义基本原理与中国具体实际这两个基本要素的结合，同样没有中国特色社会主义道路。如果进一步分析我们还会发现，在马克思主义中国化过程中，马克思主义基本原理同中国具体实际相结合还是一种综合性质的结合。一方面，"马克思主义基本原理"，既不是马克思主义某种单一的基本原理，更不是所谓对中国适用的基本原理，而是马克思主义所有的相关基本原理，这是由马克思主义整体中国化而不是部分中国化的性质决定的。另一方面，"中国具体实际"，通常包

---

① 中共中央文献选集（第11册）[Z]. 北京：中共中央党校出版社，1991：685.

② 邓小平文选（第3卷）[M]. 北京：人民出版社，1993：63.

③ 江泽民文选（第2卷）[M]. 北京：人民出版社，2006：131.

括中国实践、中国历史文化和中国国情三个部分，这三个部分本身也体现为一种综合，从而使得中国具体实际的内容十分丰满。正因为马克思主义中国化是一个马克思主义在中国进行"结合性"实践和"综合性"实践的过程，所以中国特色社会主义道路必然是马克思主义基本原理与中国具体实际相结合的综合产物。

（3）中国特色社会主义道路，是在形成"中国模式"的改革开放实践中对马克思主义的创造性发展。"走自己的路，不照搬他国模式"，是中国特色社会主义道路形成过程中，特别是改革开放实践中通过比较、选择和借鉴，并付出一定代价，逐步摸索和总结出来的宝贵经验。中国特色社会主义道路，"特"在它脱胎于半殖民地半封建社会、把公有制与市场经济结合在一起、坚持共产党领导和人民当家作主与依法治国的有机统一，坚持意识形态领域马克思主义一元化与社会思想多样化的统一，在改革开放和自力更生基础上的和平发展与和平崛起的统一，等等。"中国模式"之所以能反映对马克思主义理论的综合性实践，是因为反映中国改革开放的伟大实践具有综合性的特点。我国的改革是从农村到城市、从经济领域到其他各个领域；我国的开放是从沿海到沿江沿边，从东部到中西部。通过这一改革开放过程，使我国成功地实现了从高度集中的计划经济体制到充满活力的社会主义市场经济体制、从封闭半封闭状态到全方位开放的伟大历史转折。在这个过程中，我们不走寻常路，创造出一个别具特色的"中国模式"。这个模式不仅举世瞩目，而且日益彰显出勃勃生机和活力，极大地促进了综合国力和人民生活水平的提高，打通了民族伟大复兴的道路。反过来看，实践结果有力地证明了中国特色社会主义道路是正确的，对马克思主义的发展是极具创造性的。

总之，站在马克思主义整体性的高度审视中国特色社会主义，必然得出一个结论：高举中国特色社会主义伟大旗帜就是真正高举马克思主义伟大旗帜，中国特色社会主义理论是与马克思主义一脉相承又与时俱进的科学体系，中国特色社会主义道路综合性实践和创造性发展了马克思主义。

（杨永志：《天津师范大学学报》（社会科学版）2008 年第 6 期）

"特色道路"与马克思主义整体性实践

中国特色社会主义道路是我国改革开放过程中,在中国共产党的领导下,坚持以马克思主义为指导,通过人民群众生气勃勃的创造性活动,历经几代人艰苦奋斗开辟出来一条既适应时代发展,又符合基本国情的社会主义康庄大道。中国特色社会主义道路具有实践的属性,马克思主义理论在中国特色社会主义道路这一伟大实践的形成和发展过程中,不但体现了理论与实践的有机结合,而且体现了理论与实践的整体性结合。事实雄辩地证明,中国特色社会主义道路是对马克思主义理论的整体性实践。

第一,中国特色社会主义道路,是在我国社会主义现代化建设中马克思主义各学科理论广泛实践的结果。道路具有实践的属性,是指道路是实践的一种间接表现形式。党的十七大报告把中国特色社会主义道路的内涵明确为:"在中国共产党领导下,立足基本国情,以经济建设为中心,坚持四项基本原则,坚持改革开放,解放和发展生产力,巩固和完善社会主义制度,建设社会主义市场经济、社会主义民主政治、社会主义先进文化、社会主义和谐社会,建设富强民主文明和谐的社会主义现代化国家。"这就不难看出,中国特色社会主义道路所反映的实践,包括了经济建设、政治建设、文化建设、社会建设等各个领域,以及这些大的领域下各种具体建设的广泛内容。而从社会主义现代化建设的实践看,自第一代中央领导集体提出"四个现代化"的战略目标,第二代中央领导集体在新的历史条件下将其调整为"中国式的现代化"及"整体小康"的战略目标,第三代中央领导集体进一步提出"全面建设小康社会"的战略目标,在此基础上新一届中央领导集体又增加了"构建社会主义和谐社会"的战略目标,我国现代化建设的战略目标内容在不断地丰富。由于社会主义现代化建设实践内容的广泛性,就必然要求作为实践指南的马克思主义理论与之相适应,不能以单一或部分学科的理论进行指导,而是整体地运用马克思主义所有学科的理论,包括社会主义建设理论、国家管理理论、社会进步理论、思想意识形态理论、政党建设理论、民族关系理论和国际关系理论等各种理论在新道路探索中进行综合指导。进一步说，马克思主义历史学、哲学、经济学、法学、军事学、文化学、社会学、教育学、人类学、伦理学等各个学科理论在我国社会主义现代化建设中的广泛实践，才形成了中国特色社会主义道路。

第二，中国特色社会主义道路，是在马克思主义中国化过程中马克思主义基本原理与中国具体实际全面结合的产物。毛泽东同志早在 1938 年提出马克思主义中国化概念时就强调，"马克思主义中国化，使之在其每一表现中带有中国的特性"①。邓小平在 1984 年会见日本客人时则进一步提出："马克思主义必须是同中国实际相结合的马克思主义，社会主义必须是切合中国实际的有中国特色的社会主义。"②这些论述阐明了两个重要的观点，即马克思主义中国化要通过实践全面表现出来；中国特色社会主义道路与马克思主义中国化有着直接和紧密的联系。党的十七大报告提出由马克思主义中国化过程形成的当代中国马克思主义具有"实践性"特征，这就更加旗帜鲜明地肯定了近代中国这两位伟人的观点。马克思主义中国化的实质是马克思主义基本原理同中国具体实际相结合。在这一结合过程中，马克思主义基本原理，肯定不是马克思主义单一的某种基本原理，更不是所谓对中国使用的基本原理，而是马克思主义的所有基本原理，这是由马克思主义整体中国化而不是部分中国化的性质决定的；中国具体实际，通常包括中国实践、中国历史文化和中国国情三个部分，其中中国实践，同样不会是中国单一的实践，必然是中国全面的实践，这是由实践对象的多样化性质决定的。所以中国特色社会主义道路，是由中国共产党率领全国各族人民，立足基本国情，站在时代发展的高度，对马克思主义各种基本原理在中国全面实践的产物。

第三，中国特色社会主义道路，是在中国特色社会主义理论体系形成和发展中综合实践的结晶。理论是对实践的概括，那么理论主题和内容的多样化就说明实践具有多样化。到目前为止，中国特色社会主义道路的探索经历了三个阶段，通过这些阶段形成的中国特色社会主义理论体系包括邓小平理论、"三个代表"重要思想以及科学发展观。其中，邓小平理论围绕什么是社会主义、怎样建设社会主义的主题，是"贯通哲学、政治经济学和科学社会主义等领域，涵盖经济、政治、科技、教育、文化、民族、军事、外交、统

---

① 中共中央文献选集（第 11 册）[M]. 北京：中共中央党校出版社，1991：658.
② 邓小平文选（第 3 卷）[M]. 北京：人民出版社，2001：63.

一战线、党的建设等方面比较完备的科学体系"①。"三个代表"重要思想围绕建设什么样的党、怎样建设党的主题，是"改革发展稳定、内政外交国防、治党治国治军各个方面，提出了一系列紧密联系、相互贯通的新思想、新观点、新论断，构成了一个系统的科学理论"②。科学发展观围绕进行什么样的发展和怎样进行发展的主题，是"对党的三代中央领导集体关于发展的重要思想的继承和发展，是马克思主义关于发展的世界观和方法论的集中体现。也是立足社会主义初级阶段基本国情，总结我国发展实践，借鉴国外发展经验，适应新的发展要求提出来的"③。可见，中国特色社会主义理论体系不但是科学社会主义的创新、发展和运用，而且是对当今世界和当代中国各种实践所进行的理论综合概括，是对人民群众在新时期各种实践经验进行的总结和升华，是根据我国基本国情对马克思主义与时俱进的全面创新和发展。中国特色社会主义理论体系与马克思主义一脉相承，为此，中国特色社会主义理论体系的这种多样化、综合化性质，也就反映了马克思主义理论在指导中国特色社会主义道路实践过程中所具有的整体性质。

第四，中国特色社会主义道路，是在形成中国模式的改革开放实践中对马克思主义精神实质的集中体现。"走自己的路，不照搬他国模式"，是中国特色社会主义道路形成过程中，特别是改革开放实践中通过比较、选择和借鉴，并付出一定代价，逐步摸索和总结出来的宝贵经验，也是中国模式或"北京模式"的特色前提。中国特色社会主义道路，"特"在它脱胎于半殖民地半封建社会、把公有制与市场经济结合在一起、坚持共产党领导和人民当家作主与依法治国的有机统一、坚持马克思主义思想一元化与社会思想意识形态多样化的统一、在改革开放和自力更生基础上的和平发展和平崛起、利用资本主义一切文明成果并最终战胜资本主义。中国模式之所以能反映对马克思主义理论的整体性实践，是因为反映中国改革开放的伟大实践具有全面性和全方位的特点。我国的改革是从农村到城市、从经济领域到其他各个领域；我国的开放则是从沿海到沿江沿边，从东部到中西部。通过这一改革开放过程，使我国成功地实现了从高度集中的计划经济体制到充满活力的社会主义市场经济体制，实现了从封闭半封闭状态到全方位开放的伟大历史转折。这

① 江泽民文选（第2卷）[M]．北京：人民出版社，2006：11.

② 中共中央宣传部．"三个代表"重要思想学习纲要[Z]．北京：学习出版社，2003：10.

③ 胡锦涛．高举中国特色社会主义伟大旗帜　为夺取全面建设小康社会新胜利而奋斗——在中国共产党第十七次全国代表大会上的报告[Z]．北京：人民出版社，2007：13.

样的实践客观地要求我们既不能照搬他国模式，也不能照抄马克思主义、照搬照抄都不符合中国的基本国情。而是要根据马克思主义的基本立场、观点、方法，通过实践完整准确地体现马克思主义的精神实质，走出一条不同寻常的道路，创造出一个别具特色的模式。

　　总之，中国特色社会主义道路既体现科学社会主义的基本原则，但是又不能用单一科学社会主义的理论来理解它。就是说，马克思主义对中国特色社会主义道路的指导，超越了科学社会主义理论本身所包容的内容；马克思主义在中国特色社会主义道路中的实践，体现了对马克思主义理论整体性的运用。

（杨永志：《南开学报》（哲学社会科学版）2008 年第 4 期）

"低俗风"对和谐社会的影响及其矫治

"低俗风"是对现实生活中流行的各种格调低下、内容庸俗的社会风气的统称。"低俗风"具有流行性，在一定时期和范围非常猖獗；具有混合性，由多种不良风气汇聚而成；具有消极性，是对现代文明的亵渎。20 世纪 90 年代以来，"低俗风"开始在我国盛行。比如，青少年的狂热"追星潮"、酒桌上的"黄段子"、手机上的无聊短信、贺卡上的"艳图秽语"、书刊上的低级煽情等等，都是格调不高"低俗风"的表现。特别是文化界和传媒界少数人为追求"卖点"，满足一些人寻求"刺激"的需要，炒作名人轶事，改编红色经典，戏说历史事件，甚至渲染星闻、性事、滥恋、暴力等，使"低俗风"有愈演愈烈之势。进入 21 世纪，该风稍息后卷土重来，影、视、剧、网、刊等载体无处不刮。这股由部分媒体推波助澜的"低俗风"，正如有人形容的那样，大有"明星取代模范，美女挤走学者，绯闻顶替事实，娱乐覆盖文化，低俗代替端庄"的态势，这对构建社会主义和谐社会危害很大。

我们要建设的和谐社会，是民主法治、公平正义、诚信友爱、充满活力、安定有序、人与自然和谐相处的社会。从和谐社会的这些基本特征来看，和谐首先是一种社会氛围的和谐，而"低俗风"不利于和谐氛围的形成，严重影响和谐社会的建设。

（1）"低俗风"不利于和谐文化的建立。美国学者塞缪尔·亨廷顿的《文化的价值作用——价值观如何影响人类进步》、德国学者马勒茨克的《跨文化交流》、加拿大学者哈罗德·伊尼斯的《文明的偏向》、英国学者拉尔夫·达仁道夫的《现代社会冲突》等著作都对不良社会风气问题进行了研究。他们认为，社会不良风气的形成与缺少正确理论指导有关；社会不良风气的危害在于形成了有害的社会氛围，将大众正常的、健康的文化消费需求，拉向了市侩主义的泥淖。这些研究对于我们认识"低俗风"的危害具有重要的启示意义。社会主义和谐文化的建立，必须坚持马克思主义的指导地位。容忍"低俗风"肆虐，就是纵容思想自由化，有悖于和谐社会对意识形态的要求。在构建和谐社会过程中，我们必须坚持马克思主义的指导地位，引导和形成有利于和谐社会发展的意识形态氛围。

（2）"低俗风"不利于和谐精神的倡导。和谐社会需要和谐精神，和谐精神主要包括：奉献精神、关爱精神、正义精神、公平竞争精神、拼搏进取精神、道德高尚精神、集体主义精神、遵纪守法精神、实事求是精神、维护大局精神、统筹兼顾精神等等。倡导这些精神在经济上有助于利益协调，在政治上有助于安定团结，在文化上有助于崇信高尚，在社会生活上有助于文明进步。"低俗风"与和谐精神不相容，甚至与和谐精神唱反调。"低俗风"是以消极和错误的世界观、价值观、人生观为基础，而和谐精神以积极和科学的世界观、价值观、人生观为基础；"低俗风"以低级趣味和利己自私为道德标准，而和谐精神以追求高尚和互助互利为道德标准；"低俗风"以没落和庸俗的文化为底蕴，而和谐精神以先进和科学的文化为底蕴。"低俗风"的存在和流行会引导人们的精神生活向低俗化沉沦。

（3）"低俗风"不利于和谐氛围的形成。和谐是人类孜孜以求的福祉，和谐意味着安宁和幸福。构建和谐社会，要在人与人之间形成和谐的关系，这种关系的基础是诚信友爱。而"低俗风"作为一种不良风气，表现为诱导人们追求格调低下的东西，从追求格调低下转化为思想蜕变，从思想蜕变就可能引发出反社会、反人类的倾向和行为，反映的是一种极端逐利的人际关系，不是以诚信和友爱为基础。任由这种风气发展，势必破坏人际关系的协调，从而引发社会的不稳定。基于这样的认识，我们必须努力消除"低俗风"对人际关系畸形化的影响，创造诚信友爱的和谐人际关系氛围，创造一个健康和奋发向上的社会风气环境，为人民谋取更多的安宁和幸福。

（4）"低俗风"不利于社会整体利益的协调。利益协调是生产关系或社会关系的基础，社会利益协调是构建和谐社会的根本。马克思曾指出："人们奋斗所争取的一切，都与他们的利益有关。"①由于社会资源的稀缺和财富的有限性，使人们在维护自身既得利益和追求预期利益的过程中，必然会产生各种各样的利益矛盾甚至利益冲突，从而成为社会动荡根源。为此，要建设和谐社会，首要的前提和基础是协调人们之间的利益关系。"低俗风"虽然直接表现为一种社会风气，但与社会利益有密切联系。一方面，它会造成利益失

---

① 马克思恩格斯全集（第 1 卷）[M]. 北京：人民出版社，1956：82.

衡。目前传媒和娱乐界有些人热衷于搞低俗新闻和表演，从自己或小团体的利益出发，为追求"卖点"，满足社会部分人寻求"刺激"的需要，侵犯了多数人的利益，社会利益平衡为此付出一定的代价。另一方面，它会造成利益损害。青少年是"低俗风"的最大受害者。由于他们的不成熟性、喜欢模仿性、不愿接受约束性等特点，抵抗黄色、奢靡、颓废、暴力的能力较差，如果任由"低俗风"盛行，将严重影响青少年的思想，使其极易逾越伦理道德的"底线"，走向沦落。这是对我们未来事业和发展的最大损害。

（5）"低俗风"不利于党的先进性的保持。保持党的先进性是构建和谐社会的关键。目前，社会上的"低俗风"已渗透到我们党内，形成一些不正之风。其中包括：拜金风、赌博风、迷信风、送礼风、吃喝风、奢靡风、浮夸风、假话风、拍马风、圈子风、跑官风、拉关系风、婚外情风、形象工程风等。它们与社会上的"低俗风"遥相呼应和相互影响，与党内的其他不正之风相互纠集并"同流合污"。"低俗风"的直接危害是涣散党心、党智、党力，如果党内有人整天在搞吃吃喝喝、吹吹拍拍、拉拉扯扯、热热闹闹，那些专心干事业、廉洁正直党员的情绪就会受影响，长此以往，就会邪气上升、正气下降，党心不齐、党智不创、党力不聚。"低俗风"还具有"风靡"效应，只要有少数人搞低俗化的东西，就会传染和影响更多的人，如果不加遏制，将会形成普遍性的风气，从而动摇我们党风建设的根基。先进性是具体而不是抽象的，人民群众看党的先进性，不只是看纲领和路线，更主要的是看行动，他们就是从日常生活的点点滴滴来认识和审视我们党，所以即便是少数党的干部风气不正，也会严重影响整个党的先进性。

（6）"低俗风"不利于科学发展观的实施。正确的认识是社会实践的指南，科学发展观是构建和谐社会实践的先导。"低俗风"缺少人的社会文明性，更多表露的是人的自然原始性，体现为低级的原生态，这种存在无助于实现人本身的自由和全面发展；"低俗风"的保守和倒退本质，也扼杀社会创新思维和创造力的张扬，从而阻滞科学技术进步和生产力的发展；"低俗风"作为扭曲意识的综合反映，它所产生的社会功能，还可能造成社会失衡和畸形发展，增加了社会不和谐的因素。社会主义社会的发展，直接动力是改革，只有改革，社会发展才能获得源源不断的动力。而"低俗风"所反映的是腐朽的、没落的、衰败的、低级的、保守的东西，属于与文明相悖的、并且终究要被文明发展扬弃的内容。

矫治"低俗风"，不可能一蹴而就，是一项长期艰巨的任务。因为"低俗风"的产生，原因很复杂，包括社会思潮的庸俗化、市场经济的负面影响、新旧体制的转换、人们素质的局限等等。因此，治理低俗之风需要相关部门协调配合，综合治理，常抓不懈。

（1）加强教育，提高党员干部的马克思主义觉悟。马克思主义认为，无产阶级不仅要改造世界，还要改造自身；毛泽东提出要"做一个高尚的人，一个纯粹的人，一个有道德的人，一个脱离了低级趣味的人，一个有益于人民的人"；邓小平提出要做有理想、有道德、有文化、有纪律的"四有"公民；江泽民提出要"讲学习、讲政治、讲正气，形成一种正气上升的良好风气"；新一届中央领导集体提出，"要实现党风和社会风气的根本好转"等。这些都是抵御"低俗风"冲击、匡正社会风气的重要指导思想。新中国成立以来，我们在主流意识形态的教育和引导方面取得了较大成就，这是马克思主义战线全体工作者的成就和光荣。但是，我们也必须密切关注其他方面的动向，避免从文化消极转化为追求低下，从追求低下转化为思想蜕变，从思想蜕变转化为政治动荡。为此，巩固马克思主义指导地位，发展社会主义先进文化，坚持正确的舆论导向，提升大众社会责任感，引导人们精神生活追求，守护好我们的精神家园，对大众流行文化进行制衡。

（2）制定有关纪律条例，整肃党员及其领导干部打"擦边球"的现象。党员干部特别是领导干部在社会中起着表率作用，一言一行，一举一动都对人民群众的道德取向具有示范作用。"政者正也"，"吏者师也"，"为人上者专重修身，以下之效者速而且广也"。党员干部的道德修养对社会的影响至关重要。党员干部是否洁身自好，具备良好的道德修养和品行，直接影响着全社会风气的好坏。有些领导干部之所以不敢搞腐败，并不是因为觉悟高，而是因为腐败直接涉及违法，存在可能受"处分"或影响"仕途""寿命"等风险，代价相对较高。而搞低俗化的东西，可以做到既不违法，甚至也不违纪，又能得到所谓的"实惠"。针对这种情况，我们应该考虑设立党内的专项"纠风"管理条例，把目前党内流行的具有典型性的低俗现象规定"界限"和纳入"违纪"范畴，以便在整治"低俗风"中对少数"兴风作浪"的领导干部给予严肃处理，让其有"切肤"之痛，能自觉严格要求自己，无论在什么时候和什么场合，都能遵守道德规范，严于律己，率先垂范，以此来提高全社会道德境界，这样才能在全社会形成弃恶扬善、祛邪扶正的道德氛围，刹住不正之风。

（3）坚持不懈，把社会风气建设作为一项长期任务来抓。在全社会形成良好的社会风气，是一项长期的社会系统工程。净化社会空气，只有在党和政府的领导下，通过建立健全法律、法规、完善制度，综合运用政治、经济、法律、行政、教育、文化等手段，从宏观上加以规范和引导，不为不良社会风气的蔓延提供条件。治理的对策一是要有针对性，不能统而论之，不加区别，没有针对性就没有实效。二是要有根本性，不只从社会风气本身这样的层面，而要从世界观、价值观、人生观的高层面着眼。三是要有综合性，解决这个问题应是社会各个相关部门的综合治理，而且要建立遏制低俗之风的长效机制。英国历史学家汤因比说过："文明源自挑战。"我们必须认识到，治理不良风气绝不是沿着幽静的溪流边散步，而是在观念分野的急流险滩中搏击。

毋庸置疑，"低俗风"表现的是思想文化上的浅薄。在时下文化多元化的潮流面前，人们的思想观念正在发生着转变，这是历史积淀、社会转型以及全面开放的综合反映，中国在向现代化社会发展的过程中，进步与保守、文明与落后、理性与放纵存在着冲突。为此，我们必须进行一场新的有助于和谐社会建设的具有震撼力的移风易俗活动，从而促进社会风气的好转。

（杨永志、张秋喜：《理论探索》2007 年第 3 期）

党内"低俗风"的危害、成因及治理

　　"低俗风",是现实生活中流行的各种格调低下、内容庸俗的社会风气的统称。它具有流行性,在一定时期和范围内非常猖獗;具有混合性,由各种相关的不良风气汇聚而成;具有消极性,是对现代文明的亵渎和反动。

　　"低俗风"在各个国家和各个历史时期的存在形式、弥漫程度、影响深度和阶段性特点不同。在现代社会,由于信息技术和信息网络的发展,它借助信息渠道和手段,大量地表现为信息传播的形式,"低俗风"更加容易流行。各种媒体作为信息的重要中介和制造者,形成了世界性的共同特点。如当年美国有线新闻网 24 小时滚动追踪克林顿与莱温斯基做爱细节;英国"狗仔队"死追戴安娜;日本记者日夜蹲守在名人门口期待"新闻"等。就在去年年底发生的"印度洋海啸",也有西方媒体不去关注灾民的苦难,而是到处寻找奇闻逸事。

　　20 世纪 90 年代以来,"低俗风"开始在我国盛行。像青少年的狂热"追星潮"、酒桌上的"黄段子"、手机上的无聊短信、贺卡上的"艳图秽语"、书刊上的低级煽情等汇聚成风。特别是有些文化界和传媒界少数人为追求"卖点",满足社会部分人寻求"刺激"的需要,大兴现代迷信、炒作名人逸事、改编红色经典、戏说历史事件以及渲染星闻、性事、滥恋、暴力之风。进入21 世纪,该风稍息后卷土重来,影、视、剧、网、刊等载体无处不刮,并从民间流行走向媒体推助,以不良为主转到低俗见长。这股由部分媒体推波助澜的"低俗风",正如有人形容的那样,大有"明星取代模范,美女挤走学者,绯闻顶替事实,娱乐覆盖文化,低俗代替端庄"的态势,反映了中国社会大众文化向低俗化沉沦的倾向。

　　党内生活与社会生活紧密相连,目前社会上的"低俗风"已侵蚀到我们党内,正在构成党内的一股不正之风。其中包括:拜金风、赌博风、迷信风、送礼风、吃喝风、奢靡风、浮夸风、假话风、拍马风、圈子风、跑官风、拉关系风、婚外情风、形象工程风等等。它与社会上的"低俗风"遥相呼应和相互影响，与党内的其他不正之风相互纠集并"同流合污"。我们党是个有6800多万党员的执政大党，尽管搞"低俗风"的党员和党的干部是极少数，与腐败问题相比似乎被社会关注得也较少，但是其影响不可小觑，它在一定程度上正在冲击和削弱我们党的优良作风，对于中国共产党的党风建设具有极为不利的影响。

一、党内"低俗风"的危害

党内"低俗风"的最大危害是它与保持我们党的先进性要求背道而驰。

（1）"低俗风"的突出特点是拉历史进步的倒车。众所周知，凡是与发展潮流相吻合、走在时代前列的，才是先进的。先进性是马克思主义政党的根本特征，也是马克思主义政党的生命所系、力量所在。中国共产党一直以"先锋队"来定位党的基本性质，就是为了体现与客观发展规律要求相一致。先锋队蕴涵着先锋性，先锋性体现先进性，因为先锋性是指走在时代前列的特性。时代的坐标明示着先进性的方位，先进性的要求反映着时代进步的方向。时代总是在不断前进，历史和社会总是在不断进步，而低俗所反映的，恰恰是腐朽的、没落的、衰败的、低级的、保守的东西，属于与文明相悖的，并且终究要被文明发展扬弃的内容，它不仅跟不上时代的发展，还要在一定程度上阻碍时代的发展。这种风气违背人类社会发展的一般规律和我们党的建设规律，会使我们党不能充分代表先进生产力的发展要求、先进文化的前进方向和最广大人民的根本利益。

（2）"低俗风"的直接危害是涣散党心、党智、党力。如果党内有人整天在搞吃吃喝喝、吹吹拍拍、拉拉扯扯、热热闹闹，这种现象不能及时得到制止，那些专心干事业、廉洁正直的党员的情绪就会受影响，长此以往，就会邪气上升、正气下降、党心不齐、党智不创、党力不聚。而党心、党智和党力又是保持党的先进性的重要条件。先进性在一定意义上体现着积极进步性。在"低俗风"中，有很大一部分内容是为个人，在本质上是自私和消极的，而消极性所起的是"促退"作用，所以对保持我们党的先进性有害而无利。只有多些像焦裕禄、孔繁森、郑培民、牛玉儒等党的优秀干部及其高尚和积极的思想境界，我们的党的意志才能更加一致，智慧才能充分发挥，力量才能更加凝聚，行动也才能更加统一。

（3）"低俗风"具有"风靡"效应。只要有少数人搞低俗化的东西，就会传染和影响更多的人，如果不加遏制，将会形成普遍性的风气，从而必然动摇我们党风建设的根基，使党的先进性大打折扣。先进性具有鲜明的实践性，它是具体的而不是抽象的，是实在的而不是空泛的，人民群众看党的先进性，不只是看纲领和路线，更主要的是看行动。每一个党员干部都像一盏灯或一面旗，人民群众就是从日常生活的点点滴滴来认识和审视党员干部，所以即便是少数党员干部风气不正，也会严重影响整个党的形象。

马克思主义具有科学性和阶级性，其阶级性就是无产阶级的意识形态性。"低俗风"将大众正常的、健康的文化消费需求，拉向了市侩主义的泥淖，充斥了拜金主义的倾向，不仅破坏了社会主义先进文化建设，而且不利于在主流意识形态坚持正确的政治方向，更是对坚持马克思主义的挑战。从哲学角度看，党内"低俗风"的这种社会存在已经开始产生不利的影响，冲击党员干部的思想意识；从文化角度看，党内"低俗风"作为一种庸俗和有害的文化现象，扰乱了正常的党内政治生活；从经济的角度看，党内"低俗风"加大了治理党风廉政建设的成本，如果不加重视，为此终将要付出沉重的代价。

总之，我们要站在马克思主义建党思想的高度，来充分认识党内"低俗风"的危害。

二、党内"低俗风"的成因

目前，国外关于不良社会风气较有代表性的研究包括：美国学者塞缪尔·亨廷顿的《文化的价值作用——价值观如何影响人类进步》、道格拉斯·凯尔纳的《媒体奇观——当代美国文化透视》、德国学者马勒茨克的《跨文化交流》、哈贝马斯的《作为意识形态的技术与科学》、加拿大学者哈罗德·伊尼斯的《文明的偏向》、英国学者拉尔夫·达仁道夫的《现代社会冲突》等。存在的并不就是合理的，关于社会"低俗风"的成因，有的从经济和社会根源入手，在各自历史过程中寻找嬗变的缘由；也有的认为其与时代的变迁有关，包括物质生活日渐宽裕（温饱思淫）、闲暇时间增加（闲暇无聊）、人的精神压力日益增大（情绪发泄）；还有的在不同思潮视角下解构社会风气，包括从虚无主义、颓废主义、拜金主义、享乐主义、新自由主义、后现代主义、实用主义等价值取向的角度来研究，认为不正确的思潮造成了人们世界观、人生观和价值观的偏差，即社会风气是社会思潮的具体反映和转化形式。这样的分析很有道理，但也存在发掘不充分的问题。事实上，社会"低俗风"产生的深刻经济和社会原因，其中既有大众"猎奇"的需要，也有媒体"逐利"的需要。

党内"低俗风"与社会"低俗风"内容有别，成因相似。

（1）内因是封建残余思想影响、社会转型和经济市场化。由于我国经历了漫长的封建社会，封建思想根深蒂固，比西方国家所受的影响更为深远。虽然封建思想经过现代文明的荡涤，所剩只是残余，但其仍能在适当的时机以各种形式表现出来。比如，请客送礼搞铺张、拉帮结伙立山头、迷信崇拜走形式等等，就是封建残余的现代体现。在新中国成立以后的很长一段时间里，移风易俗和文化革命运动不断，低俗之气难以成风；而在社会转型和经济市场化的条件下，因为体制衔接不严密、某些管理不到位、金钱效应突出等，为不良风气的抬头提供了有利条件，从而使"封建的"和"市场的"低俗之弊同流合污，形成社会及我们党内的一股低俗风气。

（2）外因是全面对外开放及思想自由化和文化多元化。在实行全面的对外开放以来，我国的经济发展获得了有力的支持，市场得到了空前的拓展，特别是人们的思想也随着眼界的打开，发生了根本性的变化。这种变化既有好的一面，像信息观念、时间观念、效率观念、法治观念、竞争观念、环境观念等，但同时也带来了一些资产阶级的不良观念，如金钱第一观念、个人主义观念、生活糜烂观念、道德市场化观念、权利投机观念等。后者为低俗之风的发生发展起到了推波助澜的作用。除了直接的观念影响之外，对外开放也造就了一种环境和态势，就是越来越多的人崇尚思想自由化和文化多元化，世界观、人生观、道德观等价值取向发生了动摇和变化，各种信念应运而生，这对以马克思主义为核心的主流意识形态指导作用造成了冲击，使低俗的风气有条件汇聚并能够向高尚的和先进的风气进行挑战。

（3）主要助长因素是党内的腐败问题。腐败虽不属于低俗，而是违法乱纪行为，但是腐败可以影响党内低俗风气的加剧。这是因为：其一，党内腐败不仅会直接影响到社会公众对执政党的看法，还会影响党内一般党员干部的信念，能够打击他们的积极性并助长其消极性，而低俗风气属于消极性的一种反映；其二，党内腐败能产生一种"多弊"机制，就是腐败本身不是孤立存在，它的存在和发展，会衍生出一系列不良的东西，包括某些低俗的东西在内，构成一个相互联系和作用的弊病系统；其三，党内腐败是对执政党影响力和破坏力最大的不良现象，如果得不到及时有效的纠正，在它的"影罩"和"荫护"下，其他不良现象包括低俗风气等便有生成环境，能够肆无忌惮地风行。

三、党内"低俗风"的治理

正因为党内的"低俗风"具有如此的风险性，所以在呈端倪之时就应予以高度警惕和重视。国外学者目前关于对社会"低俗风"的遏制思想，有的从多元文化入手，认为解决的出路在于文化全球化；有的从民俗文化入手，认为解决的出路在于引进西方文明。这样的认识虽有启发但没道理，他们低估了现代文明中的反文明势力，模糊了民族文化与庸俗文化的关系，事实上，文化全球化和引进西方文明并不是解决问题的根本出路。

我们国内已经开始有一些关于治理社会"低俗风"的对策，如《人民日报》《光明日报》《北京日报》等重要报刊刊发的《低俗风"拷问"媒体社会责任》《媒体又现媚俗"三招数"》《透视媒体重刮"低俗风"》等，就从建立行业道德规范、职业守则、政治纪律等不同角度提出治理对策。但是这些治理对策也存在不尽如人意的方面：一是缺乏针对性，多是统而论之，针对党内"低俗风"治理的建设性意见不足；二是缺乏根本性，多从社会风气本身而不是从世界观、价值观、人生观上着眼，治理的层面较低；三是缺乏综合性，单向性治理对策多，而解决这个问题应是社会各个部门的综合治理，而且要建立解决问题的长效机制。自 1989 年以来，我们在主流意识形态的教育和引导方面取得了较大的成就，但是，我们也必须密切关注其他方面的动向，避免从文化消极转化为追求低下，从追求低下转化为思想蜕变，从思想蜕变转化为政治动荡。绝不能容许这样的恶性循环和状况出现，更不能容忍低俗化对人类共享的公共伦理与审美空间造成毁坏。为此，巩固马克思主义指导地位，发展社会主义先进文化，坚持正确的舆论导向，提升大众社会责任感，引导人们精神生活追求，守护好我们的精神家园，对大众流行文化进行制衡，创造健康和昂扬向上的社会风气与生态环境，正是我们当前精神文明建设抵御"低俗风"亟待解决的问题。

就党内"低俗风"的治理来说，具有以下几方面内容。

（1）治理的根本是提高广大党员干部的马克思主义觉悟。马克思主义认为，无产阶级不仅要改造世界，还要改造自身。毛泽东在《纪念白求恩》一文中提出："做一个高尚的人，一个纯粹的人，一个有道德的人，一个脱离了低级趣味的人，一个有益于人民的人。"邓小平对人民群众提出要做"有理想、有道德、有文化、有纪律"的"四有"公民。江泽民同志对共产党员和党的干部提出要"讲学习、讲政治、讲正气，形成一种正气上升的良好风气"。新一届中央领导集体提出："要进一步加强党风廉政建设，经过一段时间的治理，实现党风的根本好转。"要遏制党内"低俗风"的发展以及销蚀作用，就要强化党员及干部的先锋队意识，加强其马克思主义理论的学习和世界观的改造，引导其精神生活脱离低级趣味，建立党风昂扬向上的良性机制，创造一个健康的党风生态环境。

（2）治理的关键是整肃党员及其领导干部打违反党纪的"擦边球"。有些人不搞腐败，并不是觉悟高，而是因为腐败直接涉及违法，存在影响"寿命""仕途"或可能受"处分"等风险，代价相对较高。而搞低俗化的东西，可以做到既不违法，甚至也不违纪，又能得到所谓的"实惠"。针对这种情况，应该考虑设立党内的专项"纠风"管理条例，把目前流行的具有典型性的低俗现象规定"界限"和纳入"违纪"范畴，以便在整治"低俗风"中对党内公开"兴风作浪"的各级领导干部给予严肃处理，让其有"切肤"之痛，这样才能刹住不正之风。俗话说："上梁不正下梁歪，中梁不正垮下来。"所以整肃低俗的对象首先应是党的领导干部。

（3）治理的方略是把它作为一项党风建设的长期任务来抓。治理的对策，一是要有针对性，不能统而论之，不加区别，没有针对性就没有实效；二是要有根本性，不只从社会风气本身这样的低层面，而要从世界观、价值观、人生观这样的高层面着眼；三是要有综合性，解决这个问题应是社会各个相关部门的综合治理，而且要建立预防和解决问题的长效机制。英国历史学家汤因比说过，"文明源自挑战"。我们必须意识到，治理风气"顽疾"绝不像沿着文本的幽静溪流边散步，而是在观念分野的急流险滩中搏击。只有我们多数党员和党的干部，拥有健康、明确、高尚的追求与思想境界，坚定地带头移风易俗，才能拯救那些少数黯淡、阴郁、低垂的灵魂，才可让崇尚先进、抵制低俗，始终贯穿于我们党先进性建设的历史长河，成为永恒不变的主题。

（杨永志、杨辉：《理论探讨》2005 年第 5 期）

国外关于市场经济与社会主义结合的理论探索

社会主义与市场经济结合是一个重大的理论问题，早在 18 世纪，空想社会主义者就开始探讨，进入 20 世纪后，西方学者在这方面的研究几番出现高潮，形成了具有很高知名度和极大影响力的"市场社会主义"流派。自 20 世纪 90 年代以来，西方有关理论研究又掀起高潮，取得较大突破，使这一跨世纪性难题有了新的理论进步。

"市场社会主义"泛指西方经济学家关于社会主义与市场经济能否结合、如何结合等一系列问题的经济学说和理论模式。早在 20 世纪 20 至 30 年代，欧美经济学家就发生了一次关于社会主义与计划经济结合还是与市场经济结合的大论战，争论的焦点是社会主义能否容许实行市场经济或运用市场机制，其结果诞生了"市场社会主义"。

从 20 世纪 20 年代至 80 年代，"市场社会主义"关于社会主义与市场经济结合的研究经历了若干阶段，出现了一大批具有世界性影响的代表人物和观点，如在 20 世纪 20 至 30 年代，奥地利自由主义经济学派的代表人物米塞斯和哈耶克，前者的代表作是《社会主义国家的经济计算》（1920 年），后者的代表作是《集体主义的经济计划化》（1935 年）和《通向奴役之路》（1940 年）。他们从一般均衡原理出发，认为社会主义与计划经济是不相容的，不能促进生产的发展。相对的是美国经济学家泰勒、英国经济学家迪金森和波兰经济学家兰格。兰格的著名著作是《社会主义经济理论》（1937 年），其理论被称作"兰格模式"。他们认为社会主义计划经济有其存在的合理性。在 20 世纪 40 至 80 年代，东欧主要有波兰经济学家弗拉基米尔·布鲁斯，代表作有《社会主义经济的运行问题》；捷克经济学家奥塔·锡克，其代表作有《社会主义的计划和市场》；匈牙利经济学家亚诺什·科尔奈，其代表作有《短缺经济学》；等等。这些著作的共同特点是，他们在传统的公有制和经济理论框架内探求如何发挥市场机制的作用。同期有重要影响的还有英国的贝特海姆，其代表作有《社会主义经济的过渡》，美国的林德布莱姆，其代表作有《政策与市场》，英国的苏恩-罗泽尔，其代表作有《知识分子与体力劳动者》，美国的奥尔曼，其代表作有《社会的和性别的解放》。这些学者及其著作也从不同角度论证了社会主义与市场经济结合的可能性和必要性。进入 20 世纪 90 年代以来，"市场社会主义"相对其以前的理论又有了新的特点和进展，主要表现在以下方面。

一、"市场机制主导论"成为"市场社会主义"的主流思想

在 20 世纪 90 年代以前的"市场社会主义"发展中，在不同的阶段形成了不同的主流思想，先后有"二元机制论"，即在社会主义条件下，计划机制和市场机制可以结合起来运用；"中性论"，即市场机制或计划机制作为资源配置手段是中性的，与社会制度没有必然联系；"联姻论"，即社会主义与市场机制可以有机结合，采取各种方式进行嫁接。进入 90 年代，"市场机制主导论"出现，这种观点认为，一个社会只能主要采用一种资源配置的方式，社会主义必须以市场机制作为资源配置的主要方式，使市场机制在资源配置中发挥基础性作用。"市场机制主导论"是 90 年代以来"市场社会主义"流派中绝大多数人的主张。这种主张并不完全否定计划机制的作用，但是把计划降格为经济调节手段，是附带或辅助的各种经济调节手段中的一种。相对于此前的"二元机制论""中性论""联姻论"来说，"市场机制主导论"更加明确了社会主义与市场机制二者之间的必然联系、有机融合和自恰性。

二、更多地从非经济的视角研究社会主义与市场经济的结合

20 世纪 90 年代的"市场社会主义"思潮，其主要特点之一是把理论研究的重点不但放在市场与公有制的结合或兼容问题上，还着重把这种结合放射到经济以外的政治和其他社会领域，从总体上把握社会主义与市场经济的结合。其中最有代表性的人物有：美国的詹姆斯·扬克，提出"实用的市场社会主义"理论和模式，其代表作为《修正的现代化社会主义：实用的市场社会主义方案》；英国的亚历克·诺夫，提出"可行的市场社会主义"理论和

模式，其代表作有《可行的社会主义》；美国的约翰·罗默，提出"证券社会主义"理论和模式，其代表作有《社会主义的未来》；英国的戴维·米勒，提出"合作制市场社会主义"理论和模式，其代表作有《市场、国家和社会：市场社会主义的理论基础》；美国的托马斯·韦斯科夫，提出"民主自治的市场社会主义"理论和模式，其代表作有《以企业为基础的民主市场社会主义》；美国的弗莱德·布洛克提出"没有阶级权力的市场社会主义"理论和模式，其代表作有《重构我们的经济：经济改革新战略》。尽管这些学者都是经济学家，但他们却普遍地从非经济的视角去研究问题。可见，近期的"市场社会主义"与其说是一种经济思潮，更像是一种政治思潮。

三、普遍主张对资本主义的有效机制进行充分利用

例如，美国的约翰·罗默提出通过利用某些资本主义成功的微观机制和形式，形成利用资本主义市场外壳的市场社会主义经济；美国的詹姆斯·扬克在提出公有企业仍然像资本主义私人企业那样的方式经营运作，借以保持经济效率；英国的戴维·米勒，则提出利用资本主义比较成熟的民主、平等、自由等制度形式协调和解决在实现社会主义价值目标中存在的冲突；美国的韦斯科夫也认为：社会主义与市场经济结合应保留资本主义的一个特征——市场，同时代替另一个资本主义的特征——生产资料的私有制。还有一些学者也都主张社会主义与市场经济的结合必须吸收资本主义非制度性的有效因素。可见，近期的"市场社会主义"虽然对资本主义制度仍持批判的态度，但较其早期"市场社会主义"的态度温和多了，而且更理性、更客观地注重在新的模式中吸收和借鉴资本主义的有效机制。

四、追求社会主义与市场经济结合的公平与效率"双赢"

20世纪90年代以来的"市场社会主义"是在总结发达资本主义模式以及苏联社会主义计划模式问题基础上形成特色的。因此，明显地突出两个"超越"：一是超越资本主义市场经济模式；二是超越苏联社会主义计划模式。而超越这两个模式的主要目的和实质，是要实现公平与效率的"双赢"，即"鱼

与熊掌兼得"。英国的市场社会主义者彼得·阿贝尔认为："社会主义的精髓在于平等。社会主义要消灭贫穷，使机会更加均等，同时也要更有效率，因此才要与市场经济结合。"从理论上说，把社会主义的公平与市场经济的效率结合起来，将会产生一种理想的效果，能够满足人类对道义和幸福的追求，至于这种"结合"和追求是不是空想，只能有待于历史和实践的验证。就普遍意义来说，近期"市场社会主义"与早期"市场社会主义"的不同之处，在于前者主要为了用市场机制弥补计划机制以及经济运行中资源配置的缺失，后者主要为了取得公平与效率的"双赢"，二者追求"结合"的目标有很大的不同。

五、密切关注未来社会信息在资源配置中的地位和作用

随着社会信息化的发展，有些近期的"市场社会主义"者已经洞察到信息在经济资源配置中所扮演的重要角色，预言信息在社会主义与市场经济结合中将日益发挥不可替代的作用。如日本多摩大学教授中谷岩也认为，"信息能提高市场机制配置资源的效果和改进配置资源的方式"。有的"市场社会主义"者提出，信息除了能够减少交易费用外，未来的社会信息网络中心，有可能成为社会资源配置最理想和最主要的中介，真正弥补市场机制不足，提高市场机制配置资源效率，帮助市场机制实现科学的调控。甚至有的"市场社会主义"者提出在未来发展中，由于信息利用科学性的日益提高，在社会资源配置中的地位和作用将有可能发生根本性的变化，即有可能替代市场机制扮演资源配置的"主角"。当然，这些是要在社会信息化充分发展，对信息利用取得了深刻的认识，并在解决了信息极大不对称性之后才有可能。

当代西方市场社会主义关于市场经济与社会主义相结合问题的思考主要停留在理论层次，仍然有着一定程度的空想因素，因而仍然是抽象的。关于社会主义能否或怎样实行市场经济或运用市场机制问题，中国的改革开放和现代化建设事业已经在理论和实践上做出了明确的回答，这就是邓小平有关社会主义市场经济的理论和实践在中国特色社会主义事业中的具体展开。

（杨永志、杜弘韬:《毛泽东邓小平理论研究》2004 年第 8 期）

试论社会主义与市场经济的结合

——纪念邓小平"南方谈话"发表十周年

　　十年前在邓小平"南方谈话"发表以后，我们党把经济体制改革的目标最终确定为建立社会主义市场经济体制，从而结束了我国经济体制改革目标的模糊性。今天之所以重新提出社会主义与市场经济结合的问题，是因为它是一个关系到社会主义前途和命运的根本性问题，是一个世界性和世纪性的话题和难题，是一个时至今日仍没有彻底解决的重大理论和实践问题。为此，我们有必要通过深入研究，为当前的改革实践提供正确理论依据。

一

　　"市场社会主义"泛指西方经济学家关于社会主义与市场经济能否结合、如何结合等一系列问题的经济学说和理论模式。"市场社会主义"流派是社会主义与市场经济结合的最早探索者。

　　在 20 世纪二三十年代，出现了关于社会主义与计划经济结合还是与市场经济结合的大论战。奥地利自由主义经济学派的代表人物是米塞斯和哈耶克，前者的代表作是《社会主义国家的经济计算》（1920 年），后者的代表作是《集体主义的经济计划化》（1935 年）和《通向奴役之路》（1940 年）。他们从一般均衡原理出发，认为社会主义与计划经济是不相容的，或者说计划经济违背经济规律，不能促进生产的发展。争论的另一方是美国经济学家泰勒、英国经济学家迪金森和波兰经济学家兰格。他们认为社会主义计划经济有其存在的合理性，其不利方面可以通过引进市场机制来解决。争论的焦点是"社会主义制度能否容许实行市场经济"。这种争论的结果就产生了有重要影响的"二元机制论",即在社会主义条件下,计划机制和市场机制可以结合起来运用。这场争论的最大成果是诞生了"市场社会主义"理论。所以这一时期也称作市场社会主义理论的提出时期。

在20世纪40至80年代,"市场社会主义"进入了确立时期。这一时期的争论不是很激烈,其结果产生了有重要影响的"中性论"(即市场不是资本主义特有的)和"联姻论"(即社会主义可以与市场经济有机结合)。同时在东西方产生了一批有重要影响的经济学家,在东欧主要有波兰经济学家弗拉基米尔·布鲁斯,其代表作有《社会主义经济的运行问题》《社会主义的政治与经济》;捷克经济学家奥塔·锡克,其代表作有《第三条道路》《社会主义的计划和市场》;匈牙利经济学家亚诺什·科尔奈,其代表作有《短缺经济学》《短缺与改革》。东欧国家这些经济学家的学说,分别被称作"布鲁斯模式""锡克模式""科尔奈模式"。这些模式的共同特点是,它们在传统的公有制和经济理论框架内探求如何发挥市场机制的作用。同时在西方资本主义国家,也有一些有影响的关于"市场社会主义"的论著问世,如英国学者贝特海姆,其代表作有《社会主义经济的过渡》;美国学者林德布莱姆,其代表作有《政策与市场》;英国学者苏恩-罗泽尔,其代表作有《知识分子与体力劳动者》;美国学者奥尔曼,其代表作有《社会的和性别的解放》。这些学者及其著作也从不同的角度论证了社会主义与市场经济结合的可能性和必要性。

20世纪90年代以来,"市场社会主义"进入了理论反思和确立新形态时期。以"市场机制主导论"为例(即在社会主义社会,市场起资源配置的基础性作用,或者在资源配置中只有市场是最主要的调节机制),我国经济学家邹东涛对此的解释很具有代表性,他说,"世界范围的实践已经无可辩驳地证明,如果在计划经济之树上嫁接市场调节之枝,结出的会是苦果;只有在市场经济之树上嫁接计划调节之枝,才会结出丰硕的果实来"。在这一时期,最有代表性的人物主要有:詹姆斯·扬克,提出"实用的市场社会主义"理论和模式,其代表作为《修正的现代化社会主义:实用的市场社会主义方案》;亚历克·诺夫,提出"可行的市场社会主义"理论和模式,其代表作有《可行的社会主义》;约翰·罗默,提出"证券社会主义"理论和模式,其代表作有《社会主义的未来》;戴维·米勒,提出"合作制市场社会主义"理论和模式,其代表作有《市场、国家和社会:市场社会主义的理论基础》;托马斯·韦斯科夫,提出"民主自治的市场社会主义"理论和模式,其代表作有《以企业为基础的民主市场社会主义》;弗莱德·布洛克,提出"没有阶级权力的市场社会主义"理论和模式，其代表作有《重构我们的经济：经济改革新战略》。20 世纪 90 年代的市场社会主义思潮，其主要特点是，他们理论研究的重点不但在市场与公有制的结合或兼容问题上，"还着重于研究通过这种结合实现公平与效率兼得，并且把这种结合放射到经济以外的政治和其他社会领域，从总体上把握社会主义与市场经济的结合"①。"市场社会主义"理论及其模式，不仅在世界社会主义运动中产生了重要的影响，而且对建设有中国特色社会主义实践具有重要的启示作用，特别是对于我们深入研究社会主义与市场经济的结合具有重要意义。从其近一个世纪的发展历程来看，"市场社会主义"由"早期"到"当代"的发展，是一个不断完善、进步和科学性逐步提高的过程。但是，市场社会主义理论就其出发点和指导思想来看不是马克思主义的，更因为其脱离社会主义建设的环境和实践，其理论或模式是纯粹的理念的"构造物"，因此不能从根本上解决问题，更不能用来指导中国特色的社会主义经济改革和实践。

二

邓小平结合中国的实际情况，并根据长期的实践经验和对社会主义经济问题的深入思考，提出了社会主义与市场经济相结合的思想。

早在 1979 年，邓小平就指出："说市场经济只存在于资本主义社会，只有资本主义的市场经济，这肯定是不正确的。社会主义为什么不可以搞市场经济，这不能说是资本主义。社会主义是计划经济为主，也结合市场经济。"②这段论述，代表了邓小平在 20 世纪 70 年代末期的社会主义与市场经济结合的思想，具体可以概括为：社会主义是计划经济为主，也可以结合市场经济。

在 1985 年，邓小平又谈到，"在某种意义上说，只搞计划经济会束缚生产力的发展。把计划经济与市场经济结合起来，就更能解放生产力"③。这段论述，代表了邓小平在 20 世纪 80 年代中期的社会主义与市场经济结合的思想，具体可以概括为：社会主义经济要把计划经济与市场经济结合起来。

他在 1992 年"南方谈话"中则更直接讲道："计划多一点还是市场多一

---

① 王卫，宁少林. 90 年代西方市场社会主义思潮述评[J]. 教学与研究，2001（10）.

② 邓小平文选（第 2 卷）[M]. 北京：人民出版社，1994：236.

③ 邓小平文选（第 3 卷）[M]. 北京：人民出版社，2001：148.

点，不是社会主义与资本主义的本质区别。计划经济不等于社会主义，资本主义也有计划；市场经济不等于资本主义，社会主义也有市场。计划和市场都是经济手段。"①这段论述，代表了邓小平在 20 世纪 90 年代初期的社会主义与市场经济结合的思想，具体可以概括为：社会主义可以实行市场经济。这些论述的实质和最终落脚点就是：社会主义与市场经济可以相结合。邓小平的社会主义与市场经济结合的思想，主要有以下特点。

（1）邓小平的社会主义与市场经济结合的思想，是一个认识渐进发展和不断完善的过程，也体现了邓小平有关思想与时俱进的理论品格。首先，邓小平的市场经济思想是不断深化的，不是一次性形成的，这也充分印证了马克思主义认识论的规律，理论随着实践和认识的发展而趋于成熟；其次，邓小平的社会主义市场经济思想发展过程与历史上"市场社会主义"思潮的发展进程有非常相近的地方，从计划经济中利用市场机制，到计划经济与市场经济结合，再到实行社会主义与市场经济的直接有机结合，近乎是其缩影；最后，邓小平的市场经济思想与我国改革开放的历史实践进程是一致的，在 1981 年我国确定实行"计划经济为主，市场调节为辅"的经济体制，在 1984 年确定实行"有计划的商品经济"的经济体制，在 1992 年确定建立"社会主义市场经济"的经济体制。这也反映了我国的经济体制改革是按照邓小平设计的宏伟理论蓝图进行的。

（2）邓小平的社会主义与市场经济相结合的思想，其理论贡献是巨大的，具有不可替代的承前启后的作用。首先是突破了马克思主义创始人的有关定论，树立了解放思想实事求是的光辉典范，为我国经济体制改革指明了正确的前进方向；其次是为随之而来的进一步理论创新奠定了思想基础，没有邓小平前面的理论突破，今天的社会主义与市场经济相结合的理论和实践至少会被迟滞很长时期，这会影响到我国社会主义现代化的发展进程；最后是在实践中已经产生了巨大社会价值，我们今天的社会主义经济建设所取得的成就，和社会主义与市场经济结合的理论有很大的联系。

（3）邓小平的社会主义与市场经济结合的思想，从继承和发展的角度来说，是科学社会主义思想的理论创新。马克思和恩格斯在其许多著述中，都把社会主义与计划经济相联系，认为社会主义与市场经济是相对立的，我们可以将其观点归为"抵触论"。这一思想长期以来一直用于指导社会主义实

---

① 邓小平文选（第 3 卷）[M]. 北京：人民出版社，2001：373.

践。但是实践证明，在今天已建成社会主义的特殊历史条件下，这一观点是有误的。列宁在战时共产主义到新经济政策的转变过程中，提出的社会主义可以利用商品、货币的一些思想，是把市场作为手段和方法在不得已的情况下的"借用"。我国在计划经济时代，著名经济学家孙冶方提出的"按照价值规律办事"、薛暮桥提出的"合理利用市场调节"等观点，也都属于与列宁观点相近的"有条件地利用市场论"，并没有跳出社会主义与市场经济在本质上"不相容"或"利用论"的窠臼。邓小平的理论创新，首先就在于他明确提出计划经济和市场经济都是"中性"的，不与社会制度直接相关。从1979年第一次提出这个问题以来，一直到1992年的"南方谈话"，都反复强调这样的思想。其次他认为社会主义与市场经济可以相结合，而且在现代条件下必须进行这种结合。西方"市场社会主义"，特别是20世纪90年代以后的"市场社会主义"思潮或流派，虽然也早就提出"结合"，但他们是从非马克思主义的立场和观点出发提出"结合"的。在马克思主义的主要代表人物中，以及在社会主义具体实践中，正是邓小平最先举起了社会主义与市场经济相结合的理论旗帜。

三

党的第三代领导集体高举邓小平理论伟大旗帜，在建设有中国特色社会主义的过程中，从理论和实践上创造性地发展和运用了邓小平关于社会主义与市场经济相结合的思想，形成了新的结合模式。

（1）党的第三代领导集体关于社会主义与市场经济结合的思想，是在邓小平有关思想的基础上形成和发展的，与邓小平的"结合论"有继承和发展的关系。江泽民同志曾指出，"邓小平理论形成了新的建设有中国特色社会主义理论体系"[①]。"建设有中国特色社会主义的经济，就是在社会主义条件下发展市场经济。"[②]我国"从计划经济到市场经济，经历了近二十年的历史转变"[③]。随着中国改革开放的深入发展，社会主义与市场经济的结合成为一种必然的选择，但是，如果不是邓小平的"南方谈话"，其权威性、影响力和

---

① 江泽民. 在中国共产党第十五次全国代表大会上的报告[M]. 北京：人民出版社，1997：9-13.
② 江泽民. 在中国共产党第十五次全国代表大会上的报告[M]. 北京：人民出版社，1997：9-13.
③ 江泽民. 在中国共产党第十五次全国代表大会上的报告[M]. 北京：人民出版社，1997：9-13.

推动作用，以及对进一步解放思想的促进，我国社会主义与市场经济这种模式的结合，就不会这样快地形成。在邓小平"南方谈话"精神指引下，以江泽民同志为核心的党中央把社会主义与市场经济结合的思想推进到了社会主义必须也只能与市场经济相结合的新阶段，彻底批判和摈弃了计划经济，实行以建立社会主义市场经济为目标的经济体制改革，把计划只作为资源配置的一种调节手段，选择市场作为经济运行机制的主体和社会经济形态的本质特征，并在资源配置中起基础性的决定作用，实现社会主义与市场经济有机的和单一的结合（相当于市场社会主义的"市场机制主导论"）。这相对于邓小平的社会主义与市场经济结合思想，是一个重大发展。

（2）党的第三代领导集体关于社会主义与市场经济结合思想的创新，是在 1992 年邓小平"南方谈话"发表关于社会主义与市场经济可以结合之后不久，就实现了其理论上的"突进"式创新。邓小平关于社会主义与市场经济结合的"南方谈话"的发表是在 1992 年初，同年 10 月召开的党的十四大就确定了实行社会主义与市场经济结合的路线，在 1993 年将此写进宪法，并计划到 2010 年前后在我国最终建立起比较完善的社会主义市场经济体制。这是一种理论的"突进"式发展，造成这种"突进"的原因有三个：①自 1978 年以来，我国在改革开放中一直尝试进行社会主义与市场经济的结合，随着结合程度的不断加深，到 20 世纪 90 年代，其"量变"积累到了接近"质变"的水平，而这种"质变"积累，来自人民群众生机勃勃的改革实践；②中国经济学界有影响的大部分学者，随着实践和认识的加深，已经开始主张社会主义与市场经济的"直接和单一结合"，废弃计划经济，这种主张逐渐形成经济体制改革的主流思想，影响了"最高"决策；③以江泽民同志为核心的第三代党的领导集体，解放思想，最终实现了社会主义与市场经济的"完全"结合。

（3）党的第三代领导集体关于社会主义与市场经济结合的思想，核心在于以市场经济为主体。从党的许多重要的文献中都可以看到，我国目前实行单一的市场经济体制的思想非常明确，即"市场经济或市场机制在社会资源配置中起基础性的作用，计划只作为经济调节的手段加以利用"。

（4）党的第三代领导集体关于社会主义与市场经济结合的实践是成功的。我国 20 多年的改革开放实践，实际就是探索走社会主义与市场经济结合之路的过程，在这一过程中我国经济发展取得了举世瞩目的成就，在世界经济增长普遍趋缓的情况下，我国国内生产总值年平均增长达到 9% 左右。虽然上述成就的取得，也有其他方面的原因，如技术进步、对外开放、教育发展、观念转变等等，但是实行社会主义市场经济是其根本原因。

（5）党的第三代领导集体关于社会主义与市场经济结合的突出贡献，就在于通过摸准摸清经济活动中各种因素的相互关系，创造出一套适合中国国情、有中国特色的结合和发展模式。我国社会主义与市场经济的结合模式极具理论创造性和实践有效性。这些模式不同于"市场社会主义"提出的任何模式。其特点是：①以公有制经济为主体，多种所有制经济共同发展，作为我国社会主义初级阶段的一项基本经济制度。②实行以按劳分配为主体，多种分配方式并存的分配制度。把按劳分配与按生产要素分配结合起来，坚持效率优先兼顾公平的原则，合理拉开收入差距，防止出现两极分化，实现共同富裕。③政府在市场经济活动中扮演重要的角色。把人民的当前利益与长远利益、局部利益和整体利益结合起来，发挥计划和市场两种手段的长处，把市场调节同宏观调控结合起来，政府在宏观经济调控中力量较强。④在经济运行上，以发展为主题，以经济结构调整为主线，以改革和科技进步为动力，把提高人民生活水平作为根本出发点，坚持实施科教兴国战略和可持续发展战略。⑤建立多层次的社会保障制度和体系，既不模仿发达国家高福利模式，也不像有些发展中国家那样只保护少数人，而是实行适合中国国情的社会保障模式，促进经济发展和社会稳定。

梳理社会主义与市场经济结合的思想的发展历程，我们不难看出有两条线索：一条是西方"市场社会主义"的从"二元机制论""中性论""联姻论"到"市场机制主导论"；另一条是从马克思、恩格斯的"抵触论"、列宁（包括布哈林）的"利用论"、邓小平的"双重结合论"到党的第三代领导集体的"单一有机结合论"和"建设有中国特色社会主义市场经济的实践结合模式"。这两条线索都体现了人类对社会主义与市场经济关系的认识在一步步加深，并且在认识上有归一和接近的趋势。我们与今天西方"市场社会主义"在理论主张上没有多少差别，都从历史的和社会的理性原则出发，认为社会主义与市场经济可以结合；在理论最前沿的基本观念上，双方也比较接近一致，都主张实现市场经济与社会主义的单一和直接结合；在目的性上，都试图通过寻求最佳的结合方式，实现效率和公平的双赢。所不同的是，一是我们所选择的实践模式与他们不同，在实践操作上还有很大差距，这种差距却最终关乎到"结合"

的效果和成功与否；二是看这个问题的基本立场和运用的方法不同，西方学者站在非马克思主义的立场和用非马克思主义的方法认识和分析社会主义与市场经济的结合关系，马克思主义者则与此相反。

（杨永志：《天津社会科学》2002 年第 5 期）

信息力思想的历史嬗变

始终代表先进生产力的发展要求，是时代赋予共产党人的历史使命。要真正完成这一使命，就要首先弄清什么是先进的生产力。在当代社会，信息力作为先进生产力的主要内容，在社会经济发展中的地位和作用越来越凸现出来。同时，它作为一种认识范畴，是人类在现代形成的新思想，这种思想历经了从产生到发展，从初步认识到深刻认识，从个别观念到世界性共识的历史嬗变。我们党十六大报告所强调的"以信息化带动工业化，工业化促进信息化，利用后发优势，实现跨越式发展"的观点，就是这种信息力思想嬗变的结果。为此，我们有必要对这一思想的主要观点和发展过程进行梳理。

一

20 世纪 50 年代以后，随着计算机技术的发明和应用，特别是信息作用的初显端倪，人们对信息的认识也在不断加深，西方和日本学者从不同角度研究所产生的一系列关于信息对社会经济发展影响的思想，就形成了早期的信息力思想。

信息力是生产力所属的一个概念，它包括的基本蕴意是：首先，某些信息日益成为生产的要素，如开发和利用信息本身的活动，使之作为生产中的劳动对象，在现代社会越来越成为生产的一类内容，从而构成了生产力的重要组成部分；其次，某些信息在利用中可以直接地转化为现实生产力，如经济信息、科技信息、管理信息等，在生产活动中作为战略资源使用，具有提高生产效率和效益的直接作用；最后，某些信息在政府管理、公共事业、社会生活中被广泛使用，促进社会效率、人员素质、生活质量提高，对生产力发展产生了间接作用。信息能够促进生产的社会化和国际化发展，对生产社会化和国际化发挥着催化和沟通作用，因此便产生了信息力。

信息力思想最初提出的角度是在生产力构成元素方面，我们可以称其为"信息元素说"，并由此形成区别传统生产力与现代生产力的一种观点。信息元素说的多数人观点认为，传统生产力的构成有"两大元素"，即人与物，现代生产力构成除了人与物之外；还包括信息，信息是维系人与物更好结合的现代生产的"三大元素"之一。信息论的创始人，美国科学家维纳，从信息本体论出发，他关于信息最著名的理解就是"信息就是信息，不是物质也不是能源"①。他认为信息具有相对独立的地位和与物质、能源一样大的影响，是在生产中与物质和能源相并列的重要元素。美国信息经济学家塞缪尔·沃尔伯特则从经济学概念出发，认为"信息作为生产要素，基本上不同于土地、劳动力和资本，是生产的第四要素，它像传统的三要素一样，对于生产是基本的和必须的"②。西方学者不管从何角度理解信息的元素性质，都想表明这样一点：信息在现代生产中具有不可或缺的重要地位和作用，正是信息的介入，今天的生产才有如此高的速度、效益和能力，也才堪称其成为现代生产力。

信息力思想最早也是在"信息社会说"基础上形成的。未来学家或社会学家为此作出了突出的贡献。美国未来学家和社会学家丹尼尔·贝尔，较早地提出信息膨胀将导致经济和社会形态发生质变。他曾指出，随着技术的发展和信息的广泛应用，"人类社会的整个历史从此进入了'前工业社会→工业社会→后工业社会'这样一种模式"③。他还声称"后工业社会是一个信息社会，而工业社会是一个商品生产的社会"。他认为信息是"后工业社会"经济活动的主要内容，或者说，在"后工业社会"中信息对生产和经济活动具有决定性的影响作用。美国未来学家约翰·奈斯比特也认为，"信息社会已经到来，过去的时代行将结束，我们现在必须适应在一个各国相互依存的信息世界中生活，各种经济活动的全球化趋势不可避免，信息将成为社会生活的主角"④。法国有的学者也认为，"在信息社会中，社会的信息化不但能够而且必然导致新的经济增长"⑤。德国学者魏尔克在通过对日本社会信息化的

---

① N. 维纳. 控制论与社会[M]. 陈步，译. 北京：商务印书馆，1978：12.

② 塞缪尔·沃尔伯特等. 信息经济学[M]. 李秉平，译. 长春：吉林大学出版社，1991：11.

③ 丹尼尔·贝尔. 后工业社会：一种思想的演变[J]. 展望，伦敦，1971（2）：107.

④ 约翰·奈斯比特. 大趋势——改变我们生活的十个新趋向[M]. 孙道章，等译. 北京：新华出版社，1984：85.

⑤ 西蒙·诺兰，阿兰·孟克. 社会的信息化[M]. 迟路，等译. 北京：商务印书馆，1985：28.

考察和研究之后认为，"信息社会的结果不仅对提高生产率和能源与资源的保护将有贡献，而且在解决社会问题、扩大人类活动范围方面也会起到重要作用，人类社会的未来将取决于信息力的发展状况"①。《第三次浪潮》作者阿尔温·托夫勒则认为，到目前，人类社会已经经历了农业社会和工业社会，即将进入信息社会，所以生产力可以划分为农业生产力时代、工业生产力时代和信息生产力时代。

信息力思想在形成之初，最普遍的认同是"信息资源说"。"信息资源说"具体又包括：① "（新的）主要资源观"，认为信息将成为现代社会和未来经济发展中新的、主要的经济资源，持这种主张的学者非常之多；② "战略资源观"，认为信息是一种战略性资源，如日本学者名和小太郎为此写的一本专著《国际信息资源战争》；③ "经济资源观"，认为信息资源相对于物质资源具有获取的廉价性和高收益性，如美国的实业家兼未来学家保尔·霍肯也明确提出，未来经济是以信息资源为主要消费对象，这种变化将引起"物质经济向信息经济的过渡。物质经济以规模经济和大群人生产与消费大量商品为特征，而信息经济则以人们生产数量较少而含信息较多的商品为特征"②，"信息经济用信息代替物质，从而保护了有限的自然资源，并使产品的成本不断下降，性能更强"③；④ "可共享和再生资源观"，认为信息资源最具可共享性和可再生性，这方面比较有代表的，如日本学者长谷川信太郎就曾指出，"物质的交易会导致竞争，而信息的交易可以导致合作，信息是一种可以真正分享的资源"④。在现代经济和工业化的发展过程中，传统资源的稀缺问题越来越突出，信息资源开发和运用将替代和弥补这种不足，并且可以延续生产的发展。"信息资源说"现正在被越来越多的人所认可。

信息力思想的形成之初，还有一种共识是"信息财富说"。信息是财富，西方学者中有相当多的人持这种主张。因为生产力是财富的源泉，也正因为信息能带来财富，所以它具有生产力的性质。我国在 20 世纪 80 年代新闻媒介宣传最多的信息力思想就是这种思想，如"某条经济信息为某人带来了数万元的收益"，或"一条信息救活了一个企业"等等，就属于信息财富说的具体举案。在西方学者中，这种思想最主要的倡导人是美国学者汤姆·斯托尼

---

① H. J. 魏尔克. 日本的信息处理[M]. 丁元杰，译. 上海：上海翻译公司，1985：197.
② 保尔·霍肯. 未来经济[M]. 方韧，译. 北京：科学技术文献出版社，1985：6.
③ 保尔·霍肯. 未来经济[M]. 方韧，译. 北京：科学技术文献出版社，1985：6.
④ 长谷川信太郎. 信息力[M]. 沈边，译. 北京：中国轻工业出版社，1999：62.

尔，他曾指出"信息如同资本一样可以积累和储存起来供将来使用。在后工业社会里，一国信息的储存是它的宝贵财富，也是财富最大的潜在来源"①。另一位美国学者丹尼森也曾指出，"从 1929 年到 1957 年，美国经济平均年增长的一半是由于信息的传播和创造的增加"②。可见，信息可以是直接的财富，也可以是通过促进经济增长成为间接意义的财富。

信息力思想在形成之中，学者特别关注科技与信息的关系及其在现代社会中的作用，并由此产生"信息技术说"。这方面的普遍认同是，信息与科技可以说是潜能与成果的关系。二者相互依赖，没有科技，信息力就无从充分发挥作用；相反，没有信息形式使之外化，科技就只能是潜在能力。所以信息力与科技力在某种意义上是统一的或者说是一种力，他们共同作用形成合力，并对现代社会发展产生至关重要的作用。"信息技术说"有两种说法，一种是指信息能使各种新技术加快传播、获取和应用，如日本经济学者增田米二在其 20 世纪 70 年代出版的《信息经济学》中，就称"信息与技术是日本经济发展的两个车轮"，信息能够带来技术，应提倡"信息拿来主义"。他认为日本在历史上并不是科学发明大国，但是在后来却成为技术大国，正是这种"信息拿来主义"起了作用。另一种是指信息技术本身是现代社会的新亮点，它的发展将引起经济和社会变革。也是日本学者的松田米津曾指出，"由计算机和现代通信手段造成的信息时代，不仅对现代经济有重大的影响，而且还将引起社会类型的变化"③。另外，也有学者认为"信息技术是现代文明与经济发展的源动力"④。

信息力思想在形成之后，比较有影响的观点还包括"信息产业说"。这方面具有代表性的是美国经济学家马克·波拉特，他在其九卷本的《信息经济》著作中，提出了"四产业划分"的思想。他认为除了传统的农业、工业、服务业，或者现代的"三次产业"以外，还应独立一种新的信息产业。信息产业包括信息产品生产和信息服务两类。⑤在该书中，马克·波拉特不仅提出信息业"独立"说，而且对信息产业内部的不同行业也进行了细致的划分，

① 汤姆·斯托尼尔. 信息财富——简论后工业经济[M]. 吴建民, 等译. 北京: 中国对外翻译出版公司, 1986: 5.

② 爱德华·富尔顿·丹尼森. 美国经济增长的因素和我们面临的选择[M]. 纽约, 1962.

③ 松田米津. 作为后工业社会的信息社会[M]. 华盛顿, 1981: 59.

④ 猪濑博, 约翰·皮尔斯. 信息技术与现代文明[M]. 韦典源, 等译. 贵阳: 贵州人民出版社, 1992: 134.

⑤ 马克·拉波特. 信息经济[M]. 袁君时, 等译. 北京: 中国展望出版社, 1987: 141.

还对信息服务业等新兴产业比重将不断上升的趋势作出了预测。日本学者松田米津也持这种观点，他把所谓的第四产业又分为直接信息部门、知识部门、艺术部门、道德部门四组，认为作为信息产业的第四产业最具朝阳性。

进入 20 世纪 90 年代中期以后，最具世界性影响的关于信息力思想当属于"信息网络说"，这种观点认为网络是信息最能充分发挥作用的工具。美国经济学家曼纽尔·卡斯特提出，"作为一种趋势，信息时代的支配性功能和过程是由网络组织起来。网络构建了我们社会的新形态，也改变了生产等各个方面的过程和结果"[①]。英国学者汤姆·福莱斯特从工作方式的侧面指出，"随着信息网络化的发展，许多工作岗位由公司所在地移到了家中，上班族的概念正在发生历史性的变化"[②]。现实也是如此，有资料显示，目前在信息化发达的美国，已经有 1000 万人在家中上班，部分在家上班的则达到 4300 万。这仅是一个方面，相当多的国外学者认为，单从经济来说，信息网络化对于资金结算、物资流动、电子商务以及现代投资、大众消费、商业活动等将产生划时代的影响。

信息力思想的集中体现是产生了一门新的学说"信息经济学"。信息经济学目前已成为重要的新兴学科，并取得了巨大的成效，其中在"信息不对称性"研究方面获得突破。"信息不对称性"就是市场一方经济主体比另一方知道的信息更多，这就会对企业成本、收益、竞争能力等产生直接和重要的影响。如美国加利福尼亚大学的乔治·阿克尔洛夫、斯坦福大学的迈可尔·斯彭斯和美国哥伦比亚大学的约瑟夫·斯蒂格利茨三位经济学家，因其在不对称信息市场分析方面所做出的开创性研究而获得了 2001 年度诺贝尔经济学奖。

综合以上观点我们不难看出：信息对社会经济的影响是全方位的，它渗透到几乎一切经济领域的各个方面，正在综合形成了一种新的更加高级的生产力，即先进的生产力，或者说信息力作为先进生产力的组成部分是可以从元素、资源、财富、技术、产业和网络等不同角度来解读的；信息力思想的形成过程，先是从自然科学家的认识发端，之后是未来学家或社会学家，再后是经济学家，有关思想的进一步深化，将有待于经济学家完成；在信息力思想产生和形成及发展过程中，诞生了信息经济学这一门新的学科，也造就了一批有影响的信息经济学家；西方和日本学者较早地认识到了信息对现代

---

① 曼纽尔·卡斯特. 网络社会的崛起[M]. 夏铸九，等译. 北京：社会科学文献出版社，2001：569.
② 汤姆·福莱斯特. 高技术社会[M]. 郑振九，译. 北京：新华出版社，1991：276.

经济的重要影响，是信息力思想的主要缔造者，尤其是美国学者对这方面的研究更普遍和更领先一步；信息力思想的形成与计算机和信息技术的兴起同步，并随着信息社会化、产业化、网络化的发展而发展。总之，尽管信息力思想时至今日仍在深化过程之中，但是西方学者和日本学者关于信息力的最初思想还是具有很高的科学价值和世界性影响。

二

我国的信息力思想形成于 20 世纪 80 年代至 90 年代，在世界性信息浪潮冲击下，人们对信息自身的价值以及信息对经济社会生活的影响，日益给予广泛和高度的重视，认识上经历了一个由浅向深的过程。

首先，一些学者和有关部门领导对这一思想的传播、研究和丰富作出了重要贡献。我国最早的一部论述信息与经济关系的专著，是学者黄学忠在1985 年出版的《经济信息与管理》，他在书中认为，"知识是信息的一部分，技术是知识的一部分，因此信息对经济的影响力实质就是知识和技术对经济的影响作用"[①]；张德霖 1987 年在《光明日报》发表的论文《社会生产力系统中的信息力》，是我国最早使用"信息力"概念，并认为信息力来自信息的三大功能；其后有林德金的《信息经济学导论》，他在书中直接表明信息是生产力的观点，提出"技术及其信息带来了产业革命和对传统产业的技术改造，因此信息是重要的生产力"[②]；此后有影响的还有葛伟民的《信息经济学》，他在书中提出，"信息是一个国家经济起飞的关键因素，是一个国家能否兴旺发达的重要因素"[③]；乌家培的《经济信息与信息经济》认为，"信息力还体现在为经济活动中的各种决策提供及时、可靠、充分的经济信息，从而达到使经济活动合理化的目的"[④]。整个"80 年代"主要是信息力思想的传播时期，学者的著述大多在于解释和宣传西方及日本学者提出的观点。这种情况伴随着改革开放过程的展开，取得了很大的成效，对我国人民了解信息价值及其与经济发展的关系起到了"启蒙"性作用。

---

① 黄学忠. 经济信息与管理[M]. 北京：人民出版社，1985：128.
② 林德金. 信息经济学导论[M]. 长沙：湖南人民出版社，1988：134.
③ 葛伟民. 信息经济学[M]. 上海：上海人民出版社，1989：101.
④ 乌家培. 经济信息与信息经济[M]. 北京：中国经济出版社，1990：5.

进入"90 年代"以后，有较大影响的专著及思想包括：清华大学张远教授的《信息与信息经济学基本问题》，其主要采用数量经济和技术经济的模型方法对信息影响经济的互动性和关联度进行了推理分析；中国社会科学院乌家培教授的另一部新作《经济·信息·信息化》，主要采用实证的方法，对经济与信息和信息化的关系进行了更加深刻的揭示，特别是从资源的角度，对信息作为现代社会重要战略资源和生产要素，在经济发展中与劳动力、资本的地位进行了比较分析；北京大学光华管理学院张维迎博士的《博弈论与信息经济》，主要采用西方经济学定量分析和模型分析的方法，对"充分有效的信息刺激企业活力，增强企业竞争力，并使企业获得更多的利益及其各种机会"进行了重点分析；中山大学金建博士的《当代信息技术产业化与技术进步》，从信息技术地位和作用的角度出发，主要对"信息技术作为现代经济发展的主要手段和工具、技术进步的基础和媒介、新技术革命的集中体现、经济增长和技术创新的交叉及生长点、社会形态变化加快的有力杠杆"的内在逻辑进行了演绎。另外，有关具体部门领导人，如前信息产业部部长吴基传的《信息技术与信息产业》，着重阐述了在信息社会，生产力发展的关键因素以及信息的取得方式；信息产业部副部长曲维枝主编的《信息产业结构与中国经济结构调整》，从"信息作为新一代的生产力和已经成为新的经济增长点的角度，对信息促进传统产业优化、催化和倍增器作用"进行了重点研究；前电子工业部长胡启立的《中国信息化探索与实践》，论述了信息产业发展的基本规律和要求，以及政府在这一产业发展中的作用。上述学者和部门领导是中国信息力思想形成或传播的先行者和有影响的主要人物，他们信息力思想总的特点是基本赞同国外已有的信息力观念，并在此基础上结合中国国情从各种角度作了进一步的诠释，承认信息力是当代和未来社会的先进生产力，是具有决定性影响和必须优先发展的生产力。

其次，改革开放的总设计师邓小平对信息力的作用也给予了高度的重视，对我国信息力思想的形成，特别是信息力思想的实践作出了一定的贡献。其有关论述是：

——信息是现代化建设的重要资源。他在 20 世纪 80 年代早期提出了著名观点，"开发信息资源，服务四化建设"①。信息是经济和社会发展的重要资源，在今天看来已经成为世界性的共识，但在那个时代能提出这个思想，

---

① 1984 年邓小平为《经济参考》报的题词。

并且与现代化建设相联系，足以见其高瞻远瞩。

——信息是对外开放的产物和经济发展的条件。邓小平关于信息的论述，在这方面相对是最多的。1985 年他就指出："中国社会过去闭塞，造成信息不通，是一个很大的弱点。"①在邓小平看来，对外开放的一项重要内容，是使我们的信息灵通。所以他反复强调，"实行关闭政策的做法对我们极为不利，连信息都不灵通。现在不是讲信息重要吗？确实很重要。做管理工作的人没有信息，就是鼻子不通，耳目不灵"②。他还说，"以香港为例，对我们就是有益处的。如果没有香港，起码我们信息就不灵通。总之，改革开放要更大胆一些"③。在谈对外开放有利方面时他还指出，通过对外开放，"国家还要拿回税收，工人还要拿回工资，我们还可以学习技术和管理，还可以得到信息、打开市场"④。

——信息是获取世界最新科学技术成果的关键。他曾明确表示，"不要关起门来，我们最大的经验就是不要脱离世界，否则就会信息不灵，睡大觉，而世界技术革命却在蓬勃发展"⑤。邓小平主张把发展生产力作为经济和社会发展的根本，而发展生产力的核心又是先进的科学技术，因此我们与世界的交往目标之一是要获取科技信息。

——信息有助于重点产业的优化和发展。他指出，"汽车工业如何组织起来，也要研究一下。汽车出口我们应该是可以做到的。形成企业集团，就形成力量，信息也就比较灵通了"⑥。对此，他的思想十分明确，认为信息有助于重点产业的发展，而重点产业形成企业集团的力量之后，又有利于信息化发展。

——信息是搞活经济和国家发展的因素。对此他指出，"不搞市场，连世界上的信息都不知道，是自甘落后"⑦。众所周知，市场机制在资源配置中发挥基础性作用，通过竞争和提高效率，使经济发展充满生机和活力，从而更快发展。显而易见，邓小平把信息的作用上升到能关系一个国家强弱的地位。

---

① 邓小平文选（第 3 卷）[M]. 北京：人民出版社，1993：117.
② 邓小平文选（第 3 卷）[M]. 北京：人民出版社，1993：307.
③ 邓小平文选（第 3 卷）[M]. 北京：人民出版社，1993：297.
④ 邓小平文选（第 3 卷）[M]. 北京：人民出版社，1993：373.
⑤ 邓小平文选（第 3 卷）[M]. 北京：人民出版社，1993：290.
⑥ 邓小平文选（第 3 卷）[M]. 北京：人民出版社，1993：193.
⑦ 邓小平文选（第 3 卷）[M]. 北京：人民出版社，1993：364.

以上是邓小平迄今公开发表的带有信息一词的主要论述。毋庸讳言,信息力在 20 世纪 80 年代,还不是一个广泛运用的概念,尽管如此,邓小平以其丰富的历史经验、特有的感悟性和深邃的洞察力,包括对实践的敏感反应,对新事物的特殊热情,对未来的科学判断,所提出的这些思想即使在今天对于我们认识信息力这一先进生产力仍具有一定的启示作用:关于信息时代某些特征所作的论述和预见具有一定的道理,特别是从"发展生产力"和"对外开放"的角度与信息相联系并作出的科学阐释,对于社会主义现代化建设具有重要的指导意义。

三

进入 20 世纪 90 年代末期以来,信息力思想在我国出现了领先世界的新发展,以江泽民同志为核心的党中央把信息力的作用与信息化的程度相联系,从通过信息化把握信息力和发展先进生产力的认识出发,提出具有创新性的思想,并将其付诸中国社会主义现代化建设的实践。

信息化的概念起源于 20 世纪 60 年代的日本,是从社会产业结构演进的角度提出来的。其内涵:一是指信息功能及信息技术的作用非常广泛和强有力,特别是对经济的发展具有决定性意义;二是指信息产业和服务业高度发达,行业地位在国民经济中举足轻重。信息化的外延,是指一个国家或地区信息环境或氛围所达到的某种程度,信息技术、信息产业、信息网络发展状况是标志信息化水平的三大领域。从本质上说,信息化是一种以信息为核心的发展状态和过程。

我国关于信息力思想的新发展,突出体现在以下三个方面:

(1)肯定了信息力的先进生产力性质,并把信息力作用的充分发挥与国民经济和社会信息化联系在一起。首先,信息力作为生产力合力的组成部分,即生产力本身,对现代社会生产力发展的影响举足轻重。我们如果通过时空的双重视角来观察事实就不难发现,信息力在一定的历史条件和社会环境中具有突进性,它的发展能带动整个生产力发展产生新的飞跃。江泽民主席在为胡启立同志所著《中国信息化探索与实践》一书所作的序中就指出,"信息化是一场带有深刻变革意义的科技创新。信息智能工具能极大地提高生产力,促进生产力产生新的飞跃"①。就是说，信息力的突进性在于它所具有的"科技创新"属性。其次，信息作为生产力发展的条件，特别是作为资源性条件，在现代社会促进生产力发展的地位和作用越来越重要，江泽民主席在"序"中还指出，"材料、能源和信息，是现代社会发展的三大资源。信息技术的迅猛发展，使信息资源的重要性日益突出。随着经济的发展和社会的进步，信息资源的这种重要性将更加突出。资源短缺是全球经济发展必须面对的一个重大问题。要保持我国经济持续快速健康发展，必须把开发利用信息资源摆在重要战略位置，更好地推动我国经济的发展"②。不难理解，资源是生产力发展的基本条件，在资源充分的条件下生产力才能获得快速发展。最后，信息力作为生产力的"重组者"，可以改变生产力的原有结构，并产生出新的效果。在理论上，信息力这种组织功能要通过信息化才能完全发挥，因为信息化本身意味信息与生产力要素的充分结合：其有效性要通过生产力的"经济形式"来检验，即通过经济的速度、结构、质量和效益来检验。1995 年 10 月，党的十四届五中全会通过的《中共中央关于制定国民经济和社会发展第九个五年计划和 2010 年远景规划的建议》，首次提出"加快国民经济信息化进程"的战略任务；2000 年 10 月，党的十五届五中全会通过的《中共中央关于制定国民经济和社会发展第十个五年计划的建议》，又将"加强国民经济和社会信息化"列为 21 世纪初必须着重研究和解决的一项重大的战略性、宏观性和政策性问题，提出"要把经济发展和信息化紧密联系在一起，在实现国民经济和社会信息化的同时加快经济的发展"。实践证明，信息化可以使信息开发利用非常充分，许多新技术、新方法和市场上各种新情况的经济信息，能够被方便地、廉价地、迅速地获取和利用，极大地减少了发展过程的时间成本、资金成本和风险成本，从而加快经济发展。此外，相比较而言，现代生产力较传统生产力具有先进性，信息是现代生产力才有的主要内容，所以信息力也就必然具有现代性和先进性。

（2）提出了加快经济和社会发展的新理念，把实现工业化同信息化联系在一起。信息化之所以能够加快实现工业化：①从信息产业的角度来说，信息化表现为信息产业本身的发展，信息产业作为现代工业的一部分，它的高速发展势必加快工业化的速度。自第二次世界大战以来，特别是进入 20 世纪 80 年代以后，信息产业成为发达国家和一些发展中国家发展最快的产业，成

---

① 胡启立. 中国信息化探索与实践[M]. 北京：电子工业出版社，2002：1.

② 胡启立. 中国信息化探索与实践[M]. 北京：电子工业出版社，2002：1.

为经济增长的主要源泉和支柱。我国信息产业在 20 世纪 90 年代以来，也取得了长足的进展。国家信息化测评中心在 2002 年 3 月 19 日公布的研究报告中指出，"近 10 年来，我国信息产业年平均增长速度超过 32%，高于同期全部工业年平均增长速度近 18 个百分点，是 40 个工业行业中发展最快的，已经成为中国所有产业中的第一支柱产业。其中在 2001 年，信息产业占全国工业的比重已上升到 8%，信息产业增加值占国内生产总值的比重达到 4.2%"①。由此可见，如果从增加工业在整个国民经济中比重份额的意义上理解工业化，那么发展信息产业就可以加快工业化的进程。②从信息技术的角度来说，信息化可以促进产业结构的调整，通过加大新兴产业比重和利用信息技术改造传统产业，加快产业优化和升级，这种影响产业结构的变化势必会提高工业化的水平。在现代工业化的概念中，工业化已经不仅仅局限于工业产值的比重，还包括工业化生产的规模，特别是工业技术水平的高低，所以，产业结构的优化和升级，将有助于提高工业化的水平。产业发展的顺序，代表着经济和社会进步的程度。信息产业本身是一个新兴的朝阳产业，它的发展可以使新兴产业比重加大，同时，通过信息技术不断应用在传统产业中，如用信息技术对传统产业进行改造和提升农业、工业、服务业等传统产业科技水平，就可使其重新焕发青春。不失时机地大力发展信息技术产业和用信息技术改造传统产业，就有可能在信息产业及相关产业中获得突破，从而大大加快我国工业化步伐。党的十六大报告指出，"要优先发展信息产业，在经济和社会领域广泛应用信息技术"②，其意义就在于此。③从信息影响的角度来说，信息化可以使信息力转化为企业的竞争能力、赢利能力和发展能力，使企业在国内国际市场中和经济全球化进程中处于有利地位，这种变化势必增强工业化的能力。企业信息力的获得，关键在于企业生产、管理、服务、市场、库存等信息资源的开发利用状况，看企业的信息技术和信息系统融入程度有多深，产品的技术含量和信息含量有多高，由信息与企业的"结合"度及企业由此产生的"能力"来评价和反证。信息技术革命使大量技术信息传入我国，对于提高现代企业竞争力大有裨益。党的十六大报告对此明确指出，"走新型工业化道路，必须发挥科学技术作为第一生产力的重

---

① 数据引自《光明日报》2002 年 3 月 20 日网络版。
② 江泽民. 全面建设小康社会　开创中国特色社会主义事业新局面——在中国共产党第十六次全国代表大会上的报告[Z]. 北京：人民出版社，2002：21.

要作用,注意依靠科技进步和提高劳动者素质,改善经济增长质量和效益"①。在这种认识的基础上,我国对工业化与信息化实现顺序进行了调整,提出信息化与工业化结合的新模式。传统的经济和社会发展理论,无论是马克思主义经典作家的,还是发展经济学家或未来社会学家的,都无一例外地主张首先实现工业化,在此基础上再向更高的目标迈进。然而实践证明,实现工业化的常规方法,难于解决发展中国家普遍存在的掣肘问题,要解决这些问题,至少要经过漫长的历史过程。我们党高瞻远瞩,解放思想,实事求是,与时俱进,提出不同于西方发达国家的历史过程和实践顺序,以及"以信息化带动工业化,工业化促进信息化,让工业化过程与信息化过程合二为一、产生互动和齐头并进"的新思想。这种认识在当今世界关于工业化理论问题上,具有原创性和前沿性。

(3)刷新了传统的社会主义发展观,把"发挥后发优势",实现"跨越式发展"同信息的功能和作用联系在一起。信息最突出的功能,一是消除认识上的不确定性,二是沟通不同主体之间的联系。"后发优势"主要来自后者。当然,我们所主张的"后发优势",不同于历史上有些国家出现的"后发"情况,也不同于日本"明治维新"后的"后发"道路,更不同于德国在"二战"前的"后发"方式。那种主要通过原始积累、贸易、投资和技术引进的途径虽然也可以产生"后发优势",但其力度和速度远不如通过利用信息化的特有功能和潜能,享用新技术革命的成果所产生的力度大和速度快。将信息化与工业化融合并互动,以信息化带动工业化,以工业化促进信息化,是具有中国特色的跨越式发展之路,走这样的道路,可以用全新的方式和更短的时间,实现具有现代意义的建立在信息化基础上的工业化。从历史上看,英国实现工业化大约用了 200 年,日本大约用了 100 年,而韩国只用了 30 年,韩国是因为抓住了世界产业结构调整和新技术革命的机遇,而我们就要抓住信息化的机遇,利用信息力具有的先进生产力性质和后发优势的作用,极大地缩短工业化和现代化进程,实现经济和社会的跨越式发展。长期以来,我们无产阶级对"跨越式发展"寄托了无限眷恋和希冀。马克思的观点是通过社会主义制度的优越性,使其具有超过资本主义的生产力发展速度,从而实现跨越式发展;斯大林实现社会主义工业化和"跨越式发展"的模式是"优先发展重工业";新中国成立以后,我们除了宣传"通过制度优势赶超发达国家"以

---

① 江泽民. 全面建设小康社会 开创中国特色社会主义事业新局面——在中国共产党第十六次全国代表大会上的报告[Z]. 北京:人民出版社,2002:22.

外，也接受了斯大林的"优先发展"模式，还主张通过主观上的"政治热情和思想觉悟"实现"跨越式"发展，进而达到"赶超"发达国家的目的。不过这些被实践证明是行不通的。我们党在新的实践和认识的基础上，意识到"信息化"才是实现"跨越式发展"的根本和决定性因素。从"先进社会制度"到"优先发展"，又到"政治热情与觉悟"，再到"信息化带动"，这种实现"跨越式发展"决定性因素的认识转变，不能不说是一种理论进步和创新。

信息力思想在我国发展和变化的轨迹，从有关的实践过程也可以洞察。自 20 世纪 80 年代初开始，当时主要是受西方未来学家的影响，历经了信息概念的消化、对信息特征的认识、信息价值和作用的宣传等几个阶段；在 20 世纪 80 年代中期，主要是受西方信息经济学家的影响，积极推进信息商品化市场化社会化的发展，制定和颁布有关规章制度，建设包括信息市场在内的完整市场体系的过程；在 20 世纪 90 年代以后，主要受信息化发展以及全球性实践效果的影响和对信息化作用的自我感悟，开始进入了信息技术、信息网络和信息产业大发展的时代。这些表明，这一时期信息力思想在我国主要是传播、消化吸收和思辨阶段。

在新旧世纪之交，我国制定了加快信息化发展与经济社会互动并举的发展战略及一些新举措。1998 年 3 月，我国成立信息产业部，下设"国家信息化推进工作办公室"；1999 年 7 月，国家计委和科技部制定了《当前优先发展的高技术产业化重点领域指南》，其中信息部分共规定了 25 类优先发展的重点领域；2000 年 6 月，国务院颁发了《鼓励软件产业和集成电路产业发展若干政策》，同年 10 月，通过的《中共中央关于制定国民经济和社会发展第十个五年计划的建议》将"加强国民经济和社会信息化"列为 21 世纪初必须着重研究和解决的一项重大的战略性、宏观性和政策性问题；2001 年 3 月，《国民经济和社会发展第十个五年计划纲要》获得通过，对"加快推进国民经济和社会信息化"作了进一步的规定，同年 7 月，《国家信息化指标构成方案》出台，同年 9 月，《"十五"信息化发展重点专项规划》和《信息产业"十五"计划纲要》等陆续公布；2002 年 11 月，党的十六大报告进一步明确了"信息化是我国加快实现工业化和现代化的必然选择"[1]的思想。这些都表明，信息力思想近期在我国正在加快实践、发展和升华。

相比较而言，从西方和日本学者对信息力认识过程的这条线看，其认识

① 江泽民. 全面建设小康社会 开创中国特色社会主义事业新局面——在中国共产党第十六次全国代表大会上的报告[Z]. 北京：人民出版社，2002：22.

的发展基本是扁平结构的，向横向或者广度展开，即从各种角度认识信息力及其作为生产力内容的先进性。从马克思主义这条线看，马克思本人提出"生产力中也包括科学"，这是认识生产力内容的基础；邓小平提出了"科学技术是第一生产力"，虽没有提出信息也是第一生产力，但已经科学确定了科技在生产力发展中的地位、作用和先进性质；江泽民同志明确提出"先进生产力"的概念，并认为"信息能使生产力发展产生飞跃"，这就肯定了信息力的生产力属性和先进生产力性质，也表明了马克思主义对生产力及先进生产力内容的认识向纵向或深度发展的特点。总之，正如恩格斯所说："和任何新的学说一样，它必须从已有的思想材料出发，虽然它的根深藏在经济的事实中。"①世界范围信息力思想近半个世纪的演进以及我国信息力思想 20 多年的发展过程也正体现了这种与时代发展俱进、随社会环境变化相应的历史性规律。

（杨永志、赵伟：《生产力研究》2004 年第 2 期）

---

① 马克思恩格斯选集（第 3 卷）[M]. 北京：人民出版社，1976：56.

论信息化带动工业化的思想演进

随着现代信息技术、信息产业和信息网络的发展，信息化给人类带来的好处，特别是推进工业化的有益作用越来越凸现出来。自 20 世纪末我国制定的"十五计划指导思想"中首次提出以信息化带动工业化以来，在最近党的十六大报告中，又对我国以信息化带动工业化，实现跨越式发展的思路进一步作了阐释。张扬信息化带动工业化，发挥后发优势，实现跨越式发展的思想观念，是我们党代表先进生产力发展要求的重要体现，也是全面建设小康社会的有效途径。深刻认识和正确理解信息化带动工业化的时代意蕴，对于加快我国经济和社会全面发展，跨越西方发达国家工业化所走过的大部分时段和道路，早日实现社会主义工业化和现代化目标，具有十分重要的意义。

一

第二次世界大战以后，社会信息化的发展步伐日益加快。西方学者首先感受并注意到了这种情况，一些学者开始把工业化的着眼点移到信息或信息化上面，进行有关的理论研究和预测，并形成关于信息及信息化与工业化和社会经济发展关系的各种理论。这里，我们仅对其中较有影响的理论观点作一梳理和概括。

美国数学家香农（Claude Elwood Shannon）于 1948 年在贝尔实验室出版的杂志《贝尔系统技术》上发表了著名的《通讯的数学原理》，他在文章中用非常简洁的数学公式定义了信息时代的基本概念：熵，这是关于信息的嚆矢。他的贡献主要是在信息传播过程上，其理论对今天重要产业之一的通信工业（亦称信息产业）产生了革命性影响。

信息论的创始人美国科学家维纳，从信息本身出发，认为"信息是人们在适应外部世界并且使这种适应反作用于外部世界过程中，同外部世界进行交换的内容的名称"。他最著名的关于对信息的理解就是"信息就是信息，不是物质也不是能量"①。但是，从发展的意义来说，信息具有与物质、能源一样的影响，是维系人类生产和生活的"三大元素"之一。

西方学者中，较早把信息对经济和社会发展的影响直接联系起来的是，美国社会学家和未来学家丹尼尔·贝尔。他提出了信息化将导致经济和社会形态发生质变的观点，认为随着技术的发展和信息的广泛应用，"人类社会的整个历史从此进入了'前工业社会→工业社会→后工业社会'这样一种模式"②。他还声称"后工业社会是一个信息社会，而工业社会是一个商品生产的社会"③。他认为信息是"后工业社会"经济活动的主要内容，或者说，在"后工业社会"中信息具有决定性的影响作用。

在 20 世纪 50 年代到 80 年代，西方学者关于信息或信息化对社会经济活动及工业化的影响有代表性的具体理论论断包括以下几方面。

（1）信息是工业化时代新的和重要的资源。从资源的角度提出信息对经济活动产生重大影响，是许多西方学者的共识，其中最典型的是美国经济学家汤姆·斯托尼尔。他认为，"物质的交易会导致竞争，而信息的交易可以导致合作。信息是一种可以真正分享的资源"④。在现代经济和工业化的发展过程中，传统资源的稀缺性问题越来越突出，信息资源的开发和运用将替代和弥补这种不足，并且可以延续工业生产和促进工业化的发展。

（2）信息经济将取代传统的物质经济。美国实业家兼未来学家保尔·霍肯就曾明确提出，未来的经济是从"物质经济向信息经济的过渡。物质经济以规模经济和大群人生产与大量商品为特征，而信息经济则以人们生产数量较少而含信息较多的商品为特征"⑤。他还具体指出从物质经济到信息经济所跨越的时代，是自 1880 年到 20 世纪 80 年代。他认为信息社会或信息化的优势就在于"信息经济用信息代替物质，从而保护了有限的自然资源，并使产品的成本不断下降，性能更强"⑥。

---

① N. 维纳. 人有人的用处——控制论与社会[M]. 陈步，译. 北京：商务印书馆，1978：12.
② 丹尼尔·贝尔. 后工业社会：一种思想的演变[J]. （英）展望，1971（2）：107.
③ 丹尼尔·贝尔. 后工业社会：一种思想的演变[J]. （英）展望，1971（2）：107.
④ 汤姆·斯托尼尔. 信息财富——简论后工业经济[M]. 吴建民，等译. 北京：中国对外翻译出版公司，1986：11.
⑤ 保尔·霍肯. 未来经济[M]. 方韧，译. 北京：科学技术文献出版社，1985：6.
⑥ 保尔·霍肯. 未来经济[M]. 方韧，译. 北京：科学技术文献出版社，1985：76.

（3）信息化有助于经济全球化发展。美国未来学家约翰·奈斯比特认为，社会信息化有助于经济的全球化发展，他说"过去的时代已经结束，我们现在必须适应在一个各国相互依存的世界中生活，各种经济活动的全球化趋势不可避免，其中，汽车业将成为第一个全球化的行业"①。法国有的学者认为，信息化对社会经济的影响，也包括对就业和外贸的影响。"社会的信息化减少了许多工作环节，将使社会失业的危险增加；同时，由于获取世界性商务信息的充分和及时，并通过信息的中介作用，也使外贸的机会增大。就利弊权衡来看，社会的信息化不但能够而且必然导致新的经济增长。"②

（4）信息是工业化新的和重要的生产要素。美国信息经济学家塞缪尔·沃尔伯特认为，"信息作为生产要素，基本上不同于土地、劳动和资本。信息是生产的第四要素，它像传统的三要素一样，对于生产是基本的和必需的"③。这位美国学者认为信息作为要素发挥作用，主要是通过在信息化条件下所形成的以信息为核心要素的新的国民经济系统实现的。

（5）信息化有助于提高经济效率和实现可持续发展。德国学者魏尔克通过对日本社会信息化的考察和研究之后认为，"信息化的结果不仅对提高生产率和能源与资源的保护将有贡献，而且在解决社会问题，扩大人类活动范围方面也会起到重要作用。信息化对整个社会的效应将既深又广，在某种意义上可以与 18 世纪的工业革命相比。有把握地说，人类社会的未来将取决于信息化的发展状况"④。在这位德国学者看来，通过信息加快技术的传播和应用，可以实现经济的高效率；而信息对可持续发展的影响，则主要是通过信息提高能源或资源的使用效果实现的。

（6）信息化影响工业经济的结构。不少西方学者提出，信息具有调整社会经济活动，特别是产业结构的作用。有的西方学者指出，信息化的结果之一，将会导致第三产业的大发展，使其在社会经济中所占的份额进一步加大。这方面具有代表性的是美国经济学家波拉特，他在其九卷本的《信息经济》一书中，不仅对信息产业的不同行业进行了细致的划分，而且对信息服务业等新兴产业比重将不断上升作出了预测。

---

① 约翰·奈斯比特. 大趋势——改变我们生活的十个新趋向[M]. 孙道章，译. 北京：新华出版社，1984：85.

② 西蒙·诺兰，阿兰·孟克. 社会的信息化[M]. 迟路，等译. 北京：商务印书馆，1985：28.

③ 塞缪尔·沃尔伯. 信息经济学[M]. 李秉平，译. 长春：吉林大学出版社，1991：11.

④ H. J. 魏尔克. 日本的信息处理[M].丁元杰，译. 上海：上海翻译公司，1985：197.

（7）信息化影响工业化社会的就业方式。信息具有在社会经济活动中影响就业方式的作用，它使相当多的工作在家就能完成。英国学者汤姆·福莱斯特指出，"随着社会信息化的发展，许多工作岗位由公司所在地移到了家中，上班族的概念正在发生历史性的变化"①。现实也是如此，有资料显示，目前在信息化发达的美国，已经有 1000 万人在家中上班，部分在家上班的则达到 4300 万人。

（8）信息的"不对称性"影响企业经济活动。有的学者从微观经济的角度，对企业获取信息的不对称性问题进行了深入研究，认为"信息的不对称性"就是市场一方经济主体比另一方知道的信息更多，这就会对企业成本、收益、竞争能力等产生直接影响，特别是对工业生产产生重要的影响。美国加利福尼亚大学的乔治·阿克尔洛夫、斯坦福大学的迈克尔·斯彭斯和美国哥伦比亚大学的约瑟夫·斯蒂格利茨三位经济学家就持这种观点。他们因在不对称信息市场分析方面所做出的开创性研究而获得了 2001 年度诺贝尔经济学奖。

综合以上观点，我们不难看出，西方学者较早地认识到了信息或信息化对工业化和现代经济的重要影响，特别是美国学者对这方面的研究更普遍地领先一步。客观地说，他们的许多理论观点尽管没有直接地、系统地、明确地形成"信息化带动工业化"的理论，但仍具有较高的科学性和世界性影响，对我们当前在经济改革和经济发展中开拓新思路具有重要的启示作用，是我国信息化带动工业化理论和实践的重要思想来源。

二

邓小平着手设计中国"宏伟蓝图"时的 20 世纪 80 年代，信息概念和信息化在我国才开始出现，但邓小平以其思想家和战略家特有的眼光，就已提出一些有见地的论述。归纳邓小平的信息思想，主要着重以下几方面。

（1）信息是现代化建设的重要资源。他最著名的有关信息的论述，就是在 1984 年为《经济参考报》的题词："开发信息资源，服务四化建设"。信息是经济和社会发展的重要资源，在今天看来已经成为世界性的共识，但在那

---

① 汤姆·福莱斯特. 高技术社会[M]. 郑振九，译. 北京：新华出版社，1991：276.

个时代能提出这个思想，并且与现代化建设相联系，足见其高瞻远瞩。

（2）信息是对外开放的产物和经济发展的条件。邓小平在这方面的论述相对是最多的。他在谈到对外开放时指出，"中国的发展离不开世界"，"任何一个国家要发展，孤立起来，闭关自守是不可能的"。①在邓小平看来，对外开放的一项重要内容，是使我们的信息灵通。所以他反复强调，"实行关闭政策的做法对我们极为不利，连信息都不灵通。现在不是讲信息重要吗？确实很重要。做管理工作的人没有信息，就是鼻子不通，耳目不灵"②。他还说，"以香港为例，对我们就是有益处的。如果没有香港，起码我们信息就不灵通。总之，改革开放要更大胆一些"③。在进行历史经验教训的总结时他仍强调这个观点，"中国社会过去闭塞，造成信息不通，是一个很大的弱点"④。

（3）信息是获取世界最新科学技术成果的关键。他曾明确地说，"不要关起门来，我们最大的经验就是不要脱离世界，否则就会信息不灵，睡大觉，而世界技术革命却在蓬勃发展"⑤。我们都知道，邓小平把发展生产力视为经济和社会发展的根本，而发展生产力的核心又是先进的科学技术，因此我们在与世界的交往中，目标之一是要获取科技信息。

（4）信息有助于重点产业的优化和发展。他指出，"汽车工业如何组织起来，也要研究一下。汽车出口我们应该是可以做到的。形成企业集团，就形成力量，信息也就比较灵通了"⑥。从中可以看出，信息的获得和企业的强弱紧密相关，企业实力越强，获取信息就越有力。随着我国产业的优化和发展，信息将得到充分的开发和利用。

（5）信息是搞活经济和国家发展的因素。他指出，"不搞市场，连世界上的信息都不知道，是自甘落后"⑦。众所周知，市场机制在资源配置中发挥基础性作用，通过获取信息开展竞争提高效率，才使经济发展充满生机和活力，从而更快发展。显而易见，邓小平把信息的作用上升到关系国家的强弱兴衰。

以上是邓小平在公开发表的论著中，使用了信息概念的主要论述。其主

---

① 邓小平文选（第3卷）[M]. 北京：人民出版社，1993：78.
② 邓小平文选（第3卷）[M]. 北京：人民出版社，1993：117.
③ 邓小平文选（第3卷）[M]. 北京：人民出版社，1993：306-307.
④ 邓小平文选（第3卷）[M]. 北京：人民出版社，1993：297.
⑤ 邓小平文选（第3卷）[M]. 北京：人民出版社，1993：290.
⑥ 邓小平文选（第3卷）[M]. 北京：人民出版社，1993：193.
⑦ 邓小平文选（第3卷）[M]. 北京：人民出版社，1993：346.

要特点是：他关于信息沟通的渠道侧重于对外开放的程度；关于信息地位和作用的发挥着重于经济和科技方面。不能否认，信息化在 20 世纪 80 年代，还不是一个广泛运用的概念，西方学者的有关理论对邓小平有一定的影响，但影响不是太大，所以邓小平缺少在这方面的系统论述，更没有把信息或信息化与工业化直接联系起来，他的关于信息影响工业化的思想，我们只能从他有关信息对经济发展具有重要影响的论述中去领悟。尽管如此，邓小平以其特有的感悟性和洞察力，通过对实践的深入研究，对历史的客观分析，对未来的科学预测所提出的这些思想，对于我们今天认识信息与工业化的互动关系，是具有启示作用的；邓小平关于信息时代某些特征的论述和预见，特别是从"发展生产力"的角度和"对外开放"的角度作出的科学阐释，对于信息化带动工业化的具体实践，是具有指导意义的。邓小平的这些思想，是我国信息化带动工业化认识的理论基础。

二

党的第三代领导集体，适应时代发展的潮流和趋势，积极地了解、研究、思考信息化对工业化影响这个问题，在进入新世纪的同时，逐步形成了关于信息化带动工业化的新认识，并付诸实践，成为经济和社会发展的指导性思想。如果对这一新认识进行解读和评价，我们认为有以下突出特点。

（一）我国目前关于信息化带动工业化的认识已具系统性

第一，从信息产业发展的角度来说，信息化表现为信息产业本身的发展，信息产业作为现代工业的一部分，其高速发展势必加快工业化的速度。自第二次世界大战以来，特别是进入 20 世纪 80 年代以后，信息产业成为发达国家和一些发展中国家发展最快的产业，成为经济增长的主要源泉和支柱。我国信息产业在 20 世纪 90 年代以来，也取得了长足的进展。国家信息化测评中心在 2002 年 3 月 19 日公布的研究报告中指出，"近 10 年来，我国信息产业年平均增长速度超过 32%，高于同期全部工业年平均增长速度近 18 个百分点，是 40 个工业行业中发展最快的，已经成为中国工业中第一支柱产业。其中在 2001 年，信息产业占全国工业的比重已上升到 8%，信息产业增加值占国内生产总值的比重达到 4.2%，预测在整个'十五'期间，信息产业将以

3 倍于国民经济的速度发展"①。由此可见，如果从增加工业在整个国民经济中比重份额的意义上理解工业化，那么发展信息产业就可以加快工业化的进程。

第二，从信息技术作用的角度来说，信息化可以促进产业结构的调整，从而提高工业化水平。在现代工业化的概念中，工业化已经不仅仅局限于工业产值的比重，还包括工业化生产的规模，特别是工业技术水平的高低，所以，产业结构的优化和升级，将有助于提高工业化的水平。我国学者李义平指出，"产业发展的顺序，代表着经济和社会进步的程度"，"经济发展有两种模式，一种是水平效应，另一种是结构效应，发展信息产业就是发挥经济发展的结构效应"。②信息产业本身是一个新兴的朝阳产业，它的发展可以使新兴产业比重加大，同时，通过信息技术不断应用在传统产业中，如用信息技术对传统产业进行改造和提升农业、工业、服务业等传统产业科技水平，就可使其重新焕发青春。不失时机地大力发展信息技术产业和用信息技术改造传统产业，有可能在信息产业及相关产业中获得突破，从而大大加快我国工业化步伐。党的十六大报告指出，"优先发展信息产业，在经济和社会领域广泛应用信息技术"③，其意义就在于此。

第三，从信息力的影响角度来说，信息化可以使信息转化为企业的竞争能力、赢利能力和发展能力，使企业在国内、国际市场和经济全球化进程中处于有利地位，这种变化势必增强工业化的能力。企业信息力的获得，在于对有关企业生产、管理、服务、市场、库存等信息资源的开发利用状况。信息化目前被公认为是当代最先进的生产力，信息化水平的高低，在一定意义上要看信息技术和信息功能融入企业的程度有多深，要由企业的"能力"来评价和反证。信息产业部副部长曲维枝认为，"信息化是人类经济社会发展的新的动力，它将进一步促进经济全球化和国际竞争格局的变化"④。提高产品的技术含量和企业的信息化程度，已成为现代企业提高竞争力迫切需要解决的问题。党的十六大报告就明确指出，"走新型工业化道路，必须发挥科学技术作为第一生产力的重要作用，注重依靠科技进步和提高劳动者素质，改

---

① 钟晓军. 信息产业以 3 倍于国民经济的速度发展[N]. 光明日报，2002-03-20（1）.

② 李义平. 以信息产业提升中国经济结构[N]. 光明日报，2001-06-07（2）.

③ 江泽民. 全面建设小康社会 开创中国特色社会主义事业新局面——在中国共产党第十六次全国代表大会上的报告[Z]. 北京：人民出版社，2002：21.

④ 曲维枝. 信息产业结构与中国经济结构调整[M]. 北京：中国财政经济出版社，2001：70.

善经济增长质量和效益"①。不难看出，以信息化带动工业化，其核心和目的就在于加快实现我国工业化和现代化。目前我国对信息化带动工业化的联系层面、作用机制和关键环节已有了较全面、完整的系统认识。

（二）我国目前关于信息化带动工业化的认识有创新性

第一，在工业化与信息化实现顺序的认识上有新突破。传统的经济和社会发展理论，无论是马克思主义经典作家的，或是发展经济学家的，还是未来社会学家的，都无一例外地主张首先实现工业化，在此基础上再向更高的目标前进。然而实践证明，实现工业化的常规方法难于解决发展中国家普遍存在的掣肘问题，而要解决这些问题，至少要经过漫长的历史过程。我们党高瞻远瞩，解放思想，实事求是，提出不同于西方发达国家的历史过程和实践顺序，以信息化带动工业化，工业化促进信息化，让工业化过程与信息化过程合二为一、产生互动和齐头并进的新思想。这种认识在当今世界关于工业化理论问题上，还没有哪个国家和学者系统地、明确地揭出来，所以具有原创性和前沿性。

第二，在"跨越式发展"决定性因素的认识上有新突破。长期以来，我们对"跨越式发展"寄托了无限眷恋和希冀。马克思的观点是社会主义制度的优越性可以使其具有超过资本主义的生产力发展速度，从而实现跨越式发展；斯大林实现社会主义工业化的模式是"优先发展重工业"。新中国建立以后，我们除了宣传"通过制度优势赶超发达国家"以外，也接受了斯大林的"优先发展重工业"模式，还主张通过主观上的"政治热情和思想觉悟"实现"跨越式"发展，在1958年前后就试图通过"鼓动人民群众的政治热情和提高思想觉悟"来个"大跃进"，进而达到"赶超"发达国家。不过这些都被实践证明是行不通的。我们党在新的实践和认识的基础上，意识到"信息化"才是实现"跨越式发展"的根本和决定性因素。从"先进社会制度"到"优先发展重工业"又到"政治热情与觉悟"，再到"信息化带动"，这种实现"跨越式发展"决定性因素的认识转变，不能不说是一种理论发展和创新。

第三，在对"发挥后发优势"的理解上有新突破。信息最突出的功能，一是消除认识上的不确定性，二是沟通不同主体之间的联系。"后发优势"主要来自后者。实现信息化可以使信息开发利用非常充分，许多新技术、新方

① 江泽民. 全面建设小康社会　开创中国特色社会主义事业新局面——在中国共产党第十六次全国代表大会上的报告[Z]. 北京：人民出版社，2002：21.

法和市场上各种新情况的经济信息，可以方便、廉价、迅速地获取和利用，极大地减少了发展过程的时间成本、资金成本和风险成本。当然，我们所主张的"后发优势"，不同于历史上有些发展中国家出现的"后发"情况，也不同于日本"明治维新"后的"后发"道路，更不同于德国在"二战"前的"后发"方式。那种主要通过原始积累和贸易、投资及技术引进的途径虽然也可以产生"后发优势"，但其力度和速度远不如通过利用信息的特有功能和潜能。将信息化与工业化融合，以信息化带动工业化，是我国具有中国特色的跨越式发展之路，用全新的方式和更短的时间，实现具有现代意义的建立在信息化基础上的工业化。

（三）我国目前关于信息化带动工业化的认识具有指导性

以信息化带动工业化，不仅已经成为我国多数人的共识，而且也开始成为我国经济和社会发展的指导思想。

第一，信息化带动工业化已经成为我国国民经济发展计划的重要内容。国民经济第十个五年计划明确提出，"要用信息化带动工业化，发挥后发优势，实现生产力的跨越式发展"①。为了贯彻和推进信息化带动工业化，加快信息化的步伐和发挥其对工业化的影响，我国在政府管理体制中，专门建立了"国家和地方信息化推进办公室"，制定出国家信息化指标体系，并于2001年开始颁布实施。我国的信息化指标是根据6个要素（信息资源、信息网络、信息技术及应用、信息产业、信息化人才、信息化政策法规和标准）概括出20项具体指标。这一指标体系可以科学地、完整地反映和评价我国信息化水平及信息化对整个国民经济发展的影响。

第二，信息化带动工业化已经成为经济、社会发展战略的重要内容。我国在进入21世纪以来，就将信息化及其影响作用放在覆盖现代化全局的战略位置上，江泽民同志指出："中国还是一个发展中国家，工业化的任务尚未完成，又面临实现信息化的艰巨任务。我们的战略是：在完成工业化的过程中注重运用信息技术提高工业化的水准，在推进信息化的过程中注重运用信息技术改造传统产业，以信息化带动工业化，发挥后发优势，努力实现技术的跨越式发展。"②

第三，信息化带动工业化已经成为我国现代化建设纲领性文献的重要内

① 江泽民. 论科学技术[M]. 北京：中央文献出版社，2001：222.

② 江泽民. 论科学技术[M]. 北京：中央文献出版社，2001：222.

容。党的十六大报告明确指出，"实现工业化仍然是我国现代化进程中艰巨的历史性任务。信息化是我国加快实现工业化和现代化的必然选择。坚持以信息化带动工业化，以工业化促进信息化，走出一条科技含量高、经济效益好、资源消耗低、环境污染少、人力资源优势得到充分发挥的新型工业化路子"。党的十六大报告是指导我国前进的纲领性文献，作为其重要内容的信息化带动工业化，也就成为中国特色社会主义经济建设和发展的指导方针。从国民经济计划的指导思想到全党全社会的指导方针的演进，也表明了这一认识的指导地位在上升。

　　总之，在不同的时期，人们对信息或信息化与工业化关系的理解深度及实践内容不同。我国自 20 世纪 80 年代初开始，当时主要是受西方未来学家的影响，历经了信息概念的消化、对信息特征的认识、信息价值和作用的宣传等几个阶段；在 20 世纪 80 年代中期，主要是受西方信息经济学家的影响，积极推进信息商品化、市场化的发展，制定和颁布有关规章制度，建设包括信息市场在内的完整市场体系的过程；在 20 世纪 90 年代以后，主要受信息化发展以及全球性实践效果的影响和对信息化作用的自我感悟，开始进入了信息网络、信息技术和信息产业大发展的时代，并在消化、吸收西方信息经济理论、深刻领会邓小平有关信息思想的基础上，提出了信息化带动工业化及其二者之间互动关系的新认识，并随着实践的发展和认识的加深，使认识的系统性不断加强，创新的成分逐步加大，指导地位更加明确。这种认识既是我们党不拘一格，实事求是，把马克思主义与现代西方有关理论的科学成分有机结合的产物，也是我们党执政为民，积极进取，"发展要有新思路"的充分体现。

（杨永志、赵伟：《南开学报》2003 年第 3 期）

论奉献精神及其时代意义

现实生活中涌现出无数楷模，他们的奉献精神和事迹无论以什么样的形式披露出来，都能令人感动、催人奋进。我们大学校园中的学子更是易受感染的群体。由于他们正处于青春焕发、志存高远、极愿有所作为的人生平台上，所以人性最美好一面的旋律更容易拨动他们的心弦。然而，许多人仰慕奉献精神却不能化为奉献行动，应该怎样理解这种情况呢？

一

首先我们认为，精神境界是分层次的，就大多数人而言，自觉奉献还不能成为我们这个时代的大众精神。

因为奉献是一种真诚自愿的社会行为。奉献源自广泛的爱心和责任。人性中关爱他人和承担社会责任，是一种潜能而不是本能，因此要靠后天发掘和引导，这种发掘和引导是一个历史的渐进过程。就现实的总体情况看，诚信和志愿是社会还要费时费力倡导的内容，真诚和自愿主要体现在楷模的身上，所以奉献精神属于楷模精神，而不是大众精神。

也因为奉献是一种纯洁高尚的精神境界。马克思认为，"社会存在决定社会意识"。奉献作为一种精神和情怀，它的基础是"无私"，不仅无私可以无畏，而且无私才能奉献。高境界要求高基础。而今天的现实是：人们大多讲求自身利益，金钱的作用和影响较大，人人大公无私到共产主义社会才有可能，所以奉献精神在现阶段只能是示范，它缺乏普及性的效用。

还因为奉献需要作出某些牺牲和舍弃。西方资产阶级启蒙思想家卢梭，就把奉献称作献身。他认为，"为共和国献身的人，堪称道德典范"，这些人对国家和民族作出了较大的贡献。在现代社会，有人想少付出多占有，有人希望付出与补偿相当,有人愿多付出少索取,在数学意义上,其数值曲线呈正态分布,即大多数人属于中间类型,所以奉献精神是少数人的精神。

更因为奉献需要一定的社会历史条件。恩格斯早就指出:"人们自觉地或不自觉地,归根到底总是从他们阶级地位所依据的实际关系中——从他们进行生产和交换的经济关系中,获得自己的伦理观念。"①现实社会历史条件对奉献精神的影响:一是"俗"的生活环境及其机制,包括人情冷漠、不愿吃亏、争名争利、金钱效应等。在这样的环境中,他人奉献精神的感染往往易成为"五分钟热血",还没有变成效仿的行动和产生实际效果就已经冷却下来。二是人们普遍的精神文化素质欠高。奉献精神属于文明的范畴,文明的程度决定着奉献的广度,人类文明和我国社会主义初级阶段的文明程度还没有使人们普遍具有很高的精神境界。三是在市场经济条件下,交换和分配主要由市场机制决定,实行等价交换和按劳分配。如果要求人人具有奉献精神,又会落入极左思维的窠臼,不仅不能推动社会更快发展,相反还会造成社会发展的迟滞。等价交换和按劳分配与无私奉献的关系,就好比在汽车中使用汽油与润滑油的关系一样,二者互相依存,需要一定的比例。无私奉献在迄今为止的历史进程中其作用是重要的,但不是主要的。

二

但我们同样认为,奉献应是我们这个时代具备引领意义的精神。

奉献精神是社会进步的"牵引器"。先进的才是有助于前进的。社会总要不断进步,不能停留在一个水平上,先进的精神可以鼓舞人,使人们在追求新的精神境界过程中促进生产力的发展和社会的进步。奉献作为一种高尚的精神,同时也就是先进的精神,具有促进社会进步的巨大作用,所以在今天,我们不要使其永远成为高山仰止的东西,而成为广泛倡导和尽量发挥的精神内容。

奉献精神从来就是我们的民族精神。在中华民族生生不息的历史过程中,奉献作为民族精神的一种"精品",从来就不缺乏,而且在不朽的历史巨卷中留下许多可歌可泣的篇章。发扬和光大这种优秀的民族精神,就是增加

① 马克思恩格斯选集(第3卷)[M]. 北京:人民出版社,1995:434.

我们的精神财富。正如江泽民同志指出的那样："一个国家，一个民族，一个人，总要有点精神。赤忱爱国、自强不息、乐于奉献，是我们民族最可宝贵的精神财富。"①

奉献精神与社会主义有更加紧密的联系。早在 16 世纪英国人莫尔和意大利人康帕内拉提出的社会主义思想中，就蕴涵了奉献精神。他们对新社会美好性的描述，就包括着人们不斤斤计较，自觉自愿奉献的精神境界。1948 年马克思、恩格斯发表《共产党宣言》，创立了科学社会主义思想，也认为在一个无产阶级统治的社会中，"要有新的精神面貌"，要实行"集体主义的原则"。奉献体现为"无私"或"为公"。在以公有制为基础的社会里，尽管奉献不是社会主义本质特征，不能做到普遍无私，还要实行按劳分配为主，但同时也就意味着"有私"与"为公"相结合，并且"为公"成分需要比以往的社会增加。

从实践来看，我们这个时代应该大力提倡奉献精神。在 1998 年抗洪抢险和此前的抗击"非典"的重大危难面前，如果谁都不讲奉献，全都计较个人利益和得失，就会是另一种局面。不仅在重大的民族危难面前，而且在日常生活中，缺少奉献精神对某些方面的"补充"也将增加许多社会问题。

三

我们还认为，奉献会随着社会进步而成为时代广泛的自觉精神。原始人崇拜图腾，基督徒崇拜上帝，吝啬鬼崇拜金钱，少年崇拜英雄，科学家崇拜规律。随着社会进步，共产党人崇拜高尚的思想境界——奉献精神。

"三个代表"重要思想要求共产党人必须代表最广大人民的根本利益，全心全意为人民服务的宗旨和行为本身就蕴涵着奉献精神。随着先进生产力的发展，特别是先进文化的弘扬，共产党员、党的干部、人民群众的思想道德水平相应在不断提高，奉献也必将向广泛和自觉的方面发展。这种自觉精神的高低，不但是我们发展和前进程度的试金石，更是人的全面发展的一项重要内容。有一种力量能使人高尚，这就是奉献精神化作的力量。邓小平说过："一切有革命觉悟的先进分子必要时都应当牺牲自己的利益。我们要向全体

---

① 江泽民论社会主义精神文明建设[M]. 北京：中央文献出版社，1999：145-146.

人民、全体青少年努力宣传这种高尚的道德。"①我们正处在一个伟大的时代，现代化建设的宏伟目标，要求我们有更加宽阔的胸怀和更加高远的志向。古代先贤尚且可以有"先天下之忧而忧，后天下之乐而乐"的情怀，共产党人更应有自觉淡泊名利、无私奉献的精神境界。

人类从洪荒时代走来，如今已经迈进了信息社会，这个历史进程包含了无数人的奉献。面对中华民族正在进行的伟大复兴事业，如果想无愧于时代，特别是我们的学子，就应该对奉献精神有深切的感悟，对奉献理念有高度的认同，对奉献行为有实际的表现。

（杨永志、许立新：《党政论坛》2003 年 11 期）

---

① 邓小平文选（第 2 卷）[M]. 北京：人民出版社，1994：337.

企业素质优化和咨询服务先行

我国的咨询服务自 20 世纪 80 年代初起步，现已初具规模，但远不能满足社会的需要，面临继续加快发展的任务。与此同时，我国多数企业，特别是国有企业存在严重的效益低下问题，也面临加快优化企业素质的任务。那么，发展咨询服务与优化企业素质有无联系，能否通过发展咨询服务"一举两得"，下面我们就此作以探讨。

一、优化企业素质与发展咨询服务的必然联系

在现代社会，发展咨询服务与优化企业素质存在着必然联系，这种联系的客观性在于以下几方面。

首先是由于信息生产力的形成和发展。信息生产力是以信息技术特别是电子计算机技术作为生产工具要素主要特征的一个生产阶段。历史上曾先后出现过手工生产力阶段、畜力生产力阶段和大机器生产力阶段，信息生产力是一种高级的、现代的生产力，咨询服务实质是提供信息和信息产品的服务，属于信息生产力的重要组成部分，是软科学的硬化、延伸和具体应用。因而，对于咨询服务来说，它的存在和发展，要依赖企业把具有软科学属性的自身转化为现实的生产力，并在转化过程中促进企业素质优化；对于一般企业来说，拥有信息生产力的企业本身就体现为具有较高素质，企业在追求这种素质提高过程中必然要求助于咨询服务并与之发生联系。可见，信息生产力是咨询服务与企业及企业素质发生联系的客观因素之一。

其次是由于智力资源供求的日趋增加。虽然企业从社会获取所需的自然资源有多种渠道，但都不如咨询服务渠道理想和有效。因为咨询机构是专门提供智力资源和产品的组织，咨询人员具有多学科交叉的知识结构，咨询所

提供的智力服务最及时、充分和系统，这种功能是其他任何渠道都不能替代或相等的。企业从咨询服务获取智力资源，是在利用"外脑"，可充分实现企业的民主管理和决策科学化，从而大大优化企业的素质。所以，对智力资源需求日益扩张的企业必然谋求与智力资源给最有效的咨询服务联系，并通过这种需求与供给意义的联系起到优化企业素质的作用。

最后，是由于发展咨询服务与优化企业素质存在着相互的有利性。无论是咨询服务获得发展，还是企业素质得到优化，并且有利于对方发展。都要以对方发展为条件，并且有利于对方发展。从咨询服务方面说，咨询产品同其他知识性产品一样，补偿价值远远低于其所产生的经济效益，运用咨询服务廉价而高效，比使用其他劳务或进行大量投入都划算得多，除了它的比较利益高以外，正常情况下的咨询服务都有一定的益处，相对风险较小，所以企业乐于接受并与之相联系。从企业方面说，企业素质越优化，对咨询服务的需要越增加，因为企业现代化的发展依赖现代的服务，所以企业素质越高才能越有力地刺激咨询服务的发展。相反，如果企业素质优化程度普遍较低，为企业提供现代服务的咨询服务发展也会受到抑制。在这个意义上，咨询服务与优化企业素质的联系，也是相互有利而引起的联系。

根据以上分析，发展咨询服务与优化企业素质不仅相联系，而且它们的联系是内在的、紧密的、广泛的、相辅相成的和随着现代化发展日益加强的。

二、发展咨询服务对优化企业素质的作用

发展咨询服务对优化企业素质的作用，直接表现为以下几方面。①推动企业技术进步。在咨询服务业中，有一个重要行业叫作科技咨询行业，这个行业专门为企业和社会提供各种内容的科技咨询服务。据统计，我国现有的3.6万家的咨询机构中，有近80%属于科技咨询机构，这些科技咨询机构为推动企业技术进步作出了重大贡献。据对上海市的调查，1989—1990年，上海科技中心与大中型企业共签订"四技"服务合同975项，合同金额达1968.23万元；上海市科技系统，1985年至1990年6月，累计为3185个中小乡镇企业提供科技咨询服务3386项，有7803位科技咨询人员提供了77730人次的科技咨询服务，使这些企业每年新增产值12亿元，新增利税近1.5亿元。②促进企业健康发展。咨询服务业中的企业管理咨询行业可以说是完全

为企业提供专项咨询服务的行业。企业管理咨询服务，也称企业"诊断"服务，是咨询机构组织力量解剖企业、帮助企业找出运行中的失真、失责、失控等经营管理方面的"症结"所在，以增强企业经营管理能力。我国目前有近 2/3 的企业存在经营管理素质差的问题，通过经营管理咨询服务设法解决这方面的问题极其必要，而且实践证明也是非常有效。据报道，我国截至1990 年初，全国有 26 个省、市、自治区和 17 个全国性行业建立了企业管理咨询机构，专业人员达 2000 多人，近年来共为全国 6000 多家企业提供有关咨询服务，成效显著，使大部分企业扭亏为盈，在首批晋升的一级企业中就有 18 家企业曾取得过企业管理咨询服务的帮助。③提高企业决策科学化水平。在咨询服务业的现实发展中，发展较快和对优化企业素质有较直接重要作用的还有政策咨询、工程咨询和市场信息咨询行业这些咨询行业，对优化企业素质的作用集中表现为提高企业决策科学化水平。

除了上述咨询行业及其重要作用外，涉外咨询对提高企业在国外投资获利能力、法律咨询对提高企业维护自身合法权益能力、知识教育咨询对提高企业管理人员认识和把握事物发展规律能力也都具有一定的直接作用。总之，不管这些咨询服务侧重于企业的哪方面，都对增强企业再生产能力、收益能力、创新能力、竞争能力、应变能力、技术吸收消化能力和联合协作能力，以及企业自我发展、约束和激励能力具有直接或间接的作用，都能不同程度地在现期或远期优化企业的素质。

事实不仅证明咨询服务对优化企业素质的作用是多么重要，还能充分证明咨询服务对优化企业素质的作用程度很高。据对美国宾夕法尼亚多家公司的调查，公司每支付 1 美元的咨询费，就可减少 3 美元的生产费用。国外专家匡算，咨询服务对企业的投入产出之比为 1：5 左右，比其他服务和投入所产生的效益都高。为此，一些国外企业家把"时间就是金钱"的座右铭又换成了"咨询先行"。另据调查，中国科协系统的咨询机构在近 5 年来共为1.6 万个企业提供咨询服务，通过全面验收统计，这些企业自此增加产值 2亿元，新增利税 48 亿元，出口创汇增加了 6 亿元，并降低消耗 5.3 亿元，降低产品综合成本 4.8 亿元，节约投资 4 亿元，直接和间接经济效益十分可观。咨询服务为结果，反映了咨询对优化企业素质的较高作用程度。

三、发展咨询服务与优化企业素质的结合机制

根据咨询服务与企业素质的联系和对优化企业素质的作用，要充分发挥咨询服务对优化企业素质的作用，关键是建立咨询服务发展与企业素质优化的结合机制。就我国目前的情况和条件，主要应从以下几方面着手促进它们之间的有机结合。

第一，大力发展为企业服务的各种咨询行业。根据前面的分析，主要突出发展科技咨询、企业管理咨询、政策咨询、工程咨询和市场信息咨询行业。

第二，积极发挥政府对"结合机制"形成和完善的支持作用。政府在这方面的作用是多方面的，包括在投资、信贷、税收和补贴等方面对咨询服务发展和企业消费咨询服务实行倾斜性鼓励政策，促进咨询供给和需求的紧密结合。如原西德政府20世纪在80年代初曾规定，年销售额在250万马克以下，250万马克至800万克之间和800万马克以上的三类企业，政府分别补贴其咨询费的 75%、50%、25%；新加坡政府则实行对企业咨询费一律补贴70%的政策，还对为企业服务的咨询机构实行减税待遇；法国、西班牙、日本等国也有类似规定。尽管这种做法会增加政府的负担，但由于咨询需求的急剧增长，使咨询服务业大发展和企业素质优化，给国家带来的利益是无法估量的。我们也应该积极吸收国外成功经验，采取适合我国国情的鼓励政策。

第三，增强企业的咨询意识。增强企业的咨询意识是发挥企业与咨询服务相结合的前提，企业咨询意识水平的高低，对咨询服务业关系重大。因此，要充分运用舆论工具，通过广泛的社会宣传和培训活动，首先使企业管理人员具有基本的自觉咨询意识。

第四，提倡企业与咨询机构建立全面的或专业的固定联系。早期企业与咨询机构的联系，一般是比较松散的临时性联系。随着现代化发展，发达国家逐步过渡到以固定联系为主的阶段，其中美国就有80%以上的大中型企业与咨询机构建立固定联系，日本甚至发展到一些大型企业自设咨询服务机构，实现高度的一体化。我国咨询服务与优化企业素质的结合也应提倡建立固定联系，通过指导、引导、示范方法，鼓励企业与咨询机构进行这种实质性和有效性的结合。

第五，增加对企业咨询服务的有效供给。对企业咨询服务有效供给的核

心是提供高质量、有针对性、完备和方便化的咨询服务。要增加有效供给，具体应提高咨询人员的业务水平，职业道德和认真负责精神，建立咨询评价制度和评估标准，完善合同程序和手续，发展现代化的专家咨询网络、信息传输网络和数据库，运用先进的信息处理手段和通信手段等。

第六，确定适当的收费标准。单从表面看，咨询收费仅是咨询经营收入中的小问题，实际上这一问题并不小，也直接关系到"两个方面"的积极性和"结合机制"的成败与否。因为在咨询收费标准过高的情况下，企业对咨询服务的需求就会淡漠；在咨询收费标准过低情况下，咨询服务方的合理补偿盈利就不能实现，失去为企业服务的兴趣。所以，在实践中应根据咨询服务自身的特点，采取预付部分手续费，其后根据咨询成果的效益情况，按合同规定事后付费，以此使标准更符合客观实际，需求双方都较满意。

总之，通过发展咨询服务，我国企业素质会有大的改观。

（杨永志、郑耀东：《经营与管理》1993 年第 3 期）

开辟股份制筹资新渠道

——对天津"科技兴市"的思考

投入是科技发展的基础条件之一，充分合理的资金投入能为科技长入经济、成为现实的第一生产力提供必要的财力以及人力和物力。然而，科技资金投入量取决于所能筹集的资金量，筹资渠道及其效果对于科技资金投入和科技发展至关重要。从科技兴市的战略角度出发，结合天津的具体情况，我们认为开辟股份制筹集科技发展资金新渠道是很有意义的。

在科技体制改革过程中，天津虽然初步形成了财政、金融、企业、民间、海外和个体相结合的多渠道科技发展筹资体系，但由于这些渠道的局限性，所筹资金仍满足不了科技发展的需要。据统计，1991年，天津通过上述渠道筹集的科技发展资金约为1.58亿元。而当年国民生产总值（GNP）为337.35亿元，科技经费（R&D）仅占国民生产总值的0.47%。近些年来，伴随本市财政收入的下降趋势以及物价上涨因素，科技经费实际上并没有增长，其中技术改造资金1990年比1986年下降22.3%。比较来看，天津科技发展资金现期缺口较大，1991年，我国科技经费占国民生产总值的0.72%，天津低于这一水平，在全国各省、市、自治区中排第14位。根据联合国教科文组织统计，1990年发达国家R&D占GNP的2%以上，中等发达国家R&D占GNP的1.5%左右，发展中国家R&D占GNP的1%左右。其中，日本为2.8%，新加坡为1%。天津作为中国的发达地区，R&D占GNP至少应在0.8%—1.2%之间才较合理，而要达到这个水平单靠原来的渠道很难办到，应该开辟新的有效的渠道。

以股份制作为筹集科技发展资金的渠道，是科技商品化以后必经的阶段，通过股份制筹资渠道，能使科技投入和发展出现一个新的飞跃。引入股份制机制能促进科技发展的原因在于：首先，科技发展所需资金量较大，时间要求紧迫，采用股份制这种选择本身就是明智的。其次，股份制不仅是筹资的渠道，而且把筹资与投资合二为一，与把筹资和投资分为两个过程的其他形式相比，更有助于减少中间环节，合理分配和使用资金。据有关部门统计，目前，我国有限的科技发展资金在使用上存在各种无效性，相当部分资金投给了那些重复性、滞后性和社会不急需研究的项目。采取股份制则可以有效地避免这些问题，否则股份投资者不答应。最后，股份制渠道可以和科技发展有机地结合在一起。通常来看，股份制与投资活动并且是与商品性投资活动联系在一起的，因为股份制离开盈利这个大前提就不能存在。科技虽然不属于经济活动，但在现代社会中，也采取了商品经济的发展形式，也讲究投入和产出效益，因而也就完全可以同股份制结合，通过股份制渠道为自身发展服务。特别是在目前国内经济活动股份化热潮中，适时地把股份制机制引入到科技筹资和发展中，条件就更充分，成功的把握也会更大。

通过股份制渠道解决科技发展资金不足的问题，需要明确范围、形式和所应注意的问题。

就其范围来讲，股份制并不适用于一切科技活动领域。由于科技活动的对象和产业化程度不同，原则上只有直接为社会生活和经济活动服务、完全产业化的科技活动才适宜引入股份制机制，原因是只有这样的活动才能满足股份制要求的盈利性和商品经营化条件。具体来说，科技成果转化活动、软科学服务活动和为经济建设提供专项研究的活动，适宜于采用股份制方法，而科研经费半靠国家财政投入，半靠商品化取得，盈利不足以保证股息等于社会平均利润的科技活动则不宜采用。

采用股份制渠道筹资，应首重于下列一些形式。

（1）科技成果转让的股份制公司。这类公司主要以收集、转化科技成果特别是专利成果为内容，以解决成果推广的资金不足问题并提高应用效果。目前，推广科技成果的集体和民办企业已不少，在这种基础上发展股份制企业，广泛地吸纳社会闲散资金，用于科技事业发展，是一举多益的好方式。

（2）软科技的股份制交易所。这种形式以各种信息现场交易为主要内容，意在促进软科技的发展和解决单纯依赖国家投资问题。据报道，今年首都一家综合性信息市场开业，100多家企业事业单位参加了首次交易，而这个交易市场是由中国经济信息社和北京市润达工贸服务公司联办的，类似的情况完全可以引进股份制机制。

（3）合股投资拍卖科技成果。这种形式通过共同投资组织拍卖科技成果，增加对科技成果转化的资金投入，解决科技发展资金、成果转化方面的问题。自 1992 年春季深圳第一次采用这种形式以来，湖南、天津等省市也都相继采用这种形式转化科技成果。实践表明，这种形式具有广阔的发展前景。

（4）股份制科技咨询公司。咨询业在我国目前发展很快，特别是科技咨询业发展尤为迅速，但是采用股份制形式办公司和搞科技咨询却不多见。国外股份制的科技咨询公司非常多，效果也比较好。我国现在有的科技咨询公司社会效益和经济效益非常好，如"中日企业公司及产品数据库"在试运行的半年多时间里，就为 1 万多家用户提供了约 10 万条信息咨询，"北京和洋民用新技术咨询公司"靠技术咨询转化总收入 100 多万元。可见，创办科技咨询的股份制公司条件是完全成熟的。

（5）创办股份制实用技术研究所。对于实用技术的研究，通过股份制渠道筹集所需发展资金，也是非常可行的。因为对于实用技术的研究，特别是企业或社会急切需要技术的研究，能够保障有较好的收益，为投资者带来可观的利润。可喜的是，我国目前在这方面也有开端，"三爱富（3F）新材料研究股份有限公司"于 1992 年 7 月在上海成立，该公司向社会集股 2000 万元，包括个人股 1500 万元和社会法人股 500 万元，开辟了科研单位股份制的新途径介。

（6）在股份制企业建立科研所。这种研究机构，科研经费来源可纳入企业的股份制筹资范畴，或者说，股份企业资金的一部分专门划归为本企业科研之用，股息和红利随企业总体经营状况决定。这种形式也可以增加社会科技发展资金的总量。对于像我们这样一个财力有限的国家来说，不失为增加科技投资的一种有效途径。

在利用股份制渠道筹资的尝试中，我们应特别注重风险性问题。一般来说，科技发展资金股份制筹集具有双重风险性，一方面是股份制本身的风险性，另一方面是科技应用开发的风险性。由于这种双重风险性，在起初阶段不容易为社会所接受。对此国家应在政策方面给予优惠，包括国家积极入股、降低科技股份制企业的税率等。同时，社会在开始试行科技发展股份制筹资中应选择一些预期效益好、条件较成熟的内容进行试验，待取得经验和形成较好的社会影响后再行广泛推行。总之，在天津科技体制改革过程中，开辟科技发展资金股份制渠道必将极大地推动科技事业和经济建设的发展。

（杨永志、靳英华：《科学学与科学技术管理》1993 年第 6 期）

建立独立的咨询法刍议

咨询业在 20 世纪初就已形成，经过漫长的岁月，进入 20 世纪 80 年代开始形成世界性发展浪潮，成为第三产业中受人瞩目的行业。在西方发达国家尤为突出。我国的咨询业虽然起步很晚，但经过 10 多年的发展，已初具规模，对我国经济和社会发展起到了一定的促进作用。然而，伴随着咨询产业化和商品化的发展，咨询活动本身所反映的产权关系、利益关系的矛盾也越来越突出，解决这些矛盾仅仅依靠经济和行政手段是不够的，还必须借助法律手段。咨询业发展呼唤咨询法诞生。

目前，世界上具有独立的、完善的咨询法的国家为数不多，大多数国家涉及咨询的法律问题时只能在相邻的法律中寻找仲裁依据。如美国咨询的法律依据可以在《信息自由法》中找到一些，这一法律颁布于 1967 年，是美国计算机与信息产业发展的产物。迄今为止，解释咨询法律问题最多的要数 1970 年德国黑森州颁布的《数据保护法》，其对世界影响很大，此后西欧、北美的大多数国家，以及新西兰、澳大利亚、日本等国，都陆续颁布了数据保护法。

我国近年来颁布了一些保护知识产权的法律和条例，如《中外合资经营企业法》《商标法》《专利法》《继承法》《技术合同法》《著作权法》和《计算机软件保护条例》等，但是涉及咨询法律问题的条款不多，只有《技术合同法》相对涉及了一些咨询服务合同方面的法律条款，绝大多数有关咨询的法律问题，还游离于现有的各种法律之外，这对我国咨询业发展极为不利。

我国现阶段咨询立法有三条途径：一是完善原有涉及咨询问题的法律，如咨询合同问题在《技术合同法》中完善，咨询意见或方案产权问题在《著作权法》中体现等等；二是建立一种《边缘知识产权法》，把现有知识产权各法中遗漏的突出法律问题，如数据、集成电路设计和咨询成果等内容的法规，综合在一起形成一类法律，这种立法方式也可以起到完善知识产权法的作用，并可使包括咨询在内的一切知识产业都有法可依；三是建立独立的咨询法，形成咨询问题的独立法律条文体系。

建立独立的咨询法律的优越性。

第一，单独立法有利于体现咨询活动的特殊性。咨询成果是信息、职能、经验和技术手段综合运动的结果，在形式上与一般知识产品中的科学发现、技术发明、文艺创作和外观设计等不同。它不能归属于这些知识产品中的任何一类。它所体现的财产关系、社会关系也特殊。正是由于这些特殊性它才没有为现有的各种法律完全包容进去。第二，单独立法还有助于建立咨询本身完整的、界限清晰的内容详尽的法律体系。如果在现有各法中增加有关咨询的法律条款，势必要变动现有的成法，不利于法律的相对稳定，而且实行起来困难大；如果建立"边缘知识产权法"来包容现有知识产权法遗漏的问题，又会使法律体系没有核心，形成大杂烩，不伦不类。第三，单独立法还有助于对咨询法律问题进行深入的研究、完善和发展咨询法律，为咨询产业独立化和蓬勃发展创造充分的条件，另外，对于广大咨询人员和用户来说，实行咨询单独立法，更容易增强法律意识，增强运用咨询法保护自身权益的自觉性。

建立独立的咨询法律，必须把握以下原则：

（1）保护咨询当事人的合理权益。这是咨询立法的基本指导思想，脱离这条原则，咨询立法就失去意义。我国有的开发区曾规定，不审批任何信息咨询机构，还有的部门规定，兼职咨询人员月收入兼职费不得超过 30 元等，这种规定就不利于咨询业发展。所以，立法不当，也可能制约我国咨询业发展，偏袒某一部分人的权益。

（2）有利于实现咨询业的行业管理。我国目前咨询业缺乏管理的一个重要标志是没有实现行业管理，一般兼职咨询机构挂靠原来的企业和机关，以及事业单位；专职咨询机构放任自流，在没有专门部门管理的情况下，咨询机构"挂羊头卖狗肉"现象、咨询机构和人员咨询无人审查现象、咨询过程中不负责任行为等非常普遍，不仅影响了咨询业的声誉，还不利于咨询市场的建立和完善。因此，咨询法应明确咨询业的管理机构，使有关部门能依法加强对咨询业和咨询市场的管理。

（3）充分考虑我国的国情。大量的兼职咨询机构和人员，其比重超过专职咨询机构和人员，这是一种符合我国国情自然形成的特色。在现有条件下，为了促进我国咨询业形成和发展，在法律上应给予合理限度的肯定。

（4）保持与其他法律的协调关系。一方面，不能与根本法发生冲突，另一方面，不能与原有法律中关于咨询内容的条款发生冲突。

（5）综合考虑技术进步因素和国家的发展战略。技术发展日新月异，常出现对传统法律的挑战问题，如复印技术、录像技术出现以后，就对传统的版权法提出了挑战。咨询立法应吸取这种教训，尽量考虑长远些。国家发展战略，特别是关于咨询产业的政策对咨询业发展影响很大，在立法中，应使法律倾向与战略倾向协调一致。

（杨永志：《现代情报》1992 年第 2 期）

从第一位作用理解"科学技术是第一生产力"

邓小平同志 1988 年提出的"科学技术是第一生产力",不仅坚持了马克思主义科学技术是生产力的基本思想,而且丰富和发展了马克思主义,揭示了科学技术在当代经济、社会发展中的第一位作用。本文拟从科学技术的第一位作用来说明科学技术为什么是第一生产力。

(1)生产要素是生产力存在和发展的内在条件,科学技术是起第一位作用的生产力要素。生产要素相互联系构成生产要素系统,在生产要素系统中,各生产要素具有不同的层次和作用,其中科学、技术、信息、教育要素具有先导性作用,生产力变化最原始的起因就是这些要素发生变化。因此,从科学技术要素所处层次和所起作用,以及"科学发现→技术发明→劳动者和生产资料变化→生产力发展"这种简单的生产要素转化模式和顺序都能说明科学技术是起第一位作用的生产力要素。马克思早就指出:"社会的劳动生产力,首先是科学的力量。"人类几千年的历史也表明:每一次重大科学发现,都引起一系列新技术发明,而每一次技术革命,都使人们改造客观世界的能力上升到一个新水平。

(2)科学技术在现代经济增长中的作用是第一位的。早在 20 世纪 50 年代,科学技术对经济增长的贡献,在发达国家就已超过 50%,进入 20 世纪 80 年代以后,这一比重上升到 60%—80%,有些新兴的知识密集型行业几乎完全依赖科技进步。随着发展中国家经济现代化的发展,科技进步也逐步上升为起第一位作用的因素。

(3)提高劳动生产率是发展生产力的最主要途径,科学技术对提高劳动生产率所发挥的作用是决定性的和第一位的。马克思曾经指出:"劳动生产率是随着科学和技术的不断进步而发展的。"①事实正是如此,由于科学技术进

---

① 马克思恩格斯全集(第 23 卷)[M]. 北京:人民出版社,1972:664.

步能极大地缩短必要劳动时间,因而它使生产效率增长的作用是其他任何因素都无法比拟和替代的。在蒸汽机发明后的不到 100 年时间里,社会创造的财富就超过了人类历史上所创造的全部财富的总和;在发明和使用电以后的100 多年里,全世界工业总产值增长了近 20 倍。

（4）提高经济效益是大力发展社会生产力的核心,科学技术在提高经济效益方面发挥的作用是第一位的。现代经济发展证明,由于科学技术能最有效地降低产品成本,提高服务质量,增强管理的科学性,因此,在提高经济效益的各种手段中,唯有科学技术（包括软硬科技）手段作用力最强。凡是经济效益高的企业,无不以借助科学技术手段和科学管理手段为前提。以我国为例,在 1979 年到 1990 年的 11 年里,共取得 12 万项重大科技成果,创经济效益 2800 亿元。可见,要提高经济效益和发展社会生产力,应主要依靠科技进步的作用。

在现代生产中,"内涵式"成为扩大再生产的主要方式,科学技术在内涵式扩大再生产中所起的作用是第一位的。通常,"内涵式"扩大再生产就是依靠科技进步的扩大再生产,即依靠科技进步改善生产要素的质量,提高活劳动的生产效率和生产资料的利用效率,使生产能力和规模扩大。在这个意义上,科学技术在现代生产中的作用也是第一位的。

（5）在现代劳动中,脑力劳动逐步取代体力劳动为主的地位,脑力劳动为主是现代劳动的特征,科学技术对此所起的作用同样是第一位的。脑力劳动与科学技术联系更紧密,科技发展不仅使生产工具越来越先进和复杂,而且也使世界先进、复杂工具的范围扩大,从而使脑力劳动付出量增加和从事脑力劳动的人数增加。现代劳动的这种发展趋势,十分有利于生产力的发展。正如马克思所说:"生产力的这种发展,归根到底……来源于智力劳动,特别是自然科学的发展。"①

必需指出,提出科学技术是第一生产力,除了客观上科学技术在生产力发展中具有首要的、根本性的作用以外,冠以"第一生产力",还具有认识方面的现实意义和战略意义等。本文仅仅是从第一位作用方面进行的讨论,目的是更深入地理解邓小平同志的这一科学论断。

（杨永志:《科学学与科学技术管理》1991 年第 12 期）

---

① 马克思恩格斯全集（第 25 卷）[M]. 北京:人民出版社,1974:97.

创建咨询经济学

目前，咨询业在我国已获得初步发展，但是作为指导其发展的理论基础——咨询经济学还未诞生，这是一种理论落后于实践的突出反映。现在需要改变这种状况，适时地创建咨询经济学，并使它成为新学科之林中的一朵奇葩。

一、创建咨询经济学的必要性

一门新学科的建立，总与它的实践发展相联系。正如恩格斯所指出的："和任何新的学说一样，它必须从已有的思想材料出发，虽然它的根源深藏在经济的事实中。"①如果超前，可能为社会所忽视，缺乏实际的理论指导意义，学科本身也难有较高的科学性；如果滞后，则会影响相关的实践健康、合理的发展，甚至因盲目发展而误入歧途。就我国当前情况看，创建咨询经济学是适时的必要的。

首先，咨询关系或咨询领域有其特殊性和相对独立性，需要创建自己完整理论体系来指导实践发展，政治经济学和信息经济学都不能取代这种指导作用。毛泽东同志曾指出："科学研究的区分，就是根据科学对象所具有的矛盾特殊性。因此，对于某一现象的领域所特有的某一种矛盾的研究，就构成某一门科学的对象。"②咨询的特殊性和相对独立性表现在：①咨询既是一种经济关系，但又不纯粹是经济关系。现代咨询的实际表明，咨询除了作为经济活动的一部分和社会产业中的一类直接为社会提供产值外，它还渗透于社会各个领域，参与各种活动，并以自己特有的方式促进这些领域的发展。②作

---

① 马克思恩格斯选集（第3卷）[M]. 北京：人民出版社，1972：56.
② 毛泽东选集（第1卷）[M]. 北京：人民出版社，1972：101.

为经济活动一部分的咨询活动也有自己的特征，在生产方式、交换方式、管理方式、服务方式等各种方式上与一般经济活动有较大的差别，甚至有本质上的差别，例如咨询服务不仅以脑力为主提供劳务，与一般的第三产业中服务业有区别，而且提供的知识和信息产品在价值、价格、市场等方面，也与一般服务提供的物质产品所不同，因此用一般经济理论指导其发展是有局限性的。③咨询作为提供信息产品的一种手段，毫无疑问，一些信息经济学著作在流通部分论及它也无可非议，但是咨询不等于信息也是事实。由自身本性所决定，咨询有自己的与信息活动不同的生产、开发、管理、流通过程和运行方式，随着咨询业的不断崛起，它的独立性越来越明显，除了在产业地位上与信息业平行外，在产业发展上也日益要求有揭示自身内在规律的独立性理论。

其次，实践的发展，要求有相关的正确理论来指导。这也正如恩格斯所指出的那样："社会一旦有技术上的需要，则这种需要会比十所大学更能把学科推向前进。"①我国咨询业起步于 20 世纪 80 年代初期，1985 年前后出现第一个发展高潮，其中尤以科技咨询、政策咨询和企业管理咨询发展最快。现在全国有 80%的咨询机构从事咨询服务；国家重点扶植投资 1 亿多元的政策咨询网络已经形成并发挥了作用；全国 26 个省市和 17 个全国性行业建立起来的上千家企业管理咨询机构也为提高企业管理水平和经济效益贡献了力量。其他的如工程咨询、投资咨询、法律咨询、医疗保健咨询、图书情报咨询等也有较快的发展。截至 1989 年底，全国已有各类咨询机构逾万家，从业人员数百万，年产值近 20 亿元。我国咨询业虽然有了一定程度的发展，但仍处在起步阶段，还比较落后，盲目性、混乱性问题很多，亟待有完整的、正确的理论来指导。

最后，我国目前的咨询活动是作为产业来发展的，指导咨询活动的理论虽然有许多，如咨询工程学、咨询技术学、咨询方法论等，但是，咨询经济学是最基本的指导性理论。只有创建和完善咨询经济学，才能解决当前这种理论落后于实践的矛盾，促进我国咨询业健康和迅速发展。

---

① 马克思恩格斯选集（第 4 卷）[M]. 北京：人民出版社，1972：505.

二、咨询经济学的基本范畴

咨询经济学是为咨询业发展提供理论和方法的综合性应用学科，它也是介乎于政治经济学、生产力经济学和信息经济学之间的一个边缘学科。咨询经济学研究对象是咨询活动，或者是咨询与被咨询者之间的关系。咨询经济学的任务是揭示咨询活动或咨询关系的本质及其运动规律，以保证取得最大的咨询效益和最佳咨询发展状态。咨询经济学主要研究以下内容。

第一，研究咨询经济的本质和运动规律。研究咨询经济学的目的，是为了获得应用咨询经济方面的自由，而自由不过是对必然的认识，探索咨询经济的本质和构成，揭示其内在联系，认识其运动的基本特征，并在实践中按照这些客观要求办事。

第二，研究咨询产业在国民经济中的地位和作用。咨询业是从 20 世纪初开始形成的，经过漫长的发展过程，在 20 世纪 80 年代成为最富有生命力的新兴产业，并形成全球性发展浪潮。目前，在咨询业比较发达的国家，咨询业已具有举足轻重的社会地位和作用。系统研究咨询产业在国民经济中的地位和作用，不论在理论上还是在实践中都是非常重要的。

第三，研究咨询与各种经济活动以及生产力要素之间关系。咨询活动除自身内部存在一定的联系以外，还与各种经济活动以及生产力要素之间形成各种各样的联系，通过这些联系，咨询才得以发挥特有的功能和作用。所以进行这方面研究，能增强经济活动中决策的科学性，实现各生产要素的最佳配置。

第四，研究咨询发展中的产业化、现代化问题。在经济各学科中，产业化和现代化问题仅仅是一般论及的内容，但是在咨询经济学中，由于咨询业形成的时间较晚，并且现代手段和方法对于它的发展影响非同一般，这些特殊性使得产业和现代化问题也成为主要研究内容。

第五，研究咨询发展中的商品化问题。传统的咨询活动通常不收费或不直接收费，更不存在咨询市场等一系列商品化方面的问题。而现代咨询无论在国外还是在国内，普遍实行商品化发展，与商品化有关的价值决定、收费标准、市场完善等问题原就属于经济学研究的主要内容，由于我国在这方面存在的问题较多，因此就更为咨询经济学研究的内容了。

第六，研究咨询政策、战略、法规、意识等一系列问题。这些方面，对咨询业发展具有直接的和至关重要的影响，所以也应纳入咨询经济学研究的范畴。

三、咨询经济学的一般方法

咨询经济学作为边缘学科，它的研究方法应吸收有关学科的方法，并把这些方法融会贯通，形成独具特色的咨询经济学研究的方法论体系。具体说，咨询经济学应采取如下研究方法。

（一）系统方法

咨询经济学所涉及的内容很多，而且影响咨询经济的因素也十分复杂。对此，应运用系统的方法，把各种主要内容和影响因素按时间和空间顺序形成一定的理论框架和层次结构，并根据优化的原则取舍所要"填充"的内容，进而使所有论及的内容成为有机联系的整体。

（二）理论方法

咨询经济学也应运用一般理论研究中常用的从个别到一般、从现象到本质、从具体到抽象、从简单到复杂的分析方法，以及比较方法、归纳方法、演绎方法和概括方法等。

（三）数理方法

咨询经济学还应充分利用数学方法。马克思认为："一种科学只有在成功地应用数学时，才算达到真正完善的地步。"①除此以外，咨询经济学还必须借助统计方法、运筹方法、统筹方法、预测方法，以及控制论、信息论等方法。

（四）综合方法

咨询服务要求咨询人员具有多种学科综合和交叉的知识结构。对于咨询经济学来说，处于几种科学的边缘，更需要运用多种研究方法，因而，很有

① 苏共中央马克思列宁主义研究院. 回忆马克思恩格斯[M]. 北京：人民出版社，1957：73.

必要把这些方法进行综合、交叉和选择使用，这就是综合分析研究方法。

总之，咨询经济学是信息社会化的产物，具有中国特色的咨询经济学必然随着我国信息化、现代化的发展，创建起来并日臻完善。

（杨永志：《经济问题》1991 年第 7 期）

略论数据库

数据库可以理解为储存数据、资料等信息原料或产品的场所。但实际上，数据库除了储存的功能以外，还包括系统地收集、加工处理和向外界发售信息的功能或业务，因此，数据库不仅是一种储存场所，还是某种多功能的机构。在现代社会，数据库作为生命力极强的新生事物，与信息活动的关系极为密切，为此，我们有必要对它进行全面认识和系统考察。

一、世界数据库的发展状况及其趋势

进入 20 世纪 70 年代中期以来，世界上一些国家，主要是经济发达国家数据库的发展如雨后春笋。据统计，世界数据库的数量 1975 年仅有 50 多个，到 1984 年已发展到 3169 个。数据库服务营业额可以基本反映一个国家数据库的规模和水平，1985 年美国数据库营业额为 19 亿美元，日本为 6.18 亿美元，英国为 1.86 亿美元，法国为 1.23 亿美元，联邦德国为 1.14 亿美元，意大利为 0.35 亿美元。纵观世界数据库近十几年来的发展状况，它呈现出这样几种趋势值得人们重视：①发展速度非常之快。美国数据库数目，在 1981—1985 年共增长了 24 倍，使用人数增加了 6.5 倍；日本在 1982 年有数据库 122 个，到 1986 年就增加到了 296 个，增长了 2.43 倍，年平均增长率为 25%，这种发展势头仍有增无减。②向巨型和超巨型方向发展。在 20 世纪 80 年代以前，超过百万笔数据的数据库极少，而今仅日本和美国两个国家的数据库，超过百万笔数据的就有近千家。日本产业银行金融数据库，其数据存量在 1984 年就高达 1280 万笔；美国国家图书馆数据库，每年收存资料 180 万笔，其数据量以亿万笔计。③向专业化发展。美国最早建立的数据库为政府机关数据库，而目前存在的数据库几乎涉及社会的所有方面，并且种类越分越细，如在人才数据库中又独立出拔尖人才数据库，在资源数据库中又分化出矿物资源数据库，全美闻名的马里兰州实验动物数据库就是从动物数据库单列出来的。④向联机并网化发展。数据库自存数据量和内容总是有限的，这就使其服务质量受到影响，而解决的最好办法是谋求数据库联机并网使用，因此出现了国内联机并网化和国际联机并网化趋势。例如日本在 1986 年虽然国内只有 296 个数据库，但通过与美国数据库联机并网，实际可使用的达 1483 个；1980 年建立在苏联的"中央自动化数据库"，保加利亚和捷克通过电缆并网使用，古巴、蒙古和越南则通过卫星并网使用。⑤向标准化发展。由于非标准化限制了国内和国际的数据库并网使用，不利于运用先进的手段检索和管理，影响服务的效率与收益，与初创时期不同，目前各国新建的大型数据库，一般都采用国际通用标准。⑥积极寻求数据法保护。1967 年，美国率先颁布了《信息自由法》，对使用数据和数据保密等问题作了具体规定。迄今为止，西欧、北美大多数国家，以及新西兰、澳大利亚、日本等国也陆续颁布了数据保护法。

二、数据库的主要作用及发展意义

数据库世界性的迅猛发展，其内在原因是数据库本身具有特殊的和不可替代的重要作用，其外在原因是现代社会发展对这些作用提出的迫切要求，从而，使数据库赋予了发展的意义。这里仅把数据库的直接的和主要的作用方面概括如下。

1. 数据库是信息服务发展的基础

信息服务是由咨询服务、数据处理服务和软件服务三部分组成的。除了软件服务以外，前两项服务都依赖数据库，数据库决定着这两种服务的存在、范围、质量、效率和收益。没有数据库，咨询服务和数据处理服务就无法开展，在数据库储量有限、失真率高、储存方法不规范情况下，就会造成服务范围窄、服务质量差、服务效率和服务收益低。反之，则有利于扩展服务范围，提高服务质量及信誉，增长服务效率和收益。美国在 1987 年之所以能够获取高达 770 亿美元的信息服务收益，与其雄厚的数据库基础分不开。总之，缺少数据库，信息服务机构就会成为空中楼阁，服务本身也会成为无源之水。

2. 数据库是流动信息的集散地

在某种意义上，数据库类似于一般商品流通过程中的集散地，四面八方的信息源源不断地涌入数据库，再由数据库根据需要发售给各种不同需求的用户。但是，数据库作为流动信息的集散地又具有特殊的意义。第一，进入集散地的信息具有系统性，即有目的和范围的选入信息，没有一个数据库能够包罗万象；第二，信息进入集散地之前，一般是数据、资料等信息原料，只有经过集散地加工处理之后，才可能成为信息产品；第三，从集散地发售出去的信息，并不能减少该种信息的储量，相反，却能提高信息的共享性。总之，通过数据库对流动信息的集散，可以避免社会信息的无序流动、流失和永久性停滞，以及减少信息的失真、凌乱和粗糙性，有利于提高信息个体的作用和价值，免除用户自己收集、处理和储存必要信息之累，并能增加寻求所需信息的透明度和使用信息的经济性。据报载，加拿大新闻报道组织数据库（NEWSTEX），每天追加数据达 100 万笔，更新数据 500 笔，发售信息 5000 多条，经由它所集散的信息量不仅相当惊人，而且产生出巨大的社会效益。

3. 数据库是信息系统建设的重要组成部分

信息系统的水平是社会信息化程度的主要标志之一，信息通过系统组织和传播可以大大提高流速、流量和受益范围，所以开发、利用信息一般都与信息系统的建设相结合。信息系统主要由三部分构成，它们是数据库及信息中心、信息处理设备、信息传递手段及网络。数据库及信息中心作为信息系统的首要组成部分，没有它们信息系统就等于没有了运行的内容和章法。信息中心又必须以数据库为依托，同时信息中心在系统中又负责控制、对数据综合分析和导入系统网络。在信息系统中，信息中心只能有一个，而数据库至少有一个，有些复杂信息系统需要有很多数据库。以"交互信息系统"这种并不复杂的系统为例，这是一种以人-机对话方式接收来自终端的输入，进行处理，并把数据返回到终端的自动化信息系统，美国和西欧在 1987 年 30个主要"交互信息系统"有 140 万个用户，作为这些系统组成部分的数据库超过百个。

4. 数据库是为科学决策提供客观依据的源泉

决策是否科学，至关重要。特别是高层次的决策和重大决策，直接关系到社会的发展和全体人民的切身利益。所以，科学的决策问题是人们普遍关注的一个问题。建立在及时、准确、充足、完备数据和资料基础上的决策，才有可能是符合客观实际的科学决策，数据库恰恰能够长期地、源源不断地提供这种数据和资料，而离开数据库所能提供的数据和资料，往往是零碎或不具全面性的。过去我国在经济建设中之所以有过重大失误，原因之一就是在缺少客观依据的条件下，决策者凭主观意愿进行决策的结果。为了汲取这方面教训，增加经济决策的科学性，我国于 1987 年建成了国内最大的宏观经济数据库，储存时间序列数据达 250 万笔，从而，为宏观经济决策科学化提供了条件。

5. 数据库是促进科研发展的得力助手

从某种意义上说，科研本身是一个处理数据和资料，把信息原料加工成知识产品的过程。在这一过程中，如果数据和资料齐备，并能方便和妥善地提供服务，就可以大大减少科研人员搜集数据和资料的盲目性和不全面性，免除一部分准备性工作，从而相对地延长了创造性劳动时间，增加了科研成果的产出率。在这一方面，数据库能起到充当科研人员得力助手的作用。据苏联有关部门调查，一般科研人员有近 30% 的时间用于收集、整理有关数据和资料上，而且还常因找不到所需材料而影响了成果质量，如果数据库得力，至少可以节约 10% 的时间。在"信息爆炸"的今天，取得数据库的帮助对于科研人员来说尤为重要，数据库直接关系到科研的发展速度。

三、我国数据库建设中存在的问题和数据库发展的途径

进入 20 世纪 80 年代以来，我国数据库建设迈出了可喜的一步，但是存在的问题还很多。①大型数据库数量少、发展慢和单一化。我国国家级的数据库，只有"宏观经济数据库""国家条法数据库""国际宏观数据库""国际收支数据库""固定资产数据库"等 10 余个已经建成或正在建设中，国家提供资金帮助的地方各级数据库，目前也仅有 19 个，而且已经建成的非常少。另外，我国建成和建设中的数据库，内容范围很窄，大多限于经济方面，例如，现在建成的国家级数据库所属的 130 多个信息资料库，仅包括环境基础、综合控制、监督、运行和统计五大类。这种状况与世界数据库发展速度和水平很不协调，也不能满足我国全面建设和发展的需要。②小型数据库标准化管理差，发展后劲不足。由地方或部门建立的一些小型数据库，普遍存在储存数据和资料方式不规范、不统一的问题。而这类数据库由于缺乏标准化管

理，难于运用计算机等现代手段管理和服务，并且也难于形成各数据库之间、地方数据库与中央数据库之间的联机并网使用，影响了小型数据库的发展壮大。另外，有许多信息服务中心甚至没有像样的数据库，靠订几十份报刊摘录数据和资料，用过之后，连同报刊一起卖废纸，根本无法保证服务质量和满足用户要求，也使自身发展缺乏坚定的基础和后劲。③社会缺乏数据库的发展意识和使用意识。由于对数据库作用估计不足，关于数据库的有偿服务、收费标准、发展措施、鼓励性政策、战略规划等很少有人专门统筹和安排。大众对使用数据库更缺乏自觉性，仍习惯于传统的自我服务方式和碰运气求得所需数据、资料，有些领导者守着一大堆现成的材料，决策仍靠老经验和想当然，有些发展规划确定或项目可行性研究，不是求助于有关部门或利用数据、资料条件，而是找几位各方面的名家走马观花地考察一番便作结论。④缺乏法律保护。我国目前还没有建立专门的数据保护法，各种垄断、侵权、泄密事件等时有发生，既增加了法律部门受理和断处的困难，又制约了数据库的发展。

总的来说，我国数据库发展正处在起步阶段，要使其进入蓬勃发展的广阔天地，主要应从下列方面寻找途径。

（1）以认识和信息服务商品化发展为契机，带动数据库的迅速发展。我国最近几年知识和信息服务商品化发展的速度更快，其中特别是技术商品化更快，自 1985 年以来，技术成果交易额平均每年以 30%以上的速度递增。数据库发展走商品化道路，既能为自身发展准备强大的物质和技术基础，又能把自身纳入整个知识和信息服务商品化的范围之中。从国外情况看，数据库服务基本是有偿化，全世界数据库日新月异发展的同时营业额也在与日俱增。所以，我们应该抓住目前知识和信息服务商品化迅速发展的有利机会，使数据库也产生飞跃性发展。

（2）以鼓励性政策为动力，推动数据库迅速发展。发展数据库也必须实行国家、集体和个人一齐上的原则，建立各种形式和不同专业内容的数据库。要做到这一点，国家除了重点投资兴建一批重点数据库外，还应对非重点和地方、部门兴建数据库实行鼓励性政策，包括在投资、税收、信贷等方面提供方便或优惠条件，对有关人员的工资、职称、荣誉称号等方面给以具体指导和管理。通过鼓励性政策，激发各方面建设数据库的积极性，起到加快建设步伐的作用。

（3）以标准化改造为龙头，使一系列准数据库机构发展成标准化数据库。

我国目前标准化数据库虽然很少，但准数据库，即有储存数据、资料任务和职能，而不合数据库规范的机构很多。对于这类机构，只要进行标准化改造，实现规范化的收集、加工、储存、检索过程，就能较省力地把成千上万的准数据库改造成为标准数据库。

（4）以扩大数据库服务的业务种类为突破口，引起社会对发展、使用数据库广泛和高度的重视。充分利用数据库特有的优势，在现有服务内容的基础上，扩大服务的业务种类，如开办咨询服务业务，向社会提供力所能及的咨询服务，以满足社会对咨询服务发展的迫切要求；增添为科研需要深加工服务业务，像为科研单位或个人提供专项数据、资料，或者把有关数据、资料整理加工到要求程度等；开展项目可行性论证业务，根据具体部门提供的项目和提出的要求，由数据库专业人员给以技术、经济等方面的论证；附设为个人或单位代存数据和资料业务，有些数据和资料，由于价值性、保密性、经济性方面的原因，个人或单位可能更愿由数据库代为存管，同时，对数据库也有利。如此等等，通过扩大业务种类，既能增加收益，又能扩大影响，是一举两得的好办法。

综上所述，数据库是储存宝贵资源的基地，以它为媒介，可以源源不断地取得物质和精神方面的财富，因此，我们必须重视它的建设和发展。

（杨永志：《中国科技论坛》1990 年第 1 期）

略论信息咨询服务的收费

目前，信息咨询服务业在我国蓬勃兴起。然而，由于对其中关键的收费问题缺乏研究、管理和指导，导致现实中的混乱状态，在一定程度上制约了信息咨询服务活动，以及信息咨询业的发展。为此，本文就这个实践中亟待解决的重要问题提出个人粗浅的看法。

一、信息咨询收费的决定和影响因素

信息咨询收费实质是一个信息咨询的价格问题，决定和影响其因素的大体有两类。

首先是咨询本身内在的因素，这些因素对信息咨询收费有不同的作用。

（1）价值因素。信息咨询是提供信息产品及有关的服务，其中信息产品本身的价值构成了收费的主要部分，提供信息产品的服务过程不创造价值，但必须取得成本补偿和赢利。信息产品的特殊性在于其价值主要不取决于社会必要劳动时间，而取决于社会经济效益或所节约的社会劳动。因此，决定收费的价值因素表现为社会经济效益。或者说，社会经济效益决定收费的构成和高低。

（2）成本因素。信息咨询服务的成本是信息产品收集（或转让）、加工、储存、提供四个环节中劳动耗费的总和。现代信息咨询服务形式和服务对象的要求不同，有的是直接的"问答"，有的是提供"诊断"或方案，还有的是提供可行性论证，使得提供的信息产品分为单个的一般信息产品、复杂的精加工信息产品和系列的信息产品，每种信息产品的服务成本差距极大。因而，从现象看决定和影响咨询收费的成本直接与服务形式有关，其服务形式在大体上可以表明咨询所费成本的高低。

（3）平均利润率因素。在信息咨询服务中，一部分从事收集、加工、储存信息的人员，其劳动复杂性相当于创造性复杂劳动行业的程度，而另一部分从事提供和管理信息的人员，劳动复杂性仅相当于商业服务行业的程度。因此，影响咨询收费的平均利润率有两个，一是创造性复杂劳动行业的平均利润率，二是商业服务行业的平均利润率。

（4）收益因素。信息咨询所提供的信息产品，有些在应用中能产生奇效，并带来巨额收益，这种情况在技术信息咨询服务中比较常见。如果咨询机构事先能预测到某些服务的基本收益时，就会将其中一部分收益转化为咨询收费的超额利润部分。所以，收益也影响咨询收费的构成和高低。

（5）垄断因素。咨询所提供的信息产品也有垄断和非垄断问题，并且其价值很高时，就会存在垄断价格和垄断利润。那么，垄断自然成为影响咨询收费的因素。

上面这些因素，对咨询收费起主要的决定和影响作用。

其次是由社会环境和外部原因决定的影响因素，其中主要的因素包括以下几方面。

（1）市场发育因素。一般来说，信息市场发育越好，越有利于收费水平趋于合理。我国信息市场处于初创时期，收费标准混乱、高低差距悬殊、水平偏低是其突出表现。例如计算机软件的一条语句，国外要卖 4—8 美元，而我国卖 2 元钱用户还嫌贵。这种情况是我国长期以来轻视知识、信息价值的反映。

（2）国家管理因素。对于咨询收费，国家应有计划地管理，特别是要通过税收、信贷、收获标准、资格审查等进行具体调整，就会促使收费向正常化方向发展。相反，放任自流就容易导致收费混乱。目前，我国信息咨询业及其收费标准缺乏国家的有效管理，使"拼命抬价"和"得不偿失"两种不正常现象并存。

（3）社会消费倾向因素。如果社会缺乏咨询消费意识，决策靠"拍脑瓜"，就不利于咨询收费水平实现正常化。我国目前社会咨询消费意识差，严重地影响先进信息技术的应用，所以必须加强咨询消费意识的培养。

上面这些因素一般不对咨询收费产生主要的决定作用，只在不同程度上对咨询收费水平的高低起影响作用。

二、咨询收费的形式

在我国，信息咨询服务收费形式可以概括为五种。

（一）按咨询次数收费。实质上是按"信息的完整性"收费。"信息的完整性"是指构成回答清楚一个问题所用的一系列有关信息。在现实生活中，许多问题都不是用一两条信息就可回答清楚的。所以，按咨询次数收费形式适用范围较广，特别是在医疗保健、技术培训等服务中常被采用。`

（二）按咨询时间收费。就是根据回答用户问题的时间长短确定收费标准，这种形式常在事先规定和公布收费额。

（三）按信息条数收费。指按咨询中所用信息条数的多少收费。这种形式也最适宜发展成"智能化自动咨询服务"。

（四）转移收费。指咨询服务机构不直接向用户收费，通过某种中介方式，由另外的信息用户付费，即通过第三方付费，当然这种形式不如采取直接付费形式。

（五）合作收费。咨询机构会同某些部门联合咨询某些大型项目或复杂问题，各方收益构成咨询收费额就是合作收费。这种形式的最大特点是收费构成复杂。

咨询收费的每一种形式都有一定的适用范围，同时又各有利弊。对此，国家要从战略规划、方针政策、措施手段等方面加强管理以促进信息咨询业的全面发展。

（杨永志：《经济纵横》1990 年第 10 期）

也论经济信息商品的价格确定

——兼与王玉、孙转社同志商榷

随着信息社会化和商品化的发展，我国信息商品市场已显端倪，经济信息商品化"异军突起"。与此相适应，经济信息商品价格研究成为理论工作者当前的一项紧迫任务。王玉、孙转社（以下简称"王文"）两同志发表在本刊的《经济信息商品的特点及其价格确定》一文对此进行了有益的探索。其文不乏真知灼见，但也有不妥之处。这里仅就其不妥之处连同我个人对经济信息商品价格确定的研究一并提出，供大家继续讨论。

一

首先，我认为"王文"提出以可靠性、受益性、占有性和时效性具体确定经济信息商品价格的观点不妥。

第一，以可靠性、受益性、占有性和时效性确定经济信息商品价格具有相当的抽象性。"王文"认为，可靠性指经济信息的质量，受益性指买方对经济信息的需要程度以及应用中经济效益的增加程度，占有性指卖方拥有经济信息的公开程度，时效性指交换时间的迟早对使用经济信息后新增经济效益的影响程度。上述"四性"都相当抽象，在经济学研究中只适合说明非常复杂、不能或不必确定的量。对于经济信息商品价格来说，是具体的、能够确定和必须确定的量。因而，根据可靠性、受益性、占有性和时效性不可能比较准确确定随便哪一个经济信息商品的价格。另外，除了占有性能在交易过程可以知道外，其余只能在经济信息应用之后才能作出大致的估计，如果按照在交易中定价的传统方式，很难对它们作出切合实际的估计。所以，根据可靠性、受益性、占有性和时效性具体确定经济信息商品价格并不具体。

第二，以可靠性、受益性、占有性和时效性确定经济信息商品价格具有很大的片面性。可靠性、受益性、占有性和时效性仅仅是影响经济信息商品价格确定的一部分因素，不是全部因素或全部主要因素。除了上述四个因素以外，市场的发育情况、社会对信息价值的重视程度以及经济信息应用收益的大小等等也是影响其价格确定的主要因素。而且，影响经济信息价格确定的主要因素也是变化的，在不同的条件下各因素作用的强弱程度不同。所以，根据可靠性、收益性、占有性和时效性确定经济信息商品价格，并不具有普遍的和主要的决定意义。

第三，以可靠性、受益性、占有性和时效性确定经济信息商品价格存在理论的自相矛盾性。在"王文"中，一方面声称以价值作为确定经济信息价格的基础，另一方面又主张由可靠性、受益性、占有性和时效性具体确定经济信息的价格，实际上"王文"将两个没有必然联系的范畴硬凑在了一起。我们知道，价值是商品中抽象劳动的凝结，社会必要劳动时间决定商品的价值量。但是，可靠性、受益性、占有性和时效性本身既不由劳动或劳动量的大小决定，同时它们也不能表明经济信息商品所含劳动量的大小。以价值为基础的说法不仅表现出牵强附会，而且表现为理论上不能自圆其说。

可见，以可靠性、受益性、占有性和时效性确定经济信息商品价格，理论上有懈可击，实践中无什么指导意义，只会使价格确定陷入理论空想。

其次，我认为"王文"提出以价值为经济信息商品价格的上限的观点不妥。

经济信息商品的价值不可能成其价格的下限。尽管经济信息商品特殊，一种商品只有一个或为一家所垄断，但并不应据此断言所有经济信息商品都存在高于其价值的垄断价格或垄断利润。经济信息商品的确不存在生产者之间的竞争，可是，消费者对生产者的制约作用，同样可以起到限制生产者销售垄断形成。在我国现阶段，恰恰就是信息商品的消费垄断超过了信息商品的销售垄断而占优势。知识性产品包括信息商品在内不仅不是"超价值补偿"，反倒表现为"低成本或价值补偿"。"体、脑劳动者工资倒挂"和"知识贬值"现象就是"低成本或价值补偿"的表现，这种表现在一定时期里具有普遍的意义。马克思就曾指出过："对脑力劳动的产物——科学的估计，总是比它的价值低得多。"造成经济信息商品消费者垄断的主要原因，是信息市场发育不善和人们对信息产品价值的宝贵程度重视不够。除此以外，生产信息产品的创造性劳动难于估算、信息产品中材料成本和资金成本所占比重较小（有些仅是笔墨之耗）以及劳动使用的补偿不如资金使用的补偿那样严格等等，也是造成信息商品低于成本或价值出售的重要原因。与经济信息商品本身具有的价值相比，社会目前所给予的补偿应该说是微乎其微的。"超价值补偿"论不仅与实际情况相反，而且与社会呼吁重视脑力劳动合理补偿的基本精神不符。

经济效益也不能作为经济信息商品价格的上限。经济效益是一个复杂和综合的经济指标，若把经济效益换算成和价格一样的一定金额量，则是难上加难。退一步说，即使经济效益能够换算成和价格相比较的金额量，经济效益也不能客观地成为经济信息商品价格的最高界限。因为价格若在市场交易中确定，它不能保证不突破而后产生的经济效益；价格若在产生了经济效益以后确定，也不一定为买方所认可。买方作为商品生产者，它的直接目的是利润而不直接是经济效益，因为经济效益的最优化不一定是利润和超额利润的最大化。以经济效益为经济信息商品价格的上限，没有客观的基础，仅是一种良好的主观愿望，因此不能把它作为价格波动的一个界限。现实生活中，许多经济信息应用者得不偿失的事例也能充分证明以经济效益作为经济信息商品价格的上限，缺乏合理性和现实性。

二

经济信息商品价格应该根据应用收益确定采取连续性付价方式实现价格。

一般所讲的价格，指的是买方和卖方最终承认和接受的成交价格。除此，在理论上还存在买方价格和卖方价格，它们是成交价格的基础。

买方价格是买方对某商品情愿的还价。从买方权益出发，制约经济信息商品买方价格的主要因素有：①购买费用，它仅指支付经济信息商品成交价格的金额，是买方实际投资的一部分。②应用费用，它指使用或应用经济信息中支付的各种费用之和，是买方实际投资的另一部分。③投资利润，这是买方资金使用的报偿，它一般不应低于社会平均利润。④超额利润，这是买方经济信息使用的报偿，使用经济信息同使用先进技术一样，在市场上占有某种优势，产生数量不等的超额利润，当经济信息商品生产者和使用者二者不能同兼时，买卖双方都应各获得一部分超额利润。⑤风险收入，它指买方使用经济信息作为创新活动获得的一部分补偿，是买方投资可能损失的保险系数，实质上是超额利润进一步划归给买方的部分。⑥应用收益，它指经济信息应用中全部收入的总和。本来意义的收益除了收入外，还应包括各种好处在内，如名誉、地位和随之而来的有利条件等。但从价格上考虑收益，只能指收入。在经济信息应用之前，应用收益属心理估计的虚拟收入。上述这些因素在一定条件下对价格确定起主要的制约作用，所以在理论上，买方价格应为购买费用、应用费用、投资利润、超额利润、风险收入和应用收益等因素之和。买方价格没有最低界限，它只限定成交价格的最高界限，其最高界限是成交价格小于应用收益减去应用费用（购买费用+应用费用<应用收益，其中购买费用＝成交价格），即买方投资利润不能为零，否则买方不买。当然，只有根据实际获得的应用收益付价时，这个界限才不至于被突破。

卖方价格是卖方对所售商品情愿的索价。从卖方权益出发，制约卖方价格的主要因素有：①经济信息商品的生产成本，这是卖方实际的支出，虽然它不是卖方价格的确定根据，但会成为卖方定价的影响因素。②对应用经济信息风险程度的估计，这是卖方的虚拟支出。尽管卖方不承担经济信息在应用中的风险，但他必须考虑所售经济信息对买方形成的可能遭受巨大损失的心理压力，相应压低其售价作为买方的风险收入。③市场上类似经济信息商品的售价，一般也指经济信息商品在市场上的价格水平，这个因素对个别经济信息商品的价格确定具有参照作用。④应用收益，与买方相同，卖方把估价应用收益或实际应用收益当作确定经济信息商品价格的主要根据。在一定条件下，上述因素对卖方价格起着重要的制约作用。因此，在理论上卖方价格应该是经济信息商品的生产成本、对应用经济信息风险程度的估计、市场上类似经济信息商品的售价和应用收益等因素之和。卖方价格没有最高界限，它只限定成交价格的最低界限，其最低界限是成交价格必须大于零，即卖方对所售经济信息商品必须获得价值补偿，否则卖方不卖。

买方价格和卖方价格把成交价格限定在大于零和小于应用收益减去应用费用这个区间，至于成交价格在此区间具体位置的确定，要取决于制约买方价格和卖方价格各个因素之间力量的对比，还取决于制约成交价格的共同性因素。这些共同性因素有：信息市场发育状况，社会对经济信息价值的重视程度，应用收益的高低和社会经济当时的发展情况。假设以合理体现买卖双方权益的适当价格为中轴线，当信息市场发育较完善，社会对经济信息价值普遍看重，对应用收益的估计或实际应用收益额使买卖双方公平，社会经济处于高涨和稳定发展时期，成交价格将向偏高确定。反之，成交价格将向偏低确定。另外，一些社会的、心理的因素也对成交价格具体位置的确定起辅助作用。

尽管经济信息商品价格的确定受诸多因素制约和影响，但是只有应用收益这个因素能够起主要的和决定性的作用：第一，应用收益是买卖双方在确定价格时首先考虑和共同考虑的内容。辅助性因素不能起主要的、决定性的作用不言而喻。制约买方价格和卖方价格的各个因素中，除了应用收益外，其余具有对立性倾向，是买方价格和卖方价格不一致的主要原因，因而也不能是双方共同考虑的内容和起决定性作用的因素。在共同性因素中，也是除了应用收益以外，其他属外在因素，外因不能起主要的、决定性的作用。只有应用收益，既是制约买方价格和卖方价格的因素，又是买方和卖方都必须考虑的内容，在价格形成过程中，成为联结"两相情愿"的纽带。第二，应用收益直接关系到买卖双方各自的利益和共同的利益。在信息商品市场上，买卖双方出于各自利益的考虑才产生交易的动机。对于买卖各方，唯有应用收益最直接与他们的利益相联系，只有当经济信息商品能够产生应用收益并使各方都获益时，才能索价或还价；也只有当经济信息商品能够产生较高应用收益并使各方都获得较高收益时，才能索高价或还高价。如果不存在应用收益能使买卖各方都获益的前提，无论其他什么因素作用，作用力有多强，成交价格都不会被最终确定下来。所以，应用收益既能体现买卖各方的利益，也能体现买卖双方的共同利益。第三，经济信息商品的价格是应用收益的份额。从前面的论述得知，没有应用收益就没有经济信息商品的价格，应用收益高价格才可能高，应用收益低价格才可能低，这说明价格直接与应用收益有关。从另一个角度说，如果买方在取得应用收益之前支付价格，买方只有认定经济信息使用中能产生收益才肯用资本垫支价格金额；如果买方在取得应用收益之后支付价格金额，也不会将全部应用收益付给卖方。可见，价格不仅直接与应用收益有关，而且是应用收益中的一部分。

应用收益是经济信息商品价格确定的主要的、决定性因素，价格是应用收益的份额，因此，经济信息商品价格应主要根据评估的收益或实际的应用收益额来确定。当然，其他因素也应给以考虑。

由于经济信息商品及其价格确定的特殊性，决定经济信息商品还必须采用特殊的付价方式。如果采用一般商品传统的一次性事先付价方式，成交价格不可避免地与适当价格有较大幅度的偏离，这仍不能达到我们应该达到的目的。目前，在国际技术转让中，有一种连续性付价方式比较适应根据应用收益付价。这种付价方式是买卖双方根据交易签订的协议，在一定时间里取得应用收益的同时，买方向卖方支付其中一部分收益作为卖方商品的价格。这种付价方式不仅使经济信息商品价格的确定更接近合理，而且有利于维护买卖各方合理、合法的权益，促进信息商品化和生产力更快发展。

（杨永志：《上海经济研究》1988 年第 5 期）

关于西北地区建设信息协作网的探讨

开发、利用信息资源是落后地区摆脱经济贫穷的重要条件。一个地区要共同发展经济，就必须共同开发、利用信息资源，而建立信息协作网是共同开发、利用信息资源的有效途径和形式。本文就西北地区建设信息协作网问题作初步探讨。

一、西北地区建设信息协作网的必要性和可能性

（1）一般来说，任何经济发展都离不开信息的媒介作用。信息本身是一种宝贵的资源，这种资源被运用发展商品经济上，可以使常规资源开发得更充分、更经济和更有效；可以使商品经济迅速发展起来，经济效益明显提高。西北地区尽管现在贫穷，但是比较丰厚，是资源富足的贫穷，它客观存在着广阔发展前途的基础，关键看信息、资源开发、利用情况如何。信息是西北地区摆脱贫穷落后面貌的决定性因素之一。

（2）用现代贫穷落后的观念理解，贫穷落后不仅表现在一些地区人均占有物质消费品量较低，而且也表现在人均信息消费水平低。由于我国西北地处内陆，交通、通信、文化教育事业都不发达。闭塞使该地区信息流动量小，可消费的信息少；东部沿海发达地区，具有天然的交通、通信和发展文化教育事业等有利条件。"通畅"使沿海地区信息流动量大，可消费的信息多，只有经过不断努力才能改变这种自然造成的机会不均等，使西北内陆地区获得同沿海一样丰厚的有效信息量，才能改变西北地区经济上的贫穷落后。

（3）按照传统发展经济结构方式，是在筹集资金上做文章，在扩大生产规模上找出路。而经济贫穷落后地区，本来就缺乏筹集资金和扩大生产规模的条件，所以按这种方式发展经济，即使经济有所发展，也只能是跟在经济

发达地区之后。现代经济发展的实践表明，合理、有效地运用信息资源，把信息资源同人力资源、物力资源和财力资源结合起来，就可以使生产力迅速发展。这是经济落后地区赶超经济先进地区的条件和正确途径。

西北地区目前发展经济面临的最大困难是缺乏资金和缺乏人才。在资金上，国家拨给的部分是有限的，国外借款偿还能力不足，从普遍较贫穷的企业和个人手中集资也有困难。但是，以信息协作网方式开发、利用信息资源，所需资金较少，而且有事半功倍的效果。这对资金匮乏的地区来说，是可以办到的事情。同时，开发、利用信息资源，人才问题也较好解决，因为一般文化水平的人经过短时间实践就可承担这类工作的绝大部分，不一定完全需要高级专门人才。另外，经过解放以来的建设，西北交通、通信基础设施和文化教育事业有了一定的发展，为西北地区形成信息协作网络奠定了基础。

二、西北地区建设信息协作网的设想与建议

（1）建立统一的西北地区信息协作网络。首先应在西北地区的各个中心城市、省辖市、县、乡镇建立统一标准的各级信息开发机构。各级信息开发机构的领导权归属相应的各级政府。不同级别的信息开发机构只有信息开发设施、容量和职能的差异，不存在领导与隶属关系。信息协作网络的纵线，由每省、区各级信息开发机构自上而下贯连而成。其横线由各个省、区信息开发机构网点相互连系而成。最后，这些"点""线"编织成纵横交错的信息网络。各级信息开发机构的职能应该是收集、加工、贮藏、交换、发送和接纳反馈信息。各个信息开发机构的协作关系由西北各省、区级有关部门或有关领导共同议定，通过议定的责任原则来维护协作关系。

（2）设置总的西北地区信息开发处理中心。信息开发机构的级别越高，集中和扩散的信息量就越大。但是任凭各种信息无序流动，有些信息会流失，有些信息会回窜，造成信息浪费，不利于信息资源的充分开发和合理利用。所以，应设置一个总的信息开发处理中心，作为西北地区协作网的纲，来解决信息集中和扩散的问题。考虑到兰州是西北地区的中心城市，又是兰新等铁路的枢纽，通信设施也较先进一些，这一中心可设在兰州。"中心"应集中拥有西北地区最先进的信息处理设备和信息开发方面的高级人才，其功能是存储全西北地区生产和反馈的一切信息，以及最大限度地收集国内外一切信

息，为西北地区加工、投放最优质的信息，贯通信息协作网、点的联系，拓宽信息协作网对外联系的渠道。

（3）成立常设的信息开发协作委员会。在总信息开发处理中心成立协作委员会，作为常设机构负责西北各省、区信息开发协调工作。该委员会由各省、区政府派代表组成，代表各省、区政府的意见，根据协作原则对信息协作网进行宏观管理。农村集体组织和城镇企、事业单位都应该设置专职信息员，用信息协作网直接和信息生产者、消费者联系。信息员的工作是负责向有关信息开发机构填报信息，以及受所在单位的委托咨询所需信息。信息协作网和信息生产者、消费者直接联系的另一个渠道，是在信息开发协作委员会管理下统一信息传送工具的使用。另外，信息开发协作委员会还要组织力量开展信息开发、利用的理论研究及定期作出关于信息开发协作网发展的建设性意见，并管理总信息开发处理中心。

（4）开拓信息市场，开展信息有偿咨询。在信息协作网中流动的信息，一般只限于公有信息，那些专有信息受信息、知识产权法的保护，成为信息商品，因此不能被任意分享。要使这类专有信息有效地开发出来，只有开拓专门的信息市场，主要是技术信息市场。它可以是常设的，可以是临时的，可以固定地点，也可以各地轮流举办。无论采取哪种形式，技术信息市场都要尽可能多地吸引国内外技术信息参加交易。西北地区技术信息市场要办出特色，要争当国内技术信息交流中心。与信息市场相配套的是开展信息咨询。不仅作为商品的信息要有偿咨询，所有各类信息都可以搞有偿咨询。为了鼓励信息协作网区的信息消费，可以优惠收费或以提供一定量的信息相交换。

（5）大力发展信息产业。我国信息产业很不发达，西北地区同沿海地区以及其他地区相比则更落后。在这种情况下，西北要优先发展信息产业。各省、区要把加工、制造与信息开发有关的设备、设施作为产业发展的主攻方向，在信息产业上投入较多的资金、物力和较好的人力，并重点研究和加强领导。发展信息产业不仅直接是经济发展的组成部分，更重要的是促进西北地区信息资源的开发、利用，使信息协作网发展有坚实的物质基础。

三、西北地区信息协作网建设的特点

（1）信息网络一体性和开放性相结合。西北地区信息协作网对内要具有高度的一体性，对外具有全面的开放性。一体性表现信息网络的完整性、信息流动的有序性、信息开发利用管理的统一性以及信息处理方法的标准化；开放性主要表现为网络的各个端点和外地以及外国自然形成或人工形成的信息网络相接通。一般来说，由于人们之间的各种关系，社会自然存在着信息网络，但是这种自然形成的信息网络相互联接是松散的，它的一体性和开放性不能和一般的人工信息网络相比，更不能和高度组织的人工信息网络相比。

（2）信息资源重点开发和全面开发相结合。信息的种类很多，但在众多的信息中，经济信息和科技信息对经济发展的影响作用最大，其他信息具有间接和辅助的作用。经济和科技信息的细类也有轻、重之分，比如在经济信息中，应着重开发市场信息、经济杠杆信息、宏观决策和微观活动信息等；在科技信息中，应着重开发科学管理方法、新工艺、新数据、新设备以及科技人才信息等。由于人们的消费信息欲望不同，又必须全面开发信息。所以西北信息协作网以重点开发经济信息、科技信息为主，同时兼容其他信息。

（3）信息流量和分布程度相结合。尽管西北地区地广人稀，但建立信息协作网会使本地区的信息流量成倍增加，分布均匀的信息网络将提高信息分布密度和均匀度，使其达到或超过全国平均水平。

（杨永志：《开发研究》1988 年第 1 期）

社会主义初级阶段
生产力特征具体化和数量化探讨

考察和研究我国社会主义初级阶段的特征，在当前有重要的现实意义。它不仅可以使我们对社会主义的科学认识进一步深化，而且可以提高我们执行党在现阶段的路线、方针和政策的自觉性，更好地推进建设有中国特色的社会主义。从这一认识出发，本文拟对社会主义初级阶段和它的更高阶段，在生产力方面某些具体的、数量的差异加以对比，进而概括出初级阶段较为明确的生产力特征，作为探讨社会主义初级阶段基本特征的尝试。

一、具体化和数量化探讨的必要性

生产力特征具体化和数量化探讨最根本的意义在于提高社会主义初级阶段理论的科学性。为了完善初级阶段理论，需要对理论自身进行全面、深入地研究。目前，我国学术界有关社会主义初级阶段基本特征的概括。不仅说法很多，而且大都比较笼统和模糊。比如：社会主义现代化生产有了一定的发展，但生产力水平不高；社会主义公有制已经建立，但不完善；等等。类似这样相对的说法，对社会主义的任何一个阶段都适用，或者说，这种表述只能划清社会主义初级阶段和"过渡时期"的界限，不能划清社会主义初级阶段和它的更高阶段的界限。划不清社会主义社会发展阶段的界限，就无所谓初级阶段和初级阶段理论。而探讨社会主义初级阶段生产力方面具体化和数量化关系，目的在于弥补目前关于初级阶段基本特征概括和表述的某些不足，划清社会主义初级阶段和它的更高阶段的界限。

在社会主义社会，划分社会发展阶段的标志，虽然也要看生产关系公有制的发展与完善程度，但根本上取决于生产力发展的水平。由于生产力水平直接制约着社会主义公有制程度的高低，制约着分配和人与人之间的关系，所以，生产力阶段性的特征，决定了社会发展的阶段性。因此，搞清生产力特征就可以基本搞清社会发展的不同阶段。这就需要着重研究生产力最基本和最根本的特征。此外，社会主义初级阶段只同"过渡时期"有质的区别，可以用比较质的方法将二者区分开来，而初级阶段和它的更高阶段则主要是量的区别，这就决定了区分这两个阶段必须选择比较量的方法。在社会主义初级阶段一系列基本特征中，生产关系、上层建筑和思想文化等方面特征很难量化，因而通过生产力特征具体化和数量化来认识初级阶段的特征，就成了比较好的选择。

二、具体化和数量化探讨的理论依据

具体化和数量化作为分析事物特征的方法，其依据有以下三个方面。

第一，具体化和数量化是分析事物特征的基本方法。人们在概括事物特征时，常常自觉或不自觉地把事物特征总结为主要的、具体的若干方面，并在能数量化时尽量数量化。事物特征的客观存在是具体的，表现为事物质和量的差异，即使是质，本身也表现为量。因而用具体化和数量化概括事物特征，是主观分析方法和对象的客观要求相一致的手段。

第二，具体化和数量化是事物量变划界的基本方法。事物在发展运动中，由量变到部分质变，直至最后质变成另外一种事物。如果一事物变成他事物，两个事物之间界限十分明显，划界方法也很简单。如果事物在量变过程中只发生了部分质变，那么事物本身发展阶段的界限并不十分清楚，这时就更需要选择具体化和数量化的方法进行划界。从社会主义初级阶段到它的更高阶段，是部分质变或量变，必须选择具体化和数量化方法划界。

第三，具体化和数量化是事物特征显著化的有效方法。事物量变是一个连续不断的、循序渐进的过程。在分析事物量变过程中的某些特定阶段时，需要把连续不新的过程进行分割和变成静态。使用具体化和数量化方法可以起到分割和静态化的作用，达到使事物量变过程呈现明显的"梯度"或"断层"，并且使各个"梯度"或"断层"之间量的区别显著起来。社会主义初级阶段理论是现阶段党和国家制订方针政策的理论依据，为了更准确地把握社会主义初级阶段的特征，就需要使用具体化数量化的方法使其显著化。而概括出其明确的特征。

第四，社会主义初级阶段是一个特定的历史阶段，党的十三大报告中明确指出：初级阶段"是特指我国在生产力落后、商品经济不发达条件下建设社会主义必然要经历的特定阶段"①。作为一个特定的历史阶段，就应有比较明确的阶段标志。我国社会主义初级阶段，大约要经历一百年左右时间，在经济上以实现工业化和生产商品化、社会化与现代化这个历史任务为目标。这就为作为目标起点的社会主义初级阶段生产力特征的具体化和数量化提供了现实基础。而且党和国家根据我国具体国情，吸收理论研究成果和各方面正确意见，制订出一系列社会和经济的战略发展步骤和目标，具有相当的科学性，也为社会主义初级阶段生产力特征具体化和数量化提供了可靠的参考数据。

三、具体化和数量化的可能性和现实性

社会主义初级阶段生产力特征能够具体化和数量化的理由，有如下两个方面。

第一，社会的经济方面，特别是生产力方面，可用一系列具体的数量指标和技术指标作为衡量它们的标准。根据这些指标，就可以把初级阶段生产力具体化和数量化，进而初级阶段生产力特征的具体化和数量化比较的方法是研究事物特征的有效方法。这里仅从 8 个方面比较初级阶段和它的更高阶段的生产力方面差异，以便使社会主义初级阶段生产力特征更加明确。

（1）处于社会主义初级阶段的我国是发展中国家，属于中等收入偏低国家的行列，人均国民生产总值在 300 美元左右。这表明现阶段经济比较落后，生产力水平较低。只有当生产力水平达到中等发达国家的水平，进入了发达国家的行列，才标志着社会主义初级阶段的结束。根据具体测算，到初级阶段结束，我国国民生产总值要达到 6 万亿美元，人均 4000 美元左右。

（2）社会主义初级阶段的国民经济，农业还占有较大比重，我国 10 亿人口，8 亿在农村，基本用手工工具搞饭吃，这也标志现阶段生产力水平低。

---

① 中国共产党第十三次全国代表大会文件汇编[Z]. 北京：人民出版社，1987：12.

只有我国进入了工业国的阶段，才表明社会主义初级阶段的结束。其中农业国和工业国区别的标志，不是传统观念上的农业和工业产值比重，而是农业和非农业人口的比重。非农业人口超过农业人口，占较大比重，就是工业国阶段。

（3）社会主义初级阶段商品经济还很不发达，自然经济和半自然经济占相当比重。自然经济和半自然经济属于较低层次的生产力水平，商品经济是较高层次的生产力水平。在社会经济形态中，自然经济和半自然经济消除后，达到了较为发达的商品经济，就标志着社会主义初级阶段的结束。

（4）社会主义初级阶段处在粗放经营和外延扩大再生产为主的阶段。粗放经营表明资源利用率低，投入大而收益低，是一种落后的生产经营方式。当社会的生产经营达到了集约经营和内涵扩大再生产为主的时候，就标志着进入了一个新的社会阶段。

（5）社会主义初级阶段处在落后工业和技术占较大比重的阶段。与先进发达国家相比，我国工业技术水平还有较大的差距。只有经过艰苦奋斗，改变这种状况，使现代工业和现代技术成为我们时代工业技术的主要特点时，才可以宣告社会主义初级阶段的结束。

（6）社会主义初级阶段是处在部分地区经济发达，而广大地区经济不发达，还有少数地区比较贫困的阶段。全国经济发展极不平衡，从平均生活水平看，全国处于温饱型阶段。只有使我国生产力极大地发展，绝大多数地区成为经济发达地区，全国处于小康型或小康以上的富裕阶段，才可以说社会主义进入了更高阶段。

（7）社会主义初级阶段处在国民经济结构不甚合理的阶段。近几年来，通过努力调整，在产业结构方面，第一、二、三产业的比例在不断变化，但是国民经济结构还需要进一步调整。只有当国民经济的外部结构和内部结构都基本合理时，才可以说初级阶段的社会主义发展到了一个新的阶段。

（8）在社会主义初级阶段，体力劳动者在全体劳动者中还占较大比重。由于我国经济、文化还比较落后，文盲、半文盲的人数占总人口的近四分之一，大部分劳动者还从事着手工操作的体力劳动。而衡量社会主义初级阶段是否结束的生产力特征的显著标志，是看脑力劳动者在全体劳动者中的比重是否超过体力劳动者所占的比重。

总之，生产力特征的具体化数量化标志是多方面的，必须综合考察才是科学考量的基本方法。

（杨永志：《宁夏社会科学》1988 年第 1 期）